Prisão e Liberdade

Prisão e Liberdade

3ª EDIÇÃO
ATUALIZADA DE ACORDO COM A LEI N. 13.869/2019
LEI DE ABUSO DE AUTORIDADE

2020

Ana Flávia Messa

PRISÃO E LIBERDADE
3. ED. ATUALIZADA DE ACORDO COM A LEI N. 13.869/2019, LEI DE ABUSO DE AUTORIDADE
© Almedina, 2020
AUTOR: Ana Flávia Messa
DIAGRAMAÇÃO: Almedina
DESIGN DE CAPA: FBA
ISBN: 9788584935765

Dados Internacionais de Catalogação na Publicação (CIP)
(Câmara Brasileira do Livro, SP, Brasil)

Messa, Ana Flávia
Prisão e liberdade / Ana Flávia Messa. -- 3. ed.
atual. de acordo com a Lei n. 13.869/2019, Lei de
Abuso de Autoridade. -- São Paulo : Almedina, 2020.

Bibliografia.
ISBN 978-85-8493-576-5

1. Liberdade - Brasil 2. Prisão - Leis e
legislação - Brasil 3. Processo penal - Brasil
I. Título.

19-32235   CDU-343(81)

Índices para catálogo sistemático:
1. Brasil : Prisão e liberdade : Direito processual penal 343(81)
Cibele Maria Dias - Bibliotecária - CRB-8/9427

Este livro segue as regras do novo Acordo Ortográfico da Língua Portuguesa (1990).

Todos os direitos reservados. Nenhuma parte deste livro, protegido por copyright, pode ser reproduzida, armazenada ou transmitida de alguma forma ou por algum meio, seja eletrônico ou mecânico, inclusive fotocópia, gravação ou qualquer sistema de armazenagem de informações, sem a permissão expressa e por escrito da editora.

Fevereiro, 2020

EDITORA: Almedina Brasil
Rua José Maria Lisboa, 860, Conj.131 e 132, Jardim Paulista | 01423-001 São Paulo | Brasil
editora@almedina.com.br
www.almedina.com.br

À minha vovó Leonor, exemplo de vida.
Aos meus pais, pela compreensão.
Aos meus irmãos, pelo apoio.
À Dona Conceição, Crescença e Vitória, pelo carinho.
À Eliana Cassales Tosi de Mello, pela amizade.

Aos meus alunos, fonte de inspiração na labuta do magistério.

Agradecimento especial
Ao meu amigo R.T., in memoriam,
pelo legado de honra, honestidade e trabalho.

"A prisão, invenção do direito canônico para purificar o homem e fazer o condenado expiar seu crime, marcou um momento importante na história da justiça penal, representou um grande triunfo sobre a pena de morte, passando conservar a vida que aquele destruía, encontrando-se hoje em acentuado descrédito, o que motivou o recrudescimento dos estudos para o estabelecimento de uma nova teoria da execução penal"

Odete Maria de Oliveira, *Prisão, um paradoxo social,*
Florianópolis, UFSC, 1984.

PREFÁCIO

Muito honrado em prefaciar a obra *Prisão e Liberdade*, da autora Ana Flávia Messa, cabe registrar inicialmente a importância do presente livro tanto para os estudantes que iniciam o conhecimento dos temas analisados, quanto para aqueles que buscam um aprofundamento na matéria, ou, ainda, preparação para concursos públicos, tendo em vista a enorme importância que as questões aqui trazidas revelam na prática jurídica do país.

O livro traz uma visão muito atual sobre o chamado Direito de Punir, abordando os princípios constitucionais limitadores da atuação estatal e garantidores da cidadania. Nem precisaríamos apontar a relevância desses temas em face da atualidade, em que a criminalidade ganha novos e graves contornos, mas precisa ser combatida dentro dos princípios constitucionais do Estado Democrático de Direito.

A autora apresenta a seguir uma abordagem teórica e prática das penas privativas de liberdade, analisando a prisão em suas várias espécies, inclusive na legislação especial. Aponta conceitos de forma clara e precisa, possibilitando o estudo necessário por parte dos alunos e profissionais da área jurídica.

O livro trata da liberdade em todas as suas vertentes penais e processuais, enfrentando questões sobre as liberdades públicas e sua garantia processual penal.

Parabéns à autora e à Editora Almedina, certo do sucesso deste excelente livro.

São Paulo.

Gianpaolo Poggio Smanio
Procurador de Justiça da Capital.
Doutor em Direito pela PUC-SP.
Professor do Complexo Jurídico Damásio de Jesus, da Escola Superior do Ministério Público de São Paulo e da Universidade Presbiteriana Mackenzie.

APRESENTAÇÃO

Honrou-me a Profa. Ana Flávia Messa, jovem e brilhante docente da Faculdade de Direito da Universidade Presbiteriana Mackenzie, com a apresentação de mais um, dentre vários dos excelentes trabalhos que vem produzindo na área do Direito Penal e do Direito Processual Penal.

Brinda-nos a Profa. Ana, agora, com a interessante obra *Prisão e Liberdade*.

Principia o estudo, com sistemática impecável, abordando o direito de punir estatal, fixando seu conceito, suas características e espécies. Foca, ademais, de forma primorosa, os limites constitucionais e legais do poder punitivo estatal, tema sobre o qual cada vez mais se debruçam os estudiosos, em tempos que deparamos com delitos que chocam a opinião pública.

Prosseguindo no valioso estudo trazido a lume, a Profa. Ana Flávia aborda, com rara felicidade, as penas privativas de liberdade e a execução penal, de modo a tornar a matéria acessível àqueles que iniciam o estudo do Direito Penal sem que, todavia, deixe de lado o aprofundamento necessário para a compreensão da temática.

É brilhante o exame da prisão, em suas diversas modalidades, com especial destaque aos intrincados aspectos processuais que a temática suscita.

Ponto alto do estudo é o referente à prisão na legislação especial, permitindo ao leitor a percepção das peculiaridades da legislação esparsa.

E não menos importante é o contraponto da prisão, inteligentemente elaborado pela autora na parte final da obra, abordando desta feita a liberdade, precisando-lhe as espécies e os requisitos.

Sinto-me, portanto, envaidecido por ter merecido, dentre tantos outros Ilustres Mestres da Faculdade de Direito da Universidade Mackenzie, a honra de apresentar tão bem elaborado trabalho, contributo valioso para o Direito brasileiro.

Só me resta desejar muito sucesso à autora em mais esta empreitada e deixar palavras de incentivo, no sentido de que continue seguindo na missão de gerar conhecimento, que é uma das mais divinas tarefas da inteligência humana.

São Paulo.

Nuncio Theophilo Neto
Juiz de Direito em São Paulo
Professor da Faculdade de Direito da Universidade Presbiteriana
Mackenzie

SUMÁRIO

Título I – Introdução 17
1. Homem como Ser Social.. 17
2. Modo Contemporâneo de Viver e Conviver 18
3. Convivência Social... 20
4. Organização Normativa no Brasil 21
5. Organização pelo Estado: Supremacia Estatal e o Direito de Punir............. 22
6. Controle social punitivo 25
7. Fundamentos do Direito de Punir 27

Título II – *Jus Puniendi* 35
1. Pressuposto 35
2. Conceito.. 36
3. Exteriorização 37
4. Terminologia 38
5. Direito de Punir e Poder Disciplinar...................................... 38
6. Características.. 40
7. Espécies 47
8. Punibilidade 47
9. Persecução Penal 50
10. Sanção Penal 54

Título III - Limites Constitucionais do Poder Punitivo Estatal.......... 61
1. Introdução.. 61
2. Limitações Constitucionais Criminais.................................... 64
3. Limitações Constitucionais Penais 70

Título IV - Da Pena Privativa de Liberdade 79
1. Classificação das Penas.. 79
2. Da Pena Privativa de Liberdade 81
3. Sistemas Penitenciários 83
4. Direito Penitenciário 85
5. Fundamentos Teóricos 88
6. Crise da Prisão.. 94
7. Limite da Pena.. 95
8. Reclusão e Detenção 96
9. Regime Penitenciário... 97
10. Regime Disciplinar Diferenciado 109
11. Progressão de Regime 114

PRISÃO E LIBERDADE

12. Detração Penal 119
13. Regressão de Regime 122
14. Remição 125
15. Conversões 132
16. Transferência e Inclusão de Presos
em Estabelecimentos Penais Federais de Segurança Máxima 141

Título V – Prisão - 1ª Parte - Introdução 157
1. Histórico 157
2. Conceito 160
3. Princípios Aplicáveis à Prisão 163
4. Direitos Relativos à Prisão 168
5. Garantias Constitucionais da Prisão 178

Título V – Prisão - 2º Parte – Disposições Gerais da Prisão 181
1. Regra Geral de Prisão 181
2. Momento da Prisão 183
3. Emprego da Força 190
4. Resistência à Prisão 192
5. Uso de Algemas 193
6. Mandado de Prisão 197
7. Casos Especiais de Prisão 200
8. Prisão Especial 204

Título V – Prisão - 3ª Parte – Prisão Cautelar 215
1. Conceito e Finalidade 215
2. Espécies 217
3. Princípios 218
4. Requisitos 220
5. Motivação 221
6. Prisão Cautelar e Prisão Provisória 224

Título V – Prisão - 4ª Parte – Prisão Temporária 225
1. Histórico 225
2. Natureza Jurídica, Característica e Finalidade 226
3. Prazo de Duração 227
4. Momento de Decretação 231
5. Competência para Decretação 231
6. Mandado de Prisão 232
7. Fundamentação 233
8. Iniciativa 235

9. Apresentação Espontânea 236
10. Detração Penal 236
11. Prazo da Conclusão do Inquérito Policial de Réu Preso.......... 236
12. Conversão da Prisão Temporária em Prisão Preventiva 236
13. Local do Preso Temporário 238
14. Providências.. 238
15. Requisitos.. 239
16. Plantão Permanente 241
17. Incomunicabilidade do Preso Temporário 242
18. Recurso... 242
19. Inconstitucionalidade 242
20. Revogação... 243
21. Prisão Temporária e Prisão para Averiguação 245
22. Prisão Temporária e Preventiva 246

Título V – Prisão - 5ª Parte – Prisão em Flagrante.......................... 247
1. Conceito, Características e Finalidade 247
2. Situações de Flagrante... 248
3. Espécies de Flagrante 251
4. Sujeitos do Flagrante 258
5. Autoridade competente 261
6. Apresentação Espontânea 262

Título V – Prisão - 6ª Parte – Prisão Preventiva 273
1. Sentidos 273
3. Apresentação Espontânea.. 275
4. Momento de Decretação.. 275
5. Pressupostos... 275
6. Recurso 275
7. Não Cabimento 276
8. Fundamentação 276
9. Clamor Público 283
10. Condições de Admissibilidade 285
11. Prisão Preventiva Militar 285

Título V - Prisão - 7ª Parte – Outras Espécies de Prisão 287
1. Prisão Administrativa 287
2. Prisão Civil.. 294
4. Prisão e CPI 301
5. Prisão Semiaberta 303
6. Prisão Aberta... 303

PRISÃO E LIBERDADE

7. Prisão do Presidente da República 304
8. Prisão do Parlamentar 306
9. Prisão Domiciliar 307
10. Prisão em Segunda Instância 309

Título V – Prisão - 8ª Parte – Prisão na Legislação Especial 311
1. Estatuto do Índio (Prisão na Lei n. 6.001/73) 311
2. Drogas (Prisão na Lei n. 11.343/2006) 316
3. Violência Doméstica (Prisão na Lei n. 11.340/2006) 320
4. Armas 321
5. Sistema Financeiro 323
6. Tortura 323
7. Crimes Falimentares (Lei n. 11.101/2005) 324
8. Criança e Adolescente 324
9. Lavagem de Dinheiro 325
10. Código Eleitoral 325
11. Código de Trânsito Brasileiro 326
12. Crimes Hediondos 327
13. Segurança Nacional – Lei nº 7.170/83 330
14. Racismo – Lei 7.716/89 331
15. Abuso de Autoridade – lei 4.898/65 333
16. Crime Organizado 337
17. Contravenções Penais – Decreto-lei 3.688/41 340

Título V – Prisão - 9ª Parte – Medidas Cautelares Alternativas à Prisão 345
1. Requisitos 345
2. Espécies 346
3. Características 346
2. Medidas Diversas da Prisão 347

Título VI – Liberdade 361
1. Liberdade de Locomoção 361
2. Liberdade Temporária 366
3. Liberdade Condicional 369
4. Liberdade Assistida 371
5. Liberdade Antecipada 373
6. Liberdade Provisória 377

Título VII – Testes Comentados 385
Referências 397

Título I – Introdução

1. Homem como Ser Social

O ser humano não vive sozinho. Para evitar as dificuldades e obter benefícios, busca vida coletiva. O estado de convivência entre os seres humanos é originado da busca de vínculos comuns entre eles, formando-se grupos, dos mais simples (família, clube, igreja, universidade) aos mais complexos (cidade, Estado, Planeta Terra).

Com a intensificação do intercâmbio internacional de bens, serviços e pessoas, as relações humanas perpassam as fronteiras dos Estados, gerando Estados diferentes, organismos internacionais e pessoas (físicas e jurídicas) em diferentes partes do Globo Terrestre. A reunião entre os Estados, organismos internacionais e o homem forma a sociedade internacional[1].

Nesse tipo de sociedade, surge um aprofundamento da integração internacional, por um processo gradual de disseminação mundial[2], por meio da eliminação de barreiras e concomitante aumento nas trocas de bens e serviços, no progresso tecnológico e na intensificação da interação internacional[3].

---

[1] "A sociedade internacional caracteriza-se por ser universal, igualitária, aberta, sem organização rígida e com Direito Originário" (HUSEK, Carlos Roberto. *Curso de direito internacional público*. São Paulo: LTr, 2004).

[2] PASSET, René. *Elogio da globalização*. São Paulo: Record, 2003.

[3] CALDAS, Ricardo W. *Introdução à globalização*: noções básicas de economia, marketing & globalização. São Paulo: Instituto Brasileiro de Direito Constitucional, 1998.

2. Modo Contemporâneo de Viver e Conviver

Desde a última década do século XX até os dias atuais, transformações muito significativas e rápidas têm sido presenciadas em todos os setores da nossa sociedade e que afetam nosso modo de pensar, de interagir, de agir e de nos comunicar. Transformações que culminam num quadro complexo, fascinante e assustador do mundo em que vivemos hoje, do tempo em que vivemos agora.

Vivemos a pós-modernidade, um conceito ainda em construção. Na verdade, a pós-modernidade representa transformações em relação a diversos temas, e se caracteriza pela invasão da tecnologia eletrônica, da automação e da informação.

A internet e as tecnologias digitais fizeram emergir a sociedade de informação, que começou a tomar forma nos anos 60 nos trabalhos de *Alain Touraine* (1969) e *Daniel Bell* (1973) sobre as influências dos avanços tecnológicos nas relações de poder, identificando a informação como ponto central da sociedade contemporânea. É uma sociedade onde o fluxo de mensagens e imagens entre redes, passa a ser o ingrediente básico nas relações sociais.

A base de todas as relações se estabelece através da informação e da sua capacidade de processamento e de geração de conhecimentos. A este fenômeno Castells denomina "sociedade em rede", ou denominada por Lévy sob o codinome de "cibercultura". Um estágio de desenvolvimento social caracterizado pela capacidade de seus membros (cidadãos, empresas e administração pública) de obter e compartilhar qualquer informação, instantaneamente, de qualquer lugar e da maneira mais adequada. Surge maior flexibilidade de comunicação.

Acentuam-se na generalidade dos países desenvolvidos as características de uma nova realidade social: uma sociedade de informação e de comunicação mediatizada e universalizada, e uma sociedade de conhecimento, fundada no progresso científico e tecnológico.

Vivemos na era da incerteza, o contemporâneo passa a ser marcado pela falta de critérios que sejam suficientemente sólidos para a definição de padrões de orientação de condutas. Um mundo de incerteza, onde as respostas para os problemas da sociedade não encontram mais, como antes, referenciais seguros. Lyotard (1979) chamou este momento do "fim das grandes narrativas". Não existem mais uma ou duas escolhas a fazer diante de um problema, mas uma multiciplicidade de escolhas, de alternativas.

Surge o tempo da indefinição, do medo, da insegurança. Vive-se na angústia do que não pode ser e a perplexidade de um tempo sem verdades seguras. A única certeza possível é a imprevisibilidade do futuro e a inafastabilidade do risco.

O sociólogo alemão *Ulrich Beck* chama a nossa sociedade contemporânea de sociedade global do risco, uma verdadeira "caixa de pandora" que promove o crescente e contínuo processo de liberação aleatória de "novos riscos" que redundam no retorno da incerteza, da imprevisibilidade e da insegurança, em suas dimensões cognitiva e normativa. O sociólogo britânico *Anthony Giddens* chama de "crise do controle", concebida como perda de domínio sobre o mundo em virtude do surgimento de perigos novos. O filósofo e sociólogo polonês *Bauman* acentua que a contemporaneidade é marcada pela "ambivalência", o "mal-estar" e as "vidas desperdiçadas".

Vivemos numa cultura de improbidade: há incorporação de valores antiéticos e imorais no ambiente social; se atribui ao patrimônio público a condição de coisa perdida ou de ninguém; preocupação maior com o jogo político-partidário do que com o bem-estar da sociedade. Assistimos a uma revalorização do crime organizado: que fragiliza os poderes do Estado provoca danosidade social de alto vulto com base em estratégia global e numa estrutura organizativa que lhe permite aproveitar as fraquezas estruturais do sistema penal.

Vivemos na globalização, com a intensificação das relações sociais em escala mundial, construindo uma espécie de "aldeia global". Surge uma interdependência entre Estados, organizações e indivíduos. Essa integração mundial num mundo submetido às leis de mercado assume com a revolução das comunicações, uma propagação ampla, diversificada e profunda na configuração de uma sociedade civil mais informada e consciente de seus interesses, exerce pressão por participação e eficiência no atendimento de suas necessidades.

Ao mesmo tempo se verifica um enfraquecimento do Estado Nacional, num quadro de policentralidade dos poderes, transestaduais (europeus e mundiais) e intraestaduais (descentralização e pluralização da administração pública), uma sociedade de organismos em rede.

A globalização ao intensificar as relações em escala mundial diluindo fronteiras com a integração entre países, impulsionada pelas tecnologias de informação e comunicação, gera não apenas efeitos positivos, mas também negativos. Na área criminal, o efeito negativo é expansão da criminalidade, incrementada com as tecnologias virtuais.

Diante da sensação de insegurança social causada por esse expansionismo surge a colocação do direito penal como solução, uma espécie de direito penal de emergência, ou que contraria a característica minimalista do próprio direito penal que busca *"diminuir as leis penais, torná-las claras, límpidas e precisas e, acima de tudo, aplicarem-se as penas de forma rápida e consequente"*[4].

Acompanhando a expansão, o processo penal deve buscar cada vez mais cooperação internacional na prevenção e repressão dos crimes, e principalmente ser adaptativo às mudanças sociais e tecnológicas. Neste cenário, o poder punitivo do Estado além de ser utilizado para proteção dos bens jurídicos considerados de maior relevância para sociedade, adquire legitimidade quando se conforma com os princípios constitucionais.

Infelizmente, bem distante da condição ideal de uma convivência social justa com um poder punitivo estatal fundamentado na retribuição, prevenção, reeducação social e humanização dos direitos da pessoa do delinquente, nos dias atuais, o direito de punir do Estado adota, no plano real, uma política retributiva, intolerante e de fachada.

Dessa forma, não há qualquer preocupação com a readaptação social do delinquente, no sentido de oferecer novas oportunidades de integração social e condições que impeçam que a pena seja fator de sua dessocialização, além de existir uma sensação coletiva generalizada de impunidade, perdendo o Estado cada vez mais a função de intimidar os potenciais delinquentes em geral, mediante a aplicação da pena. A punição criminal deveria representar uma justa, adequada e proporcional reação do Estado em nome da defesa da ordem da boa convivência social.

3. Convivência Social

A convivência social depende de uma **organização** estabelecida pela existência de normas jurídicas estabelecendo como devem ser as relações entre todos (o conjunto destas normas jurídicas forma o Direito), pela consa-

---

[4] COSTA, Jose de Faria. *A criminalidade em um mundo globalizado: ou o plaidoyer por um direito penal não-securitário*. In: COSTA, José de Faria; SILVA, Marco Antonio Marques da Silva. Direito penal especial, processo penal e direitos fundamentais – Visão luso-brasileira. São Paulo: Quartier Latin, 2006. p. 89.

gração da liberdade dos cidadãos[5] e de uma força que seja capaz de fazer cumprir as normas jurídicas, que no caso atual é o Estado, que detém o poder político[6], o comando sobre todas as pessoas e bens do território.

4. Organização Normativa no Brasil

Existem dois sistemas de organização normativa: com hierarquia e sem hierarquia. Interessa para nós, o sistema brasileiro, ou seja, com hierarquia.

O **sistema normativo hierárquico** possui as seguintes características: a) o ordenamento jurídico é formado por um conjunto de normas dispostas hierarquicamente: existem normas superiores e inferiores. A representação gráfica é uma pirâmide jurídica; b) Constituição é a "lei" fundamental do Estado; c) as normas inferiores devem obediência à CF; d) se uma norma infraconstitucional violar a CF há inconstitucionalidade, ou seja, a norma é inválida; e) uma norma só é considerada validade se estiver em harmonia com as normas constitucionais. Assim, as normas subordinadas devem harmonizar-se com as superiores, sob pena de deixarem de ter validade no ordenamento jurídico. Uma norma inválida não pode produzir efeitos de direito.

---

[5] "Os vários estudos sobre direitos humanos fundamentais sempre tiveram como ponto de partida a necessidade de consagração de um rol de liberdades públicas tendentes a limitar a possibilidade de ingerência do Poder estatal na vida do cidadão. Essas ideias... encontravam um ponto fundamental em comum, a necessidade de limitação e controle dos abusos de poder do próprio Estado e de suas autoridades constituídas e a consagração dos princípios básicos da igualdade e da legalidade como regentes do Estado moderno e contemporâneo, pois nos Estados onde o respeito à efetividade dos direitos humanos fundamentais não for prioridade, a verdadeira Democracia inexiste, como ensina Norberto Bobbio, ao afirmar que 'sem respeito às liberdades civis, a participação do povo no poder político é um engano, e sem essa participação popular no poder estatal, as liberdades civis têm poucas probabilidades de durar'" (HC 82.009, Rel. Denise Arruda, Decisão monocrática publicada em 2-5-2007).

[6] Há na doutrina dois posicionamentos a respeito da caracterização conceitual de soberania. O primeiro posicionamento sustenta que soberania, em termos objetivos, possui um aspecto substantivo (poder) e um aspecto adjetivo (qualidade do poder estatal) (RANELLETTI, Oreste. *Instituzioni di Diritto Pubblico*. Milão: Giuffrè, 1955). No segundo posicionamento, há em comum a percepção do aspecto unitário no conceito de soberania, porém existem neste posicionamento duas vertentes: a) é o poder (JELLINEK, Georg. *Teoria general del Estado*. Buenos Aires: Albatroz, 1954); b) é a qualidade do poder estatal (HELLER, Hermann. *Teoria do Estado*. Buenos Aires: Fondo de Cultura Econômica, 1961).

A reunião destas características decorrentes da hierarquia das normas forma o conteúdo do princípio adotado no Brasil chamado de **princípio da supremacia constitucional formal ou da constitucionalidade das leis:** a) vínculo de subordinação dos atos públicos e privados à constituição; b) superioridade normativa das normas constitucionais: requer conformidade de todos os atos com a constituição; c) sendo a lei das leis não se admite agressões a ela; d) implícito na ordem constitucional brasileira (diferente da constituição portuguesa e espanhola); e) devem ser observadas não só pelos particulares, mas também pelo próprio Estado, já que seus comandos são imperativos; a Constituição não é mero repositório de recomendações; f) regra estrutural da ordem jurídica.

5. Organização pelo Estado: Supremacia Estatal e o Direito de Punir

Um dos fundamentos da República Federativa do Brasil é a **soberania,** que pode ser analisada em dois aspectos[7]:

a) externo[8]: soberania é *independência*, ou seja, a República Federativa do Brasil relaciona-se com outros Estados estrangeiros na base da igualdade jurídica, de forma que o vínculo internacional é caracterizado como relação de coordenação e não de subordinação[9];

b) interno: soberania é supremacia interna, ou seja, é o comando que o Estado exerce sobre todas as pessoas e os bens do território nacional,

---

[7] "a soberania tem um aspecto interno e um aspecto externo. O primeiro se manifesta nos diferentes poderes do Estado: no Legislativo, no Executivo e no Judiciário. Ele é a consagração do direito de autodeterminação, isto é, o direito do Estado de ter o governo e as leis que bem entender sem sofrer interferência estrangeira. O aspecto externo é o direito à independência que se manifesta no direito de convenção; direito à igualdade política; direito de legação; direito ao respeito mútuo." (MELLO, Celso D. de Albuquerque. *A soberania através da história. Anuário: direito e globalização: a soberania.* São Cristóvão-RJ: Renovar, 1999).

[8] "No plano internacional não existe autoridade superior nem milícia permanente. Os Estados se organizam horizontalmente, e dispõem-se a proceder de acordo com as normas jurídicas na exata medida em que estas tenham constituído objeto de seu consentimento" (RESEK, J. Francisco. *Direito internacional público.* São Paulo: Saraiva, 2005).

[9] DUGUIT, Léon. *Traité de droit constitutionnel.* Paris: Ancienne Librairie e Fontemoing, 1930.

visando o bem comum[10]. Manzini[11] afirma que a relação de submissão de todos à soberania estatal interna é denominada relação política.

Em relação à soberania interna, há uma discussão doutrinária a respeito de sua conceituação[12]; alguns sustentando a ideia de poder[13]; outro a da qualidade inerente ao poder[14]. Não obstante exista a divergência doutrinária, o fato é que o poder estatal é supremo, não existindo nada nem ninguém acima do Estado.

Para o Estado manter a supremacia precisa de organização que pode se dar de duas maneiras: a) orgânica ou horizontal – através da opção de criar a divisão funcional do poder; b) espacial ou vertical – através da opção de espalhar ou não o comando no território.

A supremacia estatal, exigência, por vezes, necessária para manter a convivência social, não implica, no sistema constitucional vigente, uma cláusula de caráter absoluto, de forma que sobre ela incidem limitações da ordem jurídica, especialmente de cunho garantista que reflitam o respeito aos direitos básicos do indivíduo. Conforme acentua Antonio Scarance Fernandes[15]: *"Na evolução do relacionamento indivíduo-Estado houve a necessidade de normas que garantissem os direitos fundamentais do ser humano contra o forte poder estatal intervencionista".*

---

[10] Há na doutrina dois posicionamentos a respeito do estudo da finalidade do Estado. O primeiro posicionamento sustenta que a finalidade do Estado não é elemento formador do Estado (KELSEN, Hans. *Teoria general del estado*. México: Editora Nacional, 1950). O segundo posicionamento sustenta que a finalidade do Estado é elemento formador do Estado (GROPPALI, Alexandre. *Doutrina do estado*. São Paulo: Saraiva, 1962).

[11] Entre o Estado e os particulares surge uma relação política que a todos vincula, subordinados que se acham à soberania dele: obrigação geral de respeitar as leis (MANZINI, Vincenzo. *Tratado de derecho procesal penal*. Torino: Unione Tipografico-Editrice Torinese, 1948).

[12] Há na doutrina dois posicionamentos a respeito da caracterização conceitual de soberania. O primeiro posicionamento sustenta que soberania, em termos objetivos, possui um aspecto substantivo (poder) e um aspecto adjetivo (qualidade do poder estatal) (RANELLETTI, Oreste. *Istituzioni di diritto pubblico*. Milano: Giuffrè, 1955). No segundo posicionamento, há em comum a percepção do aspecto unitário no conceito de soberania; porém, existem nesse posicionamento duas vertentes: a) é o poder (JELLINEK, Georg. *Teoria general del estado*. Buenos Aires: Albatroz, 1954); b) é a qualidade do poder estatal (HELLER, Hermann. *Teoria do estado*. Buenos Aires: Fondo de Cultura Econômica, 1961).

[13] CAETANO, Marcello. *Manual de ciência política e direito constitucional*. Lisboa: Coimbra Ed., 1972.

[14] REALE, Miguel. *Teoria do direito e do Estado*. São Paulo: Martins, 1960.

[15] FERNANDES, Antonio Scarance. *Processo penal constitucional*. São Paulo: Revista dos Tribunais, 2005.

PRISÃO E LIBERDADE

A soberania interna[16], caracterizada pela supremacia, na realidade contemporânea, é um conceito relativo, por dois motivos: a) é susceptível de limites e restrições impostos pela ordem jurídica e pelo respeito aos direitos fundamentais; b) pela inserção gradativa dos Estados na comunidade internacional, em busca da cooperação internacional dos Estados em prol das finalidades comuns[17].

No âmbito da soberania interna, além da exigência de uma administração pública dialógica preocupada com a máxima garantia dos direitos fundamentais, é necessário que a atuação estatal reflita as diretrizes básicas conciliatórias da ampliação da participação comunitária nos destinos políticos do país com o bem-estar social consubstanciado no respeito à dignidade da pessoa humana[18].

No exercício da supremacia geral, o Estado exerce, em nome da defesa social, o poder de punir[19] do Estado[20], destacado não apenas como elemento que possibilita a existência da organização social, mas como mecanismo garantidor de uma ordem jurídica justa, com a proteção dos bens jurídicos fundamentais, estruturada na retribuição e prevenção do crime, e na reeducação do delinquente.

A punição criminal estatal, ao direcionar comportamentos na vida em sociedade, funciona como instrumento que visa socializar e educar os membros da coletividade para estabelecer convivência e harmonia social.

---

[16] "é o poder de produzir o Direito Positivo, que é o direito contra o qual não há direito; o direito que não pode ser contrastado; e é um poder de decidir em última instância , "porque é o poder mais alto, o poder acima do qual [internamente] não há poder" (TELLES JUNIOR, Goffredo. Iniciação na ciência do direito. São Paulo: Saraiva, 2001).

[17] MAZZUOLI, Valério de Oliveira. *Soberania e a proteção internacional dos direitos humanos: dois fundamentos irreconciliáveis*. Revista de informação legislativa. Brasília: Senado Federal, Subsecretaria de Edições Técnicas, ano 39, n. 156, out/dez 2002.

[18] "O Estado moderno, para assegurar a paz, afirmou-se, em última análise, graças a uma ordem jurídica coativa e ao monopólio legítimo do uso da força. O objetivo foi sempre o de garantir as condições mínimas externas possibilitadoras do livre desenvolvimento da personalidade do indivíduo e do funcionamento do corpo social" (DIAS, Hélder Valente. *Metamorfoses da polícia*: novos paradigmas de segurança e liberdade. Coimbra: Almedina, 2012).

[19] "O Estado não tem, apenas, o direito de punir, mas sobretudo o dever de punir. Seus funcionários devem agir" (DE ALMEIDA, Joaquim Canuto Mendes. *Princípios fundamentais do processo penal*. São Paulo: Revista dos Tribunais, 1973).

[20] GRISPIGNI, Felipo. *Diritto penale italiano*. Milano: Giuffrè, 1952.

Não resta dúvida de que o controle social exige a existência do direito de punir, chegando alguns a afirmar que quanto mais efetivo for esse direito, mais garantida fica a justiça criminal[21].

No entanto, a legitimação do poder punitivo do Estado exige uma compatibilização da intervenção punitiva com a preservação dos direitos e das garantias fundamentais[22]. Conforme Foucault[23]: *"a certeza de ser punido é que deve desviar o homem do crime e não mais o abominável teatro; a mecânica exemplar da punição muda as engrenagens"*.

6. Controle social punitivo

O Estado para manter a supremacia interna, justificando sua própria existência, realiza atividades que visam ordenar o comportamento das pessoas, de forma a regular a vida em sociedade. Conforme acentua Muñoz Conde[24]: *"Controle social é condição básica da vida social. Com ele se asseguram o cumprimento das expectativas de conduta e o interesse das normas que regem a convivência, conformando-os e estabilizando-os contrafaticamente, em caso de frustração ou descumprimento, com a respectiva sanção imposta por uma determinada forma ou procedimento. **O controle social determina, assim, os limites da liberdade humana na sociedade, constituindo, ao mesmo tempo, um instrumento de socialização de seus membros**" (grifos nossos)*.

Uma das atividades de ordenação social é o **controle social punitivo**[25] realizado através de duas formas:

a)   controle social primário ou imediato ou direto: é realizado pela esfera estatal através do exercício do direito de punir[26], um encargo do

---

[21] SILVA, Germano Marques da. *Introdução ao estudo do direito*. Lisboa: Universidade Católica Portuguesa, 2006.

[22] GOMES CANOTILHO, José Joaquim. O direito constitucional passa: o direito administrativo passa também. *Boletim da Faculdade de Direto da Universidade de Coimbra*, n. 61. Coimbra: Coimbra Ed., 2001.

[23] FOUCAULT, Michel. *Vigiar e punir*: história da violência nas prisões. 29. ed. Petrópolis: Vozes, 1987, p. 13.

[24] MUÑOZ CONDE, Francisco. *Direito penal e controle social*. Trad. Cíntia Toledo Miranda Chaves. Rio de Janeiro: Forense, 2005.

[25] BACIGALUPO, Enrique. *Manual de derecho penal*. Bogotá: Temis/Ilanud, 1984.

[26] Parte da doutrina não aceita a expressão direito de punir, mas sim poder-dever, já que a manifestação do exercício da justiça penal é decorrente do poder soberano do Estado.

Estado de punir o infrator da lei penal por meio de um processo criminal (*nulla poena sine juditio*[27]), de forma a disciplinar a liberdade individual em nome do bem-estar coletivo e realizar a defesa da prevenção e repressão de perigos para a ordem pública. Zaffaroni[28] define o sistema penal de persecução criminal (desde a investigação até execução da pena) de **controle social punitivo institucionalizado.**

Cabe ressaltar que o controle social punitivo primário, viabilizado pelo exercício do direito de punir, pressupõe **a existência de um ordenamento jurídico-penal**, ou seja, a previsão em lei pelo Estado das condutas definidas como infração penal, tendo em conta o bem comum. *O Estado ao editar o ordenamento jurídico-penal, como esse conteúdo de direito à obediência penal, visa garantir o interesse na manutenção dos valores fundamentais da vida individual e coletiva, cuja violação importa em dano social só reparável por meio de pena*[29];

b) controle social secundário ou mediato ou indireto: é realizado pelas instâncias informais como a opinião pública, o sistema educativo, a igreja, a família, a imprensa, que visam criar estratégias e conscientização na submissão dos membros da sociedade ao ordenamento jurídico-penal e, por consequência, à punição estatal, quando necessária na manutenção e reintegração da regularidade na vida comunitária. *Os agentes de controle social informal tratam de condicionar o indivíduo, de discipliná-lo através de um largo e sutil processo (...). Quando as instâncias informais do controle social fracassam, entram em funcionamento as instâncias formais, que atuam de modo coercitivo e impõem sanções qualitativamente distintas das sanções sociais: são sanções estigmatizantes que atribuem ao infrator um singular status (de desviado, perigoso ou delinquente)*[30].

---

[27] "não pode haver punição sem julgamento".

[28] Chamamos "sistema penal" ao *controle social punitivo institucionalizado*, que na prática abarca a partir de quando se detecta ou supõe detectar-se uma suspeita de delito até que se impõe e executa uma pena, pressupondo uma atividade normativa que cria a lei que institucionaliza o procedimento, a atuação dos funcionários e define os casos e as condições para esta atuação (ZAFFARONI, Eugenio Raú; PIERANGELI, José Henrique. *Manual de direito penal brasileiro*: parte geral. 5. ed. rev. São Paulo: Revista dos Tribunais, 2004).

[29] PETROCELLI, Biagio. *La colpevolezza*. 3. ed. Padova: CEDAM, 1955.

[30] MOLINA, Antonio García-Pablos de; GOMES, Luiz Flávio. *Criminologia*. São Paulo: Revista dos Tribunais, 2002.

INTRODUÇÃO

7. Fundamentos do Direito de Punir

A legitimidade do exercício do direito de punir pelo Estado é o reconhecimento do direito que a sociedade tem de reagir contra abusos que violem bens jurídicos fundamentais. O Estado exerce o direito de punir, em nome da defesa social, através da aplicação das sanções penais aos infratores, de forma a satisfazer o interesse público consubstanciado no restabelecimento da paz jurídica, violada com a prática da infração penal.

7.1. Teorias da Pena

a. **absolutas:** a pena tem finalidade apenas retributiva, pois visa retribuir o mal causado pela infração penal com o mal necessário da sanção penal. É decorrente de uma exigência de justiça. Vários estudiosos sustentavam a ideia retributiva da pena, como Binding[31] (a pena é *a retribuição de um mal por outro mal*) e Mezger[32] (pena é *irrogação de um mal que se adapta à gravidade do fato cometido contra a ordem jurídica*).
    A pena é uma retribuição ao mal causado pelo crime (simples consequência do delito); a pessoa é punida porque praticou um delito, um mal; o fundamento é a exigência da justiça. Segundo Mirabete, para a Escola Clássica, a pena era tida como puramente retributiva, não havendo qualquer preocupação com a pessoa do delinquente[33];

b. **relativa ou utilitária:** a pena tem finalidade apenas preventiva, pois visa evitar o cometimento de novas infrações penais pelo infrator (prevenção especial) e demais membros da coletividade (prevenção geral). Para as teorias relativas, a sanção penal adquire utilidade social.
    A pena serve para evitar a prática de novos delitos; a pessoa é punida para que não cometa novos crimes ou outros membros da sociedade não cometam novos crimes. A aplicação da pena busca, a partir

---

[31] BINDING, Karl. *La culpabilidad en derecho penal*. São Paulo: Ed. B de F, 2009.
[32] MEZGER, Edmund. *Derecho penal*; parte general – libro de estudio. Trad. Conrado A. Finzi. Buenos Aires: Ed. Bibliográfica Argentina, 1955.
[33] MIRABETE, Julio Fabbrini. *Manual de direito penal*. 13. ed. São Paulo: Atlas, 1998.

da exemplaridade da punição, impedir que o culpado seja nocivo posteriormente à sociedade, bem como causar no espírito público a impressão mais eficaz sobre a necessidade de agir conforme as normas instituídas[34];

c. **unitárias ou ecléticas:** a pena tem finalidade retributiva e preventiva; visa à recuperação do infrator para que volte ao convívio social. Buscam conciliar a exigência de retribuição jurídica da pena com os fins de prevenção. É a unificação das finalidades retributiva e preventiva. Conforme acentua Marc Ancel[35]: *"A pena deve ter como escopo reeducar o delinquente através de um tratamento enriquecido com conteúdo humano e com justiça social, já que a ressocialização é, em última análise, um direito do próprio povo. E, mesmo que o indivíduo tenha revelado um comportamento oposto à exigência social, a sociedade não pode violar a sua dignidade e, muito menos, afastá-lo do convívio social, uma vez que ela existe para o homem. Nesse diapasão, tendo deveres para com o violador da norma penal, um deles é o de possibilitar oportunidades de recuperação aos desgarrados, cooperando o conjunto social para que cada um de seus integrantes seja um cidadão livre";*

d. **da defesa social:** a pena deve ser instrumento que possibilita a ressocialização do condenado; há necessidade da invidualização da pena para promover a integração entre a justiça social e a recuperação do delinquente;

e. **dialética unificadora:** desenvolvida por Claus Roxin[36], que prega a junção de todas as teorias preventivas, refutando toda e qualquer ideia de retribuição;

---

[34] BECCARIA, Cesare. *Dos delitos e das penas.* Lisboa: Fundação Calouste Gulbenkian, 1998.
[35] ANCEL, Marc. *A nova defesa social.* Rio de Janeiro: Forense, 1979.
[36] ROXIN, Claus. Sentido e limites da pena estatal. In: *Problemas fundamentais de direito penal.* Coimbra: Ed. Veja Universidade, 1986.

INTRODUÇÃO

f. da prevenção positiva: de Günther Jakobs[37], segundo quem a pena visa devolver à sociedade a segurança jurídica, por meio de uma ação socializadora sobre o delinquente.

A pena somente pode ser aplicada quando houver a prática de uma infração penal, ou seja, de um fato que viole a lei penal[38].

Com o advento da Lei n. 11.343 de 2006, a Lei de Drogas, surgiu uma discussão doutrinária a respeito do uso ou posse de drogas para consumo pessoal, prevista no art. 28 – *"Quem adquirir, guardar, tiver em depósito, transportar ou trouxer consigo, para consumo pessoal, drogas sem autorização ou em desacordo com determinação legal ou regulamentar será submetido às seguintes penas: I – advertência sobre os efeitos das drogas; II – prestação de serviços à comunidade; III – medida educativa de comparecimento a programa ou curso educativo. § 1º Às mesmas medidas submete-se quem, para seu consumo pessoal, semeia, cultiva ou colhe plantas destinadas à preparação de pequena quantidade de substância ou produto capaz de causar dependência física ou psíquica (...)"*, formando-se as seguintes posições doutrinárias:

1. Uma corrente de pensamento diz que houve uma **despenalização**, já que a nova lei trouxe penas alternativas. Cabe ressalvar que as penas alternativas não retiram o seu caráter criminoso, devendo-se falar, em verdade, na ocorrência de uma despenalização, em virtude do abrandamento das penas;

2. Outra corrente diz que houve **descriminalização**, a conduta descrita no art. 28 da Lei n. 11.343/2006 continua sendo ilícita, mas sem natureza penal, nos termos do art. 1º da Lei de Introdução ao Código Penal (Dec.-lei n. 3.914/41), que considera crime a infração penal a que a lei comina pena de reclusão ou detenção, quer isoladamente, quer alternativa ou cumulativamente com a pena de multa;

---

[37] JAKOBS, Günther. *Derecho penal*: parte general – fundamentos y teoría de la imputación. Madrid: Marcial Pons, 1995.

[38] As infrações penais podem ser divididas de acordo com os seguintes sistemas (BARROS, Flávio Augusto Monteiro de. *Direito penal*: parte geral. 9. ed. São Paulo: Saraiva, 2011, p. 145): a) Dicotômico – infração penal é gênero, do qual são espécies crime ou delito e contravenção penal; b) Tricotômico – infração penal é gênero, do qual são espécies crime, delito e contravenção penal.

e contravenção, a infração a que a lei comina, isoladamente, pena de prisão simples ou de multa, ou ambas, alternativa ou cumulativamente;

Surgimento de **delito *sui generis***: o uso ou a posse de drogas para consumo pessoal não é crime, por força de uma interpretação restritiva do art. 1º da Lei de Introdução ao Código Penal, surgindo uma terceira classificação de infração penal, uma inominada. O Brasil passou a adotar um sistema tricotômico, pois além do crime apenado com reclusão (isolada; e multa; ou multa) ou detenção (isolada; e multa; ou multa), da contravenção penal apenada com prisão simples (isolada; e multa; ou multa) ou só multa, surgiu uma terceira espécie de infração penal, o delito apenado com penas restritivas de direito, como no caso do crime de uso indevido de drogas, em que não há mais prisão do usuário, mas as sanções do art. 28 da referida lei.

A Primeira Turma do Supremo Tribunal Federal, no julgamento de Questão de Ordem nos autos do Recurso Extraordinário n. 430.105-RJ, rejeitou as teses de *abolitio criminis* e infração penal *sui generis*, afirmando a natureza de crime da conduta perpetrada pelo usuário de drogas (Informativos n. 456 e 465 do STF)[39].

[39] "I. Posse de droga para consumo pessoal: (art. 28 da L. 11.343/06 – nova lei de drogas): natureza jurídica de crime. 1. O art. 1º da LICP – que se limita a estabelecer um critério que permite distinguir quando se está diante de um crime ou de uma contravenção – não obsta a que lei ordinária superveniente adote outros critérios gerais de distinção, ou estabeleça para determinado crime – como o fez o art. 28 da L. 11.343/06 – pena diversa da privação ou restrição da liberdade, a qual constitui somente uma das opções constitucionais passíveis de adoção pela lei incriminadora (CF/88, art. 5º, XLVI e XLVII). 2. Não se pode, na interpretação da L. 11.343/06, partir de um pressuposto desapreço do legislador pelo 'rigor técnico', que o teria levado inadvertidamente a incluir as infrações relativas ao usuário de drogas em um capítulo denominado 'Dos Crimes e das Penas', só a ele referentes (L. 11.343/06, Título III, Capítulo III, arts. 27/30). 3. Ao uso da expressão 'reincidência', também não se pode emprestar um sentido 'popular', especialmente porque, em linha de princípio, somente disposição expressa em contrário na L. 11.343/06 afastaria a regra geral do C. Penal (C. Penal, art. 12). 4. Soma-se a tudo a previsão, como regra geral, ao processo de infrações atribuídas ao usuário de drogas, do rito estabelecido para os crimes de menor potencial ofensivo, possibilitando até mesmo a proposta de aplicação imediata da pena de que trata o art. 76 da L. 9.099/95 (art. 48, §§ 1º e 5º), bem como a disciplina da prescrição segundo as regras do art. 107 e segs. do C. Penal (L. 11.343/06, art. 30). 5. Ocorrência, pois, de 'despenalização', entendida como exclusão, para o tipo, das penas privativas de liberdade. 6. Questão de ordem resolvida no sentido de que a L. 11.343/06 não implicou *abolitio criminis* (C. Penal, art. 107). II. Prescrição: consumação, à

INTRODUÇÃO

7.2. Histórico[40]

Como afirma Noronha (Direito Penal, p. 20), "a história do Direito Penal é a história da humanidade. Ele surge com o homem e o acompanha através dos tempos, isso porque o crime, qual sombra sinistra, nunca dele se afastou". O desenvolvimento histórico do Direito Penal é dividido nas seguintes fases:

Nas sociedades primitivas, o direito de punir era exercido pela vítima, ou por seus parentes ou, ainda, por sua tribo. Toda agressão tinha reação desproporcional da vítima, familiares ou grupo tribal.

Com a evolução, o direito de punir começou a sofrer certa limitação. Na fase de talião, a reação à agressão era proporcional: *"Olho por olho, dente por dente, mão por mão, pé por pé"*. Em seguida surge a composição, em que o criminoso comprava a liberdade.

Na fase da vingança divina, já existe um poder social teocrático capaz de impor normas de conduta. Nessa fase, os crimes praticados eram considerados ofensa aos deuses; o tipo do castigo variava de acordo com a grandeza do deus ofendido. o direito de punir do estado era uma delegação divina com finalidade de castigo e purificação da alma.

Na fase da vingança pública, as penas eram severas para manter a figura do monarca. A punição era regida pela ideia da imposição de uma pena que tivesse intimidação necessária para manter a segurança do soberano. O direito de punir fundamenta-se na autoridade do estado.

---

vista do art. 30 da L. 11.343/06, pelo decurso de mais de 2 anos dos fatos, sem qualquer causa interruptiva. III. Recurso extraordinário julgado prejudicado."

[40] "Embora, a princípio, fosse tolerada a vingança pura e simples do ofendido contra o ofensor, ainda que a represália daquele, em certos casos, fosse desmedida; e depois se instituísse a pena de 'Talião', passou o grupo a patrocinar a defesa do direito da vítima, sendo comum os casos em que esta deixava de tomar a iniciativa de promover a responsabilidade e de pleitear a punição do infrator; é certo que, num estágio mais evoluído, se postou a sociedade como principal interessada na repressão das condutas tidas inconvenientes, no âmbito da vivência comunitária. Desse modo, aquilo que, a critério do grupo social, era tido como ofensivo à coletividade, ainda que com relação a ato praticado contra um dos seus membros, passou a ser reprimido oficialmente pelo Estado, como se fora ele o próprio ofendido, por isso que, precipuamente, no seu interesse (interesse grupal), e objetivando, outrossim, uma perfeita adequação entre a ofensa e o castigo" (TUCCI, Rogério Lauria. *Princípio e regras orientadoras do novo processo penal brasileiro*. Rio de Janeiro: Forense, 1986).

No período humanitário, fase marcada pela queda do Direito Penal repressivo, e o direito de punir buscou reformas direcionadas para a justiça sem arbitrariedades, destacando-se Cesare Bonesana, Marquês de Beccaria[41], pregador da necessidade das modificações na realidade repleta de atrocidades e injustiças.

Com a evolução social baseada na crença científica e nas teorias naturais e da antropologia, surge o período criminológico baseado na ideia do criminoso como um selvagem e na preocupação de estudar a causa do crime e a figura do delinquente. Nesse período, destacam-se César Lombroso, considerado pai da antropologia criminal; Rafael Garófalo (*Criminologia*, 1885) e Enrico Ferri (*Sociologia criminal*, 1891).

7.3. Escolas Penais[42]

As *escolas penais*, assim, representam a adoção de distintos métodos e objetos de abordagem que se seguem no estudo da disciplina do direito penal, para se chegar ao seu conhecimento e, consequentemente, orientar a sua elaboração[43].

ITENS	ESCOLA CLÁSSICA	ESCOLA POSITIVA
CRIME	Ente jurídico	Fato humano
MAIOR VULTO	Francesco Carrara	Enrico Ferri
OBJETO	Crime, pena e processo	Crime, pena, processo e delinquente

---

[41] "Fatigados de só viver em meio a temores e de encontrar inimigos em toda a parte, cansados de uma liberdade cuja incerteza de conservá-la tornava inútil, sacrificaram uma parte dela para usufruir do restante da segurança. A soma dessas partes de liberdade, assim sacrificadas ao bem geral, constitui a soberania na nação; e aquele que foi encarregado pelas leis como depositário dessas liberdades e dos trabalhos de administração foi proclamado soberano do povo" (BECCARIA, Cesare. *Dos delitos e das penas*. Lisboa: Fundação Calouste Gulbenkian, 1998).

[42] MESSA, Ana Flávia. *Direito penal*. São Paulo: Barros e Fischer, 2012.

[43] Santoro FILHO, Antonio Carlos. Escolas penais. *Direito Nacional*. Verlu, 2011.

PENA	Tutela jurídica	Visa defesa social
CARÁTER DA PENA	Retributiva	Defensiva
MÉTODO	Dedutivo	Indutivo
RESPONSABILI-DADE SOCIAL	Imputabilidade moral e livre-arbítrio	Determinismo e periculosidade
OUTROS ADEPTOS	Filangieri, Carmignani, Romagnosi e Pellegrino Rossi.	César Lombroso e Rafael Garofalo

a. **Escola Correcionalista:** o direito penal é um conjunto de condições dependentes da vontade livre no destino do homem; a pena deve durar o tempo necessário para corrigir o delinquente; a preocupação é com o agente do crime; os principais vultos foram Roeder, Dorado Montero, Concepción Arenal e Luis Jiménes de Asúa e outros; não há criminosos incorrigíveis e sim incorrigidos; é uma variante da Escola Clássica;

b. **Terceira Escola ou Positivismo Crítico:** Respeito à personalidade do direito penal; inadmissibilidade do tipo criminal antropológico e reforma social como imperativo do Estado na luta contra a criminalidade; seus principais destaques são: Carnevale e Merkel;

c. **Escola Moderna Alemã:** o crime é um fato jurídico, com implicações humanas e sociais. Von Liszt é o principal representante de tal escola. Não aceitam a criminalidade congênita; a pena visa proteção social;

d. **Escola Técnica Jurídica:** o crime tem conteúdo individual e social; para os imputáveis, a pena é retributiva; para os inimputáveis, aplica-se medida de segurança; rejeita investigações filosóficas ou causais explicativas; seus principais destaques são Rocco e Manzini;

e. **Escola da Defesa Social:** o crime deve ser punido em homenagem ao respeito dos direitos e garantias humanas; devem ser estudados meios de combate à criminalidade; crime é fato natural e jurídico;

f. **Escola Humanista:** crime é ação que viola os sentimentos morais do homem e prega a punição do suicídio; seu principal vulto é Vicente Lanza.

Título II – *Jus Puniendi*

1. Pressuposto

A prática de uma infração penal afeta os bens e interesses jurídicos[44] fundamentais da vida em sociedade gerando perturbação na ordem pública e instabilidade na convivência comunitária.

Os valores elementares dos indivíduos e da sociedade em geral são exteriorizados por princípios constitucionais reconhecidos como fundamentais da ordem política e social, variáveis de acordo com a ideologia dominante e com a situação temporal e espacial de uma determinada comunidade. Conforme observa Cossio[45]: "*Os valores jurídicos não são como uma estrela polar, em função da qual se guiam os juristas; são, antes, valores a serem realizados e estes valores são inerentes a qualquer conduta*".

Dessa forma, com a violação da norma penal que compromete as condições de existência, de conservação e de desenvolvimento da sociedade, efetiva-se, pelo combate à criminalidade, *o direito de punir* do Estado, responsável legítimo da harmonia e estabilidade sociais.

---

[44] "circunstâncias dadas ou finalidades que são úteis ao indivíduo e seu livre desenvolvimento no quadro de um sistema social global estruturado sobre a base dessa concepção dos fins ou para o funcionamento do próprio sistema" (ROXIN, Claus. Derecho penal: parte general. Madrid: Civitas, 1997, t. 1, p. 56).

[45] COSSIO, Carlos. *La valoración jurídica y la ciencia del derecho*. Buenos Aires: Arayú, 1954.

2. Conceito

O direito de punir, correspondente ao **exclusivo** dever estatal de impor sanção penal diante da prática do delito, fundamenta-se no critério da absoluta necessidade e encontra limitações jurídico-políticas especialmente nos princípios penais fundamentais[46].

O respeito aos bens jurídicos protegidos pela norma penal é, primariamente, interesse de toda a coletividade, sendo manifesta a legitimidade do poder do Estado para a imposição da resposta penal, cuja efetividade atende a uma necessidade social. A punição ao autor da lesão social representa a justa reação do Estado em nome da estabilidade coletiva, da segurança pública e da boa convivência entre os cidadãos.

O direito de punir é algo que tem, *como forma*, a existência de um processo (comprovação da responsabilidade) com decisão de órgão jurisdicional[47]; *como conteúdo*, a aplicação da sanção penal; *como fim*, a realização de valores que possibilitem a existência da comunidade; e *como causa criadora e recriadora*, a prática da infração penal.

Apesar de cada doutrinador[48] possuir sua definição de direito de punir, podemos extrair elementos comuns que formam sua essência:

a. **imposição da sanção penal:** *o direito que tem o Estado de aplicar a pena cominada no preceito secundário da norma penal incriminadora, contra quem praticou a infração penal;* o direito de punir do Estado (jus puniendi) é o direito do Estado de aplicar as normas penais; direito de punir é aplicação da pena ao autor da infração penal;

---

[46] PRADO, Luiz Regis. *Curso de direito penal brasileiro*: parte geral. 7. ed. São Paulo: Revista dos Tribunais, 2007.

[47] Nenhuma pena pode ser imposta senão pelo Juiz, nenhuma pena pode ser aplicada senão por meio de processo (*nulla poena sine judice, nulla poena sine judicio*).

[48] MARQUES, José Frederico. *Elementos do direito processual penal*. São Paulo: Forense, 1961, v. 1, p. 3; BITENCOURT, Cezar Roberto. *Tratado de direito penal*: parte geral. 16. ed. São Paulo: Saraiva, 2011, v. 1, p. 35.

b. **prática do delito (infração penal)**: *ação ou omissão descrita no preceito primário causando um dano ou lesão jurídica, de maneira reprovável;*

c. **dever estatal**: titularidade exclusiva pertence ao Estado, soberanamente, como manifestação do seu poder de império; é o Estado que aplica a pena ao autor da infração penal; o direito de punir é exclusivo do Estado, como uma expressão de sua soberania, em nome da ordem pública;

d. **limitação**: o Direito Penal subjetivo emerge do bojo do próprio Direito Penal objetivo, sendo limitado pelo próprio Direito Penal objetivo, que estabelece os seus limites, e pelo direito de liberdade assegurado constitucionalmente a todos os indivíduos;

e. **necessidade social**: no caso de violação de um bem jurídico penalmente, surge para o Estado, o qual é o responsável pela garantia da ordem pública, o direito de punir o autor do delito.

3. Exteriorização

A efetivação do *jus puniendi* surgido com a prática de uma infração penal se dá através da atuação do Estado em:
a. criar e exigir o cumprimento de seus preceitos penais;
b. exigir a abstenção de ações delituosas;
c. aplicar sanção penal através do devido processo legal;
d. combater a criminalidade em nome da defesa social, nos termos do art. 3º, inciso I, da Constituição Federal;
e. promover a persecução criminal (tarefa estatal de prevenção e repressão dos delitos);
f. promover o bem comum da coletividade no sentido de preservar a ordem pública e defender os mais relevantes bens jurídicos para a sociedade.

4. Terminologia

Aníbal Bruno[49] não aceita a existência da expressão *Direito Penal subjetivo* ao afirmar que a manifestação do exercício da Justiça Penal é decorrente do Poder soberano do Estado, do poder jurídico destinado a cumprir sua função de assegurar as condições de existência e a continuidade da organização social.

A expressão *Direito Penal subjetivo*, criticada pelo ilustre penalista, deve ser interpretada como poder-dever do Estado de punir. O Estado não tem liberdade de escolha entre punir e não punir, pois, tendo conhecimento da ocorrência da infração penal, tem que necessariamente instaurar o procedimento adequado para sua apuração e aplicação da sanção penal cabível. Não o fazendo, ocorrerá abuso de poder na modalidade omissiva com o comprometimento da coexistência social. Conforme Hely Lopes Meirelles[50]: *"O abuso de poder tanto pode revestir a forma comissiva como a omissiva, porque ambas são capazes de afrontar a lei e causar lesão a direito... A inércia da Administração... enseja correção judicial"*.

Além do *direito penal subjetivo*, é possível mencionar o *direito subjetivo de liberdade*, ou seja, o direito de o infrator da lei penal ser punido de acordo com a lei editada pelo Estado.

A norma penal não cria direitos subjetivos somente para o Estado, mas também para o cidadão. Só a lei penal pode estabelecer o que é penalmente proibido (exclusividade). A lei representa a Carta Magna do delinquente, pois como observa Noronha[51]: *"Com ela o indivíduo adquire o direito de não ser punido, desde que sua conduta não seja típica, isto é, não apresente tipicidade, ou, ainda, não se ajuste ao tipo que ela descreve, e ainda: presente que seja a tipicidade, tem, por via da lei, o direito de não ser punido mais do que ela dita. Consequentemente, não só a lei fonte do direito penal como também sua medida"*.

5. Direito de Punir e Poder Disciplinar

Não é possível confundir o *jus puniendi* (poder punitivo estatal) com o poder disciplinar.

---

[49] BRUNO, Aníbal. *Direito penal*. Rio de Janeiro: Forense, 1959, p. 19.
[50] MEIRELLES, Hely Lopes. *Direito administrativo brasileiro*. 25. ed. São Paulo: Malheiros, 2000.
[51] NORONHA, E. Magalhães. *Direito penal*. São Paulo: Saraiva, 1993.

O poder disciplinar é aquele em que a Administração Pública visa apurar infrações administrativas e aplicar penalidades aos servidores públicos e demais pessoas sujeitas à disciplina administrativa, visando manter a organização e a disciplina interna.

O fundamento do poder disciplinar é a supremacia especial, comando que o Estado exerce sobre todas as pessoas vinculadas aos seus serviços.

O poder disciplinar, norteado pelo processo administrativo, é regido pelo direito punitivo funcional, parte do direito administrativo, cujo objeto é regular as infrações funcionais e as respectivas punições, no sentido de preservar a disciplina na organização administrativa e a ordem interna nas atividades públicas. O *jus puniendi*, por sua vez, é aquele exercido pelos órgãos da persecução penal diante da ocorrência de uma infração penal, visando manter a paz social, no sentido de preservar a ordem e a convivência na sociedade como um todo.

O fundamento do poder punitivo é a supremacia geral, comando que o Estado exerce sobre todas as pessoas e bens do território nacional. O poder punitivo estatal, norteado pelo processo penal, é regido pelo Direito Penal. Conforme observa Hely Lopes Meirelles[52]: "*O poder disciplinar é exercido como faculdade punitiva interna da Administração e, por isso mesmo, só abrange as infrações relacionadas com o serviço; a punição criminal é aplicada com finalidade social, visando à repressão de crimes e contravenções penais definidas nas leis penais, e por esse motivo é realizada fora da Administração ativa, pelo Poder Judiciário. A punição disciplinar e a criminal têm fundamentos diversos, e diversos é a natureza das penas. A diferença não é de grau; é de substância*".

ITENS	PODER DISCIPLINAR	PODER PUNITIVO
SUJEITO	Administração	Poder Judiciário
PRESSUPOSTO	Ilícito administrativo	Ilícito penal
OBJETIVO	Punição interna	Convívio social
TIPO	Ilícito funcional	Crime ou contravenção

---

[52] MEIRELLES, Hely Lopes. *Direito administrativo brasileiro*, cit.

SANÇÃO	De acordo com a gravidade autoridade escolhe a pena	Aplica pena cabendo ao juiz fixar a dosimetria.
SISTEMA	A lei enumera os deveres/ sanções sem unir de forma discriminada	Rígida tipicidade: conduta e sanção
RAMO DO DIREITO	Direito administrativo: preservar a disciplina da organização administrativa	Direito penal: poder punitivo geral.

6. Características

a) Fragmentariedade

A missão do Direito Penal consiste em tutelar os bens jurídicos mais relevantes para a vida em sociedade. Em decorrência disso, a intervenção penal punitiva deve ter o **caráter fragmentário**[53], protegendo apenas os bens jurídicos mais importantes e em casos de lesões de maior gravidade à segurança coletiva e à liberdade pessoal. Conforme Paulo Queiroz[54]: *"O direito penal não constitui um sistema exaustivo de ilicitudes (Binding) ou de proteção (exaustiva) de bens jurídicos (vida, integridade física, honra), mas descontínuo, fragmentário, já que sua intervenção pressupõe o insucesso de intervenções outras, jurídicas ou não".*

O Direito Penal protege bens jurídicos consubstanciados em valores escolhidos pelo legislador que, por sua vez, leva em conta as necessidades sociais e individuais extraídas da convivência em condições de dignidade adquirindo, nessa perspectiva, uma feição notadamente garantista ou protetiva, destinada a proteger a liberdade individual em face do poder punitivo do Estado.

De forma objetiva e basilar, tais valores ético-sociais, num Estado Democrático de Direito, devem ser informados e corresponder à tutela de um

---

[53] "A fragmentariedade ou essencialidade impõe que o Direito Penal seja um arquipélago de pequenas ilhas no grande mar do penalmente indiferente" (PRADO, Luiz Regis. *Curso de direito penal brasileiro*, cit.).

[54] QUEIROZ, Paulo. *Direito penal*: parte geral. São Paulo: Saraiva, 2005.

bem, consagrado pela Constituição, pois, como já dito acima, o Direito Penal não protege todos os bens jurídicos de violações: só os mais importantes.

Os bens jurídicos tutelados pelo Direito Penal são, portanto, valores constitucionalmente protegidos, essenciais ao ser humano, que possibilitam sua plena realização e desenvolvimento em sociedade e que facilitam ou asseguram a participação social livre e igualitária. Conforme Assis Toledo[55]: *"Se a intervenção do Direito Penal só se faz diante da ofensa de um bem jurídico, nem todos os bens jurídicos se colocam à tutela específica do Direito Penal. Do ângulo penalístico, bem jurídico é aquele que esteja a exigir uma proteção especial, no âmbito da norma penal, por se revelarem insuficientes, em relação a ele, as garantias oferecidas pelo ordenamento jurídico em outras áreas extrapenais".*

b) Subsidiariedade

O direito de punir é **subsidiário**, pois o Estado deve intervir com a sanção jurídico-penal quando não existam outros meios jurídicos de reprimir a conduta, ou seja, somente quando for absolutamente necessário para a defesa dos bens jurídicos imprescindíveis para a sobrevivência da comunidade.

A subsidiariedade[56] estabelece a incidência dos ramos extrapenais para os ilícitos de menor dano ou perigo de dano; já o ramo penal fica restrito aos casos de ofensas aos bens jurídicos fundamentais.

O poder de resposta penal, positivado na Constituição da República e nas leis, por força do princípio da intervenção mínima do Estado, de que deve ser expressão, só vai até onde seja necessário para a proteção do bem jurídico[57]. Conforme preleciona Cezar R. Bitencourt[58]: *"O princípio da intervenção mínima, também conhecido como ultima ratio, orienta e limita o poder incriminador do Estado. Se para o restabelecimento da ordem jurídica violada forem*

---

[55] TOLEDO, Francisco de Assis. *Princípios básicos de direito penal*. São Paulo: Saraiva, 1994.

[56] A existência de um Estado Democrático de Direito passa, necessariamente, por uma busca constante de um direito penal mínimo, fragmentário, subsidiário, capaz de intervir apenas e tão somente naquelas situações em que outros ramos do direito não foram aptos a propiciar a pacificação social (STF, HC 107638/PE, 1ª Turma, rel. Min. Cármen Lúcia, j. 13/9/2011).

[57] REsp 835723/RS – 2006/0074282-5 – rel. Min. Hamilton Carvalhido – 6ª Turma – 18/12/2006.

[58] BITENCOURT, Cezar Roberto. *Lições de direito penal* – parte geral. São Paulo: Saraiva, 2012.

*suficientes medidas civis ou administrativas, são estas que devem ser empregadas
e não as penais. Por isso, o Direito Penal deve ser a ultima ratio, isto é, deve atuar
somente quando os demais ramos do direito revelarem-se incapazes de dar tutela
devida a bens relevantes na vida do indivíduo e da própria sociedade".*

O caráter subsidiário do direito de punir é confirmado pela jurisprudência da nossa Suprema Corte[59]: "O sistema jurídico há de considerar a relevantíssima circunstância de que a privação da liberdade e a restrição de direitos do indivíduo **somente se justificam quando estritamente necessárias à própria proteção das pessoas, da sociedade e de outros bens jurídicos que lhes sejam essenciais**, notadamente naqueles casos em que os valores penalmente tutelados se exponham a dano, efetivo ou potencial, impregnado de significativa lesividade. **O direito penal não se deve ocupar de condutas que produzam resultado, cujo desvalor – por não importar em lesão significativa a bens jurídicos relevantes – não represente, por isso mesmo, prejuízo importante, seja ao titular do bem jurídico tutelado, seja à integridade da própria ordem social**" (grifos nossos).

c) Caráter Público

O direito de punir possui **caráter público**, porque o seu titular exclusivo é o Estado, sendo manifestação da soberania estatal[60].

O Estado pune o infrator porque detém o poder de império[61], ou seja, o comando sobre todas as pessoas, bens e atividades no território nacional. A supremacia geral se revela nos mandamentos constitucionais e nas normas de ordem pública que a cada passo se opõem a condicionamentos e restrições aos direitos individuais em favor da coletividade, incumbindo ao Poder Público o seu policiamento administrativo[62].

---

[59] HC 92463 / RS – rel. Min. Celso de Mello – 16/10/2007 – 2ª Turma.

[60] "Cumpre ao Estado, titular do *jus puniendi*, prover os meios necessários à aplicação da lei penal" (HC 52548/ES – rel. Min. Paulo Medina – 6ª Turma – 21/09/2006).

[61] "Vão longe os tempos de vingança privada, que representou a primeira manifestação da justiça punitiva. É o *imperium estatal* que submete o réu ao processo e à pena, nos limites definidos pelo direito, para assegurar a convivência social" (COSTA JÚNIOR, Paulo José da. *Curso de direito penal*. São Paulo: Saraiva, 2008).

[62] MEIRELLES, Hely Lopes. *Direito administrativo brasileiro*. cit.

Cabe ressaltar que, mesmo nas ações penais privadas[63], em que a vítima ou seu representante legal possuem legitimidade para promover a queixa-crime, não significa que o Estado transferiu ao querelante o direito de punir, mas somente o *jus persequendi* ou *jus accusationis*, ou seja, o direito de pedir ao juiz a aplicação do Direito Penal objetivo e a respectiva condenação do infrator da lei penal.

Na ação de iniciativa privada, o direito de punir continua pertencente ao Estado, que apenas concede ao ofendido a titularidade para fazer atuar ou o *jus persequendi,* ou o *jus accusationis* em juízo (a investidura do Estado no direito de ação).

Parte da doutrina[64] sustenta que a legitimação extraordinária para agir da vítima fundamenta-se num sentimento de vingança ou de interesse pecuniário, incompatíveis com a finalidade da pena, que é a reeducação e defesa social. Outra parte majoritária, ao contrário, sustenta que a referida legitimação não tem nada a ver com vingança privada, fenômeno que restaria caracterizado por certo se a própria vítima exercesse o direito de punir, impondo a pena ao infrator, sem a participação do Estado.

d) Manifestação da Soberania Estatal

O direito de punir é uma ***manifestação da soberania estatal***, pois ao aplicar a sanção penal ao infrator age como Poder Público, numa posição de supremacia em relação aos administrados, em defesa da ordem jurídica e da manutenção dos valores fundamentais para conservação e progresso da vida em sociedade.

e) Dever-Poder

Para proteger os bens jurídicos e manter a paz social, o Estado é dotado do direito de punir, que na verdade ***é um dever-poder***, já que o Estado tem

---

[63] A ação que é sempre pública porque tem como sujeito passivo o Estado e em um de seus polos existe atividade de direito público (posição da maioria da doutrina).

[64] SOLER, Sebastian. *Derecho penal argentino*. Buenos Aires: TEA, 1976, v. 1; MAGGIORE, Giuseppe. *Diritto penale*. Bologna: Nicola Zanichelli, 1937, v. 1; FERRI, Enrico. *Princípios de derecho criminal*. Madrid: Ed. Réus, 1933.

obrigação de tomar providências quando está em jogo o interesse público[65] de manutenção e reintegração da ordem jurídica.

A própria Constituição Federal coloca que a segurança pública é dever do Estado e direito e responsabilidade de todos (art. 144, *caput*). Como observa Heleno Fragoso[66]: *"Com o aparecimento da norma agente, surge necessariamente a relação jurídica que se estabelece entre o Estado e os destinatários da norma (a generalidade dos súditos), relação que tem, como conteúdo, **o direito subjetivo do Estado à observância dos preceitos penais com o poder e a faculdade de exigir a abstenção da prática de ações delituosas. A tal direito corresponde o dever de observância do comando da proibição contida nas normas.** Titular de tal direito é sempre o Estado-Administração... Com a violação da norma penal, ou seja, com a prática do crime, ocorre uma transformação do direito que surge com a norma, aparecendo a pretensão punitiva do Estado. O conteúdo dessa relação jurídica é constituído pelo **direito subjetivo do Estado à imposição da pena, com a correspondente obrigação jurídica do réu, de a ela sujeitar-se"** (grifos nossos).*

O direito de punir é instrumento necessário para atender ao interesse público da paz social, de forma que é de atuação obrigatória. Sem o direito de punir o Estado não consegue alcançar seus fins ligados com a garantia da lei e da ordem. *O Estado não tem, apenas, o direito de punir, mas sobretudo o dever de punir. Seus funcionários devem agir*[67].

f) Função, Diligência e de Coação Indireta.

O direito de punir *é uma função*, pois é um encargo do Estado de aplicar a sanção penal cabível contra o transgressor, e *uma diligência*, pois o Estado ao aplicar a sanção penal, através do processo penal, busca disciplinar a convivência entre as pessoas para a consecução do bem comum.

De acordo com a doutrina, como ninguém pode ser punido sem julgamento, o direito de punir é *não autoexecutável, de coação indireta*, ou seja,

---

[65] "Se para o particular o poder de agir é uma faculdade, para o administrador público é uma obrigação de atuar, desde que se apresente o ensejo de exercitá-lo em benefício da comunidade" (MEIRELLES, Hely Lopes. *Direito administrativo brasileiro*. 29. ed. cit., 2004).

[66] FRAGOSO, Heleno Cláudio. *Lições de direito penal*: parte geral. 17. ed. Rio de Janeiro: Forense, 2006, p. 328.

[67] DE ALMEIDA, Joaquim Canuto Mendes. *Princípios fundamentais do processo penal*. São Paulo: Revista dos Tribunais, 1973.

será sempre exercido por meio do processo penal adequado, isto é, com a garantia do juiz natural, assegurados o contraditório, a ampla defesa e a igualdade das partes.

O devido processo legal representa integração do binômio direito e processo, e procura dar o máximo de eficácia às normas constitucionais para a efetivação do controle dos atos de poder e da igualdade substancial das partes no processo[68]. O processo penal é instrumento e não fim do *jus puniendi*, tampouco serve ao intuito da vindita privada ou coisa que o valha[69].

g) Jurisdição Necessária

O direito de punir é espécie de *jurisdição necessária*, pois somente se efetiva mediante decisão judicial (juiz é o intérprete e mediador da vontade estatal de aplicação concreta da sanção penal junto à comunidade).

O conflito de interesses entre o autor de um crime (interesse em manter sua liberdade) e o Estado (interesse na persecução e repressão dos delitos) somente pode ser dirimido pelo exercício da jurisdição penal.

É possível afirmar que a característica da jurisdição necessária em matéria penal foi atenuada com a edição da Lei n. 9.099/1995, uma vez que passou a ser admitida a transação em crimes de menor lesividade social.

h) Limitado

Num Estado Democrático de Direito, o direito de punir, dever do Estado, é *limitado* pelas normas do Direito Penal objetivo e, principalmente, pela dignidade da pessoa humana consubstanciada no binômio respeito aos direitos e patamar mínimo de sobrevivência, e visto a partir dos postulados constitucionais, no contexto dos direitos e garantias, para evitar abusos do Estado[70].

---

[68] LUCON, Paulo Henrique dos Santos. *Devido processo legal substancial.* Disponível em: <http://www.mundojuridico.adv.br>.

[69] HC 59410/MG – rel. Min. Maria Thereza de Assis Moura – 6ª Turma – 14/12/2006.

[70] NUCCI, Guilherme de Souza. *Manual de processo penal e execução penal.* São Paulo: Revista dos Tribunais, 2011.

As limitações impostas ao poder punitivo do Estado visam impedir o despotismo do poder público e evitar as atrocidades[71]. Conforme orientação do STJ[72]: "*O Direito penal, porque regula o* jus puniendi *do Estado, rege-se por princípios que consubstanciam garantias constitucionais, para conter abusos contra o direito de liberdade, cuja proteção situa-se em plano universal*".

[71] CORREIA JÚNIOR, Alceu; SHECAIRA, Sérgio Salomão. *Pena e Constituição*. São Paulo: Revista dos Tribunais, 1994.
[72] RHC 10456 / GO – rel. Min. Vicente Leal – 6ª TURMA – 20/09/2001; REsp 141343/DF – 28/05/1998.

7. Espécies

O direito de punir possui as seguintes classificações:

- a. I[73] – **(a) positivo:** é o poder que tem o Estado não somente para criar os tipos penais, como também para executar suas decisões condenatórias;
- b. **(b) negativo:** faculdade de derrogar preceitos penais ou restringir o alcance das figuras delitivas.
- c. II – **(a) abstrato:** é previsto na lei penal, no preceito secundário do tipo penal incriminador, que comina uma sanção ou penalidade; Quando o Estado, por meio do Poder Legislativo, elabora as leis penais, estabelecendo sanções penais àqueles que cometerem infração penal surge: *1) para o Estado*: o direito de punir abstrato; *2) para o particular:* o dever de não realizar a conduta prevista no tipo penal.
- d. **(b) concreto:** surge quando alguém, no mundo real, praticar uma conduta proibida pela lei penal.

8. Punibilidade

8.1. Conceito

Com a prática da infração penal, o direito de punir do Estado, que era abstrato, se concretiza, surgindo a *punibilidade,* ou seja, a possibilidade jurídica de o Estado impor sanção penal ao infrator da lei penal, visando recompor a ordem jurídica. Diante da transgressão da norma penal, de um lado aparece o Estado com o *jus puniendi,* de outro, o acusado, com a obrigação de não obstaculizar o direito da sociedade representada pelo Estado de impor a sanção penal.

A violação da norma penal faz surgir o direito de punir, ***poder soberano do Estado***, um poder jurídico concretizado pela lei penal para que o Estado cumpra sua função de assegurar as condições de existência e continuidade da organização social e, também, para o infrator, o direito subjetivo de liberdade, no sentido de não ser punido senão de acordo com a lei editada pelo Estado. Diante do conflito entre o *jus puniendi* e o *jus libertatis,* a

---

[73] GRECO, Rogério. *Curso de direito penal.* Rio de Janeiro: Impetus, 2007.

PRISÃO E LIBERDADE

aplicação da norma penal ao infrator da lei penal depende da existência do processo criminal, iniciado com a propositura da ação penal.

A pretensão punitiva surge, pois, no momento em que o *jus puniendi in abstracto* se transfigura no *jus puniendi in concreto*[74]. Cometida a infração, o direito abstrato de punir do ente administrativo convola-se em concreto. Fica instituída uma relação jurídico-punitiva[75], ou seja, o poder de punir até então genérico, concretiza-se, transformando-se numa pretensão individualizada, dirigida especificamente contra o transgressor.

8.2. Natureza

Quanto à natureza da punibilidade, existem duas correntes doutrinárias:

> a. a primeira, a corrente majoritária, sustenta que a punibilidade caracteriza-se como consequência jurídica aplicada ao infrator da lei penal, quando houver violação dos bens jurídicos fundamentais ao convívio social, não sendo requisito da infração penal. Para os autores que adotam essa corrente a extinção da punibilidade não faz o delito desaparecer, salvo no caso de anistia e da *abolitio criminis;*
> b. a segunda, a corrente minoritária[76], sustenta que a punibilidade é parte integrante do conceito analítico do crime. Para os adeptos dessa posição as causas extintivas de punibilidade acarretam o desaparecimento da infração penal.

A punibilidade é uma das condições para o exercício da ação penal (CPP, art. 43, II), de forma que o titular só poderá exercer o direito de promover a ação penal se não houver a extinção da punibilidade.

---

[74] TOURINHO FILHO, Fernando da Costa. *Processo penal* 29. ed. São Paulo: Saraiva, 2007, v. 1, p. 11.

[75] Embargos de Declaração em Mandado de Segurança n. 13174/SP – rel. Min. Gilson Dipp – 5ª Turma do STJ – 2004.

[76] ASÚA, Luis Jimenez de. *La ley y el delito*: principios de derecho penal. Caracas: Andreas Bello, 1945; Battaglini, Giulio. *Teoria da infracção criminal*. Trad. por Augusto Victor Velho. Coimbra: Coimbra Ed., 1961.

8.3. Momentos

A punibilidade ou o direito de punir possui três momentos: **a) direito de ameaçar com pena:** o direito de o Estado, por meio de lei, ameaçar o cidadão com uma pena, com a finalidade de evitar a violação da norma penal; **b) direito de aplicar a pena:** é a pretensão punitiva, ou seja, com a violação da norma penal o direito de punir em abstrato transforma-se em direito concreto de punir; **c) direito de executar a pena:** é a pretensão executória.

8.4. Punibilidade e Pena

A pena decorre da punibilidade, mas com esta não se confunde. A pena é comumente conceituada como a espécie de sanção imposta a uma pessoa física ou jurídica em razão da prática de uma infração penal; é a materialização do direito de punir; consubstancia o exercício material da atividade punitiva estatal.

A punibilidade é uma determinação de conteúdo jurídico, do Estado consistente na possibilidade de aplicar uma sanção penal, seja pena ou medida de segurança; a pena, por sua vez, configura uma das formas de realização material ou execução prática ou consequência da decisão estatal punitiva.

8.5. Espécies

Com a prática da infração penal, o direito de punir do Estado, que era abstrato, concretiza-se, surgindo a *punibilidade*, ou seja, a possibilidade jurídica de o Estado impor sanção penal ao infrator da lei penal, visando recompor a ordem jurídica. A punibilidade subdivide-se em:

a. **pretensão punitiva:** surge com a prática da infração penal e se estende até a decisão condenatória transitada em julgado, com a imposição da sanção penal;

b. **pretensão executória:** poder-dever do Estado de executar a sanção imposta no *decisum* condenatório passado em julgado; o Estado adquire o direito de executar a sanção imposta pelo Poder Judiciário.

9. Persecução Penal

9.1. Conceito

Persecução vem do latim *persecutione*, que significa "perseguir". Persecução penal é a ação de perseguir o crime, ou seja, é a tarefa ou o caminho que o Estado realiza para punir o autor da infração penal e, com isso, buscar a paz social. Conforme acentua Leib Soibelman: *"PERSECUTIO CRIMINIS. (latim) Persecução penal. Perseguição de crime pelos órgãos estatais para submetê-lo a julgamento. Compreende a fase de investigação do crime (informatio delicti) e a fase de acusação em juízo (ação penal). Termina por decisão judicial que absolve, declara extinta a punibilidade, manda arquivar o inquérito ou julga cumprida a condenação. Pretensão punitiva do Estado desenvolvida ou posta em andamento contra alguém indiciado como autor de infração penal"* [77].

Ao conceituar a persecução penal, pode-se afirmar que se trata de uma atividade pela qual o Estado, com observância da ordem jurídica, em respeito ao devido processo penal, visa punir o autor da infração penal, para pacificação social. A **causa final** da persecução penal é a atuação da vontade da lei na punição do criminoso. A **causa material** é a prática de uma infração penal.

A prática da infração penal faz surgir **relação jurídica punitiva**, decorrente do poder (dever) do Estado de punir violação aos preceitos penais. Seja crime ou contravenção, a prática da infração penal implica a transformação do direito abstrato e genérico de punir do Estado **(relação jurídico-penal hipotética)** em direito de punir concreto e individualizado **(relação jurídico-penal concreta)**.

Na relação jurídico-punitiva, há dois personagens: o Estado, titular da **pretensão punitiva** (exigência de subordinação do interesse do infrator da lei penal ao interesse do Estado de defesa da ordem jurídica e estabilidade coletiva); e o autor da infração penal, com o direito de ser punido com base na lei editada pelo Estado.

Diante da transgressão da norma penal, de um lado aparece o Estado, com o *jus puniendi*; e, de outro, o acusado, com a obrigação de não obsta-

---

[77] SOIBELMAN, Leib. *Enciclopédia do advogado.* Rio de Janeiro: Thex, 1996.

culizar o direito da sociedade, representada pelo Estado, de impor a sanção penal.

Diante do conflito de interesses qualificado por uma pretensão (punitiva) resistida (infrator em luta pelo *jus libertatis*), surge a **lide penal**, que somente pode ser solucionada pelo processo penal (procedimento e relação jurídica), cuja finalidade é a aplicação do Direito Penal Objetivo. O Estado, por meio do processo penal, faz valer as normas penais para tutelar os bens jurídicos individuais e coletivos.

9.2. Características

Cometida a infração, o direito abstrato de punir do ente estatal convola-se em concreto. Fica instituída uma relação jurídico-punitiva, que, por sua vez, caracteriza-se por ser:

a. **complexa:** desenvolve-se mediante uma multiplicidade de atos e fatos, todos coordenados, em conjunto com o objetivo final de buscar a punição do autor da infração penal;

b. **instrumental:** é meio para a atuação do dever de punir do Estado diante da prática de uma infração penal;

c. **atividade:** é definida como um complexo de atos coordenados tendentes ao exercício da função estatal de punição criminal;

d. **jurídica:** desenvolve-se com observância da ordem jurídica;

e. **unitária:** a série de atos e fatos se liga a uma única relação de finalidade, e todos, em conjunto, visam manter a ordem jurídica;

f. **concreta:** pois incide ou se forma diante da prática de uma infração penal;

g. **dinâmica:** é tarefa estatal que caminha para a frente, buscando uma punição criminal;

h. **temporária:** já que o dever estatal de punir só pode ser exercido dentro do prazo prescrito em lei;

i. **híbrida:** por ser regulada tanto pelo direito penal como pelo direito processual penal, tendo como ponto de partida a Constituição Federal, que traz em seu bojo garantias constitucionais necessárias para conter os abusos do Estado.

9.3. Objeto e Fases

O **objeto imediato** da persecução penal é a averiguação da ocorrência da infração penal e sua respectiva autoria. O **objeto mediato** da persecução penal é buscar a punição do suposto infrator e, dessa forma, atingir a paz social.

A persecução penal é estruturada em fases lógicas e autônomas. Na doutrina, há divergência a respeito da enumeração da referidas fases:

a. **posição bidimensional:** a persecução penal é dividida em duas fases: investigação criminal; e processo penal;

b. **processo tridimensional:** a persecução penal é dividida em três fases: investigatória (coleta de elementos de prova); processual (sequência de atos no Judiciário); execução penal (cumprimento da sanção penal);

c. **posição tetradimensional:** a persecução penal é dividida em: cominação abstrata dos delitos e das penas; da investigação criminal; da fase processual; e da fase da execução penal;

d. posição pentadimensional: a persecução penal é dividida em: cominação abstrata dos delitos e das penas; da investigação criminal; da fase processual; fase da execução penal; e fase da reabilitação criminal.

Apesar de haver divergências, a posição tridimensional reflete a essência da persecução penal, já que sua realização pressupõe a prática da infração penal. É o *jus puniendi* no plano concreto.

A cominação abstrata de delitos e de penas não é fase da persecução penal, é o direito de punir no plano abstrato. A reabilitação criminal não é fase da persecução penal e está em desuso, pois o objetivo de garantir sigilo da ficha criminal da pessoa pode ser obtido de forma imediata e automática, nos termos do art. 202 da LEP: *"Cumprida ou extinta a pena, não constarão da folha corrida, atestados ou certidões fornecidas por autoridade policial ou por auxiliares da Justiça, qualquer notícia ou referência à condenação, salvo para instruir processo pela prática de nova infração penal ou outros casos expressos em lei".*

Dessa forma, numa visão tridimensional, a tarefa estatal de punição do infrator é exercida em uma trajetória denominada persecução penal, dividida em três fases:

a. fase preliminar ou pré-processual: é a investigação ou averiguação da infração penal, por meio da coleta de dados a respeito da sua autoria e materialidade;

b. fase processual: é a realização do processo contra o suposto autor da infração penal; é a apuração da infração penal por meio de uma relação jurídica entre juiz e partes, a qual se desenvolve por uma sequência de atos no Judiciário, até a decisão final, condenatória ou absolutória;

c. fase executiva: é o cumprimento da sanção penal.

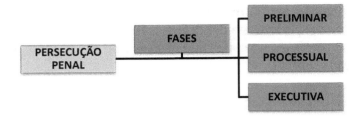

10. Sanção Penal

A punibilidade tem como conteúdo a *sanção penal*, reação do Estado à transgressão de uma norma incriminadora, consequência jurídica aplicada ao infrator da lei penal, quando houver violação dos bens jurídicos fundamentais ao convívio social, resultado de um processo judicial e estabelecida pela sentença criminal visando à tutela da ordem jurídica. A *sanção penal* possui os seguintes elementos:

a. **subjetivo:** a autoridade que aplica a sanção penal, no caso concreto, é a judiciária. A fixação é feita na sentença, transformando em realidade o comando emergente da lei;

b. **objetivo:** a sanção penal é uma reação ou consequência jurídica aplicada ao infrator da lei penal que importa na privação de direitos e a imposição de deveres;

c. **formal:** a aplicação da pena pelo Juiz depende do devido processo legal, nos termos do art. 5º, inciso LV, da Constituição Federal;

d. **estrutural:** só a lei pode criar sanção penal, sua aplicação ocorre após a prática da infração penal, e no Brasil, adotamos o sistema dual ou dualista, no qual existem duas espécies de sanção penal: a) pena; b) medida de segurança.

A pena e a medida de segurança pressupõem a prática de um ilícito criminal, são aplicadas pelo juiz, após o devido processo legal, afetam a liberdade da pessoa, visam evitar novos delitos e readaptar o infrator ao convívio social. Como acentua Heleno Cláudio Fragoso[78]: *"As medidas de segurança têm a mesma justificação e o mesmo fundamento da pena. São medidas de defesa social, com as quais se procura evitar a conduta delituosa, protegendo valores de alta relevância no ordenamento jurídico".*

Porém, é possível estabelecer diferenças entre a pena e a medida de segurança, senão veja-se:

a. **finalidade:** a pena visa retribuir o mal causado pelo crime, prevenir a ocorrência de novos delitos e possibilitar a reeducação do infrator; a medida de segurança tem finalidade curativa e preventiva;

b. **aplicação:** a pena é aplicada aos imputáveis (os que têm capacidade para entender e querer o crime) e aos semi-imputáveis (não têm capacidade plena para entender e querer o crime); já a medida de segurança pode ser aplicada aos inimputáveis (os que não têm capacidade para entender e querer o crime) e aos semi-imputáveis (não têm capacidade plena para entender e querer o crime);

c. **pressuposto:** a pena é aplicada quando comprovada a culpabilidade (juízo de reprovação social); a medida de segurança é aplicada quando comprovada a periculosidade (probabilidade de delinquir);

---

[78] FRAGOSO, Heleno Cláudio. *Lições de direito penal:* parte geral. 7. ed. Rio de Janeiro: Forense, 1985.

PRISÃO E LIBERDADE

d. **duração máxima:** a pena tem duração máxima determinada, variando conforme o crime praticado e suas circunstâncias; já a medida de segurança é por tempo indeterminado; o máximo da duração é indeterminado, perdurando a sua aplicação enquanto não for averiguada a cessação da periculosidade[79] (CP, art. 97, § 1º), apesar de ter prazo mínimo que varia de 1 a 3 anos. Há uma corrente doutrinária minoritária[80] que sustenta a inconstitucionalidade do prazo indeterminado, pois viola o direito à igualdade; direito à humanidade; direito à dignidade da pessoa humana;

e. **espécies na lei penal brasileira:** as penas são: I – privativas de liberdade; II – restritivas de direitos; III – de multa, nos termos do art. 32 do Código Penal; as medidas de segurança podem ser: detentiva: internação, e restritiva: tratamento ambulatorial, nos termos do art. 96 do Código Penal[81];

f. **local de cumprimento:** no caso da medida de segurança detentiva em estabelecimento dotado de características hospitalares, nos termos do art. 99 do Código Penal; a restritiva em local com dependência médica adequada, nos termos do art. 101 da Lei de Execução Penal. No caso de ausência de vagas em estabelecimentos hospitalares adequados à realização do tratamento deve o sentenciado ser submetido a regime de tratamento ambulatorial até que surja referida vaga[82].

---

[79] HC 70497/SP – rel. Min. Carlos Fernando Mathias – 6ª Turma – 12/11/2007.

[80] GOMES, Luiz Flávio. Medidas de segurança e seus limites in *Revista Brasileira de Ciências Criminais*, São Paulo, n. 2, abr./jun. 1993, p. 66 e s.

[81] "A medida de segurança, enquanto resposta penal adequada aos casos de exclusão ou de diminuição de culpabilidade previstos no art. 26, *caput,* e parágrafo único, do Código Penal, deve ajustar-se, em espécie, à natureza do tratamento de que necessita o agente inimputável ou semi-imputável do fato-crime" (REsp 324091/SP – rel. Min. Hamilton Carvalhido – 6ª Turma – 16/12/2003).

[82] Em se tratando de aplicação de medida de internação em hospital de custódia e tratamento psiquiátrico, tem-se por configurado o constrangimento ilegal quando o paciente é submetido à prisão em delegacia de polícia, ainda que o motivo seja a inexistência de vaga no estabelecimento adequado (HC 22916/MG – rel. Min. Fernando Gonçalves – 6ª Turma – 29/10/2002) ;Sendo aplicada ao paciente a medida de segurança de internação, constitui constrangimento ilegal sua manutenção em prisão comum, ainda que o motivo seja a alegada inexistência de vaga para o cumprimento da medida aplicada. (...) II – A manutenção de estabelecimentos

É ilegal a prisão de inimputável sujeito a medidas de segurança de internação, mesmo quando a razão da manutenção da custódia seja a ausência de vagas em estabelecimentos hospitalares adequados à realização do tratamento. 2. Ordem concedida, em parte, para determinar a imediata transferência do paciente para hospital de custódia e tratamento psiquiátrico ou outro estabelecimento adequado, sendo que, na falta de vagas, deve ser o mesmo submetido a regime de tratamento ambulatorial até que surja referida vaga (HC 81959/MG – rel. Min. Maria Thereza de Assis Moura – 6ª Turma – 07/02/2008)[83].

No caso da pena privativa de liberdade, o local varia conforme o regime de cumprimento da pena, de forma que: a) regime fechado – a execução da pena em estabelecimento de segurança máxima ou média; b) regime semiaberto – a execução da pena em colônia agrícola, industrial ou estabelecimento similar; c) regime aberto – a execução da pena em casa de albergado ou estabelecimento adequado, nos termos do art. 33 do Código Penal;

g. **tipo da prevenção:** a pena tem um efeito de prevenção geral e individual; já as medidas de segurança têm um efeito de prevenção especial, visando curar o agente;

h. **prazo mínimo:** a pena tem seu limite mínimo determinado num parâmetro fixo; a medida de segurança tem um prazo mínimo de 1 (um) a 3 (três) anos;

i. **cessação:** a pena cessa com cumprimento por parte do condenado. A medida de segurança cessa quando verificada a cessação

---

adequados ao cumprimento da medida de segurança de internação é de responsabilidade do Estado, não podendo o paciente ser penalizado pela insuficiência de vagas. *Habeas corpus* concedido (HC 31902/SP – rel. Min. Felix Fischer – 5ª Turma – 11/05/2004).

[83] Medida de segurança (aplicação). Vaga em hospital psiquiátrico (inexistência). Tratamento ambulatorial (possibilidade). 1. Aplicada medida de segurança consistente em internação em hospital psiquiátrico, configura constrangimento ilegal a manutenção do paciente em centro de detenção provisória. 2. Quando não há vaga em estabelecimento adequado – hospital psiquiátrico –, deve-se submeter o paciente a tratamento ambulatorial. 3. *Habeas corpus* deferido a fim de que seja submetido o paciente a tratamento ambulatorial até que surja vaga em estabelecimento adequado (HC 67869/SP – rel. Min. Nilson Naves – 6ª Turma – 12/06/2007).

da periculosidade do agente. O juiz não pode decretar a extinção da medida de segurança pelo mero decurso do prazo sem a realização do exame de cessação de periculosidade;

j. início dos efeitos: a pena tem seus efeitos contados da data do fato. A medida de segurança causa efeitos a partir da data da sentença;

k. fundamento: as penas fundamentam-se na gravidade e nas circunstâncias do crime; as medidas de segurança fundamentam-se na periculosidade do agente;

l. tipo de sentença: a sentença que aplicar pena é condenatória, pois julga procedente a pretensão punitiva do Estado. A sentença que aplicar medida de segurança é absolutória imprópria, pois julga improcedente a pretensão punitiva e aplica medida de segurança;

m. característica: a pena assume cunho essencialmente ético e é baseada na justiça; a medida de segurança, eticamente neutra, tem por fundamento a utilidade[84];

n. substituição: é possível a medida de segurança, prevista na Lei de Execuções Penais, ser aplicada quando, no curso na execução da pena privativa de liberdade, sobrevier doença mental ou perturbação da saúde mental (arts. 183 e 184 da LEP).
A **medida de segurança** prevista no Código Penal é aplicada ao inimputável, no processo de conhecimento, e tem prazo indeterminado, perdurando enquanto não for averiguada a cessação da periculosidade. A **medida de segurança** prevista na Lei de Execuções Penais, hipótese dos autos, é aplicada quando, no curso na execução da pena privativa de liberdade, sobrevier doença mental ou perturbação da saúde mental, sendo adstrita ao tempo de cumprimento da pena privativa de liberdade fixada na sentença condenatória, sob pena de ofensa à coisa julgada. Verificado o cumprimento integral da medida de segurança substitutiva, deve ser determinada sua extinção.

---

[84] HUNGRIA, Nelson. *Comentários ao Código Penal*. Rio de Janeiro: Forense, 1951, v. 3, p. 9.

O art. 98 do Código Penal autoriza a substituição da pena privativa de liberdade por **medida de segurança** ao condenado semi-imputável que necessitar de especial tratamento curativo, aplicando-se o mesmo regramento da **medida de segurança** para inimputáveis. Demonstrada a ineficiência da **medida de segurança** aplicada de tratamento ambulatorial, tendo em vista que o agente não comparece nos dias determinados, deixando de se submeter ao tratamento médico prescrito, pode e deve o Juízo proceder sua conversão em internação em hospital de custódia, independentemente da prévia realização do exame de cessação da periculosidade, *ex vi* do art. 184 da Lei de Execução Penal;

o. **prescrição:** a medida de segurança imposta pelo juízo de conhecimento se sujeita à extinção da punibilidade pela prescrição, *ex vi* do art. 96, parágrafo único, do CP, bem como por não se admitir, exceptuadas as hipóteses expressamente previstas na Constituição Federal, sanções penais imprescritíveis no ordenamento jurídico pátrio. Por não haver uma condenação ao se aplicar a medida de segurança ao inimputável, a prescrição é contada pelo máximo da pena cominada em abstrato pelo preceito secundário do tipo (STF – HC 68783/SP, HC 69904/SP – STJ – RHC 9815-SP [LEXSTJ 146/296]). A pena está sujeita à prescrição, nos termos do art. 109 e segs. do Código Penal;

p. **efeito suspensivo no agravo em execução:** o agravo em execução é cabível das decisões proferidas pelo juiz da execução, nos termos do art. 66 combinado com o art. 197, ambos da Lei de Execução Penal. Em relação ao agravo em execução contra decisão do juiz da execução em matéria que envolva pena não há efeito suspensivo, nos termos do art. 197 da Lei de Execução Penal; porém, na medida de segurança a orientação do STJ é firme no sentido de que o recurso de agravo em execução, previsto no art. 197 da Lei de Execução Penal, não tem efeito suspensivo, salvo na hipótese de decisão que determina a desinternação ou liberação de quem cumpre medida de segurança (RMS 11695-SP (JBC 39/189), HC 7663-SP, HC 6640-SP (*RT* 757/490), HC 6642-SP (*RSTJ* 106/423), HC 6892-SP, RHC 11390-SP, RHC 9832-MT).

Título III - Limites Constitucionais do Poder Punitivo Estatal

1. Introdução

A ordem jurídica brasileira é uma construção escalonada de diferentes níveis de normas jurídicas, ou seja, existem normas jurídicas superiores e inferiores. No sistema jurídico de estrutura escalonada, a Constituição Federal é a "lei" maior do país e dá fundamento de validade às demais normas do ordenamento jurídico.

A supremacia constitucional requer que todas as situações jurídicas sejam compatíveis com as normas da CF. Supremacia constitucional significa a superioridade da Constituição Federal em face das demais normas do ordenamento jurídico.

Essa conformidade com os ditames constitucionais, agora, não se satisfaz apenas com a atuação positiva de acordo com a constituição. Exige mais, pois omitir a aplicação de normas constitucionais, quando a Constituição assim a determina, também constitui conduta inconstitucional[85].

A falta de compatibilidade com a Constituição Federal gera o vício da inconstitucionalidade (invalidade da norma), que não pode permanecer na ordem jurídica, já que perturba a segurança das relações jurídicas.

A conformidade com a Constituição Federal gera coerência e harmonia normativa, possibilitando uma ordem constitucional, a defesa do próprio Estado e o respeito aos direitos e garantias fundamentais.

---

[85] SILVA, José Afonso. *Curso de Direito Constitucional Positivo.* São Paulo: Malheiros, 2010.

Na Constituição, a supremacia constitucional é **princípio implícito;** há países em que há previsão explícita ou criação por obra jurisprudencial. É norma **estrutural** da ordem jurídica, pois estabelece ordem e unidade normativa. É um **princípio essencial,** pois visa à harmonia da ordem jurídica, por meio da coesão e da coerência no ordenamento estatal. É **poder de ordenação e conformação da atividade estatal.**

Existem duas espécies de supremacia constitucional: **a) supremacia material:** a Constituição é a lei maior do país em razão do *conteúdo* das suas normas que estabelecem a estrutura mínima do Estado, de maneira a identificar sua forma, o sistema de governo, a separação de poderes e outros elementos referentes a sua organização, bem como seus limites; **b) supremacia formal:** a constituição é a lei maior do país em razão da *forma,* ou seja, do processo de alteração dificultoso e solene de suas normas. Noutros termos, a constituição é suprema, em razão da sua rigidez constitucional, ou seja, por ser a norma mais difícil de ser alterada no ordenamento jurídico.

No Brasil, **adotamos o princípio da supremacia formal,** cujo fundamento é o princípio da *rigidez,* em que a reforma da CF é feita por um procedimento mais solene e difícil do que o previsto para a lei ordinária comum. A adoção do referido princípio gera os seguintes efeitos: **a) subordinação ou adequação ou simetria:** os atos legislativos, administrativos e jurisdicionais devem ser compatíveis com a Constituição[86]; **b) controle de constitucionalidade:** técnica criada para fiscalizar a compatibilidade das normas infraconstitucionais com a Constituição, funcionando como instrumento de defesa da própria Constituição; **c) força normativa: a Constituição Federal determina o sentido dos atos públicos e privados.**

A supremacia constitucional, princípio informador do Estado Democrático de Direito, é consubstanciada na exigência de que todos os atos normativos e administrativos que se encontram numa posição de inferioridade hierárquica em relação à Constituição[87] estejam em situação de compatibilidade com o texto constitucional.

Dessa forma, é possível afirmar que o poder punitivo estatal encontra seus limites na Constituição, com a finalidade de satisfazer as justas

---

[86] BULOS, Uadi Lammêgo. *Curso de direito constitucional.* São Paulo: Editora Saraiva, 2007.

[87] "Constituição é ato normativo jurídico primário e fundamental de uma sociedade, que forma e conforma um Estado segundo uma ideia de Justiça posta à realização" (ROCHA, Carmen Lúcia Antunes. *Constituição e constitucionalidade.* Belo Horizonte: Lê, 1991, p. 14-15).

exigências da moral, da ordem pública e do bem-estar de uma sociedade democrática. O poder punitivo estatal busca sua legitimidade na Constituição. As restrições estabelecidas diretamente pela Constituição são chamadas de *diretas ou imediatas*.

O Direito penal, porque regula o *jus puniendi* do Estado, rege-se por princípios que consubstanciam garantias constitucionais por conter abusos contra o direito de liberdade, cuja proteção situa-se em plano universal.

As limitações constitucionais ao poder punitivo estatal podem ser:

a) **criminais:** impedem que o poder punitivo estatal viole os princípios e as garantias constitucionais que decorrem do rol de direitos e garantias individuais consagrados na Constituição, *referentes ao crime*, que disciplinam descrição do fato típico;

b) **penais:** impedem que o poder punitivo estatal viole os princípios e garantias constitucionais que decorrem do rol de direitos e garantias individuais consagrados na Constituição, *referentes à sanção penal* (disciplinam aspectos de limitação, aplicação e execução das penas).

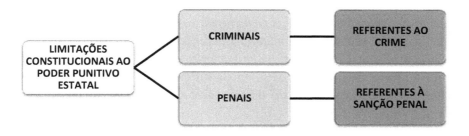

2. Limitações Constitucionais Criminais

2.1. Princípio da Fragmentariedade

O *poder punitivo estatal é seletivo*, pois só protege os bens jurídicos mais importantes, ou seja, só tutela e pune as condutas lesivas aos valores que causem distúrbios graves para a segurança social.

O Direito Penal apenas deve ser utilizado contra ofensas intoleráveis a determinados bens jurídicos (informativo 540/2014 STJ); Como corolário, o princípio da fragmentariedade elucida que não são todos os bens que têm a proteção do Direito Penal, mas apenas alguns, que são os de maior importância para a vida em sociedade (informativo 539 do STJ).

É um princípio que se preocupa com os interesses que podem ser tutelados pelo Estado, no âmbito criminal: não defende valores morais, éticos ou religiosos, mas os bens fundamentais para a convivência e o desenvolvimento social. Conforme observa Cezar Bitencourt[88], a fragmentariedade ou essencialidade: *"...defende o bem jurídico somente contra ataques de especial gravidade, exigindo determinadas intenções e tendências, excluindo a punibilidade da prática imprudente de alguns casos".*

Quando o Estado pune a forma consumada do delito, ocorre a fragmentariedade de primeiro grau; quando pune a forma tentada do delito, ocorre a fragmentariedade de segundo grau.

2.2. Princípio da Ofensividade ou Lesividade

O poder punitivo estatal só atua quando houver efetiva lesão ou perigo real a um bem jurídico, não sendo suficiente que seja imoral. Portanto, o resultado da conduta deve ser lesivo, isto é, os efeitos que produz, pois *"la necessaria lesividad del resultado, cualquiera que sea la concepción que de ella tengamos, condiciona toda justificación utilitarista del derecho penal como instrumento de tutela y constituye su principal límite axiológico externo"*[89].

A ofensividade impede que o legislador crie tipos penais como fatos indiferentes, sendo do ponto de vista do valor e do interesse sociais inofen-

---

[88] BITENCOURT, Cezar. *Código penal comentado*. São Paulo: Saraiva, 2002, p. 4.
[89] FERRAJOLI, Luigi. *Derecho y razón*: teoría del garantismo penal. Trad. coletiva, 2. ed. Valladolid: Ed. Trotta, 1997, p. 466.

sivos. No nível jurisdicional, deve comportar para o juiz o dever de excluí-la da subsistência do crime, quando o fato se apresenta na conformidade do tipo, mas, ainda assim, concretamente é inofensivo ao bem jurídico específico tutelado pela norma[90].

2.3. Princípio da insignificância

Foi formulado pela primeira vez por Claus Roxin[91] em 1964. É manifestação contrária ao uso excessivo da sanção criminal. O poder punitivo estatal só atua nos casos de lesão jurídica de certa gravidade, sendo incabível a intervenção punitiva estatal nas perturbações jurídicas leves (crimes de bagatela ou de lesão mínima), pois as infrações de pouca monta são incapazes de causar dano à coletividade.

A natureza jurídica da insignificância é ser excludente de tipicidade. Cabe ressalvar o princípio da insignificância não aplicado ao delito de descaminho quando o valor da mercadoria é ínfimo se o réu age com reiteração delitiva, conforme orientação do STJ[92].

Não se aplica o princípio da insignificância à conduta descrita no art. 183 da Lei 9.472/1997 ("Desenvolver clandestinamente atividades de telecomunicação"). Isso porque se trata de crime de perigo abstrato, e a exploração clandestina de sinal de internet, sem autorização do órgão regulador (ANATEL), já é suficiente a comprometer a regularidade do sistema de telecomunicações, razão pela qual o princípio da insignificância deve ser afastado. nos termos do informativo 560/15 do STJ.

Não é possível afastar a tipicidade material do porte de substância entorpecente para consumo próprio com base no princípio da insignificância,

---

[90] PALAZZO, Francesco. *Valores constitucionais e direito penal*. Trad. Gérson Pereira dos Santos. Porto Alegre: SAFE, 1989, p. 80; Cumpre, pois, para que se possa falar em fato penalmente típico, perquirir-se, para além da tipicidade legal, se da conduta do agente resultou dano ou perigo concreto relevante, de modo a lesionar ou fazer periclitar o bem na intensidade reclamada pelo princípio da ofensividade, acolhido na vigente Constituição da República (art. 98, inciso I) (REsp 556046/MG – Recurso Especial – 2003/0126414-6 – rel. Min. Hamilton Carvalhido (1112) – 6ª Turma – data do julgamento: 16/12/2003).

[91] ROXIN, Claus. Sentido e limites da pena estatal. In: *Problemas fundamentais de direito penal*. Coimbra: Ed. Veja Universidade, 1986.

[92] HC 45153/SC – HABEAS CORPUS – 2005/0103091-8 – 6ª Turma – rel. Min. Maria Thereza de Assis Moura – j. 30/10/2007.

ainda que ínfima a quantidade de droga apreendida, nos termos do informativo 540/14 do STJ.

Delito de bagatela não se confunde com infração de menor potencial ofensivo. O princípio da insignificância põe em conflito duas vigas mestras do Estado Democrático de Direito, a segurança jurídica e a supremacia do interesse público. A crítica ao princípio da insignificância é a ausência de parâmetros objetivos sobre a significação social do fato. Não há um critério seguro que conclua quando a ofensa ao bem jurídico protegido pode levar a um juízo positivo de tipicidade. De outro lado, existe o interesse social de que o Estado atue em atendimento das necessidades da comunidade e de seus membros, com movimentação burocrática e funcional que atenda a resultados positivos e satisfatórios, sem desperdício de tempo e gastos desnecessários.

Num critério de ponderação de valores, princípio da insignificância deve ser aplicado no caso concreto sempre que for possível verificar proporcionalidade entre a gravidade da conduta a punir e a resposta punitiva estatal, que deve ser exercida com presteza, perfeição e rendimento funcional.

O sistema jurídico há de considerar a relevantíssima circunstância de que a privação da liberdade e a restrição de direitos do indivíduo somente se justificam quando estritamente necessárias à própria proteção das pessoas, da sociedade e de outros bens jurídicos que lhes sejam essenciais, notadamente naqueles casos em que os valores penalmente tutelados se exponham a dano efetivo ou potencial, impregnado de significativa lesividade. O direito penal não se deve ocupar de condutas que produzam resultado, cujo desvalor – por não importar em lesão significativa a bens jurídicos relevantes – não represente, por isso mesmo, prejuízo importante, seja ao titular do bem jurídico tutelado, seja à integridade da própria ordem social (HC 92463/RS – 2ª Turma – rel. Min. Celso de Mello – j. 16/10/2007).

A insignificância da conduta deve ser aferida pela importância do bem jurídico atingido e o grau de sua intensidade, ou seja, pela extensão da lesão produzida, no contexto do caso concreto[93].

---

[93] O pequeno valor da *res furtiva* não se traduz, automaticamente, na aplicação do **princípio da insignificância.** Há que se conjugar a importância do objeto material para a vítima, levando-se em consideração a sua condição econômica, o valor sentimental do bem, como também as circunstâncias e o resultado do crime, tudo de modo a determinar, subjetivamente, se houve relevante lesão. Precedente desta Corte (HC 60949/PE – *Habeas Corpus* – 2006/0127321-1

– rel. Min. Laurita Vaz (1120) – 5ª Turma – data do julgamento: 20/11/2007); Na aplicação do **princípio da insignificância** devem ser considerados o tipo de injusto e o bem jurídico atingido. O objeto material, aí, nem sempre é decisivo mormente em se tratando de crime complexo em sentido estrito. Ainda que se considere o delito de pouca gravidade, não se identifica com o indiferente penal se, como um todo, observado o binômio tipo de injusto/bem jurídico, deixou de se caracterizar a sua insignificância (Precedentes) (HC 74488/RJ – *Habeas Corpus* – 2007/0007759-7 – rel. Min. Felix Fischer (1109) – 5ª Turma – data do julgamento: 8/11/2007); Para que se aplique o **princípio da insignificância** é necessário que se atenda a critério dual: valor de pequena monta e seu caráter ínfimo para a vítima (HC 53139/PB – *Habeas Corpus* – 2006/0014280-3 – rel. Min. Maria Thereza de Assis Moura (1131) – 6ª Turma – data do julgamento: 31/10/2007); É imprescindível que a aplicação da medida descriminalizadora consubstanciada no **princípio da insignificância** se dê de forma prudente e criteriosa, razão pela qual é necessária a presença de certos elementos, tais como (I) a mínima ofensividade da conduta do agente; (II) a ausência total de periculosidade social da ação; (III) o ínfimo grau de reprovabilidade do comportamento e (IV) a inexpressividade da lesão jurídica ocasionada, consoante já assentado pelo colendo Pretório Excelso (HC 84.412/SP, rel. Min. Celso de Mello, *DJU* 19/04/2004); Segundo a melhor doutrina, o **princípio da insignificância** surge como instrumento de interpretação restritiva do tipo penal que, de acordo com a dogmática moderna, não deve ser considerado apenas em seu aspecto formal, de subsunção do fato à norma, mas, primordialmente, em seu conteúdo material, de cunho valorativo, no sentido da sua efetiva lesividade ao bem jurídico tutelado pela norma penal, o que consagra o postulado da fragmentariedade do direito penal. Indiscutível a sua relevância, na medida em que exclui da incidência da norma penal aquelas condutas cujo desvalor da ação e/ou do resultado (dependendo do tipo de injusto a ser considerado) implique uma ínfima afetação ao bem jurídico (RHC 21670/PR – Recurso Ordinário em *Habeas Corpus* 2007/0163266-6 – rel. Min. Arnaldo Esteves Lima (1128) – data do julgamento: 4/10/2007); As circunstâncias de caráter pessoal, tais como reincidência e maus antecedentes, não devem impedir a aplicação do **princípio da insignificância**, pois este está diretamente ligado ao bem jurídico tutelado, que na espécie, devido ao seu pequeno valor econômico, está excluído do campo de incidência do direito penal (HC 62417/SP – *Habeas Corpus* – 2006/0150070-8 – rel. Min. Gilson Dipp (1111) – 5ª Turma – data do julgamento: 19/6/2007); No caso de furto, para efeito da aplicação do **princípio da insignificância**, é imprescindível a distinção entre ínfimo (ninharia) e pequeno valor. Este, *ex vi legis*, implica, eventualmente, furto privilegiado; aquele, na atipia conglobante (dada a mínima gravidade). A interpretação deve considerar o bem jurídico tutelado e o tipo de injusto. Ainda que se considere o delito como de pouca gravidade, tal não se identifica com o indiferente penal se, como um todo, observado o binômio tipo de injusto/bem jurídico, deixou de se caracterizar a sua insignificância (REsp 909357/DF – Recurso Especial 2006/0268988-7 – rel. Min. Felix Fisher – 5ª Turma – 14/06/2007).

2.4. Princípio da Alteridade ou Transcendentalidade

O Estado não pode punir pensamento criminoso[94], condutas imorais[95] e a autolesão, salvo se prejudicar terceiros. Somente pode ser punido o comportamento que lesione direitos de outras pessoas. Afrontaria esse princípio, por exemplo, a tentativa de suicídio, porque nessa conduta o agente está apenas fazendo mal a si mesmo.

2.5. Princípio da Intervenção Mínima ou Subsidiariedade

O Estado não pune o infrator, se for possível aplicar medidas extrapenais de punição e controle social; o poder punitivo estatal só será usado quando necessário, ou seja, quando a pena for o único e último recurso para proteção do bem jurídico (*ultima ratio*). O Estado só pune quando for necessário para a sobrevivência da sociedade e quando os outros ramos do direito não conseguirem prevenir a conduta ilícita ("Onde bastem os meios do direito civil ou do direito público, o direito penal deve retirar-se"[96]).

2.6. Princípio da Adequação Social

É teoria concebida por Hans Welzel que diz que será atípica conduta socialmente adequada ou reconhecida, ou seja, aceita socialmente e considerada normal. O tipo penal não pode alcançar condutas lícitas, que se realizam dentro de uma esfera da normalidade social. Possibilita a exclusão de condutas que, embora se amoldem formalmente a um tipo penal (tipicidade

---

[94] Por maior que seja sua força mental, por mais intensa e acentuada que se manifeste, jamais concretizará o sujeito ativo o crime que almeja se não puser em prática sua deliberação, se não agir ou não exteriorizar uma atividade para concretizá-la (PEDROSO, Fernando de Almeida. *Direito penal*. São Paulo: Editora Universitária de Direito, 1997).

[95] Pouco importa que alguém haja cometido um fato antissocial, excitante da reprovação pública, francamente lesivo ao *minimum* de moral prática. Se esse fato escapou à previsão do legislador penal, se não corresponde a uma das figuras delituosas recortadas pela lei, o agente não deve contas à justiça repressiva. Aquilo que não se proíbe nos textos penais é penalmente lícito ou indiferente (HUNGRIA, Nelson. *Comentários ao Código Penal*. Rio de Janeiro: Forense, v. 1, t. I, 1958).

[96] ROXIN, Claus. *Problemas fundamentais de direito penal*, cit., p. 28-29; informativo 539/2014 do STJ: "o Direito Penal só deve ser invocado quando os demais ramos do Direito forem insuficientes para proteger os bens considerados importantes para a vida em sociedade".

formal), não mais são objeto de reprovação social[97]. Conforme Welzel[98]: *"A adequação social é de certo modo uma espécie de pauta para os tipos penais: representa o âmbito normal de atuação social que lhes serve de base e é considerada (tacitamente) por ele. Por isso ficam também excluídas dos tipos penais as ações socialmente adequadas, ainda que possam ser a eles subsumidas, segundo seu conteúdo liberal".*

Há limites, pois, por exemplo, é típica, formal e materialmente, a conduta de expor à venda em estabelecimento comercial CDs e DVDs falsificados, prevista no art. 184, § 2º, do Código Penal, pois não se pode considerar socialmente tolerável uma conduta que causa sérios prejuízos à indústria fonográfica brasileira e aos comerciantes legalmente instituídos, bem como ao fisco pelo não pagamento de impostos (informativo 505/2012 do STJ).

2.7. Princípio da Dignidade da Pessoa Humana

A partir do cristianismo surge a ideia da pessoa dotada de dignidade, ou seja, possuidora de direitos fundamentais que devem ser respeitados e reconhecidos pelo Estado. No tocante ao direito de punir do Estado, a dignidade é violada quando ocorrem denúncias genéricas, que não descrevem os fatos na sua devida conformação.

A peça acusatória deve conter a exposição do fato delituoso em toda a sua essência e com todas as suas circunstâncias. Essa narração impõe-

---

[97] TJ/MG – EMENTA: APELAÇÃO – CRIMES DE TRÂNSITO – EMBRIAGUEZ AO VOLANTE – DELITO DE PERIGO CONCRETO – NECESSIDADE DE PROVA DA AMEAÇA DE DANO À INCOLUMIDADE PÚBLICA – CONTRAVENÇÃO PENAL DE EMBRIAGUEZ – PRINCÍPIO DA ADEQUAÇÃO SOCIAL – ABSOLVIÇÃO DECRETADA. I – O delito do art. 306 da Lei n. 9.503/97 é de perigo concreto, exigindo a prova efetiva do perigo de dano à incolumidade pública. II – O princípio da adequação social deve nortear o intérprete da norma penal na aferição do juízo de lesividade de uma conduta necessária para a caracterização da tipicidade material de um fato que, em conjunto com sua tipicidade formal, caracteriza a conduta como típica, primeiro elemento do conceito analítico do crime. III – Não há tipicidade formal ou material na conduta do réu de beber três doses de cachaça e uma cerveja e ficar importunando os seus amigos num bar que tem o costume de frequentar, seja pela ausência de escândalo ou perigo para a sua segurança e de outras pessoas, como exige o tipo penal do art. 62 da Lei de Contravenções Penais, seja pela inexistência de lesão à polícia de costumes, bem jurídico tutelado pela indigitada norma penal. IV – Recurso provido para absolver o réu.
[98] WELZEL, Hans. *O novo sistema jurídico-penal*. Trad. Luiz Régis Prado. São Paulo: Revista dos Tribunais, 2001.

-se ao acusador como exigência derivada do postulado constitucional que assegura ao réu o pleno exercício do direito de defesa[99].

A inépcia da denúncia caracteriza situação configuradora de desrespeito estatal ao postulado do devido processo legal. É que a imputação penal contida na peça acusatória não pode ser o resultado da vontade pessoal e arbitrária do órgão acusador. Além disso, podemos afirmar que tendo sido observados todos os direitos do interessado, bem como todos os mandamentos legais pertinentes ao devido processo penais, não há falar em afronta ao princípio da dignidade da pessoa humana.

2.8. Princípio da taxatividade

O juiz deve interpretar e aplicar a norma penal nos limites estritos em que foi elaborada para satisfazer a exigência da garantia, evitando-se o abuso judicial. O juiz, ao aplicar a lei ao caso concreto, deve observar parâmetros legais. Do princípio da legalidade estrita decorre a regra da taxatividade que impõe, ademais, a descrição clara dos fatos alçados a tipos penais.

2.9. Princípio da Confiança

Todos devem esperar por parte das outras pessoas que estas sejam responsáveis e ajam de acordo com as normas da sociedade, visando evitar danos a terceiros. Não realiza conduta típica aquele que, agindo de acordo com o direito, se envolve em situação em que um terceiro descumpriu seu dever de lealdade e cuidado. No caso de confiança permitida há exclusão de tipicidade; no caso de confiança proibida, quando deposita no outro toda a expectativa, é crime.

3. Limitações Constitucionais Penais

3.1. Princípio da Culpabilidade

a) A culpabilidade é o fundamento da pena. Não há pena sem culpabilidade. Não há responsabilidade objetiva pela simples produção

---

[99] HC 73.271/SP, 1ª Turma, rel. Min. Celso de Mello, *DJU* de 04/09/1996; HC 86.000/PE, 2ª Turma, rel. Min. Gilmar Mendes, *DJU* de 02/02/2007.

do resultado. A responsabilidade penal é subjetiva. Não há responsabilidade penal se não agiu com dolo ou culpa.

A pena só pode ser imposta para quem agiu com dolo ou culpa. O próprio art. 18 do CP estabelece que somente haja crime quando estiver presente o dolo ou a culpa. Tem previsão implícita na Constituição, pois num Estado Democrático de Direito não é possível transformar a pena em relação de causalidade, sem que exista vontade ou previsibilidade do agente, sob pena de configurar flagrante intervencionismo estatal na liberdade individual[100].

b) a culpabilidade é a medida da pena. A culpabilidade deve ser entendida como limite de toda a pena, impedindo que a pena seja imposta aquém ou além. Previsão implícita na dignidade da pessoa humana, na prevalência dos direitos humanos, na inviolabilidade do direito à liberdade e na individualização da pena[101]. Conforme orientação jurisprudencial:

3.2. Princípio da Autorresponsabilidade

Os resultados danosos que decorrem da ação livre e responsável de alguém só podem ser imputados a este e não à pessoa que tenha antes motivado. A responsabilidade criminal depende da ação ou omissão com dolo ou culpa de alguém. Não há responsabilidade objetiva no direito penal. Cabe res-

---

[100] PENAL E PROCESSUAL PENAL. RECURSO ESPECIAL. TENTATIVA DE ROUBO E LESÕES CORPORAIS. TENTATIVA DE ROUBO QUALIFICADO. I – Por força do disposto no parágrafo único do art. 18 e no art. 19, ambos do CP, a responsabilidade penal, mesmo nos crimes qualificados pelo resultado, não pode ser objetiva (**princípio da culpabilidade**) (REsp 285560/SP – rel. Min. Felix Fischer – 5ª Turma – 11/06/2002); ADMINISTRATIVO E PROCESSUAL CIVIL. CONTRATAÇÃO IRREGULAR DE SERVIDOR PÚBLICO. IMPROBIDADE ADMINISTRATIVA. LEI n. 8.429/92. SUJEIÇÃO AO PRINCÍPIO DA TIPICIDADE. Considerando que, em atenção ao **princípio da culpabilidade** e ao da responsabilidade subjetiva, não se tolera responsabilização objetiva e nem, salvo quando houver lei expressa, a penalização por condutas meramente culposas (REsp 751634/MG – rel. Min. Teori Albino Zavascki – 1ª Turma – 26/06/2007).

[101] A mudança do regime inicial semiaberto para o fechado em razão da presunção de periculosidade do réu e à gravidade do delito, além de constituir-se em arbitrariedade, não encontra adequação ao princípio da culpabilidade como medida de quantificação da pena e da fixação do regime inicial de seu cumprimento (Apelação Criminal n. 96.03.027098-9-SP – TRF – 3ª Região – rel. Juiz Theotonio Costa – 1ª Turma – 08/04/1997).

PRISÃO E LIBERDADE

salvar que a narrativa genérica da conduta não se confunde com a imputação de responsabilidade penal objetiva.

Nos chamados crimes de autoria coletiva, a não explicitação, na denúncia, da conduta de cada um dos acusados não configura motivo para sua rejeição, não caracterizando, também, a hipótese de responsabilidade penal objetiva, sendo permitida a descrição genérica do delito aos acusados, baseada na qualidade de sócios-gerentes, desde que garantida a ampla defesa, na fase instrutória. Nos chamados crimes societários, imprescindível que a denúncia descreva, pelo menos, o modo como os coautores concorreram para o crime.

3.3. Princípio da Humanidade

O réu deve ser tratado como pessoa humana. É proibido criar um tipo ou pena que atente de forma desnecessária contra a incolumidade física ou moral de alguém. É impossível que a pena passe da pessoa do seu delinquente, salvo a obrigação de reparar o dano.

O réu não deve ser excluído da sociedade ou ser tratado como animal ou coisa. A proibição de penas cruéis, a proibição de tortura, maus-tratos nos interrogatórios e obrigação do Estado de criar infraestrutura carcerária que permite a ressocialização são corolários do princípio da humanidade.

É proibida a criação, aplicação ou execução da pena, bem como de qualquer medida que atentar contra a dignidade humana. Na Lei de Execução Penal o condenado e internado tem todos os direitos não atingidos pela sentença ou lei. A Constituição Federal proíbe que a sanção penal transforme-se em óbice à recuperação do delinquente ou que se caracterize em crueldade imposta ao apenado[102].

---

[102] Negar a possibilidade de progressão de regime prisional afeta, também, a própria dignidade da pessoa humana, pois, preenchendo o condenado os requisitos legais impostos, a impossibilidade de concessão do benefício implica tratamento cruel e desumano, dado que parte do pressuposto que o ser humano não pode melhorar, progredir, ressocializar-se, o que implica ofensa ao princípio da humanidade da pena (Apelação Criminal n. 2004.61.19.002223-7 – TRF – 3ª Região – rel. Des. Suzana Camargo – 5ª Turma – 04/09/2006; Veda também o nosso texto constitucional a sanção penal que desrespeitar o princípio da humanidade das penas, transformando-se em óbice à recuperação do delinquente, como também aquela que se caracteriza pela crueldade imposta ao apenado. Aplicação do art. 5º, inc. XLVII, da CF (Revisão Criminal n. 1999.03.00.028113-4 – TRF – 3ª Região – rel. Des. Silva Steiner – 1ª Seção – 01/03/2000).

3.4. Princípio da Individualização da Pena[103]

A pena não deve ser padronizada, devendo cada infrator receber a pena que merece. O julgador deve fixar pena de acordo com cominação legal,

[103] Não fere o princípio da individualização da pena a determinação de que o sentenciado se recolha à prisão para aguardar o julgamento de recursos que, em regra, são desprovidos de efeito suspensivo – HC 12228 / SP – rel. Min. Edson Vidigal – 5ª Turma – 16/05/2000; O princípio da individualização da pena, elevado à dignidade de garantia constitucional, recomenda especial cautela ao Juiz na fixação da pena-base, quando deverá efetuar precisa decantação das circunstâncias enumeradas no art. 59 do Código Penal, atentando, nesta operação, para a finalidade da sanção penal, que deve ser a necessária e suficiente para a reprovação e a prevenção do delito. Fixada a pena em quantia exasperada sem a adequada motivação, impõe-se a nulidade do *decisum* para que outro seja proferido com a adequada individualização da pena – HC 16358/PE – rel. Min. Fontes de Alencar – 6ª Turma – 20/09/2001; Não há que se falar em ofensa ao princípio da individualização da pena, eis que, não obstante a ausência de apreciação em separado das circunstâncias judiciais, a pena-base foi fixada no mínimo legal, não havendo qualquer prejuízo ao paciente – HC 19919/ SP – rel. Min. Gilson Dipp – 5ª Turma – 28/05/2002; O processo de individualização da pena, de previsão constitucional, tem o seu rigoroso disciplinamento no art. 59, do Código Penal, que se completa com as disposições do art. 68, do mesmo Estatuto, que preconiza o sistema trifásico: (a) é fixada, na primeira fase, a pena-base, atendidas as circunstâncias judiciais, no *quantum* necessário e suficiente para reprovação e prevenção do crime; (b) em sequência, são consideradas as circunstâncias legais que agravam ou atenuam a pena, inscritas nos arts. 61 e 65, do Código Penal, e (c) por último, incidem e completam o processo de dosimetria as causas de diminuição e de aumento, classicamente conhecidas por circunstâncias majorantes ou minorantes, fixadas em níveis percentuais – REsp 331919/SP – rel. Min. Vicente Leal – 6ª Turma – 03/10/2002; A adoção, pelo Juízo sentenciante, da análise conjunta das circunstâncias judiciais do art. 59, do Código Penal, quando similares as situações entre os corréus, é perfeitamente admissível, inexistindo, portanto, nulidade na sentença por falta de individualização da pena – HC 40034/SP – rel. Min. Laurita Vaz – 5ª Turma – 11/09/2007; As circunstâncias judiciais devem ser sopesadas com base em fatores concretos contidos nos autos da ação penal, sendo necessária a fundamentação de todas elas, em atenção ao **princípio da individualização das penas** e da necessidade de motivação das decisões judiciais, sendo defeso ao Magistrado apenas apontá-las como desfavoráveis ao condenado – HC 82928 / MS – rel. Min. Jane Silva – 5ª Turma – 13/09/2007; O julgador deve, ao individualizar a pena, examinar com acuidade os elementos que dizem respeito ao fato, obedecidos e sopesados todos os critérios estabelecidos no art. 59 do Código Penal, para aplicar, de forma justa e fundamentada, a reprimenda que seja, proporcionalmente, necessária e suficiente para reprovação do crime. Ofensa ao princípio da individualização da pena – HC 86258/GO – rel. Min. Laurita Vaz – 5ª Turma – 04/10/2007; Não constitui ofensa ao **princípio da individualização da pena** a decisão que, para fins de cominação da reprimenda, destaca tanto as circunstâncias que diferenciam os réus entre si quanto as que os igualam – HC 47922 / PR – rel. Min. Arnaldo Esteves Lima – 5ª Turma – 25/10/2007; Não pode o Tribunal de origem, na dosimetria da reprimenda, fixar a pena-base do réu acima do mínimo legal sem explicitar os motivos da adoção da medida, limitando-se a afirmar que estende os critérios adotados na aplicação da sanção do corréu, sob pena de violação do **princípio da individualização da pena,** insculpido no inciso XLVI do art. 5º da Constituição Federal, o que inviabiliza, inclusive, a análise do pedido de modificação do regime prisional – HC 78898/SP – rel. Min. Paulo Gallotti – 6ª Turma – 20/11/2007.

gravidade do fato e magnitude da lesão ao bem jurídico. A individualização abrange a cominação, aplicação e execução.

A individualização da pena significa que a sanção deve corresponder às características do fato, do agente e da vítima, enfim, considerar todas as circunstâncias do delito, dados objetivos e subjetivos da infração penal. O Estado não pode exigir cumprimento da pena diferente da imposta na sentença condenatória.

3.5. *Princípio da Personalidade*

Em face do princípio da personalidade, também chamado de princípio da responsabilidade pessoal ou da pessoalidade, a punição criminal não pode ultrapassar a pessoa do delinquente.

A responsabilidade penal é sempre pessoal. Ninguém é responsável penalmente senão pelo próprio fato. A sanção criminal não se transmite a terceiros. Não há punição por fato alheio[104].

3.6. *Princípio do* Ne Bis In Idem

Ninguém pode ser processado e punido duas vezes pela prática da mesma infração penal. Tem previsão na Convenção Americana de Direitos Humanos no art. 8º, 4: "O acusado absolvido por sentença passada em julgado não poderá ser submetido a novo processo pelos mesmos fatos". Conforme Fábio M. Osório[105]: "*A ideia básica do non bis idem é que ninguém pode ser condenado duas ou mais vezes por um mesmo fato. Já foi definida essa norma como 'princípio geral de direito', que, com base nos princípios da proporcionalidade e coisa julgada, proíbe a aplicação de dois ou mais pro-*

---

[104] *Habeas Corpus* – PRESTAÇÃO DE SERVIÇOS À COMUNIDADE – DOAÇÃO DE SANGUE – IMPOSSIBILIDADE – PRINCÍPIO CONSTITUCIONAL DA INTRANSMISSIBILIDADE DA PENA – TEMA NÃO DISCUTIDO NAS RAZÕES DE APELAÇÃO CRIMINAL E NEM APRECIADO PELO TRIBUNAL LOCAL – CONHECIMENTO – ORDEM CONCEDIDA. A intransmissibilidade da pena traduz postulado de ordem constitucional. A sanção penal não passará da pessoa do delinquente. Vulnera o princípio da incontagiabilidade da pena a decisão judicial que permite ao condenado fazer-se substituir, por terceiro absolutamente estranho ao ilícito penal, na prestação de serviços à comunidade – HC 68309/DF – DISTRITO FEDERAL – rel. Min. Celso de Mello – 1ª Turma – j. 27/11/1990.

[105] OSÓRIO, Fábio Medina. *Direito administrativo sancionador*. São Paulo: Revista dos Tribunais, 2000.

cedimentos, seja em uma ou mais ordens sancionadoras, nos quais se dê uma identidade de sujeitos, fatos e fundamentos, e sempre que não exista uma relação de supremacia especial da Administração Pública". O reconhecimento do princípio é pacífico na jurisprudência[106].

Não há ofensa ao princípio do *ne bis in idem* o agravamento da pena pela reincidência, em razão da maior reprovabilidade do réu voltado à prática criminosa. Não há punição do agente duas vezes pelo mesmo fato-crime, mas, sim, a influência da reincidência na resposta penal a ser editada, expressão da reprovação que se lhe faz pelo novo crime praticado. Não se pode levar em conta duas vezes uma só circunstância em face do princípio do *ne bis in idem*[107].

3.7. Princípio da Proporcionalidade da Pena

Pelo princípio da proporcionalidade, também chamado de proibição do excesso, a pena deve ser medida pela culpabilidade do autor; deve ser compatível com a extensão do dano, não se admitindo penas idênticas para crimes de lesividades distintas ou para infrações dolosas ou culposas. As penas devem ser harmônicas com a gravidade da infração penal, não tendo cabimento o exagero, nem a extrema liberalidade na cominação das penas. É corolário natural da aplicação da justiça, que é dar a cada um o que é seu, por merecimento.

---

[106] PROCESSUAL PENAL. DENÚNCIA. REJEIÇÃO. *NE BIS IN IDEM*. COMPETÊNCIA DE JURISDIÇÃO. 1. A sentença absolutória transitada em julgado proferida por Juiz de Direito, ainda que despido da jurisdição federal por delegação, impede que o réu seja processado novamente pelos mesmos fatos na Justiça Federal. Adotada a tese de que os atos processuais seriam nulos, a coisa julgada teria a propriedade de sanar quaisquer vícios, não sendo admissível a revisão em favor da sociedade. Eleita a tese, discutível, de inexistência dos atos processuais, entende-se que prevalece a regra *ne bis in idem*, a qual prepondera sobre princípios com pretensão científica acerca do Direito Processual Penal. Pois é fato que o acusado, nessa situação, padeceu o incômodo e as angústias do processo penal, razão de ser do dogma acima referido. 2. Recurso em sentido estrito desprovido (Recurso Criminal 1796 – TRF3 – rel. Des. André Nekatscalow – 25/04/2005).

[107] PENAL. RECURSO ESPECIAL. DOSIMETRIA DA PENA. *BIS IN IDEM*. Consideradas, na fixação da pena-base, as mesmas circunstâncias que determinaram o aumento de pena, é de se reconhecer a violação ao princípio *ne bis in idem* (Precedentes). Recurso provido (REsp 799354/PR – rel. Min. Felix Fischer – STJ – 5ª Turma – 17/08/2006).

A sanção penal não pode, em hipótese alguma, ultrapassar em espécie ou quantidade o limite da culpabilidade do autor do fato. Na aplicação de penalidade, deve a autoridade observar a devida correlação na qualidade e quantidade da sanção, com a grandeza da falta, o grau de responsabilidade do agente e os seus antecedentes de modo a demonstrar a justeza da sanção.

São apontados como subprincípios da proporcionalidade: a) a adequação ou idoneidade: a sanção penal deve ser um instrumento capaz de atingir a finalidade pretendida pelo legislador; b) a necessidade ou exigibilidade: o meio escolhido deve ser indispensável para atingir o fim proposto; c) a proporcionalidade em sentido restrito: é a proibição do excesso, ou seja, é a existência de um justo equilíbrio entre a gravidade do fato ilícito praticado e a pena cominada ou imposta. A pena deve ser adequada à intensidade da lesão ao bem jurídico e a medida de segurança à periculosidade do agente[108].

3.8. Princípio do Contraditório e da Ampla Defesa

É vedado condenar alguém com base em elementos de prova exclusivamente produzidos na fase do inquérito policial. Não tem validade a sentença condenatória baseada apenas em elementos de provas produzidas na fase do inquérito, sendo uniforme o pensamento de que as provas requeridas nessa fase devem ser ratificadas em juízo[109], salvo perícia.

É vedado que alguém seja condenado com base em fato ou circunstância não articulada na peça de acusação. É necessário o mínimo de individualização da conduta e a indicação do nexo de causalidade entre esta e o delito de que se trata, sem o que fica impossibilitado o exercício da ampla defesa (CF, art. 5º, LV).

---

[108] No Estado de Direito, o princípio da proporcionalidade é composto dos seguintes elementos: a) princípio da divisão de poderes; b) supremacia da lei; c) princípio da segurança jurídica (irretroatividade da lei e proteção da boa-fé); d) princípio da clareza e precisão da norma jurídica; e) proibição do excesso; f) princípio da proteção jurídica; g) direito de contestação em Juízo (Apelação 226305 – TRF3 – rel. Juiz Batista Gonçalves – 2ª Turma – 02/10/2001).

[109] É possível a utilização de elementos de convicção colhidos em sede de inquérito policial para sustentar a condenação do acusado, desde que corroborados pelo conjunto probatório produzido em juízo – HC 69496 – STJ/2007.

A defesa formal não satisfaz o princípio da ampla defesa. Além da defesa realizada pela atuação pessoal do próprio acusado, consubstanciada nos direitos de audiência, de presença ou participação, é imprescindível a existência de uma efetiva defesa material, concretizada com a assistência do réu por profissional legalmente habilitado.

Título IV - Da Pena Privativa de Liberdade

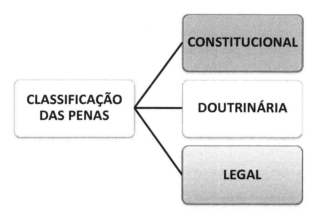

1. Classificação das Penas

1.1. Classificação Constitucional

A Constituição Federal classifica as penas em dois grandes grupos[110]:

a) penas permitidas: são as que podem ser criadas por lei:

---

[110] Nos termos do art. 5º, XLVI, da CF – "a lei regulará a individualização da pena e adotará, entre outras, as seguintes: a) privação ou restrição da liberdade; b) perda de bens; c) multa; d) prestação social alternativa; e) suspensão ou interdição de direitos; XLVII – não haverá penas: a) de morte, salvo em caso de guerra declarada, nos termos do art. 84, XIX; b) de caráter perpétuo; c) de trabalhos forçados; d) de banimento; e) cruéis".

- **privativa de liberdade**: é a que limita a liberdade de locomoção mediante prisão;
- **restritiva de liberdade**: limita a liberdade de locomoção por outra forma que não a prisão;
- **perda de bens;**
- **pena de multa**: pagamento de soma para o Estado;
- **pena de prestação social alternativa**: prestação de serviços à comunidade;
- **pena de suspensão ou interdição de direitos**: limita os direitos da pessoa (ex.: cassação da carteira de habilitação).

b) **penas proibidas**: são as que não podem ser criadas por lei:
- **penas cruéis**: ofendem a integridade física da pessoa, como a mutilação de membros, o açoite e outras;
- **pena de caráter perpétuo**: é a que não tem duração limitada. No Direito brasileiro, o limite da prisão é de 30 anos, para crime, nos termos do art. 75 do Código Penal e 5 anos, para contravenção penal;
- **pena de trabalhos forçados:** o condenado é obrigado a trabalhar;
- **pena de morte**[111]: é tirar a vida; no Brasil somente é admitida em caso de guerra externa declarada, nos termos do art. 84, inciso XIX, da CF. No livro *Fera de Macabu*, de Carlos Marchi, Editora Record, há o relato do drama pessoal de Manoel da Motta Coqueiro, homem inocente cuja condenação à morte acabou com a pena de morte no Brasil. A pena de morte foi, finalmente, proibida no Brasil, exceto na legislação militar, com a edição da Constituição de 1946.

---

[111] A pena de morte é pena principal prevista no Código Penal Militar, nos termos do seu art. 55 – As penas principais são: a) morte; b) reclusão; c) detenção; d) prisão; e) impedimento; f) suspensão do exercício do posto, graduação, cargo ou função; g) reforma. A pena de morte somente pode ser aplicada em alguns crimes militares definidos em lei penal militar. A pena de morte aplicada no Brasil será executada por fuzilamento, nos termos do art. 56 do Código Penal Militar. O direito de graça, previsto no art. 57 do Código Penal Militar, é o perdão da pena de morte concedida pelo Presidente da República – "A sentença definitiva de condenação à morte é comunicada, logo que passe em julgado, ao Presidente da República, e não pode ser executada senão depois de sete dias após a comunicação. A pena de morte pode ser executada de maneira imediata se for imposta em zona de operações de guerra, quando o exigir o interesse da ordem e da disciplina militares".

- **pena de banimento**: expulsão de brasileiro do Brasil. Durante o regime dos Atos Institucionais, o de número 13, de 1969, estabelecia o banimento de brasileiro que, comprovadamente, se tornasse inconveniente, nocivo ou perigoso à Segurança Nacional. Nos dias atuais, a nossa Constituição veda sua criação, nos termos do art. 5º, inciso XV, da CF."É uma medida de política criminal que consistia na expulsão do território nacional de quem atentasse contra a ordem política interna ou a forma de governo estabelecida"[112].

1.2. Classificação Doutrinária

a. **Pena corporal:** ofende a integridade física da pessoa.
b. **Pena privativa de liberdade:** prisão.
c. **Pena restritiva de liberdade:** limita a liberdade de locomoção por outra forma que não a prisão.
d. **Pena pecuniária:** atinge patrimônio do acusado.
e. **Pena privativa de direitos:** elimina direitos da pessoa.
f. **Pena restritiva de direitos:** restringe direitos da pessoa.
g. **Pena infamante:** atinge a honra do condenado, afetando sua capacidade para o exercício de determinados direitos, como a utilização de vestimentas degradadoras.

1.3. Classificação do Código Penal

O Código Penal classifica as penas em: a) Pena privativa de liberdade; b) Pena restritiva de direitos; e c) pena de multa, nos termos do artigo 32 do Código Penal.

2. Da Pena Privativa de Liberdade

2.1. Conceito

Uma das espécies de pena é a privativa de liberdade, ou seja, a prisão, uma espécie de sanção imposta a uma pessoa física, consistente na privação de determinado bem jurídico (liberdade de locomoção), em razão da prática

---

[112] GRECO, Rogério. *Curso de direito penal*. Parte geral. Rio de Janeiro: Impetus, 2006.

de uma infração penal cuja finalidade é retribuir (a pena visa retribuir o mal causado pelo crime com o mal da pena), prevenir (a pena visa evitar novos crimes; a prevenção pode ser geral: quando visa evitar que outras pessoas, membros da sociedade, venham a praticar delitos; especial: quando visa evitar que o delinquente cometa novos delitos) e reeducar o infrator (a pena visa à reintegração do indivíduo ao convívio social).

2.2. Aspectos

No **aspecto substancial**, a pena consiste na perda ou na privação de exercício de direito relativo a um objeto jurídico. Bem jurídico é valor ou interesse protegido pela norma penal, considerado vital para a convivência social digna. Como observa Luiz Regis Prado[113]: *"Os bens jurídicos têm como fundamento valores culturais que se baseiam em necessidades individuais"*.

No **aspecto finalístico**, a pena apresenta a característica de retribuição (ameaça de um mal contra o infrator da lei penal), da prevenção (evitar prática de novas infrações penais) e de reeducação (promover condições para a harmônica integração social do condenado).

No **aspecto formal**, a pena é uma sanção imposta pelo Estado mediante o devido processo legal, ou seja, será imposta através da existência de um processo adequado com observância da lei, plenitude de defesa, contraditório, igualdade de oportunidades e, principalmente, respeito aos direitos fundamentais.

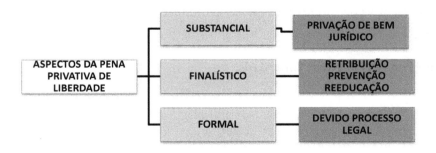

---

[113] PRADO, Luiz Regis. *Bem jurídico-penal e Constituição*. São Paulo: Revista dos Tribunais, 1997.

2.3. Fixação

a) **Legislativa** – Feita pelo legislador, quando estabelece limites mínimo e máximo; é a pena abstrata;

b) **Judicial** – Feita pelo juiz, quando estabelece uma pena determinada; é a pena concreta;

c) **Administrativa** – Feita pelos órgãos da execução penal (juiz, MP e outros), quando fixa o cumprimento da pena; é a fase da execução penal.

2.4. Cominação

Cominação da pena é a pena fixada na lei; em outros termos, é a previsão abstrata das penas pela lei (Barros, Flávio Augusto Monteiro de, *Direito Penal*, p. 408) ou a prescrição, em abstrato, de penas formuladas no preceito secundário do tipo penal incriminador (Nucci, Guilherme de Souza, *Código Penal comentado*, p. 256).

No caso das Penas privativas de liberdade, os limites mínimo e máximo estão estabelecidos no preceito secundário da norma penal, ou seja, na sanção correspondente a cada tipo legal de crime.

3. Sistemas Penitenciários

3.1. Sistema Penitenciário e Regime Penitenciário

Manoel Pedro Pimentel[114] faz distinção entre sistema penitenciário e regime penitenciário: sistemas são corpos de doutrinas que se realizam através de formas políticas e sociais constitutivas das prisões; regimes são formas de administração das prisões e os modos pelos quais se executam as penas.

---

[114] PIMENTEL, Manoel Pedro. Sistemas penitenciários. *Revista dos Tribunais*, v. 639, p. 268, 1989.

3.2. *Espécies de Sistemas Penitenciários*

Nosso Código Penal adotou um **sistema progressivo** que destina a estimular o comportamento do preso para a reintegração no convívio social. Em relação aos sistemas penitenciários, existem os seguintes:

a) **sistema de Filadélfia:** isolamento e passeio isolado, sem trabalho ou visitas, apenas incentivo à leitura. A característica é o isolamento durante todo o período de confinamento; há disciplina severa;

b) **sistema de Auburn:** isolamento noturno, em que os prisioneiros dormem em celas separadas; o trabalho existe em cela e fora com os demais presos, com silêncio absoluto. A criação da terminologia "sistema de Auburn" foi inspirada na construção da prisão de Auburn, em 1816. A característica é o trabalho como forma de reeducar o preso para retorno ao convívio social; há uma disciplina cruel, com castigos corporais, educação elementar e profissional além da proibição de contatos com o mundo exterior.

c) **sistema progressivo:** é baseado em fases em que o preso deveria passar para obter a boa conduta e retornar ao convívio social: 1) isolamento inicial diurno e noturno: é a fase da reflexão sobre o comportamento delituoso; 2) trabalho em comum e com silêncio durante o dia, com isolamento noturno: é a fase do contato social; 3) livramento condicional: é a fase da soltura provisória; se não fizesse nada desabonador, após determinado período, conquistava a liberdade definitiva. A característica do sistema progressivo é fazer com que o preso passe por fases que visem estimular a boa conduta e a readaptação ao convívio na sociedade.

As primeiras mudanças decorreram do surgimento do sistema progressivo inglês, desenvolvido pelo capitão Alexandre Maconochie, no ano de 1840, na Ilha de Norfolk, na Austrália. Esse sistema consistia em medir a duração da pena através de uma soma do trabalho e da boa conduta imposta ao condenado, de forma que, à medida que o condenado satisfazia essas condições, ele computava um certo número de marcas (*mark system*), de tal forma que a quantidade de marcas que o condenado necessitava obter antes de sua liberação deveria ser proporcional à gravidade do delito por ele praticado.

O sistema progressivo inglês foi posteriormente substituído pelo irlandês, que tinha os seus mesmos fundamentos e a sua mesma ideologia, tendo como única diferença a inserção de uma fase intermediária entre o período de trabalho do condenado e o de liberdade condicional. Nesse período intermediário, o preso trabalhava ao ar livre e em prisões especiais, preferencialmente agrícolas. Não usava uniforme de preso e não mais sofria castigos corporais. Podia comunicar-se com a população livre e ainda dispunha de parte de remuneração de seu trabalho.

Paralelamente ao sistema progressivo irlandês, foi criado o **sistema de Montesinos** por um coronel espanhol que foi nomeado diretor do presídio de Valência, em 1835. O sistema desse espanhol não se diferenciava muito do irlandês, no entanto a sua grande contribuição foi a filosofia de que o poder disciplinar em uma prisão deve reger-se pelo princípio da legalidade, e que não devia ser aplicado ao preso qualquer medida ou tratamento de natureza infame ou que atentasse contra sua dignidade.

Ainda completando o sistema penitenciário, existe o **reformatório**[115], surgido na Inglaterra com a finalidade de corrigir jovens infratores. É um sistema baseado na indeterminação da sentença e na vigilância após cumprimento da pena, com vistas à correção, educação e readaptação social do condenado[116]. O primeiro foi criado em Nova York, em 1869, denominado Reformatório de Elmira.

4. Direito Penitenciário

Na verdade, qualquer ramo do direito não possui autonomia ou vida independente da ciência jurídica, pois o direito é uno e indivisível (princípio da unicidade do direito).

---

[115] "El sistema se basaba em el ejercicio físico; la instrucción; la classifcación de los reclusos en grados sobre la base de un estudio inicial; la progresión de un grado a otro en función de la conducta; y la sentencia indeterminada (entre um mínimo y un máximo que se determinaba em atención a la necesidad de reforma" (DORADO, Carmen Juanatey. *Manual de derecho penitenciario.* Iustel, 2011).

[116] PRADO, Luiz Regis. *Curso de direito penal brasileiro*: parte geral. 3. ed. São Paulo: Revista dos Tribunais, 2002, v. 1, p. 472.

PRISÃO E LIBERDADE

A divisão do direito em diversos ramos serve para melhor compreensão da ciência jurídica como um todo. Conforme observa Odete Medauar:[117] *"além das finalidades didáticas, informativas, as enumerações e tipologias propiciam melhor apreensão do instituto ou figura jurídica que se examina, visão panorâmica da sua extensão e reflexão mais aprimorada sobre as diversas facetas com que se apresenta e, mesmo, sobre a sua essência".*

O Direito penitenciário[118] é um ramo do Direito Público formado por um conjunto de normas jurídicas que disciplinam o tratamento dos sentenciados na fase do cumprimento da sanção penal, com a regulamentação dos direitos e deveres entre o condenado/internado e a administração penitenciária.

É a disciplina jurídica da atividade da execução penal do Estado abrangendo: a) os conceitos básicos; b) os órgãos responsáveis na regulação da execução penal; c) as relações jurídicas entre o sentenciado e o Estado, titular do direito de punir; d) os princípios e as regras de uma boa organização penitenciária e da prática relativa ao tratamento de prisioneiros.

Nos dias atuais o Direito penitenciário, principalmente com a lei de execução penal, ganhou autonomia no cenário jurídico[119]:

a. **autonomia *científica*:** o Direito penitenciário possui princípios e normas específicas que lhe dão identidade. Possui institutos e princípios próprios, distintos dos institutos e princípios dos demais ramos jurídicos.

---

[117] MEDAUAR, Odete. *Controle da administração pública.* p. 23.

[118] "Tradicionalmente se ha definido el Derecho penitenciario como 'conjunto de normas jurídicas que regulan la ejecución de las penas y medidas penales privativas de libertad' (...) Se trata de una disciplina jurídica, cuyo desarrollo tiene lugar como consecuencia del carácter central que pasan a ocupar las penas privativas de libertad dentro del sistema de penas a partir del siglo XIX, lo que dio lugar a la aprobación de las modernas leyes de ejecución. (DORADO, Carmen Juanatey. *Manual de derecho penitenciario.* Iustel, cit.).

[119] "En al actualidad, la doctrina mayoritaria afirma la autonomía de esta rama del ordenamiento jurídico, pues presenta peculiaridades que le son propias (...) Pero, aun partiendo de su carácter autónomo, es obvio que Derecho penitenciario, Derecho penal material y Derecho procesal penal están íntimamente conectados. De hecho, del concreto cumplimiento penitenciario va a depender el contenido y la duración de la pena o medida judicialmente impuestas con arreglo a las normas penales substantivas y en virtud de un proceso regido por las normas procesales" (DORADO, Carmen Juanatey. *Manual de Derecho Penitenciario,* cit.).

DA PENA PRIVATIVA DE LIBERDADE

É possível apontar, dentre outros, alguns princípios aplicáveis ao Direito penitenciário: *1) princípio da imparcialidade*: no Direito penitenciário não haverá discriminação alguma baseada em raça, cor, sexo, língua, religião, opinião política ou qualquer outra opinião, origem nacional ou social, fortuna, nascimento ou em qualquer outra situação; *2) princípio do registro*: nenhuma pessoa deverá ser admitida em um estabelecimento prisional sem uma ordem de detenção válida, cujos dados serão previamente lançados no livro de registro; *3) princípio da proporcionalidade:* as diferentes categorias de presos deverão ser mantidas em estabelecimentos prisionais separados ou em diferentes zonas de um mesmo estabelecimento prisional, levando-se em consideração o sexo, a idade e os antecedentes deles, as razões da detenção e o tratamento que lhes deve ser aplicado. A disciplina e a ordem serão mantidas com firmeza, mas sem impor mais restrições do que as necessárias à manutenção da segurança e da boa organização da vida comunitária; *4) princípio da humanidade*: os locais destinados aos sentenciados devem possuir condições adequadas de segurança, higiene e conforto.

b. **autonomia *constitucional*:** a Constituição possibilitou a sua *competência legislativa* por determinados órgãos; é definida no art. 24, I (a competência para dispor sobre direito **penitenciário** é concorrente entre a União, os Estados e o Distrito Federal, tendo a LEP outorgado à autoridade administrativa prisional o poder de regular a matéria, no que toca a questões disciplinares), c/c o art. 30, II, ambos da CF, que estabelecem que a competência legislativa de Direito penitenciário seja do tipo *concorrente não cumulativa*, que, por sua vez, observa as seguintes regras:
   – a aptidão para legislar pertence à União, aos Estados, ao Distrito Federal e aos Municípios;
   – há uma divisão de tarefas entre a União, os Estados, o Distrito Federal e os Municípios:
   – a União edita normas gerais dos assuntos arrolados no art. 24 da CF;
   – se a União fizer as normas gerais, os Estados/Distrito Federal editam normas específicas em seus territórios;
   – se a União não fizer as normas gerais, os Estados/Distrito Federal editam normas gerais e específicas em seus territórios;

– se a União fizer norma geral após os Estados/Distrito Federal, prevalece à norma geral federal, podendo a estadual/distrital geral ser aproveitada naquilo que não conflitar com norma geral federal superveniente;
– o Município fica responsável em suplementar a legislação federal e estadual no que couber.

  c. **autonomia *legislativa*:** o Direito penitenciário possui normas jurídicas próprias que tratam da matéria, como a Lei n. 7.210/84, que dispõe sobre execução penal;

  d. **autonomia *doutrinária*:** o Direito penitenciário é reconhecido pelos estudiosos do Direito como ramo autônomo do Direito. A autonomia doutrinária traduz-se na existência de uma bibliografia própria de reconhecimento nacional e internacional.

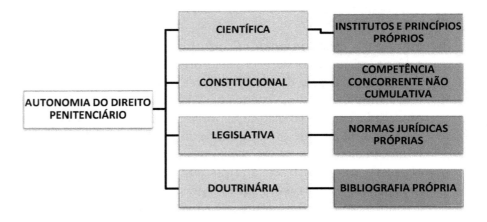

5. Fundamentos Teóricos

5.1. Abolicionismo Penal

Abolicionismo penal é o movimento que visa pregar a descriminalização e a despenalização para a prática das condutas como soluções para o sistema penitenciário[120].

---

[120] NUCCI, Guilherme de Souza. *Código Penal comentado*. São Paulo: Revista dos Tribunais, 2010, p. 207-8.

Para Zaffaroni[121], *"o abolicionismo atual constitui um movimento que, nos últimos anos, produziu uma literatura considerável sobretudo entre os autores do norte da Europa – principalmente escandinavos e holandeses –, seus mais notórios representantes. Uma das características mais comuns entre seus líderes é a de haverem levado adiante movimentos ou organismos com participação de técnicos, presos, liberados, familiares e simpatizantes, isto é, pessoas com alguma experiência prática no campo da marginalização penalizada"*. E conclui *"o abolicionismo representa a mais original e radical proposta político-criminal dos últimos anos, a ponto de ter seu mérito reconhecido até mesmo por seus mais severos críticos"*.

Existe uma variedade de posições no abolicionismo[122]: a) Louk Hulsman: o sistema penal é inútil, incapaz e ineficaz para resolver os conflitos existentes na convivência civil; b) Thomas Mathiesen: prega a eliminação do sistema penal e qualquer processo de repressão existente na sociedade; o sistema proposto é uma permanente situação de oposição e competição com o poder dominante; c) Nils Christie: escolhe a história para construção e fundamentação do seu abolicionismo penal; d) Michel Foucault: um abolicionista de concepção *estruturalista*, pautado numa consideração do *sujeito cognoscente* como um produto do poder.

5.2. Garantismo

O suspeito, processado e condenado, tem direito de respeito às garantias formais e materiais ante o poder punitivo do Estado.

Conforme a lição de Ferrajoli[123], *"a palavra garantismo pode ser compreendida sob três acepções: pela primeira, garantismo designa um modelo normativo de direito, quanto ao Direito Penal, de extrema legalidade, próprio do Estado de Direito. No plano epistemológico (epistemologia = teoria da ciência), se caracteriza como um sistema cognoscitivo (cognoscível = que se pode conhecer) ou de poder mínimo, no plano político como uma técnica de tutela capaz de minimizar a violência e de maximizar a liberdade e no plano jurídico, como um sistema de vínculos impostos à potestade punitiva do estado em garantia dos direitos dos cidadãos. Em consequên-*

---

[121] ZAFFARONI, Eugenio Raúl. *Sistemas penales y derechos humanos en América Latina*. Buenos Aires: Depalma, 1984.

[122] SILVA, Luciano Nascimento. Manifesto abolicionista penal. Ensaio acerca da perda de legitimidade do sistema de Justiça Criminal. *Jus Navigandi*, Teresina, ano 7, n. 60, nov. 2002.

[123] FERRAJOLI, Luigi. *Derecho y razón* – teoría del garantismo penal. Trad. coletiva. 2. ed. Valladolid: Ed. Trotta, 1997.

cia, é garantista todo o sistema penal que se ajusta normativamente a tal modelo e satisfaz de maneira efetiva".

5.3. Direito Penal Simbólico

É aquele em que o Poder Legislativo, em vez de legislar em prol do coletivo, legisla em caráter individual, forçado pela pressão dos meios de comunicação que exige mão firme sobre determinados crimes que foram cometidos contra famosos ou autoridades, enquanto a população se contenta com um mero símbolo de segurança.

As leis de cunho simbólico trazem uma forte carga moral e emocional, revelando uma manifesta intenção pelo Governo de manipulação da opinião pública de uma falsa ideia de segurança.

Quando se fala no Direito Penal simbólico deve se ter em mente um conjunto de normas penais elaboradas no clamor da opinião pública, suscitadas geralmente na ocorrência de crimes violentos ou não para mostrar à sociedade que ela está segura. Porém, a criminalização de condutas gravosas de forma desproporcional cria falsa ideia de segurança e o próprio Direito Penal simbólico, que foge ao seu real escopo de proteger os bens jurídicos relevantes para sociedade, estabelecendo a verdadeira paz social.

O simbolismo do Direito Penal está justamente no fato da sua utilização, não como meio de contribuição efetiva para uma convivência pacífica, e sim como uma forma enganosa dessa proteção, própria do político que se apresenta como "salvador da pátria". Na realidade, ele não está preocupado com o bem-estar social ou individual da população, mas, sim, com sua eleição ou reeleição[124].

5.4. Minimalismo Penal

O minimalismo penal defende um sistema penal mínimo com adoção de medidas como a despenalização e penas alternativas à prisão. A preocupação é com o mínimo de criminalização de condutas e de penalidades.

---

[124] Trecho do texto confeccionado por José Carlos de Oliveira Robaldo e extraído do *site* www.uj.com.br.

Diz Baratta[125] sobre a proposta minimalista: "... *não se trata de uma política de 'substitutivos penais', vagamente reformista e humanitária, mas, sim, de uma política muito mais ambiciosa, de levar a cabo profundas reformas sociais e institucionais para o desenvolvimento da igualdade, da democracia, de formas de vida comunitária e civil alternativas e mais humanas"* .

5.5. Realismo Marginal

O modelo de Zaffaroni denominado "Realismo marginal latino-americano" foi enunciado, sobretudo em seu também clássico "Em busca das penas perdidas" (em resposta e em homenagem latino-americana ao clássico "Penas perdidas", de Louk Hulsman). O exercício de poder dos sistemas penais é incompatível com a ideologia dos direitos humanos.

Os direitos humanos devem ser reconhecidos como uma ideologia programática para toda a humanidade. Zaffaroni constata a existência de uma insensatez histórica e de uma expropriação do direito da vítima praticada pelos sistemas penais. Propõe a deslegitimação do sistema penal[126].

5.6. Teoria das Janelas Quebradas

Dois criminologistas da Universidade de Harvard, James Wilson e George Kelling, publicaram a teoria das "janelas quebradas" em *The Atlantic*, em março de 1982. A teoria baseia-se num experimento realizado por Philip Zimbardo, psicólogo da Universidade de Stanford, com um automóvel deixado em um bairro de classe alta de Palo Alto (Califórnia).

Durante a primeira semana de teste, o carro não foi danificado. Porém, após o pesquisador quebrar uma das janelas, o carro foi completamente destroçado e roubado por grupos de vândalos, em poucas horas. De acordo com os autores, caso se quebre uma janela de um edifício e não haja imediato conserto, logo todas as outras serão quebradas. Algo semelhante ocorre com a delinquência.

---

[125] BARATTA, Alessandro. *Direitos humanos*: entre a violência estrutural e a violência penal. Porto Alegre: Fabris, n. 2, p. 44-61, abr./jun. 1993.
[126] ZAFFARONI, Eugenio Raúl. *Em busca das penas perdidas*: a perda de legitimidade do sistema penal. Trad. Vânia Romano Pedrosa e Amir Lopes da Conceição. Rio de Janeiro: Revan, 1991.

PRISÃO E LIBERDADE

Em 1996, Kelling lançou a obra definitiva sobre a teoria das janelas quebradas: *Fixing broken windows*: restoring order and reducing crimes in our communities (*Consertando as janelas quebradas*: restaurando a ordem e reduzindo o crime em nossas comunidades).

Na obra, o autor demonstra a relação de causalidade entre a criminalidade violenta e a não repressão a pequenos delitos e contravenções, ou seja, a desordem leva à criminalidade, a tolerância com pequenos delitos e contravenções leva, inevitavelmente, à criminalidade violenta. A conclusão é que, caso se quebre uma janela de um edifício e não haja imediato conserto, logo todas as outras serão quebradas. Ou seja, os governantes precisavam resolver os problemas enquanto ainda eram pequenos.

5.7. "Operação Tolerância Zero"

É uma política de segurança pública aplicada da teoria de Kelling no combate à criminalidade em Nova Iorque e que veio a ser popularmente conhecida como "operação tolerância zero". A nova política de segurança adotada em 1994 pelo prefeito da cidade, o republicano Rudolf Giuliani, reduziu todos os tipos de crimes aos níveis de 30 anos atrás.

5.8. Movimento de "Lei e Ordem"

O movimento de "lei e ordem" visa à implementação de um sistema penal rígido e altamente repressivo, com a edição de um maior número de leis incriminadoras com o escopo de reduzir a criminalidade, que estabeleçam a adoção da política criminal radical (*hard control*), do endurecimento de penas, do corte de direitos e garantias fundamentais, do agravamento da execução e da tipificação inflacionária de novas condutas desviantes.

O movimento da Lei e da Ordem adota uma política criminal com as seguintes características[127]: a) a pena se justifica como um castigo e uma retribuição no velho sentido, não se confundindo esta expressão com o que hoje se denomina "retribuição jurídica"; b) os chamados delitos graves hão de castigar-se com penas severas e duradouras (morte e provação de liberdade de longa duração); c) as penas privativas de liberdade impostas por crimes violentos hão de cumprir-se em estabelecimentos penitenciá-

---

[127] Apud in JESUS, Damásio E. de. *Lei do Juizados Especiais anotada*. São Paulo: Saraiva, 1996.

rios de máxima segurança, submetendo-se o condenado a um excepcional regime de severidade distinto ao dos demais condenados; d) o âmbito da prisão provisória deve ampliar-se de forma que suponha uma imediata resposta ao delito; e) deve haver uma diminuição dos poderes individuais do juiz e o menor controle judicial na execução que ficará a cargo, quase exclusivamente, das autoridades penitenciárias.

5.9. Teoria do Etiquetamento

A teoria do etiquetamento (*labeling approach*), segundo Antonio García--Pablos de Molina[128], reparte o rótulo de criminoso com o mesmo critério de distribuição dos bens positivos, levando em conta o *status* e o papel da pessoa. Desse modo as chances ou os riscos de um indivíduo ser etiquetado como delinquente não dependem tanto da conduta executada (delito), senão da posição dele na pirâmide social (*status*).

O comportamento humano seria inseparável da interação social e sua interpretação não pode prescindir dessa mediação simbólica. O conceito que o indivíduo tem de si mesmo, de sua sociedade e da sua posição nessa sociedade são chaves importantes do significado genuíno da conduta criminal. Como observa Paulo Queiroz[129]: *"Finalmente, sabe-se hoje que o delito, que não tem consistência material ou ontológica, é algo que se constrói socialmente (teoria do etiquetamento, tendo o direito penal um papel importante nesta definição (rotulação) do que seja crime e criminoso, já que é ele que fornece a ferramenta conceitual de atuação dos que operam com o sistema penal"*.

---

[128] MOLINA, Antonio García-Pablos de. *Criminología*: una introducción a sus fundamentos teóricos para juristas. Valencia: Tirant lo Blanch, 1996.

[129] Artigo publicado no www.mundojuridico.adv.br em 25/06/2002 – Paulo Queiroz – É realmente possível distinguir direito penal da política criminal?

6. Crise da Prisão[130]

A crise da pena de prisão é fruto da falência do sistema penitenciário brasileiro. Como observa Irene B. Mukad[131]: *"A opinião dominante é de que não é possível reabilitar o condenado ao convívio social, aplicando-se-lhe um isolamento que não é natural, que lhe traz, pelo tipo de vida a que obriga, repercussões negativas em seu físico e psiquismo, tornando-o mais antissocial, por não lhe proporcionar uma existência racional e normal, levando-o a uma despersonalização incompatível com a vida em liberdade".*

A pena deve ser vista como meio que possibilite o retorno do condenado ao convívio social. A sociedade atual reclama por penas alternativas à prisão, buscando resultado efetivo na recuperação do condenado e no atendimento dos objetivos humanos e justos da pena.

A prisão traz inúmeras desvantagens[132]: a) priva a sociedade da produção de trabalho pelos presos; b) aniquila a família do preso; c) contribui para o crescimento do número de criminosos; d) arranca o criminoso do seu meio; e) acarreta desnecessário e injusto aumento nas despesas públicas; f) agrava ou arruína a saúde do sentenciado. A prisão exerce influência sobre a atividade psíquica do recluso provocando reações físicas ou mentais. Segundo Carlos Alberto Marchi de Queiroz[133]: *"Atualmente, a não ser, talvez, pela destinação dos espaços físicos, os estabelecimentos prisionais brasileiros não passam de autênticos depósitos de criminosos condenados pela Justiça Pública".*

A doutrina aponta as seguintes penas alternativas à prisão ou substitutivos da prisão[134]: a) trabalho obrigatório; b) repreensão judicial; c) confinamentos nos finais de semana; d) prisão domiciliar; e) indenização da vítima; f) reparação simbólica; g) multa; h) perdão judicial; i) *sursis*; j) *probation*: suspensão condicional da sentença, compromisso assumido pelo condenado de acatar normas de conduta e fiscalização por funcionários

---

[130] "Las cárceles tienem aún otra influencia perjudicial sobre las personas y la sociedad, por simbolizar una forma sobre las personas, que acentúan la violencia y la degradación como formas de solución de conflictos interpersonales, propagando la dureza y el desinterés como métodos". (SCHUMANN, Karr F. Una sociedad sin prisiones. *Doctrina Penal*: Teoría y Práctica en las Ciencias Penales (Revista Trimestral), Buenos Aires, 1991).

[131] MUKAD, Irene Batista. *Prisão albergue*. São Paulo: Cortez, 1990.

[132] NOGUEIRA, Ataliba. *Pena sem prisão*. São Paulo: Saraiva, 1956.

[133] QUEIROZ, Carlos Alberto Marchi de. *O direito de fugir*. São Paulo: Resenha Tributária, 1989.

[134] MUKAD, Irene Batista. *Prisão albergue*, cit.

nomeados por uma comissão de magistrados. O condenado será colocado em liberdade desde que tenha tido bom comportamento.

7. Limite da Pena

A temporariedade é a característica na privação da locomoção mediante prisão, pois além da Constituição Federal proibir prisão de caráter perpétuo, o tempo de cumprimento das penas privativas de liberdade não pode ser superior a 30 (trinta) anos (art. 75, *caput*, do CP).

Quando o agente for condenado a penas privativas de liberdade cuja soma seja superior a 30 (trinta) anos, devem elas ser unificadas para atender ao limite máximo deste artigo (art. 75, § 1º, do CP).

A limitação estabelecida no art. 75, § 1º, do Código Penal, refere-se apenas ao cumprimento da pena e não à sua fixação. A lei é expressa no sentido de que o limite de 30 anos refere-se, tão somente, ao tempo de cumprimento das penas privativas de liberdade.

O limite do efetivo encarceramento não constitui parâmetro para a concessão de benefícios da execução, como a progressão de regime e o livramento condicional, nem produz efeito sobre a fixação da pena definitiva. A norma do art. 75 do Código Penal refere-se ao tempo de efetivo encarceramento, trinta anos. Da unificação resulta o limite máximo da pena privativa de liberdade em 30 anos.

A orientação é firme na Suprema Corte: "*A pena unificada para atender ao limite de trinta anos de cumprimento, determinado pelo art. 75 do Código Penal, não é considerada para a concessão de outros benefícios, como o livramento condicional ou regime mais favorável de execução*" (Súmula 715 do STF). A mesma diretriz é de pacífica jurisprudência no Superior Tribunal de Justiça[135].

Sobrevindo condenação por fato posterior ao início do cumprimento da pena, será feita nova unificação de penas em 30 anos para ajustamento ao limite de cumprimento do art. 75 do Código Penal. Na nova unificação será desprezado o período da pena já cumprido (CP, art. 75, § 2º)[136].

---

[135] A concessão de qualquer benefício na execução da pena deve observar a soma das reprimendas efetivamente impostas ao condenado, e não o limite do art. 75, do Código Penal, que se refere apenas ao tempo de efetivo cumprimento da pena (STJ – REsp 417978-RS, REsp 278177-SP, RHC 13436-RJ, HC 21837-SP).

[136] PRISÃO – PERÍODO MÁXIMO – PRÁTICA DE NOVOS DELITOS. Consoante dispõe o § 2º do art. 75 do Código Penal, se sobrevier condenação por fato posterior ao início do

PRISÃO E LIBERDADE

No Decreto-lei n. 3.688, de 3 de outubro de 1941, da duração da pena da prisão simples, nas contravenções penais, não pode, em caso algum, ser superior a cinco anos.

8. Reclusão e Detenção

A pena privativa de liberdade pode ser de três espécies: reclusão, detenção e prisão simples. Na prática, não existe hoje diferença essencial entre reclusão e detenção. A prisão simples, prevista para as contravenções penais, pode ser cumprida nos regimes semiabertos ou abertos. Conforme orientação doutrinária e jurisprudencial, para facilitar o entendimento das diferenças entre reclusão e detenção, segue quadro comparativo:

ITENS	RECLUSÃO	DETENÇÃO
Regime penitenciário	Fechado, semiaberto e aberto	Semiaberto e aberto
Regime fechado	Pode ser inicial	Só por regressão
Medida de segurança	Internação	Tratamento ambulatorial
Prisão preventiva	É possível nos crimes dolosos	É possível nos crimes dolosos desde que o réu seja vadio, identidade incerta, reincidente em crime doloso ou violência doméstica
Incapacidade para o exercício do poder familiar, tutela ou curatela	É possível	Não é possível

cumprimento da pena, há de se fazer nova unificação, desprezando-se, para o fim do que foi previsto na cabeça do artigo, o período de pena já cumprido – HC 88402/SP – 1ª Turma – rel. Min. Marco Aurélio – 14/11/2006.

Rito processual	Ordinário se a pena máxima prevista em lei for superior a dois anos	Sumário se a pena máxima prevista em lei for superior a dois anos
Interceptação telefônica	Pode ser autorizada pelo juiz	Não pode ser autorizada pelo juiz
Fiança	Em regra, não admitem fiança	Em regra, admitem fiança

9. Regime Penitenciário

9.1. Considerações Gerais

Regime penitenciário é o modo de cumprimento da pena privativa de liberdade. Há três espécies de regimes: fechado, semiaberto e aberto.

Em qualquer regime, a pena privativa de liberdade deve ser executada com respeito à integridade física e moral do preso, proibida as penas cruéis, com observância aos preceitos reguladores do cumprimento da pena, contidos na Constituição da República e na Lei de Execução Penal.

O direito ao cumprimento da pena em local próximo ao seio familiar, de modo a facilitar a ressocialização do condenado, não é absoluto, podendo ser ultrapassado por decisão do juízo da execução, sobretudo se fundamentado no resguardo da segurança pública.

9.2. Aplicação da Pena

É a fixação da pena em um *quantum* determinado. Na aplicação da pena privativa de liberdade, o critério a ser observado é o trifásico, pois a pena é fixada por meio de três fases: a) Fixação da pena-base; b) Agravantes e atenuantes; c) Causas de aumento e de diminuição da pena.

Ao individualizar a pena, o juiz sentenciante deverá seguir o critério trifásico, de forma a obedecer e sopesar os critérios no art. 59 do Código Penal[137] (circunstâncias judiciais: o juiz fixa a pena-base, levando em conta

---

[137] Dentro dos limites legais, condenação com trânsito em julgado pode ser considerada como mau antecedente do réu e deve ser considerada como circunstância judicial desfavorável na

as circunstâncias judiciais do artigo 59 do Código Penal, quais sejam, a culpabilidade, os antecedentes, a conduta social, a personalidade, os motivos, as circunstâncias, as consequências do crime e o comportamento da vítima; quando a circunstância judicial é elementar do crime, não pode ela ingressar no processo mental da primeira fase de fixação da pena), as circunstâncias agravantes e atenuantes e, por fim, as causas de aumento e diminuição de pena para, ao final, impor ao condenado, de forma justa e fundamentada, a quantidade de pena compatível no caso concreto.

Cada uma das três fases de aplicação da pena deve ter fundamentação própria e adequada[138]. Cada fase na fixação da pena deve ser fundamentada, viabilizando o direito de defesa do condenado.

A pena deve ser fixada em estrita observância ao critério trifásico, estabelecido nos artigos 59, 67 e 68 do Código Penal, com fundamentação concreta e vinculada, tal como exige o próprio princípio do livre convencimento fundamentado (arts. 157, 381 e 387 do CPP c/c o art. 93, IX, segunda parte da *Lex Maxima*) e o princípio constitucional da individualização da pena. O julgador deve examinar com acuidade os elementos que dizem respeito ao fato para aplicar a reprimenda que seja necessária e suficiente para reprovação do crime.

É **nula a dosimetria** da pena que não atende ao disposto nos arts. 59 e 68 do Código Penal, sendo a fixação da pena-base desprovida de fundamentação em elementos concretos, bem como realizada em desacordo com o critério trifásico.

Não é possível a utilização de argumentos genéricos ou circunstâncias elementares do próprio tipo penal para o aumento da pena-base com fundamento nas consequências do delito (informativo nº 506/2012).

Não caracteriza circunstância relevante anterior ao crime (art. 66 do CP) o fato de o condenado possuir bons antecedentes criminais. A **atenuante inominada** é entendida como uma circunstância relevante, ante-

---

fixação da pena-base, sob pena de malferir o art. 59 do CP (5ª Turma do STJ – 03/08/2006). "Em respeito ao princípio da não culpabilidade, inquéritos e processos em andamento não podem ser considerados como maus antecedentes, para fins de exacerbação da pena-base" (HC 34.698/PR, 5ª Turma, de minha relatoria, *DJ* de 10/10/2005).

[138] A dosimetria da pena, além de não admitir soluções arbitrárias e voluntaristas, supõe, como pressuposto de legitimidade, uma adequada fundamentação racional, revestida dos predicados de logicidade, harmonia e proporcionalidade com os dados empíricos em que deve se basear (HC 104266/15 STF).

rior ou posterior ao delito, não disposta em lei, mas que influencia no juízo de reprovação do autor. Excluem-se, portanto, os antecedentes criminais, que já são avaliados na fixação da pena-base e expressamente previstos como circunstância judicial do art. 59 do CP (informativo do STJ nº 569/15).

Na sentença, o juiz deve estabelecer o regime inicial de cumprimento de pena, que, por sua vez, deve considerar, além da quantidade da pena aplicada (§ 2º do art. 33 do CP), as condições pessoais do réu (§ 3º do art. 33 c/c o art. 59 do CP), descabendo a sua imposição com base na gravidade abstrata do crime, que já foi considerada pelo legislador ao estabelecer a sua cominação.

O juiz precisa fundamentar a escolha do regime, quando for mais severo; quando brando, presume-se que as circunstâncias judiciais do artigo 59 do Código Penal são favoráveis. Quando as circunstâncias forem favoráveis ao réu, não é lícito ao juiz estabelecer regime pior, tomando em consideração a natureza do crime praticado.

A imposição de regime mais gravoso que o quantitativo da pena exige adequada fundamentação. *"A opinião do julgador sobre a gravidade em abstrato do crime não constitui motivação idônea para a imposição de regime mais severo do que o permitido segundo a pena aplicada"* (Súmula 718 do STF). Nos termos da Súmula 719 do STF, *"a imposição do regime de cumprimento mais severo do que a pena aplicada permitir exige motivação idônea"*.

É competência do Juiz da Execução Penal, nos termos do art. 66, inciso VI, da Lei de Execuções Penais, decidir sobre a questão da **inexistência de vaga ou de estabelecimento adequado**, adotando providências para ajustamento da execução da pena ao comando da sentença.

O regime imposto na sentença deve informar a sua execução. Configura manifesto constrangimento ilegal submeter o paciente a regime mais rigoroso do que o estabelecido na condenação.

Não configura, contudo, em constrangimento ilegal, o tempo de permanência necessário à transferência do condenado do estabelecimento próprio da prisão provisória para o estabelecimento compatível ao regime decretado na condenação imposta. A duração sujeita-se ao princípio da razoabilidade[139].

---

[139] Tal tempo de permanência à espera de vaga deve subordinar-se ao princípio da razoabilidade, que faz injustificável transferência que se retarde por mais de 30 dias – HC 29668 / SP – STJ.

A inexistência de estabelecimento adequado ao **regime de pena** prisional estabelecido na sentença, confirmada em grau de apelação, deve ser levada pelo sentenciado ao Juízo de Execução Criminal, que cabe, por primeiro, decidir a questão.

No caso de ausência de vaga em estabelecimento adequado a jurisprudência adota a seguinte orientação: *Se o caótico sistema prisional estatal não possui meios para manter o detento em estabelecimento apropriado, é de se autorizar, excepcionalmente, que a pena seja cumprida em regime mais benéfico, in casu, o domiciliar. O que é inadmissível é impor ao paciente o cumprimento da pena como se estivesse em **regime fechado**, por falta de vagas em estabelecimento adequado, desvirtuando a finalidade da pretensão executória – HC 89558/MG – rel. Min. Felix Fisher – 5ª Turma – 11/12/2007.*

Na hipótese de inexistir vaga em estabelecimento adequado a seu regime, não autoriza a manutenção do condenado em regime prisional mais gravoso, sob pena de violação aos princípios da individualização da pena (art. 5º, XLVI) e da legalidade (art. 5º, XXXIX).

Em conformidade com a súmula vinculante nº 56 do STF, a falta de estabelecimento penal adequado não autoriza a manutenção do condenado em regime prisional mais gravoso, devendo-se observar, nessa hipótese, os parâmetros fixados no RE 641.320/RS: havendo déficit de vagas, deverão ser determinados: (a) a saída antecipada de sentenciado no regime com falta de vagas; (b) a liberdade eletronicamente monitorada ao sentenciado que sai antecipadamente ou é posto em prisão domiciliar por falta de vagas; (c) o cumprimento de penas restritivas de direito e/ou estudo ao sentenciado que progride ao regime aberto. Até que sejam estruturadas as medidas alternativas propostas, poderá ser deferida a prisão domiciliar ao sentenciado[140].

Após fixação do regime inicial do cumprimento da pena, o juiz verifica a possibilidade de substituição da pena privativa de liberdade por pena

---

[140] A Terceira Seção do STJ fixou, pelo rito dos recursos repetitivos, a tese de que a inexistência de estabelecimento penal adequado não autoriza a automática concessão de prisão domiciliar, porquanto, nos termos da Súmula Vinculante nº 56, é imprescindível que a adoção de tal medida seja precedida das providências estabelecidas no julgamento do RE nº 641.320/RS, quais sejam: (i) saída antecipada de outro sentenciado no regime com falta de vagas, abrindo-se, assim, vagas para os reeducandos que acabaram de progredir; (ii) a liberdade eletronicamente monitorada ao sentenciado que sai antecipadamente ou é posto em prisão domiciliar por falta de vagas; e (iii) cumprimento de penas restritivas de direitos e/ou estudo aos sentenciados em regime aberto."

restritiva de direitos ou pena de multa, e a possibilidade de aplicar ao condenado o *sursis* sempre que a condenação for igual ou inferior a dois anos.

Cabe ressaltar que, uma vez fixada a pena-base acima do mínimo legal, em razão do reconhecimento judicial expresso e fundamentado das circunstâncias desfavoráveis, não é possível benefício da substituição da pena privativa de liberdade pela restritiva de direitos, à luz do disposto no art. 44, inciso III, do Código Penal.

De acordo com o STJ: a) **É possível, na segunda fase da dosimetria da pena, a compensação da atenuante da confissão espontânea com a agravante da reincidência (informativo 522/2013); b) Na dosimetria da pena, os fatos posteriores ao crime em julgamento não podem ser utilizados como fundamento para valorar negativamente a culpabilidade, a personalidade e a conduta social do réu (informativo 535/2014); c**) Havendo registros criminais já considerados na primeira e na segunda fase da fixação da pena (maus antecedentes e reincidência), essas mesmas condenações não podem ser valoradas para concluir que o agente possui personalidade voltada à criminalidade. A adoção de entendimento contrário caracteriza o indevido *bis in idem* (informativo 506/2012).

De acordo com o STF: a) a dosimetria da pena **é questão relativa ao mérito** da ação penal, estando necessariamente vinculada ao conjunto fático probatório, não sendo possível às instâncias extraordinárias o exame dos dados fáticos da causa para redimensionar a pena finalmente aplicada (RHC100837/15/STF); b) a existência de inquéritos policiais ou de ações penais sem trânsito em julgado não pode ser considerada como maus antecedentes para fins de dosimetria da pena (RE 591054 STF).

A pena não pode ser estabelecida **acima do mínimo legal** com supedâneo em referências vagas e dados não explicitados. Malgrado haja certa discricionariedade na fixação da pena-base, a sua exasperação acima do mínimo deve ser devidamente fundamentada, sob pena de nulidade (art. 93, X, da CF).

A pena privativa de liberdade não pode ser fixada **abaixo do mínimo legal** com supedâneo em meras atenuantes (Precedentes e Súmula n. 231 do STJ). Fixada a pena-base no mínimo legal e reconhecida as circunstâncias judiciais favoráveis ao réu, é incabível o regime prisional mais gravoso.

O STJ e o STF (RHC 109267/15) não permitem, em sede de *habeas corpus*, rever o conjunto probatório para examinar a justiça da exasperação. O fundamento para considerar o habeas corpus como não apto a reexaminar

PRISÃO E LIBERDADE

a dosimetria da pena fixada é porque enseja a análise do conjunto fático--probatório; o *habeas corpus* deve fundar-se em prova pré-constituída, não comportando dilação probatória.

Porém, é viável o exame da dosimetria da pena, por meio de *habeas corpus*, caso evidenciado eventual desacerto na consideração de circunstância judicial ou errônea aplicação do método trifásico (ex.: excesso na pena--base), se daí resultar flagrante ilegalidade e prejuízo ao réu (20/06/2006 – 5ª Turma do STJ).

9.3. *Aplicação da Pena e Crimes em Espécie*

a) **Estelionato (emissão de cheque sem fundo):** o ressarcimento do prejuízo antes do recebimento da denúncia não exclui o crime de estelionato, apenas influindo na fixação da pena.

b) **Evasão de divisas:** a complexidade do esquema criminoso é circunstância negativa na dosimetria da pena. Na fixação da pena do crime de evasão de divisas (art. 22, parágrafo único, da Lei n. 7.492/1986), o fato de o delito ter sido cometido por organização criminosa complexa e bem estrutura pode ser valorado de forma negativa a título de circunstâncias do crime (informativo do STJ nº 578/16).

c) **Furto:** a causa de aumento de pena prevista no § 1° do art. 155 do CP - que se refere à prática do crime durante o repouso noturno - é aplicável tanto na forma simples (caput) quanto na forma qualificada (§ 4°) do delito de furto. A causa de diminuição de pena prevista no § 2º do art. 155 do CP – que se refere à prática do furto privilegiado – é aplicável nos casos de furto qualificado (art. 155, § 4º, do CP) (informativo do STJ nº 554/2015).

d) **Corrupção passiva:** o fato de o crime de corrupção passiva ter sido praticado por Promotor de Justiça no exercício de suas atribuições institucionais pode configurar circunstância judicial desfavorável na dosimetria da pena (informativo do STJ 552/2014).

e) **Drogas**: a jurisprudência do Supremo Tribunal Federal veda a consideração cumulativa da quantidade e da natureza da droga na primeira e na terceira fases da dosimetria da pena (Repercussão Geral no ARE nº 666.334, Plenário, Relator o Ministro Gilmar Mendes, DJe de 6/6/14).

f) **Corrupção passiva e Concussão**: a obtenção de lucro fácil e a cobiça constituem elementares dos tipos de concussão e corrupção passiva (arts. 316 e 317 do CP), sendo indevido utilizá-las, para exasperação da pena-base, no momento em que analisados os motivos do crime – circunstância judicial prevista no art. 59 do CP (informativo do STJ nº 608/17).

g) **Homicídio**: No caso de incidência de duas qualificadoras no tipo do homicídio, quais sejam, motivo egoístico e motivo torpe, nada impede considerar-se uma delas como circunstância judicial na fixação da pena-base (informativo do STJ 218/2004).

9.4. Regime fechado

> *Art. 34 do CP. O condenado será submetido, no início do cumprimento da pena, a exame criminológico de classificação para individualização da execução. § 1º O condenado fica sujeito a trabalho no período diurno e a isolamento durante o repouso noturno. § 2º O trabalho será em comum dentro do estabelecimento, na conformidade das aptidões ou ocupações anteriores do condenado, desde que compatíveis com a execução da pena. § 3º O trabalho externo é admissível, no regime fechado, em serviços ou obras públicas.*

Regime fechado é aquele em que o preso cumpre pena em estabelecimento de segurança máxima ou média. Nas penitenciárias, o condenado deve ser alojado em cela individual que conterá dormitório, aparelho sanitário e lavatório, satisfazendo as exigências de higiene, clima e qualidade do ar, iluminação, aquecimento e ventilação. Cada cela individual deverá conter salubridade do ambiente pela concorrência de fatores de aeração, insolação e condicionamento térmico adequado à existência humana e área mínima de 6 m².

No regime fechado existe a previsão de trabalho interno durante o dia, de acordo com as aptidões do condenado, sendo a recusa falta grave, e trabalho externo, observado os seguintes requisitos: a) em serviços ou obras públicas; b) cautelas para evitar fuga; c) limite máximo de 10% do total dos empregados; d) autorização do diretor do estabelecimento penitenciário; e) aptidão e responsabilidade; f) cumprimento de 1/6 da pena; g) para obtenção do benefício do trabalho externo, considera-se o tempo de cumprimento da pena no regime fechado, nos termos da Súmula 40 do STJ.

A sentença transitada em julgado, que estabeleceu o regime prisional inicialmente fechado, não pode ser alterada na fase de sua execução para que fique o sentenciado submetido à regra carcerária mais severa, em homenagem ao princípio da segurança jurídica consubstanciado na proibição do arbítrio e na certeza do direito.

O regime inicial de cumprimento de pena[141] fechado será obrigatório nos seguintes casos: a) se a pena de reclusão for superior a 8 anos; b) se o condenado for reincidente, não importando a quantidade da pena de reclusão imposta; e facultativo, quando o juiz verificar que as circunstâncias do art. 59 do Código Penal forem desfavoráveis ao condenado.

É constrangimento ilegal submeter o preso que preenche os requisitos para o cumprimento da pena em regime semiaberto, em função da quantidade de pena imposta e diante do reconhecimento da presença de circunstâncias judiciais favoráveis na própria dosimetria da reprimenda ao regime fechado com fundamento exclusivo na gravidade do delito praticado e na suposta periculosidade do agente. O regime mais gravoso se mostra exagerado e incompatível.

Diante da inexistência de vagas no regime semiaberto, não se admite progressão em salto, ou seja, não se admite que o condenado estiver no regime fechado seja transferido diretamente para o regime aberto, nos termos da súmula 491 do STJ.

---

[141] O **regime inicial fechado**, que possibilita eventual progressão, deve ser estabelecido como medida individualizadora da pena, na fase de execução, mostrando-se não só favorável ao réu, como também para garantir a sociedade, a ela restituindo-se pessoa que contribuiu com seu comportamento para a sua liberdade e foi rigorosamente observado durante o cumprimento da pena, através dos estágios de progressão por ele conquistados, mostrando-se capaz de conviver na sociedade da qual se alijou e foi alijado – HC 88971/SP – rel. Min. Jane Silva – 5ª Turma – 13/12/2007.

A falta de estabelecimento penal adequado não autoriza a manutenção do condenado em regime prisional mais gravoso, devendo-se observar, nessa hipótese, os parâmetros fixados no RE 641.320/RS: (1) a saída antecipada de sentenciado no regime com falta de vagas; (2) a liberdade eletronicamente monitorada ao sentenciado que sai antecipadamente ou é posto em prisão domiciliar por falta de vagas; (3) o cumprimento de penas restritivas de direito e/ou estudo ao sentenciado que progride ao regime aberto. Até que sejam estruturadas as medidas alternativas propostas, poderá ser deferida a prisão domiciliar ao sentenciado.

9.5. Regime Semiaberto

> *Art. 35 do CP. Aplica-se a norma do art. 34 deste Código, caput (exame criminológico), ao condenado que inicie o cumprimento da pena em regime semiaberto. § 1º O condenado fica sujeito a trabalho em comum durante o período diurno, em colônia agrícola, industrial ou estabelecimento similar. § 2º O trabalho externo é admissível, bem como a frequência a cursos supletivos profissionalizantes, de instrução de segundo grau ou superior.*

O regime semiaberto é aquele em que o condenado cumpre a pena em colônia agrícola, industrial ou estabelecimento similar.

A colônia possui menos segurança e vigilância do que no regime fechado, sendo formado por celas individuais ou de forma facultativa, por dependências coletivas com seleção adequada de presos e limite de capacidade máxima que atenda aos objetivos da individualização da pena.

No regime semiaberto existe previsão de trabalho interno durante o dia, de acordo com as aptidões do condenado, sendo a recusa falta grave, e de trabalho externo, do qual não precisa de vigilância direta e independe do lapso de cumprimento de 1/6 da pena.

O regime inicial de cumprimento de pena semiaberto será obrigatório nos seguintes casos: a) condenado reincidente, não importando a quantidade de pena de detenção ou prisão simples imposta; b) pena superior a 4 anos; e facultativo nos seguintes casos: a) quando o sentenciado não for reincidente a pena for igual ou inferior a 4 anos; b) a critério do juiz, mesmo que a pena seja igual ou inferior a 4 anos.

Sendo desfavoráveis as circunstâncias judiciais (CP, art. 59) na fixação da pena-base, é apropriado o regime prisional semiaberto para o cumpri-

PRISÃO E LIBERDADE

mento da reprimenda, muito embora a pena aplicada ao paciente, se considerada somente seu *quantum*, permitisse a fixação do regime inicial aberto.

É admissível a adoção do regime prisional semiaberto aos reincidentes condenados a pena igual ou inferior a quatro anos se favoráveis as circunstâncias judiciais, nos termos da Súmula 269 do STJ.

Conforme orientação do STJ, mesmo que haja progressão para o regime semiaberto e a condenada não mais se encontre recolhida em nenhum estabelecimento sujeito à administração estadual, a competência para execução da pena permanece com o juízo estadual, pois o condenado continua cumprindo a pena. Precedentes citados: CC 85.589-RJ, *DJ* 17/9/2007; CC 38.175-SP, *DJ* 14/6/2004, e CC 88.905-MT, *DJ* 8/11/2007. **CC 88.916-MT**, rel. Min. Maria Thereza de Assis Moura, j. 13/2/2008.

Se, na sentença condenatória, foi fixado o regime semiaberto como o inicial de cumprimento da pena, deverá, em princípio, o réu aguardar o julgamento do recurso de apelação em liberdade, se por outro motivo não estiver preso.

9.6. Regime Aberto

Art. 113 da LEP. O ingresso do condenado em regime aberto supõe a aceitação de seu programa e das condições impostas pelo Juiz. Art. 114. Somente poderá ingressar no regime aberto o condenado que: I – estiver trabalhando ou comprovar a possibilidade de fazê-lo imediatamente; II – apresentar, pelos seus antecedentes ou pelo resultado dos exames a que foi submetido, fundados indícios de que irá ajustar-se, com autodisciplina e senso de responsabilidade, ao novo regime. Parágrafo único. Poderão ser dispensadas do trabalho as pessoas referidas no art. 117 desta Lei. Art. 115. O Juiz poderá estabelecer condições especiais para a concessão de regime aberto, sem prejuízo das seguintes condições gerais e obrigatórias: I – permanecer no local que for designado, durante o repouso e nos dias de folga; II – sair para o trabalho e retornar, nos horários fixados; III – não se ausentar da cidade onde reside, sem autorização judicial; IV – comparecer a Juízo, para informar e justificar as suas atividades, quando for determinado. Art. 116. O Juiz poderá modificar as condições estabelecidas, de ofício, a requerimento do Ministério Público, da autoridade administrativa ou do condenado, desde

DA PENA PRIVATIVA DE LIBERDADE

que as circunstâncias assim o recomendem. (...) Art. 119. A legislação local poderá estabelecer normas complementares para o cumprimento da pena privativa de liberdade em regime aberto (art. 36, § 1º, do Código Penal).

O regime aberto é aquele em que o condenado cumpre a pena em Casa de Albergado, espécie de estabelecimento penal em que não há obstáculos físicos ou materiais para a fuga, já que o regime aberto é fundado na autodisciplina e no senso de responsabilidade do condenado.

"O prédio deverá situar-se em centro urbano, separado dos demais estabelecimentos, e caracterizar-se pela ausência de obstáculos físicos contra a fuga" (LEP, art. 94), e "Em cada região haverá, pelo menos, uma Casa de Albergado, a qual deverá conter, além dos aposentos para acomodar os presos, local adequado para cursos e palestras" (LEP, art. 95).

O ingresso depende do merecimento avaliado pela presença dos seguintes requisitos: a) estar trabalhando ou comprovar a possibilidade de trabalhar; b) apresentar, por seus antecedentes ou pelo resultado dos exames a que foi submetido, fundados indícios de ajustamento ao novo regime; c) aceitar as condições fixadas pelo juiz: permanência no local designado pelo juiz durante o repouso e nos dias de folga; não ausência da cidade onde reside, sem autorização judicial; comparecimento a juízo para informar e justificar suas atividades quando for determinado; outras condições a critério do juiz. As condições podem ser modificadas em razão de mudança das circunstâncias, de ofício ou a requerimento do Ministério Público, da autoridade administrativa ou do condenado.

O regime inicial será obrigatoriamente aberto, nos termos do art. 33, § 2º, alínea *c*, do Código Penal, no caso de condenado não reincidente, cuja pena seja igual ou inferior a 4 (quatro) anos. A fixação facultativa ocorre nos seguintes casos: condenado a pena de reclusão não reincidente e pena igual ou inferior a 4 anos; condenado a pena de detenção ou prisão simples não reincidente e pena igual ou inferior a 4 anos.

O apenado que se encontra em regime aberto, cumprindo a pena em Casa de Albergado, e não preenche os requisitos da Lei de Execução Penal, não faz jus à concessão da prisão domiciliar.

Admite-se a concessão da prisão domiciliar ao apenado, cumprindo pena em regime aberto, que se enquadre nas hipóteses previstas no art. 117 da Lei de Execução Penal (somente se admitirá o recolhimento do beneficiário de regime aberto em residência particular quando se tratar de condenado maior de 70 (setenta) anos, condenado acometido de doença grave, condenada com filho menor ou deficiente físico ou mental, ou condenada gestante) ou, excepcionalmente, quando se encontrar cumprindo pena em estabelecimento compatível com regime mais gravoso, por inexistência de vagas em casa de albergado.

O Superior Tribunal de Justiça, atento às condições precárias da carceragem no Brasil, vem permitindo, em caráter excepcional e à falta de estabelecimento adequado, a concessão de prisão domiciliar a condenados submetidos a regime prisional aberto. REsp 194548/DF – rel. Min. José Arnaldo da Fonseca – 5ª Turma – 02/03/1999.

No caso de inexistência de vagas no regime semiaberto, a pena deve ser descontada em regime aberto, sendo admitido o regime domiciliar[142], na ausência de Casa de Albergado, até que o Juízo das Execuções assegure ao paciente vaga em estabelecimento próprio ao regime semiaberto.

A superlotação carcerária e a precariedade das condições da casa de albergado não são justificativas suficientes para autorizar o deferimento de pedido de prisão domiciliar. Além disso, cumpre ressaltar que, excepcionalmente, quando o sentenciado se encontrar cumprindo pena em estabelecimento destinado a regime mais gravoso, por inexistência de vagas no regime adequado, admite-se, provisoriamente, a concessão da prisão domiciliar (informativo do STJ nº 520/13).

A inexistência de casa de albergado na localidade da execução da pena não gera o reconhecimento de direito ao benefício da prisão domiciliar quando o paciente estiver cumprindo a reprimenda em local compatível com as regras do regime aberto (informativo do STJ nº 554/15).

Pode o Juiz da Execução, nos termos do art. 66, inciso VI, da Lei de Execução Penal, que lhe reclama zelo pelo correto cumprimento da pena, decidir sobre a questão da inexistência de vaga ou de estabelecimento adequado, adotando providência para ajustamento da execução da pena ao comando da sentença, em inexistindo vaga em Casa de Albergado, con-

---

[142] Em subsistindo, assim, a falta de vaga para o cumprimento em regime semiaberto e na impossibilidade da Casa de Albergado, mostra-se juridicamente plausível a concessão de prisão domiciliar, impondo-se, como se impõe, sem qualquer exoneração do Poder Público do dever de promover a efetividade da resposta penal, na dupla perspectiva da prevenção geral e especial, decidir em favor do direito de liberdade, como é do Estado Social e Democrático de Direito – STJ – 6ª Turma – HC 48629/MG – rel. Min. Hamilton Carvalhido – 04/04/2006.

ceder livramento condicional ao sentenciado que faz jus ao cumprimento da pena prisional em regime aberto[143].

Incumbe ao Estado providenciar vaga em regime adequado ao que foi imposto ao agente, não se lhe podendo determinar que a aguarde em regime mais gravoso ao fundamento de que se está agindo em favor da sociedade. Se o apenado aguardar a vaga adequada para o regime que lhe foi imposto em estabelecimento destinado a regime carcerário mais rigoroso do que o imposto na condenação, há nítido constrangimento ilegal. Não se podem exceder os limites impostos ao cumprimento da condenação, sob pena de desvio da finalidade da pretensão executória[144].

10. Regime Disciplinar Diferenciado

Art. 52 da LEP. A prática de fato previsto como crime doloso constitui falta grave e, quando ocasione a subversão da ordem ou disciplina internas, sujeita o preso provisório, ou condenado, sem prejuízo da sanção penal, ao regime disciplinar diferenciado, com as seguintes características: I – duração máxima de trezentos e sessenta dias, sem prejuízo de repetição da sanção por nova falta grave de mesma espécie, até o limite de um sexto da pena aplicada; II – recolhimento em cela individual; III – visitas semanais de duas pessoas, sem contar as crianças, com duração de duas horas; IV – o preso terá direito à saída da cela por 2 horas diárias para banho de sol. §

---

[143] HC 26538/SP – rel. Min. Hamilton Carvalhido – 6ª Turma – 24/11/2004; A concessão de livramento condicional cautelar para condenado beneficiado com a progressão para o regime aberto, ante a inexistência de Casa do Albergado, não constitui constrangimento ilegal, eis que é uma medida mais benéfica para o sentenciado, consistindo na última etapa para a ressocialização. Ademais, os pressupostos do recolhimento domiciliar não alcançam a situação do condenado – STJ – HC 26537/SP – rel. Min. Jorge Scartezzini – 5ª Turma – 17/02/2004.

[144] EXECUÇÃO PENAL. *HABEAS CORPUS*. REGIME ABERTO. RÉU MANTIDO EM SITUAÇÃO MAIS GRAVOSA. *HABEAS CORPUS*. PRISÃO ALBERGUE DOMICILIAR. Constitui constrangimento ilegal submeter o paciente a regime mais rigoroso do que o estabelecido na condenação. Vale dizer, é inquestionável o constrangimento ilegal se o condenado cumpre pena em condições mais rigorosas que aquelas estabelecidas na sentença. Se o caótico sistema prisional estatal não possui meios para manter o detento em estabelecimento apropriado, é de se autorizar, excepcionalmente, que a pena seja cumprida em regime mais benéfico, *in casu*, o domiciliar. O que é inadmissível é impor ao paciente o cumprimento da pena em local reservado aos presos provisórios, como se estivesse em regime fechado, por falta de vagas na **Casa de Albergados**. STJ – 5ª Turma – HC 84070/MG – rel. Min. Felix Fisher – 7/8/2007.

1º O regime disciplinar diferenciado também poderá abrigar presos provisórios ou condenados, nacionais ou estrangeiros, que apresentem alto risco para a ordem e a segurança do estabelecimento penal ou da sociedade. § 2º Estará igualmente sujeito ao regime disciplinar diferenciado o preso provisório ou o condenado sob o qual recaiam fundadas suspeitas de envolvimento ou participação a qualquer título, em organizações criminosas, quadrilha ou bando (...) Art. 54. As sanções dos incisos I a IV do art. 53 serão aplicadas por ato motivado do diretor do estabelecimento e a do inciso V, por prévio e fundamentado despacho do juiz competente. § 1º A autorização para a inclusão do preso em regime disciplinar dependerá de requerimento circunstanciado elaborado pelo diretor do estabelecimento ou outra autoridade administrativa. § 2º A decisão judicial sobre inclusão de preso em regime disciplinar será precedida de manifestação do Ministério Público e da defesa e prolatada no prazo máximo de quinze dias.

10.1. Conceito

O Regime Disciplinar Diferenciado, disciplinado pela Lei n. 10.792/2003, é um regime de disciplina carcerária especial e rígida, aplicado ao condenado e ao preso provisório, nacionais ou estrangeiros.

A inclusão do preso no RDD, sanção disciplinar[145] determinada no curso do processo de execução penal que depende de decisão fundamentada do juiz das execuções criminais precedida de manifestação do Ministério Público e da defesa, depende da ocorrência de uma das hipóteses legais, previstas no art. 52 da Lei de Execução Penal[146].

O art. 52 da Lei n. 7.210/84, com a redação determinada pela Lei n. 10.792/2003, ao criar o Regime Disciplinar Diferenciado, objetivou sepa-

---

[145] Sua aplicação depende de instauração de um procedimento administrativo para apuração dos fatos imputados ao condenado ou preso provisório (HC 96328/SP – STF).

[146] "Para que haja a inclusão do preso no regime disciplinar diferenciado (RDD), é necessário ocorrer ao menos uma das hipóteses previstas no art. 52 da LEP. Ademais, a decisão judicial sobre a inclusão do preso no regime disciplinar diferenciado terá que ser fundamentada pelo juiz das execuções criminais e determinada no processo de execução penal, bem como precedido de manifestação do Ministério Público e da defesa" (informativo 354/2008).

rar os líderes das facções criminosas do restante da população carcerária e combater o crime organizado, de forma a atender ao princípio da pro-porcionalidade e à manutenção da ordem pública[147].

10.2. Características

O RDD apresenta as seguintes características essenciais e marcantes:

a) **temporariedade**: duração máxima de trezentos e sessenta dias, sem prejuízo de repetição da sanção por nova falta grave de mesma espécie, até o limite de um sexto da pena aplicada: a duração do RDD, contado em dias, é de 360 dias; na reincidência de falta grave (crime doloso), o RDD poderá ser superior ou não a 1 ano, pois o limite é de 1/6 da pena efetivamente aplicada;

b) **isolamento**: recolhimento em cela individual: a cela individual é a solitária com acompanhamento psicológico, desconsiderando as proibições do art. 45 da Lei de Execução Penal;

c) **exterioridade**: visitas semanais de duas pessoas, sem contar as crianças, com duração de duas horas: o preso tem direito à visita semanal de dois adultos e de número indeterminado de crianças por duas horas; o preso terá direito à saída da cela por 2 horas diárias para banho de sol.

---

[147] É sempre preferível que a pessoa processada ou condenada seja custodiada em presídio no local em que reside, inclusive para facilitar o exercício do seu direito à assistência familiar, mas, se a sua permanência em presídio local se evidencia impraticável ou inconveniente, em razão da periculosidade do agente ou de outras circunstâncias que implicam na sua submissão ao Regime Disciplinar Diferenciado (RDD), previsto na Lei 10.792/03, é mister pôr em ressalto a preponderância ao interesse social da segurança e da própria eficácia da segregação individual (HC 92714/RJ – rel. Min. Napoleão Nunes Maia Filho – 5ª Turma do STJ – *Dje* 10/03/2008).

Diante dessas características, Mirabete[148] explica que: *"o RDD não constitui um regime de cumprimento de pena em acréscimo aos regimes fechado, semiaberto e aberto, nem uma nova modalidade de prisão provisória, mas sim um novo regime de disciplina carcerária especial, caracterizado por maior grau de isolamento do preso e de restrições ao contato com o mundo exterior"*.

10.2. Espécies

Existem duas espécies de RDD: o RDD "punitivo" (art. 52, *caput* e incisos da Lei n. 7.210/84) e o RDD "cautelar" (art. 52, §§ 1º e 2º, do referido diploma legal).

A imposição do regime disciplinar diferenciado pode ter um dos seguintes fundamentos: 1) na prática de falta grave (cf. art. 50, I a VI, da Lei n. 7.210/84), devidamente comprovada em procedimento próprio, com observância de ampla defesa, 2) na existência de fundado risco para a ordem e segurança do estabelecimento penal ou da sociedade ou, ainda, 3) na fundada suspeita de envolvimento ou participação do custodiado, a qualquer título, em organizações criminosas, quadrilha ou bando, sendo que essas duas últimas hipóteses encontram-se previstas nos parágrafos do art. 52 da Lei n. 7.210/84.

O RDD punitivo depende de procedimento disciplinar que assegure o direito de defesa (art. 59), de requerimento circunstanciado da autoridade competente (art. 54, § 1º), de manifestação do Ministério Público e

---

[148] MIRABETE, Julio Fabbrini. *Execução penal*: comentários à Lei 7.210, de 11 de julho de 1984. 11. ed. São Paulo: Atlas, 2004, p. 149.

da defesa (art. 54, § 2º), e, por fim, de decisão fundamentada do juiz competente (art. 54, *caput*). **O RDD cautelar** está adstrito ao poder especial de cautela do órgão judicial, com vistas a eliminar uma situação de perigo evidente para a sociedade.

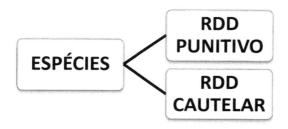

10.3. Natureza

A identificação da natureza do RDD significa analisar sua constitucionalidade, de forma que existem dois posicionamentos:

a) **inconstitucionalidade**: o RDD apresenta uma violação à integridade física e psíquica do preso, contrariando a dignidade da pessoa humana consagrada pela Constituição Federal e por tratados que compõem o Direito Internacional dos Direitos Humanos. As hipóteses de cabimento do RDD ofendem o princípio da legalidade, pois contêm termos vagos, genéricos e indeterminados;

b) **constitucionalidade:** o legislador, ao instituir o Regime Disciplinar Diferenciado, atendeu ao princípio da proporcionalidade. Buscou-se dar efetividade à crescente necessidade de segurança nos estabelecimentos penais, bem como resguardar a ordem pública, que vem sendo ameaçada por criminosos que, mesmo encarcerados, continuam comandando ou integrando facções criminosas que atuam no interior do sistema prisional – liderando rebeliões que não raro culminam com fugas e mortes de reféns, agentes penitenciários e/ou outros detentos – e, também, no meio social do regime[149].

---

[149] HC 40300 – rel. Min. Arnaldo Esteves de Lima – 5ª Turma – 07/06/2005.

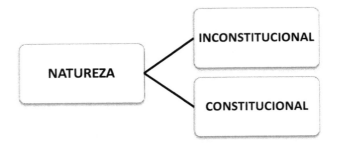

11. Progressão de Regime

É a transferência para regime menos rigoroso de cumprimento da pena privativa de liberdade.

A execução progressiva da pena somente será concedida ao condenado que preencher, cumulativamente, os **requisitos estabelecidos no art. 112 da Lei de Execução Penal**[150]: cumprir ao menos 1/6 da pena no regime anterior e estudar; bom comportamento carcerário: a) autodisciplina; b) noção de responsabilidade pelos seus próprios atos; c) realização e participação em atividades de reintegração ao convívio social, como trabalhos internos; d) noção de respeito para com os seus semelhantes. Manifestação obrigatória do MP e do defensor.

No caso de mulher gestante ou que for mãe ou responsável por crianças ou pessoas com deficiência, os requisitos para progressão de regime são, cumulativamente: I - não ter cometido crime com violência ou grave ameaça a pessoa; II - não ter cometido o crime contra seu filho ou dependente; III - ter cumprido ao menos 1/8 (um oitavo) da pena no regime anterior; IV - ser primária e ter bom comportamento carcerário, comprovado pelo diretor do estabelecimento; V - não ter integrado organização criminosa. O cometimento de novo crime doloso ou falta grave implicará a revogação do benefício da progressão de regime para mulher gestante ou que for mãe ou responsável por crianças ou pessoas com deficiência.

Uma vez preenchidos os requisitos legais não configura **direito subjetivo** do apenado a concessão da progressão de regime. Porém, sua nega-

---

[150] A condição de estrangeira com decreto de expulsão expedido não constitui óbice ao indeferimento da progressão prisional, já que a efetivação da expulsão poderá ser realizada após o cumprimento da pena, ou em momento anterior, nos termos do artigo 67 do Estatuto do Estrangeiro (AgRg no HC 299244/SP – rel. Min. Sebastião Reis Junior – 6ª Turma do STJ – *Dje* 22/11/2012).

tiva, estando cumpridos os requisitos, somente seria possível com base em fundamentação concreta, expondo as peculiaridades do caso[151].

11.1. Exame Criminológico

É possível a exigência de exame criminológico para atestar o preenchimento dos requisitos subjetivos do apenado para a progressão, porém mostra-se indispensável sua motivação com base em fatores concretos. A gravidade abstrata dos crimes é elemento inidôneo a justificar a realização do exame criminológico.

Após a edição da Lei n. 10.792/2003, a exigência do exame não mais possui cunho legal. A nova redação do art. 112 da Lei de Execução Penal tornou prescindível a realização de exames periciais antes exigidos para a concessão da **progressão de regime** prisional, cabendo ao Juízo da Execução a ponderação casuística sobre a necessidade ou não de adoção de tais medidas (Súmula 26 do STF e Súmula 439 do STJ). Conforme a nova legislação, basta a satisfação dos requisitos objetivo (temporal) e subjetivo (atestado de bom comportamento carcerário, firmado pelo diretor do estabelecimento prisional).

Mas nada impede que o juiz do caso concreto exija a realização do exame, desde que apresente motivação concreta e idônea a justificar a realização do exame criminológico. O art. 112 da Lei de Execução Penal exige, para o preenchimento do requisito subjetivo, apenas o atestado de bom comportamento carcerário, firmado pelo diretor do estabelecimento prisional, podendo o magistrado, de acordo com o recente entendimento do Supremo Tribunal Federal (HC 88.052/DF), determinar a realização de exame criminológico, desde que o faça por meio de decisão fundamentada nas peculiaridades do caso concreto[152].

---

[151] O histórico prisional conturbado e a reiteração delitiva são circunstâncias que demonstram ausência de mérito à progressão de regime (HC 239583/SP – rel. Min. Alderita Ramos de Oliveira – 6ª Turma do STJ – *Dje* 23/10/2012).

[152] HC 93411/SP – rel. Min. Arnaldo Esteves Lima – 5ª Turma – 18/12/2007.

11.2. Falta Grave

O cometimento de falta grave pelo condenado implicará o reinício do cômputo do interstício necessário ao preenchimento do requisito objetivo para a concessão do benefício da **progressão de regime**, sem que se vislumbre ofensa ao direito adquirido ou à coisa julgada[153].

A contagem do novo período aquisitivo do requisito objetivo (1/6 do cumprimento da pena) deverá ter início na data do cometimento da última falta grave pelo apenado, incidente sobre o remanescente da pena e não sobre o total desta. No caso de superveniência de nova condenação definitiva, a data será a do trânsito em julgado da decisão condenatória (HC 13125/RS – *Dje* 29/10/2012).

De acordo com a súmula 534 do STJ: A prática de falta grave interrompe a contagem do prazo para a progressão de regime de cumprimento de pena, o qual se reinicia a partir do cometimento dessa infração.

11.3. Crimes Hediondos

O art. 2º da Lei n. 8.072/90 tem nova redação dada pela Lei n. 11.464/2007, publicada em 29 de março de 2007, que admite progressão de regime prisional quando se tratar de condenação por crime hediondo e seus equiparados, uma vez que o novo § 1º do art. 2º da Lei dos Crimes Hediondos diz que a pena por tais crimes será cumprida inicialmente em regime fechado[154]. É admitida progressão, nos termos da Lei n. 11.464/2007, exigindo do apenado primário o cumprimento de 2/5 da pena e, se reincidente, o cumprimento de 3/5 da pena.

A progressão de regime para os condenados por crime hediondo dar-se-á, se o sentenciado for reincidente, após o cumprimento de 3/5 da pena, ainda que a reincidência não seja específica em crime hediondo ou equiparado, nos termos do informativo 563/15 do STJ.

Os novos prazos para **progressão de regime** não se aplicam aos crimes cometidos antes da edição da Lei n. 11.464/2007, posto que não se admite a retroatividade da lei penal, salvo para beneficiar o réu (art. 5º, XL, da Constituição Federal). Se o crime hediondo foi cometido antes da Lei n.

---

[153] EResp 1.176.486/SP – 3ª Seção – rel. Min. Napoleão Nunes Maia Filho, *DJe* 1º/6/2012.
[154] MESSA, Ana Flávia. *Prática penal para exame da OAB*. São Paulo: Saraiva, 2012.

11.464/2007, o requisito objetivo necessário para a **progressão de regime** é aquele previsto no art. 112 da Lei de Execução Penal.

11.4. Crime de Tortura

A Lei n. 9.455/97 estipulou o regime inicial fechado, admitindo a progressão do regime prisional para os crimes de tortura. Cabe ressalvar que no crime omissivo de tortura previsto no art. 1º, § 2º, da Lei n. 9.455/97 o regime inicial é semiaberto ou aberto.

11.5. Preso Provisório

A execução provisória é a que ocorre em caso de sentença condenatória É o que está submetido a uma prisão provisória ou processual (que tem função de assegurar o trâmite do processo penal). Esses casos não são afetados pela alteração no entendimento sobre a execução provisória da pena. Não se pode confundir preso provisório com a situação jurídica da execução provisória da pena (é a que ocorre em caso de sentença condenatória ou absolutória imprópria que ainda não transitou em julgado em favor do sentenciado; a maior crítica em face da execução provisória é que esta viola uma condição da execuç&at ilde;o d a pena, que é a sentença criminal não estar coberta pela coisa julgada formal e material).

De acordo com a decisão do STF (que por 06 votos a 05, afirmou que uma pessoa só pode ser presa quando esgotadas todas as possibilidades de recursos, ou seja, quando há o chamado trânsito em julgado do processo) todos aqueles que tiveram a prisão decretada após serem condenados por algum colegiado do segundo grau da Justiça pode ser beneficiados pela decisão do STF.

A pessoa condenada em segundo grau de jurisdição não sairá da prisão se o preso que tiver alguma prisão preventiva expedida anteriormente à execução provisória da pena. É importante ressaltar que a referida decisão do STF não significa automática expedição do alvará de soltura dos réus presos em segunda instância. Notadamente porque a prisão antes do exaurimento dos recursos cabíveis permanece possível quando presentes os requisitos autorizadores da prisão preventiva, constantes do art. 312 do Código de Processo Penal (HC 178446 do STF).

11.6. Progressão por Salto

A progressão por salto é a passagem direta do regime fechado para o aberto; é possível quando não há vaga no semiaberto, cumprindo, dessa forma, mais 1/6 no regime fechado[155].

A progressão por salto é uma medida incompatível com o nosso sistema progressivo de execução da pena, pois como medida de política de execução criminal impossibilita o adequado cumprimento da pena em cada regime no tempo respectivo, não tendo como avaliar o gradual progresso do condenado para retorno ao convívio social.

Cabe ressaltar que a concessão direta do regime fechado para o aberto não depende apenas da somatória do tempo de cumprimento de pena (requisito objetivo), sendo necessário, outrossim, a satisfação de requisito subjetivo (bom comportamento carcerário).

A jurisprudência do STJ é contrária à ideia da concessão de progressão por salto[156]. Com efeito, a progressão é instituto que possibilita ao sentenciado galgar a liberdade, etapa por etapa, não alcançando sua finalidade com a supressão de alguma dessas etapas, razão pela qual o pedido deve ser indeferido. Deve o sentenciado antes de obter o regime aberto passar pelo regime semiaberto[157]. Em razão disso foi editada a súmula 491 do STJ, que prescreve que é inadmissível a chamada progressão *per saltum* de regime prisional.

O problema de falta de vagas no estabelecimento prisional é uma falha administrativa do Estado que não pode ser usada como motivação idônea para justificar a concessão de benefícios criminais, pois o papel do Estado submetido ao Direito é a segurança, a justiça e o bem-estar.

As falhas administrativas devem ser regularizadas com políticas públicas favoráveis, e não com a concessão de benefícios criminais sem amparo legal, sob pena de desvirtuamento dos fins do Estado de manutenção da ordem pública e a segurança de pessoas e bens.

---

[155] CAPEZ, Fernando. *Execução penal*. São Paulo: Damásio de Jesus, 2004, p. 102.
[156] Súmula n. 491 do STJ.
[157] HC 079902/SP – rel. Min. Hamilton Carvalhido – 06/06/2007.

11.7. Progressão de Regime e Habeas Corpus

Habeas corpus não é meio idôneo para pleitear progressão de regime, pois a concessão do benefício depende da análise de fatos e provas. O exame do mérito **progressão de regime** prisional demandaria, necessariamente, incursão na seara fático-probatória para se aferir o necessário preenchimento dos requisitos subjetivos pelo paciente, o que não se compatibiliza com a via estreita do *habeas corpus*[158].

11.8. Progressão de Regime e Ausência de Vaga

A ausência de vaga em estabelecimento adequado para o desconto da pena admite que o condenado, agraciado com a progressão para o regime semiaberto, aguarde o surgimento de vaga em estabelecimento compatível com o regime semiaberto.

Caracteriza constrangimento ilegal a submissão do paciente a **regime fechado**, ainda que provisoriamente e na espera de solução de problema administrativo, quando comprovado que este obteve o direito de progredir para o regime semiaberto. Caso não seja possível sua transferência para o regime semiaberto, que aguarde, em regime aberto, o surgimento de vaga em estabelecimento próprio, salvo se por outro motivo não estiver preso.

12. Detração Penal

> *Art. 42 do CP. Computam-se, na pena privativa de liberdade e na medida de segurança, o tempo de prisão provisória, no Brasil ou no estrangeiro, o de prisão administrativa e o de internação em qualquer dos estabelecimentos referidos no artigo anterior.*

---

[158] O pedido de progressão de regime foi indeferido pelo Juiz da Execução por ausência do requisito subjetivo, em razão do histórico prisional desfavorável do paciente, a evidenciar a ausência de senso de responsabilidade e a inadequação à terapêutica penal aplicada, sendo certo que a desconstituição do que ficou decidido demandaria necessário reexame do conjunto fático-probatório, procedimento que, sabidamente, é incompatível com a estreita via do *habeas corpus* (HC 244322/SP – rel. Min. Marco Aurélio Bellizze, 5ª turma do STJ, *DJe* 26/9/2012).

PRISÃO E LIBERDADE

12.1. Conceito e Cabimento

É o cômputo, na pena privativa de liberdade e na medida de segurança (o desconto deve ser no prazo mínimo de internação ou de tratamento ambulatorial), do tempo de prisão provisória, no Brasil ou no estrangeiro, do de prisão administrativa e do de internação em hospital de custódia e tratamento ou estabelecimento similar.

A expressão "prisão provisória" explicitada pelo tipo penal deve ser entendida como qualquer custódia ocorrida durante a fase processual, antes de a condenação transitar em julgado.

O tempo considerado para fins de contagem de **detração penal** deve ser aquele em que o condenado esteve sob efetiva custódia ou submetido a medida restritiva de direito, sendo descabida a soma do tempo em que o paciente esteve em liberdade provisória, por ausência de expressa previsão legal. O tempo de liberdade provisória é estranho à detração penal.

O abatimento de pena pressupõe lógica e juridicamente o trânsito em julgado da decisão condenatória. A contagem do prazo da detração penal segue a regra do art. 10 do Código Penal, ou seja, exclui o dia do término e inclui o dia do começo.

Caberá detração em relação à pena fixada, desde que o *sursis* não tenha sido revogado; a prescrição será aplicada sobre o restante da pena, depois de feita a detração. Não cabe detração penal na pena de multa e no *sursis*. Cabe detração penal na pena restritiva de direitos, pois é substituída pelo mesmo tempo da pena aplicada. A detração penal influencia na fixação do regime inicial do cumprimento da pena.

Quando a detração penal não for concedida pelo juiz da execução pode ocorrer, desde que comprovado os requisitos da responsabilidade civil, obrigação do Estado de indenizar o condenado por erro judiciário ou prisão por tempo superior ao fixado na sentença.

12.2. Competência

A competência para apreciar pedido de detração é do Juízo das Execuções Criminais, nos termos do art. 66, inciso III, alínea *c* da Lei de Execução Penal. O benefício da detração penal pode ser concedido pelo juiz da condenação penal, sob pena de iniciar o cumprimento da pena antes de se conhecer a pena definitiva.

12.3. Procedimento

O condenado ou representante legal ou cônjuge ou parente ou descendente pode formular pedido de detração penal ao juiz da execução (art. 66, III, c, da LEP). O juiz, antes de decidir, ouvirá o Ministério Público. Da decisão do juiz sobre detração penal cabe agravo em execução.

12.4. Prisão em Outro Processo

Segundo Informativo 509 do STJ, é **cabível a aplicação do benefício da detração penal previsto no art. 42 do CP em processos distintos, desde que o delito pelo qual o sentenciado cumpre pena tenha sido cometido antes da segregação cautelar, evitando a criação de um crédito de pena**[159].

12.5. Prescrição

A norma prescrita no art. 113 do Código Penal é de aplicação restrita aos casos de revogação do livramento condicional ou de evasão do condenado, não admitindo interpretação analógica ou extensiva.

Assim, o período em que o réu permanece preso provisoriamente, em razão de flagrante, serve apenas para desconto da reprimenda a ser cumprida, não se empregando a detração para fins prescricionais[160]. A detração

---

[159] Precedentes citados: HC 188.452-RS, *DJe* 1º/6/2011, e HC 148.318-RS, *DJe* 21/2/2011. HC 178.894-RS, Rel. Min. Laurita Vaz, julgado em 13/11/2012; Precedentes: HC 155.049/RS, Sexta Turma, *DJe*, 21/03/2011; HC 152.366/RS, Quinta Turma, *DJe* 21/06/2010); EXECUÇÃO PENAL. **DETRAÇÃO PENAL.** CÔMPUTO DE TEMPO DE PRISÃO IMPOSTA EM OUTRO PROCESSO. POSSIBILIDADE. CONDIÇÕES. CP, ART. 42. LEP, ART. 111. CF, ART. 5º, XV E LXXV. A Constituição da República, em razão da magnitude conferida ao *status libertatis* (art. 5º, XV), inscreveu no rol dos direitos e garantias individuais regra expressa que obriga o estado a indenizar o condenado por erro judiciário ou quem permanecer preso por tempo superior ao fixado na sentença (art. 5º, LXXV), situações essas equivalentes às de quem foi submetido a prisão processual e posteriormente absolvido. Em face desse preceito constitucional, o art. 42, do Código Penal, e o art. 111, da Lei das Execuções Penais, devem ser interpretados de modo a abrigar a tese de que o tempo de prisão provisória, imposta em processo no qual o réu foi absolvido, seja computado para a detração de pena imposta em processo relativo a crime anteriormente cometido. Recurso especial conhecido e desprovido – STJ – 6ª Turma – REsp 61899 – rel. Min. Vicente Leal – 3/6/96.

[160] STF – HC 84177/SP, HC 77470/RJ; STJ – HC 34781/SP, HC 22484/SP e HC 21000/RJ.

PRISÃO E LIBERDADE

penal é estranha ao tempo da prescrição da pretensão executória prevista no art. 113 do Código Penal.

13. Regressão de Regime

Art. 118 da LEP. A execução da pena privativa de liberdade ficará sujeita à forma regressiva, com a transferência para qualquer dos regimes mais rigorosos, quando o condenado: I – praticar fato definido como crime doloso ou falta grave; II – sofrer condenação, por crime anterior, cuja pena, somada ao restante da pena em execução, torne incabível o regime (art. 111). § 1º O condenado será transferido do regime aberto se, além das hipóteses referidas nos incisos anteriores, frustrar os fins da execução ou não pagar, podendo, a multa cumulativamente imposta. § 2º Nas hipóteses do inciso I e do parágrafo anterior, deverá ser ouvido previamente o condenado.

Regressão de regime é a transferência para regime mais rigoroso. A competência para decidir sobre a regressão é do juiz da execução, nos termos do art. 66, I, *b* da Lei de Execução Penal.

A regressão de regime é medida que depende de manifestação jurisdicional por meio de procedimento no qual se obedeçam aos princípios do contraditório e da ampla defesa, sendo necessário assegurar não só a oitiva prévia do Ministério Público, mas também o direito de defesa ao condenado, não só pela defesa técnica, como pela oitiva do condenado (LEP, art. 118, § 2º).

A oitiva prévia do condenado na regressão do regime somente é exigida quando se trate de medida definitiva, sendo dispensável na hipótese de suspensão cautelar do regime favorecido, decretada para efeito da captura do réu e do consequente processamento da regressão, pois tais hipóteses não contrariam o disposto no art. 118, § 2º, da Lei de Execução Penal. A regressão de regime pode ocorrer nos seguintes casos legais:

a) Prático de fato definido como doloso

A determinação da regressão de regime com base na prática de fato definido como crime doloso não exige ter sido proferida sentença condenatória, nem o seu trânsito em julgado.

O cometimento de fato definido como crime doloso, durante o cumprimento da pena de reclusão em regime semiaberto, justifica a regressão cautelar ao regime prisional inicialmente fixado[161].

O cometimento de novo crime doloso implica não só a regressão do regime prisional, como o reinício do cômputo do prazo para a concessão do benefício de progressão de regime.

b) Prática de falta grave

Ao condenado que cometer falta grave durante a execução da pena é imposta a regressão do regime prisional, nos termos do art. 118, inciso I, da Lei de Execução Penal.

O rol de faltas graves está definido no art. 50 da Lei de Execução Penal. Trata-se de rol taxativo. A lei que define as faltas graves é a Lei de Execução Penal. Não cabe à autoridade estadual, de acordo com o art. 49 da Lei de Execução Penal, dispor sobre as faltas disciplinares de natureza grave.

São faltas graves à pena privativa de liberdade: I – incitar ou participar de movimento para subverter a ordem ou a disciplina: participar significa utilizar meios materiais ou morais; enquanto incitar é estimular. A configuração dessa falta grave independe da consumação do movimento subversivo e do fim objetivado pelo movimento; II – fugir: a fuga ou a sua tentativa é falta grave, sendo indiferente se o sentenciado foi auxiliado na fuga. Não desconstitui a natureza disciplinar grave da fuga, o retorno voluntário do condenado ao presídio (HC 37.236/SP – STJ); III – possuir, indevidamente, instrumento capaz de ofender a integridade física de outrem; IV – provocar acidente de trabalho; V – descumprir, no regime aberto, as condições impostas; VI – inobservar os deveres previstos nos incisos II e V, do art. 39, da Lei de Execução Penal; VII – tiver em sua posse, utilizar ou fornecer aparelho telefônico, de rádio ou similar, que permita a comunicação com outros presos ou com o ambiente externo.

A definição de falta grave, por implicar a restrição de benefícios na execução da pena, como a perda de dias remidos (art. 127 da LEP) e a **regres-**

---

[161] REsp 909331/RS, 5ª Turma, de minha relatoria, *DJ* de 12/11/2007; REsp 766611/RS, 5ª Turma, rel. Min. Gilson Dipp, *DJ* de 24/10/2005; HC 41164/SP, 5ª Turma, rel. Min. Gilson Dipp, *DJ* de 01/07/2005.

são de regime de cumprimento de pena (art. 118, inciso I, da LEP), deve ser interpretada restritivamente.

A regressão de regime prisional, em razão da falta grave do condenado, pressupõe a imposição de sanção em regular procedimento disciplinar (arts. 59 e 118, I, da LEP).

Para o reconhecimento da prática de falta disciplinar, no âmbito da execução penal, é imprescindível a instauração de procedimento administrativo pelo diretor do estabelecimento prisional, assegurado o direito de defesa, a ser realizado por advogado constituído ou defensor público nomeado, nos termos do informativo 532/2013 do STJ.

Inexiste constrangimento ilegal quando o preso comete falta grave, e o Juiz promove a regressão para o regime mais rigoroso, após oitiva do apenado, em harmonia com o que dispõe o § 2º do art. 118 da Lei n. 7.210/84.

O cometimento de falta grave não interrompe o prazo para aquisição do benefício do livramento condicional, devendo ser levado em consideração apenas o cumprimento total da pena imposta, sob pena de se criar requisito objetivo não previsto em lei.

No caso de fuga do condenado a LEP impõe sanção disciplinar e a regressão de regime, o que não configura *bis in idem*[162].

Na análise de faltas graves deve ser observada a proporcionalidade entre a falta com a sanção da regressão de regime. É desproporcional aplicar regressão de regime para o apenado, beneficiado com saída temporária, mas que retorna de forma espontânea fora do prazo, mas em prazo curto.

---

[162] AGRAVO REGIMENTAL EM RECURSO ESPECIAL. EXECUÇÃO. **REGRESSÃO DE REGIME.** FUGA. FALTA GRAVE. IMPOSIÇÃO DE SANÇÃO DISCIPLINAR. *BIS IN IDEM.* INOCORRÊNCIA. AGRAVO IMPROVIDO. 1. A evasão do estabelecimento prisional, de acordo com o disposto no art. 50, II, da Lei n. 7.210/84, é considerada falta grave, à luz do disposto no inciso I do art. 118 da LEP, o que justifica a **regressão de regime** prisional. Precedentes. 2. Não há que se falar em *bis in idem*, ou duplo apenamento, pois a **regressão de regime** decorre da própria Lei de Execuções Penais, que estabelece tanto a imposição de sanção disciplinar, nos termos do art. 53 do referido diploma legal, quanto a **regressão de regime** prisional, em caso de cometimento de falta grave, conforme preleciona o art. 118 da Lei 7.210/84. 3. Agravo improvido. – AgRg no REsp 939682/RS – rel. Min. Jane Silva – 5ª Turma – 29/11/07.

c) Condenação por crime anterior, cuja pena, somada ao restante da pena em execução, torne incabível o regime

Se, no curso da execução de pena privativa de liberdade, sobrevém nova condenação, será feita a unificação de penas, nos termos do art. 111 da Lei de Execução Penal, resultando daí a estipulação do regime prisional a ser então observado. A condenação por crime anterior, cuja pena somada ao restante da reprimenda em execução torne incabível o regime menos gravoso, enseja a regressão de regime prisional, a teor do art. 118, II, da Lei de Execução Penal. Nesse caso, reinicia-se a contagem do prazo para a concessão do benefício da progressão de regime, tendo como base a soma das penas restantes a serem cumpridas.

d) Frustração dos fins da execução, no caso de estar em regime aberto; não pagamento da multa cumulativa, no caso de regime aberto.

Nesse caso é possível afirmar que o condenado estará praticando uma falta grave, justificando a regressão de regime, com prévia oitiva do condenado.

14. Remição

Art. 126 da LEP. O condenado que cumpre a pena em regime fechado ou semiaberto poderá remir, por trabalho ou por estudo, parte do tempo de execução da pena. § 1º A contagem de tempo referida no caput será feita à razão de: I – 1 (um) dia de pena a cada 12 (doze) horas de frequência escolar – atividade de ensino fundamental, médio, inclusive profissionalizante, ou superior, ou ainda de requalificação profissional – divididas, no mínimo, em 3 (três) dias; II – 1 (um) dia de pena a cada 3 (três) dias de trabalho. § 2º As atividades de estudo a que se refere o § 1º deste artigo poderão ser desenvolvidas de forma presencial ou por metodologia de ensino a distância e deverão ser certificadas pelas autoridades educacionais competentes dos cursos frequentados. § 3º Para fins de cumulação dos casos de remição, as horas diárias de trabalho e de estudo serão definidas de forma a se compatibilizarem. § 4º O preso impossibilitado, por acidente, de prosseguir no trabalho ou nos estudos continuará a beneficiar-se com a remição. § 5º O tempo a remir em função das horas de estudo será acrescido de 1/3 (um terço) no caso de conclusão do ensino fundamental, médio ou superior durante o cumprimento da pena, desde que certificada pelo órgão competente do sistema de educação. § 6º O condenado que cumpre pena em regime aberto ou semiaberto e o que usufrui liberdade condicional poderão remir, pela frequência a curso de ensino regular ou de educação profissional, parte do tempo de execução da pena ou do período de prova, observado o disposto no inciso I do § 1º deste artigo. § 7º O disposto neste artigo aplica-se às hipóteses de prisão cautelar. § 8º A remição será declarada pelo juiz da execução, ouvidos o Ministério Público e a defesa. Art. 127 da LEP. Em caso de falta grave, o juiz poderá revogar até 1/3 (um terço) do tempo remido, observado o disposto no art. 57, recomeçando a contagem a partir da data da infração disciplinar. Art. 128 da LEP. O tempo remido será computado como pena cumprida, para todos os efeitos. Art. 129 da LEP. A autoridade administrativa encaminhará mensalmente ao juízo da execução cópia do registro de todos os condenados que estejam trabalhando ou estudando, com informação dos dias de trabalho ou das horas de frequência escolar ou de atividades de ensino de cada um deles. § 1º O condenado autorizado a estudar fora do estabelecimento penal deverá comprovar mensalmente, por meio de declaração da respectiva unidade de ensino, a frequência e o aproveitamento escolar. § 2º Ao condenado dar-se-á a relação de seus dias remidos. Art. 130 da LEP. Constitui o crime do art. 299 do Código Penal declarar ou atestar falsamente prestação de serviço para fim de instruir pedido de remição.

a) Conceito

A remição é forma de abreviar a pena, oferecendo ao condenado possibilidade de resgatar parte do tempo de execução da pena por meio do trabalho[163].

---

[163] "A Lei de Execução Penal busca a reinserção do recluso no convívio social e evidencia, nos termos de seu art. 28, a importância do trabalho para o alcance de tal objetivo. O art. 126, *caput*, da referida lei, integra essa concepção de incentivo ao trabalho, uma vez que, além de sua finalidade educativa e ressocializadora, tem outro aspecto importante que é o da atenuação de parte da pena privativa de liberdade através da redução que é feita à razão de um dia de

DA PENA PRIVATIVA DE LIBERDADE

A finalidade da remição, instituto de caráter penal, é incentivar o bom comportamento do condenado e sua readaptação ao convívio social através do trabalho e, também, da atividade estudantil.

É possível remir a pena com base em atividades que não estejam expressas no texto legal, por uma interpretação analógica *in bonam partem* da norma prevista no art. 126 da LEP. A inclusão de atividade para fins de remição depende de requisitos: incentivar o aprimoramento do reeducando, afastando-o, assim, do ócio e da prática de novos delitos, e, por outro lado, proporcionar condições para a harmônica integração social do condenado (art. 1º da LEP)[164].

É possível a remição do tempo de trabalho realizado *antes do início da execução da pena*, desde que em data posterior à prática do delito, nos termos do informativo do STJ nº 628/15.

De acordo com a Súmula 341 do STJ, a frequência a curso de ensino formal é causa de remição de parte do tempo de execução de pena sob regime fechado ou semiaberto. A contagem de tempo no caso de atividade estudantil será feita à razão de 1 (um) dia de pena a cada 12 (doze) horas de frequência escolar – atividade de ensino fundamental, médio, inclusive profissionalizante, ou superior, ou ainda de requalificação profissional – divididas, no mínimo, em 3 (três) dias.

A atividade estudantil deve ser entendida como atividade intelectual, não incluindo atividade de prática desportiva. As atividades de estudo poderão ser desenvolvidas de forma presencial ou por metodologia de ensino a distância e deverão ser certificadas pelas autoridades educacionais competentes dos cursos frequentados.

A remição da pena pelo estudo deve ocorrer independentemente de a atividade estudantil ser desenvolvida em dia não útil, nos termos do informativo 556/2015 do STJ. As horas dedicadas à leitura e resenha de livros, como forma da remição pelo estudo, são perfeitamente compatíveis com a participação em atividades laborativas fornecidas pelo estabelecimento penal, nos termos do art. 126, § 3º, da LEP (informativo do STJ 587/16).

Cabe ressaltar que se o sentenciado estudar e trabalhar no mesmo dia, o tempo deve ser somado até o limite máximo de 8 horas diárias, sob pena

---

pena por três dias de trabalho (remição da pena)"(REsp 256273 – rel. Min. Laurita Vaz – 5ª Turma do STJ – *DJ* 6/6/2005).

[164] Informativo do STJ nº 613/17 (O reeducando tem direito à remição de sua pena pela atividade musical realizada em coral).

PRISÃO E LIBERDADE

de ofensa à isonomia. A manutenção da remição depende da vontade do condenado de querer trabalhar ou estudar, demonstrando um comportamento prisional satisfatório e compatível com a sua ressocialização e existência digna.

A concessão da remição, feita pelo juiz da execução, com oitiva prévia do Ministério Público, materializada na atenuação de parte da pena privativa de liberdade através da redução que é feita à razão de um dia de pena por três dias de trabalho, visa, além do incentivo ao trabalho, à finalidade educativa e à recuperação social dos encarcerados. Como observa Capez[165]: *"O preso que pretende trabalhar, mas não consegue porque o estabelecimento não lhe oferece condições (como no caso de cadeias superlotadas), não tem direito ao desconto, pois a mera vontade de trabalhar não passa de um desejo, uma boa intenção, uma mera expectativa de direito. Para ter acesso ao benefício é imprescindível o efetivo trabalho"*.

Do indeferimento do pedido de remição não cabe *habeas corpus*, pois a concessão do benefício prisional demanda dilação probatória, como exame de fatos e provas. No caso, caberá agravo em execução, nos termos do art. 197 da LEP.

O condenado à pena privativa de liberdade ou a pessoa submetida à medida de segurança detentiva exerce trabalho oferecido pelo Estado, a quem incumbe o dever de dar trabalho.

É direito do preso a atribuição de trabalho e sua remuneração (art. 41, II, da LEP). O condenado à pena privativa de liberdade comete falta grave se provocar acidente de trabalho (art. 50, IV, LEP); ou retardar, injustificadamente, o cumprimento da obrigação imposta (art. 51, II, da LEP).

É possível a remição de parte do tempo de execução da pena quando o condenado, em regime fechado ou semiaberto, desempenha atividade laborativa extramuros, nos termos do informativo 562/2015 do STJ.

O registro de todos os condenados que estejam trabalhando e dos dias de trabalho de cada um deles são documentados por atestado firmado por diretor da cadeia pública que, por sua vez, deve enviar todo mês cópia do registro ao juiz da execução penal.

É crime de falsidade ideológica se declarar ou atestar falsamente prestação de serviço para fim de instruir pedido de remição, nos termos do art. 130 da LEP. Constitui o crime do art. 299 do Código Penal declarar

---

[165] CAPEZ, Fernando. *Execução penal*, cit., p. 111.

ou atestar falsamente prestação de serviço para fim de instruir pedido de remição. É crime de falsidade material falsificar ou alterar os registros ou as cópias mensais encaminhadas ao juiz da execução para efeito da remição.

b) Jornada de Trabalho

A jornada normal de trabalho não será inferior a seis, nem superior a oito horas (com descanso nos domingos e feriados), conforme estabelece o art. 33 da Lei de Execução Penal. O trabalho do preso, conforme o art. 28, § 2º, da Lei de Execução Penal, não está sujeito ao regime da Consolidação das Leis do Trabalho.

O critério para estabelecer a duração diária da jornada de trabalho é a análise pelo juiz competente do trabalho (tipo e características), bem como a dedicação do sentenciado na realização do trabalho, visando, em última análise, o objetivo maior da remição da pena, que é a reintegração social do condenado.

Cabe ressaltar que não há qualquer vedação para concessão da remição aos condenados que exercerem trabalho externo como cumprimento da pena no regime semiaberto (HC 184501 – STJ).

O benefício da remição consiste na regra de que a cada três dias de trabalho, desconta-se um dia de pena (art. 126 da LEP). No caso de o condenado trabalhar jornada aquém do mínimo legal, deve-se computar cada 6 (seis) horas efetivas de atividade laboral como um dia de trabalho[166].

Se o sentenciado desempenhar atividade laboral fora do limite máximo da jornada diária de trabalho (8 horas), o período excedente deverá ser computado para fins de **remição** de pena, considerando-se cada 6 (seis) horas extras realizadas como um dia de trabalho[167].

---

[166] REsp 836952/RS – 2007.
[167] EXECUÇÃO PENAL. *HABEAS CORPUS.* REMIÇÃO DA PENA PELO TRABALHO. JORNADA NORMAL. HORAS EXTRAS. DIVISOR DIFERENCIADO. ORDEM CONCEDIDA. 1. Nos termos do art. 33 da Lei de Execução Penal, a jornada normal de trabalho do sentenciado pode variar entre 6 (seis) e 8 (oito) horas diárias, o que permite concluir que o legislador deixou a critério do juiz estabelecer, dentro desses expressos limites, a duração diária da jornada laboral, conforme as peculiaridades do trabalho a ser desenvolvido pelo condenado, tendo em vista ser razoável admitir que quanto maior a exigência de esforço, dispêndio de energia e dedicação na realização de determinadas tarefas pelo sentenciado, menor deve ser a duração da respectiva jornada de trabalho. 2. Esse critério deve nortear a adoção de divisor menor para o cômputo dos dias remidos decorrentes de horas extras realizadas além

c) Destinatários da remição[168]

A remição, que visa a recuperação da dignidade, reeducação e reintegração do condenado, somente é possível quando o condenado cumpre pena em regime fechado ou semiaberto, nos termos do art. 126 da Lei de Execução Penal, não se estendendo o benefício aos condenados em regime aberto. O preso provisório tem direito à remição.

d) Remição sem trabalho

Para fins de remição da pena, a prova do tempo de trabalho do preso é feita em função dos dias trabalhados e da jornada de trabalho, nos termos do art. 33 da LEP. No caso de o preso sofrer acidente de trabalho, continuará a beneficiar-se com a remição (art. 126, § 2º, da LEP)[169].

e) Tempo remido

O tempo remido pelo trabalho do preso deve ser considerado como pena efetivamente cumprida. Dessa forma, os dias trabalhados pelo apenado têm caráter de pena efetivamente executada, devendo ser acrescidos, por-

---

da jornada normal de 8 (oito) horas diárias, uma vez que as horas extraordinárias trabalhadas exigem mais esforço do apenado, independentemente do tipo de serviço por ele executado. 3. Ademais, não há como negar, também, que, em tese, quanto maior o envolvimento do sentenciado com o trabalho, mais rápida será a sua reintegração social, que é o objetivo maior da pena aplicada, do qual o Juízo da Execução não deve descuidar, justificando o diferencial no que toca às horas extras realizadas pelo paciente, em consonância com os fins a que se propõe o referido instituto. 4. Ordem concedida para considerar cada 6 (seis) horas extras realizadas além da jornada normal de 8 (oito) horas diárias como um dia de trabalho para fins de remição – **HC 39540**/SP – rel. Min. Arnaldo Esteves Lima – 5ª Turma – 26/04/2005.

[168] STF: HC 101368; HC 98261; HC 112625; HC 77496; STJ: HC 247866; HC 212260; HC 186365; HC 221460; HC 206084.

[169] EXECUÇÃO PENAL. RECURSO ESPECIAL. **REMIÇÃO**. DIREITO. ACIDENTE *IN ITINERE*. EQUIPARAÇÃO AO ACIDENTE A QUE SE REFERE O ART. 126, § 2º, DA LEP. LEI N. 8.213/91. APLICAÇÃO. I – A remição, a teor do disposto no art. 126, § 2º da LEP, pode ser concedida ao preso, mesmo que este não trabalhe, desde que impossibilitado de fazê-lo em razão de acidente. II – O acidente *in itinere*, aquele classificado como sendo o ocorrido no deslocamento para o local de trabalho, autoriza a concessão da **remição**. Recurso desprovido – REsp 783247-RS – rel. Min. Felix Fisher – 5ª Turma – STJ – 12/09/2006.

DA PENA PRIVATIVA DE LIBERDADE

tanto, ao tempo de pena já cumprido pelo réu. Tempo remido é considerado para fins de livramento condicional e indulto.

f) Contagem dos dias remidos para qualquer benefício

A jurisprudência do Superior Tribunal de Justiça é no sentido de que os dias remidos devem ser computados como pena efetivamente cumprida no cálculo destinado à obtenção de qualquer dos benefícios da execução[170].

g) Falta grave: perda do tempo remido

O art. 127 da Lei de Execução Penal estabelece que, em caso de falta grave, o juiz poderá revogar até 1/3 (um terço) do tempo remido, observado o disposto no art. 57 da LEP, recomeçando a contagem a partir da data da infração disciplinar.

A concessão do benefício da remição se sujeita à cláusula *rebus sic stantibus*. Assim, ocorrendo o cometimento de falta grave, o condenado perde o direito ao tempo já remido (a sua perda consiste numa punição). No caso da perda dos dias remidos já adquiridos, conta-se novo período a partir da data da infração disciplinar (art. 127 da LEP).

Reconhecida falta grave, a perda de até 1/3 do tempo remido (art. 127 da LEP) pode alcançar dias de trabalho anteriores à infração disciplinar e que ainda não tenham sido declarados pelo juízo da execução no cômputo da remição (informativo do STJ nº 571/2015).

A simples circunstância de perambular o réu pelas dependências do presídio, na procura de uma sua visita, não constitui falta grave, porquanto faltou a intenção de fuga, de tumultuar a disciplina da unidade prisional ou incitar a massa carcerária a desobedecê-la (HC 57820 / SP – rel. Min. Jane Silva – 5ª Turma – 13/09/2007).

Em razão do cometimento de falta grave pelo sentenciado, cabe ao juízo da execução decretar a perda dos dias remidos. A perda não fere o princípio da individualização das penas. Trata-se de uma sanção de efeitos penais.

A decretação da perda dos dias remidos, legalmente prevista, pressupõe a declaração da remição. Não há ofensa a direito adquirido ou à coisa

---

[170] STJ – HC 54564-SP, REsp 844615-RS.

PRISÃO E LIBERDADE

julgada, mesmo porque a decisão que concede a remição não faz coisa julgada material[171].

A remição da pena gera mera expectativa de direito, não havendo falar em limitação qualquer à perda do benefício legal. Inaplicável ao instituto da remição a limitação de 30 dias prevista no art. 58 da Lei de Execução Penal, que se refere exclusivamente às sanções disciplinares do isolamento, suspensão e restrição de direitos (Súmula Vinculante n. 9 do STF). É entendimento pacífico de ambas as Turmas do STF: *O cometimento de falta grave pelo preso durante o cumprimento da pena implica a perda dos dias remidos, sem que isso caracterize ofensa ao princípio da individualização da pena e ao direito adquirido. A remição da pena constitui mera expectativa de direito, exigindo-se ainda a observância da disciplina pelos internos – AI- 513810/RS – rel. Min. Joaquim Barbosa – 2ª Turma – 25/09/2007.*

15. Conversões

É a alteração de uma sanção penal para outra. Os casos de conversão estão previstos nos artigos 183 e 184, ambos da Lei de Execução Penal. O rol não é taxativo, pois podem ser criadas outras hipóteses de conversão de pena, desde que seja por lei.

15.1. Conversão da Pena Privativa de Liberdade em Restritiva de Direitos

A pena privativa de liberdade, não superior a 2 (dois) anos, poderá ser convertida em restritiva de direitos, desde que: I – o condenado a esteja cumprindo em regime aberto; II – tenha sido cumprido pelo menos 1/4 (um

---

[171] EMENTA: *HABEAS CORPUS.* PENA. PERDA DOS DIAS REMIDOS NOS TERMOS DO ART. 127 DA LEP. INEXISTÊNCIA DE AFRONTA AO DIREITO ADQUIRIDO E À COISA JULGADA. PRECEDENTES. A figura da remição é um benefício contabilizado à medida que o apenado trabalha. Essa contabilização deve operar no subjetivismo dele, apenado, como um estímulo para persistir enquadrado em boa conduta. É dizer: à medida que visualiza os dias que lhe são contabilizados favoravelmente, o apenado vai-se convencendo de que não vale a pena delinquir, sob o risco de perder tudo que já acumulou. O reconhecimento da remição da pena constitui expectativa de direito condicionada ao preenchimento dos outros requisitos legais. O Plenário do Supremo Tribunal Federal, no RE 452.994, fixou o entendimento de que a falta grave acarreta a perda dos dias remidos, inexistindo ofensa ao direito adquirido e à coisa julgada. *Habeas corpus* indeferido (HC 85.552/SP, 1ª Turma, rel. Min. Carlos Britto, *DJ* de 03/08/2007).

DA PENA PRIVATIVA DE LIBERDADE

quarto) da pena; III – os antecedentes e a personalidade do condenado indiquem ser a conversão recomendável. A conversão da pena privativa de liberdade em pena restritiva de direitos só é viável nas condenações não superiores a dois anos.

Cabe ressalvar que, como o pedido de conversão da pena privativa de liberdade em restritiva de direitos depende da verificação de requisitos que exigem exame aprofundado e valorativo de elementos fáticos, é incabível o *habeas corpus* para a concessão dele[172].

Em relação ao tráfico de drogas[173], cabe ressaltar que deve o juiz competente analisar no caso concreto a presença ou não dos requisitos legais para a conversão da pena privativa de liberdade em restritiva de direitos.

15.2. Conversão da Pena Restritiva de Direitos em Privativa de Liberdade

A pena restritiva de direitos converte-se em privativa de liberdade quando ocorrer o descumprimento injustificado da restrição imposta.

No cálculo da pena privativa de liberdade a executar será deduzido o tempo cumprido da pena restritiva de direitos, respeitado o saldo mínimo de trinta dias de detenção ou reclusão.

A conversão da pena restritiva de direitos em privativa de liberdade exige oitiva do condenado[174], oportunidade para o sentenciado justificar o descumprimento das medidas impostas.

A conversão automática sem prévia oitiva ofende o princípio do contraditório e da ampla defesa (trata-se de decisão judicial ineficaz – HC 23077 – STJ, devendo ser anulada).

---

[172] Conversão de pena privativa de liberdade em prestação de serviços à comunidade. Decisão que não traduz ameaça ao *status libertatis* do paciente, condição ínsita ao cabimento do *habeas corpus* (HC 81340/RO, 2ª Turma, rel. Min. Maurício Corrêa, *DJ* de 22/3/2002).

[173] O Plenário do Supremo Tribunal Federal, no julgamento do HC 97.256/RS, rel. Min. Ayres Britto, declarou, incidentalmente, a inconstitucionalidade da proibição da conversão da pena privativa de liberdade em restritiva de direitos, o que resultou na edição da Resolução n. 5/2012, do Senado Federal, na qual foi suspensa a execução da parte final do art. 33, § 4º, da Lei n. 11.343/2006.

[174] **É imprescindível a prévia intimação pessoal do reeducando que descumpre pena restritiva de direitos para que se proceda à conversão da pena alternativa em privativa de liberdade, nos termos do informativo 536/2014 do STJ.**

Cabe ressaltar que se o condenado não atender à intimação para comparecer e não apresentar justificativa não pode se beneficiar da própria torpeza e alegar prejuízo à defesa[175].

Tratando-se, contudo, de descumprimento justificado, não cabe a conversão. A situação de desemprego significa justa causa, porquanto acontecimento alheio à vontade do condenado que o impede, assim, de satisfazer a obrigação de se tornar adimplente[176].

Quando houver descumprimento parcial, será necessária a instauração de juízo de justificação para avaliação da impossibilidade de cumprimento da pena restritiva[177].

No caso de descumprimento injustificado da pena restritiva de direitos, em virtude de o réu estar preso, deve ser aplicado o art. 76 do Código Penal, em que o executado cumprirá a pena privativa de liberdade para, somente depois, ter a possibilidade de cumprir a pena restritiva de direito, devendo esta ser suspensa enquanto cumpre aquela, em respeito ao art. 116, parágrafo único, do Código Penal.

Sobrevindo condenação a pena privativa de liberdade, por outro crime, o juiz da execução penal decidirá sobre a conversão, podendo deixar de aplicá-la se for possível ao condenado cumprir a pena substitutiva anterior.

A conversão da pena restritiva de direitos em privativa de liberdade deve ocorrer se, no curso da execução, em razão da unificação das penas e com a nova faixa de apenamento, exsurge a incompatibilidade de seu cumprimento na forma anteriormente determinada. Não há ilegalidade na decisão que determina a conversão (REsp 848990/RS – Min. Felix Fischer – 5ª Turma – 22/05/2007).

---

[175] EXECUÇÃO PENAL. *HABEAS CORPUS* SUBSTITUTIVO DE RECURSO ORDINÁRIO. PENA RESTRITIVA DE DIREITOS. CONVERSÃO EM PRIVATIVA DE LIBERDADE. AUSÊNCIA DE OITIVA DO CONDENADO PARA POSSÍVEL JUSTIFICAÇÃO. Não configura constrangimento ilegal a conversão da pena restritiva de direitos em privativa de liberdade, sem a prévia oitiva da condenada, se esta, devidamente intimada para apresentar justificativa para o descumprimento da pena, sequer comparece à audiência designada, sem justificar a sua ausência. "Nenhuma das partes poderá arguir nulidade a que haja dado causa, ou para que tenha concorrido, ou referente a formalidade cuja observância só à parte contrária interesse" (art. 565 do CPP). *Writ* denegado. – HC 39856/MG – rel. Min. Felix Fischer – 5ª Turma – 22/2/2005.

[176] STJ – RHC 16317-SP.

[177] HC 64658/RJ – rel. Min. Nilson Naves – 6ª Turma – 05/06/2007.

Nos termos do disposto no art. 181, § 1º, alínea *a*, da Lei de Execução Penal, se o condenado estiver em lugar incerto e não sabido deve a pena restritiva de direitos ser convertida em pena privativa de liberdade (HC 67479/SP – STJ – 2007).

Cabe ressalvar que a pena de multa, prevista no art. 49 do CP, possui natureza jurídica diversa da pena restritiva de direitos na modalidade de prestação pecuniária. Esta, se não cumprida, transforma-se em dívida de valor, enquanto aquela, se não atendida, dá lugar à execução da originária pena privativa de liberdade, conforme previsão do art. 44, § 4º, do CP (HC 22668/MG, rel. Min. Fernando Gonçalves). Dessa forma é possível a conversão da prestação pecuniária em pena privativa de liberdade, nos termos do art. 44, § 4º, do CP.

A vedação de conversão das penas cominadas ao crime de tráfico ilícito de entorpecentes em restritiva de direitos, imposta pela Lei de Tóxicos (Lei 11.343/2006, art. 44), como *lex gravior*, não pode retroagir para alcançar fatos anteriores à sua vigência e prejudicar o réu.

15.3. Conversão da Pena em Medida de Segurança (art. 41 do cp c/c art. 183 da LEP)

Se durante o cumprimento da pena existir fatos que ocasionem a imposição da medida de segurança, mediante o reconhecimento da inimputabilidade do apenado, impõe-se, como consequência necessária, a conversão da pena que vinha cumprindo em medida de segurança. A pena poderá ser substituída por medida de segurança em dois casos:

a) quando se tratar de condenado semi-imputável que precise de "especial tratamento curativo" (art. 98 do CP): O primeiro caso de conversão ocorre quando o condenado à prisão, necessitando de tratamento curativo, tiver sua pena substituída por medida de segurança detentiva ou restritiva;

b) quando sobrevier doença mental ao condenado, que deverá "ser recolhido a hospital de custódia e tratamento": O segundo caso de conversão ocorre quando no curso da execução da pena privativa de liberdade sobrevier doença mental ou perturbação da saúde mental. Nesse caso, o condenado será transferido para o hospital de custódia e tratamento psiquiátrico.

A conversão será determinada pelo juiz, de ofício, a requerimento do Ministério Público, da Defensoria Pública ou da autoridade administrativa. A conversão exige perícia médica. Após a transferência, o condenado cumprirá o tratamento por um período, cuja determinação tem divergência

PRISÃO E LIBERDADE

doutrinária, formando-se duas correntes: 1) será o tempo de duração restante da pena (HC 41419 – STJ – rel. Min. Nilson Naves: "Assim, a medida de segurança substitutiva, imposta em razão da superveniência de doença mental, tem o seu limite determinado pelo tempo faltante de pena a cumprir"; 2) até cessar a periculosidade do agente.

No caso da primeira corrente (majoritária) ao término do referido prazo, se o sentenciado, por suas condições mentais, não puder ser restituído ao convívio social, o juiz da execução o colocará à disposição do juízo cível competente para serem determinadas as medidas de proteção adequadas à enfermidade (art. 682, § 2º, do CPP).

15.4. Conversão da Medida de Segurança

É possível conversão do tratamento ambulatorial em internação se o agente revelar incompatibilidade com o tratamento. Se o agente não comparecer ao local determinado e recusar o tratamento ambulatorial, este poderá ser convertido em internação, independentemente de prévia realização do exame de cessação da periculosidade, *ex vi* do art. 184 da Lei de Execução Penal[178].

A conversão da internação em tratamento ambulatorial é possível[179], se for verificada uma melhora progressiva na situação do internado, ou seja, se o juiz da execução conta com exames e informações sobre o tratamento do agente, o qual aponta para desnecessidade da permanência do paciente internado.

[178] PROCESSUAL PENAL. *HABEAS CORPUS*. MEDIDA DE SEGURANÇA. CONVERSÃO DE TRATAMENTO AMBULATORIAL EM INTERNAÇÃO. INCOMPATIBILIDADE DA MEDIDA ANTERIORMENTE ADOTADA. CONSTRANGIMENTO ILEGAL INEXISTENTE. ORDEM DENEGADA. 1. Demonstrada a ineficiência da medida de segurança aplicada de tratamento ambulatorial, tendo em vista que o agente não comparece nos dias determinados, deixando de se submeter ao tratamento médico prescrito, pode e deve o Juízo proceder sua conversão em internação em hospital de custódia. 2. No caso, a medida de tratamento ambulatorial revelou-se insuficiente para fazer cessar a periculosidade demonstrada pelo paciente, que descumpre reiteradamente as intimações para a continuidade do tratamento, além de se recusar a ingerir a medicação prescrita, permanecendo com uma postura agressiva e ameaçadora em relação aos respectivos familiares. 3. A lei não prevê a existência de laudo psiquiátrico como condição para conversão do tratamento ambulatorial em internação, exigindo tão somente que o agente revele incompatibilidade com a medida. 4. Ordem denegada (HC 40222/SP – rel. Min. Arnaldo Esteves de Lima – 5ª Turma – STJ – 6/12/2005).
[179] HC 36015/SP – STJ – 2005.

É ilegal a prisão do inimputável, quando a razão da manutenção da custódia seja a ausência de vaga em estabelecimentos hospitalares adequados à realização do tratamento. Na falta de vagas, deve ser este submetido a regime de tratamento ambulatorial, até que surja a referida vaga, sob pena de configurar constrangimento ilegal, pois a manutenção de estabelecimentos adequados ao cumprimento da medida de segurança de internação é de responsabilidade do Estado.

15.5. Conversão da Pena Privativa de Liberdade em Multa

A pena de multa pode ser prevista na lei penal junto com a pena privativa de liberdade de forma cumulada ou alternada, ou como pena substitutiva, nos termos do art. 60, § 2º, do Código Penal. A pena de multa substitutiva tem aplicação nos casos em que a pena privativa de liberdade seja fixada em patamar igual ou inferior a seis meses, em concurso com os requisitos arrolados nos incisos do art. 44 do Código Penal.

No caso de pena cominada na Parte Especial, como pena principal, cumulada com pena privativa de liberdade, há divergência a respeito da possibilidade da substituição da pena privativa de liberdade por pena de multa, surgindo os seguintes posicionamentos:

O benefício da substituição da pena privativa de liberdade pela pena de multa não é cabível quando há cominação cumulativa da pena privativa de liberdade com pena de multa, já que existe pena de multa cominada autonomamente[180]. A Jurisprudência do STF é no sentido da impossibilidade da aplicação da pena de multa substitutiva do § 2º do art. 60 do Código Penal aos crimes tipificados em lei especial, quando há cumulação de pena privativa de liberdade com pena pecuniária (HC 70445, 1ª Turma, rel. Min. Moreira Alves, *DJ* de 25/02/94 e RHC, 2ª Turma, rel. Min. Ellen Gracie, *DJ* de 30/04/2004). Conforme orientação jurisprudencial:

---

[180] "Pena – Hipóteses em que o legislador sanciona além da pena corporal a pecuniária – Conversão da primeira em multa – Impossibilidade – Insuficiência da multa para manter a forma intimidatória e preventiva da norma – Entendimento – Nas hipóteses em que o legislador, além da pena corporal sanciona a infração com a pena de multa, é porque entende o fato como sendo de maior gravidade, a exigir dupla reprimenda, sendo que nesses casos a pena de multa isolada é insuficiente para manter a força intimidatória e preventiva da norma, de sorte que não há possibilidade de se proceder à conversão da sanção corporal em pecuniária, ignorando-se esse contexto (TACRIM-SP – AC 783.431 – rel. Min. Marcial Hollanda).

PRISÃO E LIBERDADE

Pena – Hipóteses em que o legislador sanciona além da pena corporal e pecuniária – Conversão da primeira em multa – Impossibilidade – Insuficiência a multa para manter a forma intimidatória e preventiva da norma – Entendimento – Nas hipóteses em que o legislador, além da pena corporal, sanciona a infração com a pena da multa, é porque entende o fato como sendo de maior gravidade, a exigir dupla reprimenda, sendo que nesses casos a pena de multa isolada é insuficiente para manter a força intimidatória e preventiva da norma, de sorte que não há possibilidade de se proceder à conversão da sanção corporal em pecuniária, ignorando-se esse contexto (TACRIM/SP – AC 783.431 – rel. Min. Marcial Hollanda);

O benefício da substituição da pena privativa de liberdade pela pena de multa é cabível quando há cominação cumulativa da pena privativa de liberdade com a pena de multa, pois a substituição pela multa não exclui a segunda, porque são sanções aplicáveis de forma cumulada (*JUTACRIM* 95/236). É possível a substituição desde que a multa substitutiva e a cominada na parte especial da lei penal sejam cumuladas e não englobadas em um só. A imposição de uma pena só concede ao réu um perdão judicial não previsto e não querido pelo legislador.

Cabe ressalvar que é impossível aplicar pena de multa substitutiva do § 2º do art. 60 do Código Penal aos crimes tipificados em lei especial, quando há cumulação de pena privativa de liberdade com pena pecuniária, nos termos da Súmula 171 do STJ.

15.6. Conversão da Multa em Pena Privativa de Liberdade

Depois da edição da Lei n. 9.268/96, não se permite a conversão de pena pecuniária em pena de prisão[181], inclusive na hipótese a que se refere o art. 85 da Lei n. 9.099/95. A nova redação do art. 51 do Código Penal não apenas proibiu a conversão da pena de multa em detenção, no caso de inadimplemento, considerando-a dívida de valor, mas também determinou a aplicação da legislação pertinente à dívida ativa da Fazenda Pública.

Não cabe *habeas corpus* quando a única pena aplicada pelo juiz no caso concreto é a multa, porque além de não existir qualquer constrangimento ao direito de locomoção, não há risco e conversão da pena de multa em

---

[181] A resposta penal de natureza patrimonial não se sujeita à conversibilidade em pena privativa de liberdade – HC 13965/SP – rel. Min. Hamilton Carvalhido – 6ª Turma – 14/08/2001.

prisão, nos termos do art. 51 do Código Penal, pois em caso de descumprimento da obrigação de pagar a multa aplicada em processo penal, a multa será cobrada como dívida de valor em processo de execução fiscal regulado pela Lei n. 6.830/80.

A nova redação do art. 51 do Código Penal trouxe uma divergência a respeito da natureza jurídica da multa, surgindo dois posicionamentos:

natureza penal: a simples conversão da multa em dívida de valor, contudo, não lhe retira o caráter penal, atribuído pela própria Constituição Federal, no art. 5º, inciso XLVI, alínea *c* (STJ, REsp 843296-RS; REsp 845902/RS; REsp 714245/RS, AgRg nos EREsp 286792/SP, CAT 105/PB – *LEXSTJ* 142/232, JBCC 189/77, CAT 107/PB – *RSTJ* 151/39, JBC 42/352, REsp 901305/RS, REsp 904011/RS, REsp 898003/RS). A qualificação de "dívida de valor" indica somente que deve incidir a correção monetária; por sinal, a multa, sem perda da característica de pena, admite mesmo correção para sua atualização (art. 49, § 2º, do CP) – (TJSP, *RT* 747/668);

natureza extrapenal: a nova redação do art. 51 do Código Penal permite concluir que a multa é uma dívida de valor de caráter extrapenal (STJ – RHC 15005/ES, REsp 291656-SP, REsp 175909/SP, REsp 503419/SP, REsp 200232/SP, AgRg no REsp 397242/SP). Nesta posição temos duas vertentes: b1) a pena de multa perdeu seu caráter penal e transformou-se em débito monetário (TACRIMSP AgEx 1.042.957-8, j. 21/1/97); b2) natureza civil, embora com efeitos penais (TACRIMSP, AgEx 1.093.985-3, j. 14/4/98).

Após o trânsito em julgado da sentença penal condenatória, compete ao juízo das execuções penais intimarem o condenado para que efetue o pagamento da multa em dez dias. A atuação da Fazenda Pública existirá no caso de inadimplemento no pagamento da pena de multa no prazo previsto no art. 50 do Código Penal.

15.7. Conversão da Pena no Juizado Especial Criminal

A Lei n. 11.313/2006 estabelece que a infração de menor potencial ofensivo abrange todas as contravenções penais e os crimes a que a lei comine pena máxima não superior a dois anos, cumulada ou não com multa, independentemente do rito processual.

Diante da ocorrência de uma infração de menor potencial ofensivo, o MP pode propor a transação penal (a proposta de transação penal é prer-

PRISÃO E LIBERDADE

rogativa do MP, sendo descabida a sua realização pelo julgador), ou seja, um acordo com o autor do fato para aplicação imediata de uma pena alternativa, nos termos do art. 76 da Lei n. 9.099/95: "*havendo representação ou tratando-se de crime de ação penal pública incondicionada, não sendo caso de arquivamento, o MP poderá propor a aplicação imediata de pena restritiva de direitos ou multa, a ser especificada na proposta*".

Conforme entendimento do STF, a transação penal "é hipótese de conciliação pré-processual, que fica preclusa com o oferecimento da denúncia ou, pelo menos, com o seu recebimento em protesto, se se admite, na hipótese, a provocação do juiz ao MP, de ofício ou a instâncias de defesa" (HC 77216, 1ª Turma, rel. Min. Sepúlveda Pertence, *DJ* 21/8/98; HC 86.007/RJ, 1ª Turma, rel. Min. Sepúlveda Pertence, *DJ* 1/9/06). A aceitação da proposta para suspensão do processo (art. 89 da Lei n. 9.099/95) implica concordância do réu com o recebimento da denúncia e o início da ação penal, operando-se, portanto, a preclusão lógica quanto à questão pré-processual concernente à transação penal.

Cabe ressaltar que, no caso de ter sido feita a transação penal com proposta e aceitação de aplicação da pena restritiva de direito, o descumprimento injustificado pelo infrator gera dois entendimentos:

conversão em pena privativa de liberdade, nos termos do art. 44, § 4º, do Código Penal combinado com o art. 181 da Lei de Execução Penal, ambos combinados com o art. 86 da Lei n. 9.099/95 e o art. 98 da Constituição Federal. É incabível a propositura de ação penal, na hipótese de descumprimento da transação penal (art. 76 da Lei n. 9.099/95). Não fere o devido processo legal a conversão de pena restritiva de direitos imposta no bojo de transação penal;

A decisão que homologa a transação penal, proposta pelo MP e aceita pelo réu, tem natureza de sentença e assim só poderá ser alterada por decisão de recurso adequado. A sentença que homologa a transação penal gera eficácia de coisa julgada, formal e material, o que a torna definitiva, motivo pelo qual não seria possível a posterior instauração de ação penal quando descumprido o acordo homologado judicialmente. É vedado ao magistrado inovar a transação já homologada e receber denúncia formulada contra o autor do fato. Não tendo havido a homologação da transação penal, é cabível o oferecimento da denúncia em desfavor do autor do fato.

No caso de pena de multa será possível promover a execução da sentença, já que a sentença homologatória de transação penal, realizada nos

DA PENA PRIVATIVA DE LIBERDADE

termos do art. 76 da Lei n. 9.099/95, tem eficácia de título executivo, sendo incabível o oferecimento de denúncia para instauração da ação penal.

A multa fixada na transação, não sendo paga, deve ser convertida em dívida de valor, com a consequente inscrição como dívida ativa da Fazenda Pública, nos termos do art. 85 da Lei n. 9.099/95 c/c o art. 51 do CP[182].

16. Transferência e Inclusão de Presos em Estabelecimentos Penais Federais de Segurança Máxima

16.1. Estabelecimentos Penais

a) **Conceito:** é o local de cumprimento da pena privativa de liberdade; serve para alojar ou atender pessoas presas, quer provisória, quer condenada, ou ainda aquelas que estejam submetidas à medida de segurança.

b) **Destinatários:** condenado, ao submetido à medida de segurança, ao preso provisório e ao egresso.

c) **Mulher e o Idoso**: serão recolhidos a estabelecimento próprio e adequados à sua condição pessoal.

---

[182] CRIMINAL. JUIZADO ESPECIAL CRIMINAL. TRANSAÇÃO. PENA ALTERNATIVA. DESCUMPRIMENTO. CONVERSÃO EM PENA RESTRITIVA DE LIBERDADE. LEGITIMIDADE. 1. A transação penal prevista no art. 76, da Lei n. 9.099/95, distingue-se da suspensão do processo (art. 89), porquanto, na primeira hipótese faz-se mister a efetiva concordância quanto à pena alternativa a ser fixada e, na segunda, há apenas uma proposta do *Parquet* no sentido de o acusado submeter-se não a uma pena, mas ao cumprimento de algumas condições. Deste modo, a sentença homologatória da transação tem, também, caráter condenatório impróprio (não gera reincidência, nem pesa como maus antecedentes, no caso de outra superveniente infração), abrindo ensejo a um processo autônomo de execução, que pode – legitimamente – desaguar na conversão em pena restritiva de liberdade, sem maltrato ao princípio do devido processo legal. É que o acusado, ao transacionar, renuncia a alguns direitos perfeitamente disponíveis, pois, de forma livre e consciente, aceitou a proposta e, *ipso facto*, a culpa. 2. Recurso de *habeas corpus* improvido (STJ – HC 8198 – rel. Min. Fernando Gonçalves – j. em 8/6/99).

PRISÃO E LIBERDADE

d) **Preso provisório**: ficará separado do condenado por sentença transitada em julgado. São critérios de separação dos presos provisórios: I - acusados pela prática de crimes hediondos ou equiparados; II - acusados pela prática de crimes cometidos com violência ou grave ameaça à pessoa; III - acusados pela prática de outros crimes ou contravenções diversos dos apontados nos incisos I e II.

e) **Funcionário da Administração da Justiça Criminal**: ficará em dependência separada.

f) **Critérios de separação dos presos condenados**: I - condenados pela prática de crimes hediondos ou equiparados; II - reincidentes condenados pela prática de crimes cometidos com violência ou grave ameaça à pessoa; III - primários condenados pela prática de crimes cometidos com violência ou grave ameaça à pessoa; IV - demais condenados pela prática de outros crimes ou contravenções em situação diversa das previstas nos incisos I, II e III.

g) **Estabelecimento penal federal em local distante da condenação para recolher os condenados:** quando a medida se justifique no interesse da segurança pública ou do próprio condenado. Conforme a natureza do estabelecimento, nele poderão trabalhar os liberados ou egressos que se dediquem a obras públicas ou ao aproveitamento de terras ociosas. Caberá ao juiz competente, a requerimento da autoridade administrativa definir o estabelecimento prisional adequado para abrigar o preso provisório ou condenado, em atenção ao regime e aos requisitos estabelecidos.

h) **Estabelecimentos de destinação diversa:** podem ser abrigados no mesmo conjunto arquitetônico, desde que devidamente isolados.

i) **Forma do estabelecimento penal:** Conforme a sua natureza, deverá contar em suas dependências com áreas e serviços destinados a dar assistência, educação, trabalho, recreação e prática esportiva. Haverá instalação destinada a estágio de estudantes universitários.

DA PENA PRIVATIVA DE LIBERDADE

j) Estabelecimentos penais destinados a mulheres: serão dotados de berçário, onde as condenadas possam cuidar de seus filhos, inclusive amamentá-los, no mínimo, até 6 (seis) meses de idade. Os estabelecimentos deverão possuir, exclusivamente, agentes do sexo feminino na segurança de suas dependências internas.

k) Instalações específicas: serão instaladas salas de aulas destinadas a cursos do ensino básico e profissionalizante. Haverá instalação destinada à Defensoria Pública.

l) Lotação do estabelecimento penal: o estabelecimento penal deverá ter lotação compatível com a sua estrutura e finalidade. O Conselho Nacional de Política Criminal e Penitenciária determinará o limite máximo de capacidade do estabelecimento, atendendo a sua natureza e peculiaridades.

m) Local distinto: as penas privativas de liberdade aplicadas pela Justiça de uma Unidade Federativa podem ser executadas em outra unidade, em estabelecimento local ou da União.

n) Critérios de separação dos presos condenados: I - condenados pela prática de crimes hediondos ou equiparados;   II - reincidentes condenados pela prática de crimes cometidos com violência ou grave ameaça à pessoa;   III - primários condenados pela prática de crimes cometidos com violência ou grave ameaça à pessoa;   IV - demais condenados pela prática de outros crimes ou contravenções em situação diversa das previstas nos incisos I, II e III.

o) Preso que tiver sua integridade física, moral ou psicológica ameaçada pela convivência com os demais presos: ficará segregado em local próprio.

p) Execução indireta: as atividades materiais acessórias, instrumentais ou complementares desenvolvidas em estabelecimentos penais, e notadamente: I - serviços de conservação, limpeza, informática, copeiragem, portaria, recepção, reprografia, telecomunicações, lavanderia e manutenção de prédios, instalações e equipamentos internos e externos; II - serviços relacionados à execução de trabalho pelo preso. Os serviços poderão compreender o fornecimento de materiais, equipamentos, máquinas e profissionais. A supervisão e fiscalização da execução indireta são feitas pelo Poder público.

q) **Funções e atividades da execução penais indelegáveis:** as funções de direção, chefia e coordenação no âmbito do sistema penal, bem como todas as atividades que exijam o exercício do poder de polícia, e notadamente: I - classificação de condenados; II - aplicação de sanções disciplinares; III - controle de rebeliões; IV - transporte de presos para órgãos do Poder Judiciário, hospitais e outros locais externos aos estabelecimentos penais.

16.2. Espécies de estabelecimentos penais

16.2.1. Da Penitenciária

a) **Finalidade:** destina-se ao condenado à pena de reclusão, em regime fechado.

b) **Construção para o RDD:** a União Federal, os Estados, o Distrito Federal e os Territórios poderão construir Penitenciárias destinadas, exclusivamente, aos presos provisórios e condenados que estejam em regime fechado, sujeitos ao regime disciplinar diferenciado, nos termos do art. 52 da Lei de Execução Penal.

c) **Instalação:** o condenado será alojado em cela individual que conterá dormitório, aparelho sanitário e lavatório. São requisitos básicos da unidade celular: a) salubridade do ambiente pela concorrência dos fatores de aeração, insolação e condicionamento térmico adequado à existência humana; b) área mínima de 6,00m2 (seis metros quadrados).

DA PENA PRIVATIVA DE LIBERDADE

d) Penitenciária de mulheres: poderá ser dotada de seção para gestante e parturiente e de creche com a finalidade de assistir ao menor desamparado cuja responsável esteja presa.

e) Creche na penitenciária feminina: é para abrigar crianças maiores de 6 (seis) meses e menores de 7 (sete) anos, com a finalidade de assistir a criança desamparada cuja responsável estiver presa.

f) Requisitos básicos da seção e da creche: I – atendimento por pessoal qualificado, de acordo com as diretrizes adotadas pela legislação educacional e em unidades autônomas; e II – horário de funcionamento que garanta a melhor assistência à criança e à sua responsável.

g) Penitenciária de homens: será construída, em local afastado do centro urbano, à distância que não restrinja a visitação.

16.2.2. Da colônia Agrícola, Industrial ou Similar

a) Finalidade: destina-se ao cumprimento da pena em regime semiaberto.

b) Instalação: O condenado poderá ser alojado em compartimento coletivo. São também requisitos básicos das dependências coletivas: 1) a seleção adequada dos presos; 2) o limite de capacidade máxima que atenda os objetivos de individualização da pena.

16.2.3. Da Casa do Albergado

a) Finalidade: destina-se ao cumprimento de pena privativa de liberdade, em regime aberto, e da pena de limitação de fim de semana.

b) Localização: o prédio deverá situar-se em centro urbano, separado dos demais estabelecimentos, e caracterizar-se pela ausência de obstáculos físicos contra a fuga. Em cada região haverá, pelo menos, uma Casa do Albergado, a qual deverá conter, além dos aposentos para acomodar os presos, local adequado para cursos e palestras. O estabelecimento terá instalações para os serviços de fiscalização e orientação dos condenados.

16.2.4. *Do Centro de Observação*

a) **Finalidade:** serão feitos os exames gerais e o criminológico, cujos resultados serão encaminhados à Comissão Técnica de Classificação. No Centro poderão ser realizadas pesquisas criminológicas.

b) **Instalação:** em unidade autônoma ou em anexo a estabelecimento penal.

c) **Exames:** poderão ser realizados pela Comissão Técnica de Classificação, na falta do Centro de Observação.

16.2.5. *Do Hospital de Custódia e Tratamento Psiquiátrico*

a) **Finalidade:** destina-se aos inimputáveis e semi-imputáveis referidos no artigo 26 e seu parágrafo único do Código Penal.

b) **Exames obrigatórios para os internados:** o exame psiquiátrico e os demais exames necessários ao tratamento são obrigatórios para todos os internados.

c) **Local do tratamento ambulatorial:** Hospital de Custódia e Tratamento Psiquiátrico ou em outro local com dependência médica adequada.

16.2.6. *Da Cadeia Pública*

a) **Finalidade:** destina-se ao recolhimento de presos provisórios.

b) **Quantidade:** cada comarca terá, pelo menos 1 (uma) cadeia pública a fim de resguardar o interesse da Administração da Justiça Criminal e a permanência do preso em local próximo ao seu meio social e familiar.

c) **Local**: o estabelecimento será instalado próximo de centro urbano, observando-se na construção as exigências mínimas.

16.3. Estabelecimentos de Segurança Máxima

Em nosso ordenamento jurídico, o regime fechado é executado em estabelecimentos prisionais de segurança máxima ou média, denominados penitenciarias.

No caso de Penitenciária de Segurança Máxima, além de permitir a separação da pessoa presa que apresente problemas de convívio com as demais, as celas individuais servirão para abrigar pessoa presa que colabore em procedimento judicial ou inquérito policial, que por este ou outro motivo venha a ter sua integridade física posta em risco.

16.4. Privatização dos Presídios

Existem, basicamente, dois modelos de privatização dos presídios:

a) **modelo americano:** a iniciativa privada é responsável pela execução penal do preso. O Estado entrega o preso para iniciativa privada, que acompanhará a execução penal do preso. Os governos, federal e estadual, apenas fiscalizam as prisões privatizadas; cabe ressaltar a existência de diferentes estilos de gestão da prisão, de acordo com a lei de cada estado;

b) **modelo francês:** é a cogestão: a iniciativa privada fica responsável pela gestão dos serviços de segurança interna e hotelaria; e o Estado fica responsável pela direção geral e segurança externa.

No Brasil a privatização dos presídios ocorre em dois modelos: **a) terceirização** (inspirada no modelo francês), por meio da concessão de serviço público de atividades indiretas; **b) parceria público-privada**: com a

PRISÃO E LIBERDADE

possibilidade de delegação na administração dos serviços da penitenciária, como também da obra de construção da penitenciária.

Há **argumentos favoráveis** à privatização dos presídios, dentre os quais, destacam-se: a) é uma solução para superlotação carcerária e para ineficiência da aplicação da sanção penal; b) a iniciativa privada possui capacidade de investimento em curto espaço de tempo; c) a iniciativa privada possibilita melhoria nas condições do preso.

Há **argumentos contrários** à privatização dos presídios, dentre os quais, destacam-se: a) violação ao artigo 144 da CF, pois delega para iniciativa privada a obrigação estatal de punição; b) o aumento da população carcerária representa maiores lucros para o poder privado, desvirtuado a preocupação essencial da reinserção social do preso; c) dificuldades no trabalho do preso e seus direitos trabalhistas; d) riscos de falência, greve e conluio da empresa privada gestora com o crime organizado.

16.5. Sistema Penitenciário Federal

O surgimento do Sistema Penitenciário Federal se fundamenta na falência do sistema carcerário estadual caracterizado pela superlotação carcerária e pelo desrespeito às condições mínimas de dignidade da pessoa humana.

Diante da grave crise na administração do Sistema Penitenciário Estadual, foi criado em 2006, o Sistema Penitenciário Federal, sendo o Departamento Penitenciário Federal (DEPEN), órgão vinculado ao Ministério da Justiça, o gestor e fiscalizador das Penitenciárias Federais.

Em 23 de junho de 2006 foi criada a primeira Penitenciária Federal em Catanduvas. Atualmente há quatro Penitenciárias Federais em funcionamento: Catanduvas, Campo Grande, Porto Velho e Mossoró. Há ainda uma quinta Penitenciária Federal em construção em Brasília.

O Sistema Penitenciário Federal foi inicialmente regulamentado pelas Resoluções nº 502/06 e 557/07, ambas do Conselho de Justiça Federal. Em 2008 foi promulgada a Lei nº 11671, que estabeleceu regras para o funcionamento do Sistema Penitenciário Federal, tendo sido regulamentada pelo Decreto nº 6877/99.

DA PENA PRIVATIVA DE LIBERDADE

16.6. Penitenciárias Federais

a) **Caráter:** é uma alternativa ao sistema carcerário estadual.

b) **Cabimento:** quando houver risco à ordem pública ou ambiente carcerário, ou quando for necessário para garantir a segurança do preso.

c) **Caráter:** O processo de inclusão e de transferência, de caráter excepcional e temporário.

16.7. Transferência e a Inclusão nas Penitenciárias Federais

a) **Tipo de preso:** preso estadual ou federal, condenado ou provisório.

b) **Cabimento:** serão recolhidos em estabelecimentos penais federais de segurança máxima aqueles cuja medida se justifique no interesse da segurança pública ou do próprio preso, condenado ou provisório.

c) **Característica do preso:** para a inclusão ou transferência, o preso deverá possuir, *ao menos, uma* das seguintes características: I – ter desempenhado função de liderança ou participado de forma relevante em organização criminosa; II – ter praticado crime que coloque em risco a sua integridade física no ambiente prisional de origem; III – estar submetido ao Regime Disciplinar Diferenciado (RDD); IV – ser membro de quadrilha ou bando, envolvido na prática reiterada de crimes com violência ou grave ameaça; V – ser réu colaborador ou delator premiado, desde que essa condição represente risco à sua integridade física no ambiente prisional de origem; ou VI – estar envolvido em incidentes de fuga, de violência ou de grave indisciplina no sistema prisional de origem.

d) **Inclusão:** são legitimados para pedir inclusão no Sistema Penitenciário Federal: autoridade administrativa, do Ministério Público ou do próprio preso.

PRISÃO E LIBERDADE

e) **Endereçamento do Pedido de Inclusão:** juiz da execução penal; no caso, será competente o juízo federal da seção ou subseção judiciária em que estiver localizado o estabelecimento penal federal de segurança máxima ao qual for recolhido o preso.

f) **Decisão pela Inclusão no Sistema Penitenciário Federal: depende de duas decisões convergentes: em primeiro o juiz de origem (juiz da execução, em caso de preso com condenação definitiva, ou o juiz processante, em caso de preso provisório); sem segundo o juiz federal corregedor da penitenciária.**

g) **Documentos da Inclusão:** o requerimento de inclusão deverá conter os motivos que justifiquem a necessidade da medida e estar acompanhado da documentação pertinente.

h) **Documentos para encaminhamento dos Autos de Inclusão ao Juiz Federal Corregedor:** Constarão dos autos do processo de inclusão ou de transferência, além da decisão do juízo de origem sobre as razões da excepcional necessidade da medida, os seguintes documentos: I – tratando-se de preso condenado: a) cópia das decisões nos incidentes do processo de execução que impliquem alteração da pena e regime a cumprir; b) prontuário, contendo, pelo menos, cópia da sentença ou do acórdão, da guia de recolhimento, do atestado de pena a cumprir, do documento de identificação pessoal e do comprovante de inscrição no Cadastro de Pessoas Físicas (CPF), ou, no caso desses dois últimos, seus respectivos números; e c) prontuário médico; e II – tratando-se de preso provisório: a) cópia do auto de prisão em flagrante ou do mandado de prisão e da decisão que motivou a prisão cautelar; b) cópia da denúncia, se houver; c) certidão do tempo cumprido em custódia cautelar; d) cópia da guia de recolhimento; e e) cópia do documento de identificação pessoal e do comprovante de inscrição no CPF, ou seus respectivos números;

i) **Inclusão em Situações Emergenciais:** Havendo extrema necessidade, o juiz federal poderá autorizar a imediata transferência do preso e, após a instrução dos autos, decidir pela manutenção ou revogação da medida adotada. A inclusão e a transferência do preso poderão ser realizadas sem a prévia instrução dos autos, desde que justificada a situação de extrema necessidade. A inclusão ou a transferência deverá ser requerida diretamente ao juízo de origem, instruída com elementos que demonstrem a extrema necessidade da medida. Concordando com a inclusão ou a transferência, o juízo de origem remeterá, imediatamente, o requerimento ao juízo federal competente. Admitida a inclusão ou a transferência emergencial pelo juízo federal competente, caberá ao juízo de origem remeter àquele, imediatamente, os documentos **para encaminhamento dos Autos de Inclusão ao Juiz Federal Corregedor.**

j) **Assistência jurídica do Preso da Penitenciária Federal:** caberá à Defensoria Pública da União a assistência jurídica ao preso que estiver nos estabelecimentos penais federais de segurança máxima.

k) **Início do Procedimento de Inclusão/ Transferência:** terá início mediante requerimento.

l) **Autuação do Requerimento de início do Procedimento de Inclusão/Transferência:** o processo de inclusão ou de transferência será autuado em apartado.

m) **Lotação máxima:** o número de presos, sempre que possível, será mantido aquém do limite de vagas, para que delas o juízo federal competente possa dispor em casos emergenciais. Tal vedação será observada no julgamento dos conflitos de competência pelo tribunal competente.

n) **Temporariedade:** será por prazo determinado; o período de permanência não poderá ser superior a 360 (trezentos e sessenta) dias;

o) **Renovação:** o período de permanência pode ser renovado, excepcionalmente, quando solicitado motivadamente pelo juízo de origem, observados os requisitos da transferência. Decorrido o prazo, sem que seja feito, imediatamente após seu decurso, pedido de reno-

PRISÃO E LIBERDADE

vação da permanência do preso em estabelecimento penal federal de segurança máxima, ficará o juízo de origem obrigado a receber o preso no estabelecimento penal sob sua jurisdição. Tendo havido pedido de renovação, o preso, recolhido no estabelecimento federal em que estiver, aguardará que o juízo federal profira decisão. Aceita a renovação, o preso permanecerá no estabelecimento federal de segurança máxima em que estiver, retroagindo o termo inicial do prazo ao dia seguinte ao término do prazo anterior. Rejeitada a renovação, o juízo de origem poderá suscitar o conflito de competência, que o tribunal apreciará em caráter prioritário. Enquanto não decidido o conflito de competência em caso de renovação, o preso permanecerá no estabelecimento penal federal. Restando sessenta dias para o encerramento do prazo de permanência do preso no estabelecimento penal federal, o Departamento Penitenciário Nacional comunicará tal circunstância ao requerente da inclusão ou da transferência, solicitando manifestação acerca da necessidade de renovação. Decorrido o prazo e não havendo manifestação acerca da renovação da permanência, o preso retornará ao sistema prisional ou penitenciário de origem;

p) **Decisão Inicial:** o início do procedimento da transferência se dá com a admissibilidade pelo juiz da origem da necessidade da transferência do preso para estabelecimento penal federal de segurança máxima.

q) **Rejeição da Transferência:** o juízo de origem poderá suscitar o conflito de competência perante o tribunal competente, que o apreciará em caráter prioritário.

r) **Oitiva:** instruídos os autos do processo de transferência, serão ouvidos, no prazo de 5 (cinco) dias cada, quando não requerentes, a autoridade administrativa, o Ministério Público e a defesa, bem como o Departamento Penitenciário Nacional (DEPEN), a quem é facultado indicar o estabelecimento penal federal mais adequado. Ao ser ouvido, o Departamento Penitenciário Nacional do Ministério da Justiça opinará sobre a pertinência da inclusão ou da transferência e indicará o estabelecimento penal federal adequado à custódia, podendo solicitar diligências complementares, inclusive sobre o histórico criminal do preso.

s) Diligências Complementares: na hipótese de imprescindibilidade de diligências complementares, o juiz federal ouvirá, no prazo de 5 (cinco) dias, o Ministério Público Federal e a defesa e, em seguida, decidirá acerca da transferência no mesmo prazo.

t) Deferimento: a decisão que admitir o preso no estabelecimento penal federal de segurança máxima indicará o período de permanência. A autoridade policial será comunicada sobre a transferência do preso provisório quando a autorização da transferência ocorrer antes da conclusão do inquérito policial que presidir. Admitida a transferência do preso condenado, o juízo de origem deverá encaminhar ao juízo federal os autos da execução penal. Admitida a transferência do preso provisório, será suficiente a carta precatória remetida pelo juízo de origem, devidamente instruída, para que o juízo federal competente dê início à fiscalização da prisão no estabelecimento penal federal de segurança máxima;

u) Obtenção de liberdade ou progressão de regime: caberá ao Departamento Penitenciário Nacional providenciar o seu retorno ao local de origem ou a sua transferência ao estabelecimento penal indicado para cumprimento do novo regime. Se o egresso optar por não retornar ao local de origem, deverá formalizar perante o diretor do estabelecimento penal federal sua manifestação de vontade, ficando o Departamento Penitenciário Nacional dispensado da providência legal do retorno;

v) Transferência de presos entre estabelecimentos penais federais: a transferência depende de requerimento da autoridade administrativa, do Ministério Público ou do próprio preso, instruído com os fatos motivadores e dirigido ao juiz federal corregedor do estabelecimento penal federal onde o preso se encontrar, que ouvirá o juiz federal corregedor do estabelecimento penal federal de destino. Autorizada e efetivada a transferência, o juiz federal corregedor do estabelecimento penal federal em que o preso se encontrava comunicará da decisão ao juízo de execução penal de origem, se preso condenado, ou ao juízo do processo, se preso provisório, e à autoridade policial, se for o caso.

x) **Competência Jurisdicional após inclusão:** 1) preso com condenação definitiva: juízo federal da sede do estabelecimento penal federal; 2) preso provisório: juízo de origem; cabe ao juízo federal com jurisdição sobre o juízo de origem a fiscalização da pena.

z) **Regime dos Presos Recolhidos em Penitenciárias Federais**
- **alojamento:** celas individuais.
- **recolhimento nas celas:** 22 horas diárias, salvo participação em atividades de reinserção social.
- **banho de sol:** duas horas diárias.
- **vestimenta:** uso obrigatório de uniforme e sapato.
- **alimentos e objetos pessoais trazidos por familiares:** acesso após autorização em datas específicas.
- **livros e revistas:** acesso após inspeção por funcionários do presídio.
- **visitantes:** cadastramento prévio; revista pessoal na entrada.
- **correspondência:** fiscalização da direção da penitenciária.
- **audiência:** de preferência por meio audiovisual, para evitar deslocamento do preso.
- **controle direto:** departamento penitenciário federal (DEPEN).
- **benefícios aos Incluídos:** cabe nos termos da lei de execução penal.
- **regulamento penitenciário:** Decreto nº 6.049/07.
- **Portaria nº 718 do Ministério da Justiça e Segurança Pública (30/08/17):** regulamenta a visita íntima no interior das Penitenciárias Federais.
- **Portaria nº 157 do Ministério da Justiça e Segurança Pública (12/2/19):** Disciplina o procedimento de visita social aos presos nos estabelecimentos penais federais de segurança máxima e dá outras providências.

DA PENA PRIVATIVA DE LIBERDADE

Título V – Prisão

1ª Parte - Introdução

1. Histórico

Na pré-história não existia a ideia de prisão como confinamento para retribuição, prevenção ou reeducação do infrator. A medida constante nos povos primitivos era a pena de morte.

Na Antiguidade[183] **e na Idade Média**[184] não se conhecia a privação da liberdade como sanção penal autônoma, sendo local de custódia para manter aqueles que seriam submetidos a castigos corporais e à pena de morte.

Quando havia o encarceramento, este representava o aguardo do julgamento ou da execução. A prisão era vista como lugar de custódia e tor-

---

[183] A primeira instituição penal na Antiguidade foi o Hospício de San Michel, em Roma, a qual era destinada primeiramente a encarcerar "meninos incorrigíveis", era denominada **Casa de Correção.**

[184] A prisão aparece de forma excepcional para crimes não graves não sujeitos à pena de morte ou mutilação. No período medieval surgiram duas espécies de prisão: a) a prisão de Estado: lugar para os que cometeram delitos de traição ou políticos em face do poder real ou senhorial. Existiam duas espécies de prisão de Estado: 1) prisão-custódia, apenas com finalidade de guardar o réu até o momento da execução; 2) detenção temporal ou perpétua, esta última com caráter de pena efetiva, a bastilha de Paris é um dos exemplos (BITENCOURT, Cezar Roberto. *Falência da pena de prisão*: causas e alternativas. 4. ed. São Paulo: Saraiva, 2011a, p. 32); b) prisão eclesiástica: lugar de penitência para os clérigos rebeldes.

PRISÃO E LIBERDADE

tura, utilizavam-se uma variedade de sistemas de aprisionamento como calabouços, aposentos em ruínas ou insalubres de castelos, torres, conventos abandonados, palácios e outros edifícios[185]. Conforme acentua Cezar Roberto Bitencourt[186]: *"...a prisão era uma espécie de antessala de suplícios, pois se usava a tortura, frequentemente, para descobrir a verdade. A prisão foi sempre uma situação de grande perigo, um incremento ao desamparo e, na verdade, uma antecipação da extinção física do indivíduo."*

No período moderno, já na segunda metade do século XVI, passaram a ser construídos os institutos de reclusão, com o objetivo de que lá os detentos fossem cumprir a sua pena. A prisão, no período moderno, surge com o capitalismo. A prisão era vista como espécie de sanção e lugar em que o preso aprendia trabalho e disciplina e visava desestimular outros a cometerem crimes. O grande avanço na época moderna se deveu à Europa dos séculos XVI e XVII, notadamente França e Inglaterra. Antes das casas de correção propriamente ditas, surgem casas de trabalho[187] na Inglaterra (1697) em Worcester e em Lublin (1707).

É, entretanto, na segunda metade do século XVIII que começa a surgir um movimento humanitário nas prisões, consubstanciado em reformas do sistema punitivo e no fortalecimento do princípio da dignidade da pessoa humana. Podemos destacar alguns juristas e filósofos que se destacaram na reforma humanitária e substancial do Direito Penal:

A visão da pena traduzida por **BECCARIA**, jurista e economista italiano (2001), no século XVIII era de que o direito de punir representava uma segurança geral da sociedade, sendo a aplicação da pena não uma vin-

---

[185] Em Roma é na fortaleza real que se encontrava a mais velha prisão; na Idade Média, no castelo senhorial e nas torres das muralhas que rodeavam as cidades; na Judeia em fossas baixas; no antigo México, em gaiolas de madeiras onde eram amarrados os acusados (DE OLIVEIRA, Odete Maria. *Prisão*: um paradoxo social. Florianópolis: EUFSC, 1984).

[186] BITENCOURT, Cezar Roberto. *Tratado de direito penal*: parte geral. São Paulo: Saraiva, 2006, p. 540.

[187] Nessas casas, os prisioneiros estavam divididos em classes: os explicitamente condenados ao confinamento solitário, os que cometeram faltas graves na prisão e a última aos bem conhecidos e velhos delinquentes. Tais casas visavam ao emprego de trabalho e disciplina. A mais antiga arquitetura carcerária em 1596 foi o modelo de Amsterdã **RASPHUIS**, para homens, que se destinava em princípio a mendigos e jovens malfeitores a penas leves e longas com trabalho obrigatório, vigilância contínua, exortações, leituras espirituais. Em 1597 e 1600, criaram-se também em Amsterdã a **SPINHIS**, para mulheres e uma seção especial para meninas adolescentes, respectivamente. Tal instituição tinha por finalidade a reforma dos delinquentes pelo trabalho e pela disciplina, além da prevenção da criminalidade.

gança coletiva, mas uma fonte de justiça e de prevenção de outros crimes; a pena deve ser, de modo essencial, pública, pronta, necessária, a menor das penas aplicáveis nas circunstâncias dadas, proporcionada ao delito e determinada pela lei;

Outro destaque foi o inglês **JOHN HOWARD**, que defendia a humanização das prisões consubstanciada no oferecimento de condições dignas ao preso e de trabalho. Pregava melhoramentos carcerários e sistema baseado em recolhimento celular com reforma moral pela religião, trabalho diário com condições higiênicas e alimentares. Conseguiu construir dois estabelecimentos criminais: "Peninteciary House" e o "Mondham Norfolk";

Outro teórico na Idade Moderna foi **JEREMY BENTHAM**, pensador e jurisconsulto inglês, criador do utilitarismo, que defendia um controle eficaz dos presos através da criação de um estabelecimento próprio denominado panótico, prisão celular de forma radial em que uma só pessoa podia exercer a vigilância dos interiores das celas. Pregava ausência de sofrimentos corporais, trabalho obrigatório, vigilância rigorosa e reforço à prevenção do crime. A primeira penitenciária panótica foi criada em 1800 na cidade de Richmond em Virgínia.

Em 1790 surge o **sistema de Filadélfia ou Pensilvânico** com as seguintes características: a) uso de uniforme; b) isolamento absoluto durante o dia e a noite; c) o preso era identificado por um número; d) era proibido ver, ouvir ou falar com alguém; e) era proibido trabalho ou visita; f) alimentação somente na parte da manhã.

Em 1821 surge o **sistema de Auburn**, em Nova Iorque, com as seguintes características: a) uso de uniforme; b) isolamento absoluto durante a noite; c) trabalho e refeições em comum; d) era proibido falar, salvo com os guardas (precisa de autorização dos próprios guardas e voz baixa), sob pena de castigo corporal; e) nos domingos e feriados podia passear em lugar apropriado, mas sempre incomunicável.

Enquanto o sistema de Filadélfia objetivava a transformação do homem criminoso em bom e de alma pura através do arrependimento, levado pela reflexão, o sistema de Auburn pretendia condicionar o apenado pelo trabalho, disciplina e mutismo[188].

Em 1834 surge o **sistema de Montesino** consubstanciado num tratamento penal humanitário que visava à regeneração do preso. Em 1846

---

[188] DE OLIVEIRA, Odete Maria. *Prisão*: um paradoxo social, cit.

surge o **sistema Progressivo inglês** caracterizado por duas regras: a) o condenado recebia marcas quando seu comportamento era positivo; b) cumpria a pena em três fases: isolamento celular completo; isolamento celular noturno e liberdade condicional.

Em 1853 surge o **sistema Progressivo irlandês**, em que o condenado cumpria a pena em quatro fases: isolamento celular completo; isolamento celular noturno; encaminhamento para um estabelecimento semiaberto e liberdade condicional. Na primeira metade do século XX, a pena de prisão se consagra definitivamente como *pena reina* dos ordenamentos penais ocidentais, em harmonia com as necessidades político-criminais de justiça e prevenção especial coerentes com o modelo de Estado de Direito desses países[189].

2. Conceito

No **sentido etimológico**, prisão vem do latim *prehendere*, que significa estar preso. No **sentido jurídico** prisão é a privação da liberdade de locomoção por motivo ilícito ou por ordem legal. Conforme acentua José Frederico Marques[190]: *"Prisão é a pena privativa de liberdade imposta ao delinquente, cumprida, mediante clausura, em estabelecimento penal para esse fim destinado"*.

A **prisão por ordem legal** é forma de punição estatal, consequência da prática da infração penal, que visa à retirada da liberdade da pessoa para possibilitar sua reintegração ao convívio social.

Já a **prisão por motivo ilícito** é a prisão indevida, passível de gerar danos e, por consequência, a garantia da indenização como proteção da dignidade da pessoa humana e boa aplicação do Direito.

A privação da liberdade de locomoção, em face de sua extensão, pode ser total ou parcial (a prisão é a privação, mais ou menos intensa da liberdade ambulatória[191]). Ocorrerá a primeira quando a privação abranger a totalidade da liberdade de locomoção e a segunda quando a privação abranger somente parte da liberdade de locomoção.

---

[189] ARUS, Francisco Bueno. Panorama moderno de la pena de prision. *Boletim da Faculdade de Direito da Universidade de Coimbra*, v. LXX, 1994.

[190] MARQUES, José Frederico. *Elementos de direito processual penal*. Campinas: Bookseller, 1997, v. 1.

[191] TOURINHO FILHO, Fernando da Costa. *Processo penal*. 29. ed. São Paulo: Saraiva, 2007, v. 3, p. 391.

Constitui prisão **medida excepcional** somente decretada quando for necessária para defesa social e mantença do bem comum, caracterizada pela privação de um bem jurídico, pois importa no cerceamento da liberdade individual de ir e vir. É eficaz como **medida punitiva**, pois visa restabelecer a ordem jurídica violada ou ameaçada pela prática da infração penal, no sentido de garantir a harmonia social.

Em face da dignidade humana, a prisão deve ser vista como uma **medida social**, pois o Estado deve garantir ao preso, sob sua custódia, condições de respeitabilidade, de modo a atender as suas necessidades básicas e, por consequência, garantir o normal e necessário funcionamento das regras mínimas de tratamento do preso, previstas na Resolução n. 14, de 11 de novembro de 1994, publicada no *Diário Oficial da União* no dia 2/12/94, pelo Presidente do Conselho Nacional de Política Criminal e Penitenciária (CNPCP), no uso de suas atribuições legais e regimentais, considerando a recomendação aprovada na sessão de 26 de abril a 6 de maio de 1994, pelo Comitê Permanente de Prevenção ao Crime e Justiça Penal das Nações Unidas, do qual o Brasil é membro e ainda o disposto na Lei n. 7.210, de 11 de julho de 1984 (Lei de Execução Penal).

A palavra *prisão* é empregada, na ordem jurídica brasileira, com vários significados, tais como:

a) *custódia*: é manter alguém em local de prisão ou recolhimento da pessoa ao cárcere. Custodiar é conservar a pessoa em prisão com vigilância e cuidado;

b) *captura*: é o ato de prender em flagrante ou em cumprimento de mandado judicial. Efetuar a captura de alguém é prender ou deter alguém; é o momento inicial da privação da liberdade;

c) *detenção*: é a privação efêmera da liberdade de locomoção que serve para cumprir determinado ato judicial;

d) *sanção penal*: é a pena privativa de liberdade imposta após o trânsito em julgado da sentença condenatória;

e) *cárcere:* é o estabelecimento prisional em que a pessoa é recolhida.

Todas essas acepções são analógicas, pois exprimem uma ideia básica comum consistente na *supressão da liberdade pessoal em determinado local*.

Cabe ressalvar que prisão é medida privativa de liberdade e não restritiva da liberdade. **Privação** é impedir locomoção mediante prisão. Já a **restrição**, por sua vez, é impedir locomoção por outra forma que não seja prisão. Ex.: banimento (expulsão de brasileiro do território nacional); desterro (expulsão da comarca da vítima); degredo ou confinamento (fixação de residência em local determinado pela sentença). A Constituição proíbe a pena de banimento (art. 5º, XLVII, *d*).

No Direito brasileiro há as seguintes modalidades de prisão: **1. *penal*** é a que decorre de sentença penal condenatória transitada em julgado; **2. *processual ou cautelar ou provisória ou imprópria ou sem pena ou processual penal*** é a que ocorre antes do trânsito em julgado da sentença penal; **3. *disciplinar*** é a que decorre do descumprimento de dever funcional nas instituições militares, em dois casos: a) transgressão militar; b) crime militar próprio; **4. *civil*** é a que obriga a pessoa presa a cumprir uma obrigação; mesmo que cumprir o tempo de prisão, a pessoa não ficará dispensada da obrigação; é aplicada no caso de devedor de alimentos.

Parte da doutrina diz que prisão penal é gênero do qual são duas as espécies: a) natureza cautelar: é a prisão sem pena decretada antes do trânsito em julgado de uma sentença criminal, com forma de tutela do desenvolvimento da persecução penal ou da aplicação da lei penal; tem caráter acautelatório; b) natureza punitiva: é a aplicada após o trânsito em julgado de uma sentença penal condenatória; tem caráter sancionatório.

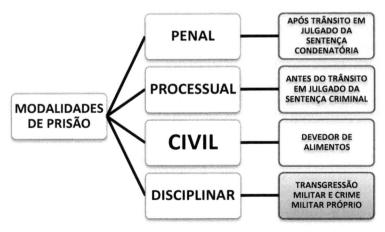

3. Princípios Aplicáveis à Prisão

a) legalidade: a privação da liberdade de locomoção é possível quando houver anterior previsão legal, nos termos do art. 5º, inciso II, da CF – *"ninguém será obrigado a fazer ou deixar de fazer alguma coisa senão em virtude de lei"*. Os presos só podem ter restrições de direitos quando previamente previsto em lei;

b) devido processo legal: O princípio do devido processo legal é previsto no art. 5º, LIV, da Constituição Federal ("ninguém será privado da liberdade ou de seus bens sem o devido processo legal") e originado da Magna Carta da Inglaterra de 1215.

O princípio do devido processo legal possui dois sentidos: **a) material:** é a tutela da vida, da liberdade e da propriedade e a edição de normas razoáveis; **b) formal:** o processo deve se desenvolver conforme a lei, com publicidade, justiça e imparcialidade do órgão julgador.

Do princípio do devido processo legal, decorrem as seguintes garantias: a) desenvolvimento do processo na forma da lei, com ampla defesa; b) direito de ser ouvido; c) direito de ser informado dos atos processuais; d) ter acesso à defesa técnica; e) direito de manifestação; f) publicidade do processo; g) motivação das decisões judiciais; h) juiz competente; i) duplo grau de jurisdição; j) revisão criminal.

A privação da liberdade de locomoção depende do preenchimento das formalidades legais, nos termos do art. 5º, inciso LIV – *"ninguém será privado da liberdade ou de seus bens sem o devido processo legal"*. Não é possível o Estado aplicar a prisão como sanção penal sem processo regular com ampla defesa e respeito ao contraditório. Segundo Tourinho[192]: *"Uma vez que o Estado autolimitou seu poder repressivo, esta limitação da autoexecutoriedade do seu poder de punir deu origem à ação penal, instrumento de que se vale para tornar efetivo seu magistério repressivo. De sorte que o Estado, para poder infligir uma sanção por um fato que constitua infração penal, precisa, inexoravelmente, valer-se da via jurisdicional"*.

c) juiz natural: a prisão, em regra, depende de ordem escrita e fundamentada da autoridade judiciária competente, nos termos do art. 5º, inciso LXI – *"ninguém será preso senão em flagrante delito ou por ordem escrita e funda-*

---

[192] TOURINHO FILHO, Fernando da Costa. *Processo penal.* 33. ed. São Paulo: Saraiva, 2011, v. 2, p. 104.

mentada de autoridade judiciária competente, salvo nos casos de transgressão militar ou crime propriamente militar, definidos em lei". Há casos em que pode ser efetuada a prisão sem ordem judicial: prisão em flagrante, prisão durante o Estado de Sítio, prisão durante o Estado de defesa, prisão disciplinar e recaptura de foragido;

d) motivação: As decisões judiciais devem ser motivadas, sob pena de nulidade, nos termos do art. 93, IX, da Constituição Federal. Motivar significa indicar os fundamentos de fato e de direito da decisão.

A motivação representa a possibilidade do povo de controlar a administração pública, evitando o arbítrio estatal. Trata-se de garantia fundamental de um julgamento justo e imparcial. "A exigência de fundamentação das decisões judiciais ou da 'motivação de sentenças' radica em três razões fundamentais: (1) controlo da administração da justiça; (2) exclusão do carácter voluntarístico e subjectivo do exercício da actividade jurisdicional e abertura do conhecimento da racionalidade e coerência argumentativa dos juízes; (3) melhor estruturação dos eventuais recursos, permitindo às partes em juízo um recorte mais preciso e rigoroso dos vícios das decisões judiciais recorridas"[193].

Na análise do princípio da motivação das decisões judiciais, cabe ressaltar que dele decorre a adoção no direito brasileiro do princípio do livre-convencimento motivado, em que o juiz formará sua convicção pela livre-apreciação da prova produzida em contraditório judicial, não podendo fundamentar sua decisão exclusivamente nos elementos informativos colhidos na investigação, ressalvados as provas cautelares, não repetíveis e antecipadas. Somente quanto ao estado das pessoas serão observadas as restrições estabelecidas na lei civil. No processo penal, há exceção no caso da decisão dos jurados, que é baseada no sistema da convicção íntima.

A prisão, quando decretada pela autoridade judiciária competente, deve ser motivada pela necessidade e proporcionalidade, nos termos do art. 93, inciso IX, da CF – *"todos os julgamentos dos órgãos do Poder Judiciário serão públicos, e fundamentadas todas as decisões, sob pena de nulidade..."*;

e) proporcionalidade: a prisão é proporcional à culpabilidade da pessoa e à gravidade da infração penal. A pena de prisão deve ser aplicada, desde

---

[193] CANOTILHO, José Joaquim Gomes. *Direito constitucional e teoria da Constituição.* 4. ed. Coimbra: Almedina, 1997.

que haja proporção entre ação e reação, entre gravidade do crime e gravidade da pena e que a pena deve ser cumprida dentro do marco constitucional de respeito à dignidade do sentenciado e não em função dos anseios sociais de punição. Para aquilatar se a prisão guarda relação de razoabilidade com a importância do interesse estatal que se busca salvaguardar, meios e fins devem ser colocados em uma equação, mediante um juízo de ponderação, com foco nos próprios interesses em conflito;

f) humanidade: na prisão, os presos devem ser respeitados na sua integridade física e moral, nos termos do art. 5º, inciso XLIX. O preso deve ser tratado como pessoa, com limitação na quantidade e qualidade da pena. Não deve sofrer penas cruéis ou degradantes, nem privações indevidas.

Aos condenados à pena privativa de liberdade deverão ser propiciadas as condições para uma existência digna, velando-se por sua vida, saúde e integridade física e moral. Ao condenado estão assegurados todos os direitos não atingidos pela sentença ou pela lei.

A duração prolongada, abusiva e irrazoável da prisão cautelar de alguém ofende, de modo frontal, o postulado da dignidade da pessoa humana, que representa – considerada a centralidade desse princípio essencial (CF, art. 1º, III) – significativo vetor interpretativo, verdadeiro valor-fonte que conforma e inspira todo o ordenamento constitucional vigente em nosso País e que traduz, de modo expressivo, um dos fundamentos em que se assenta, entre nós, a ordem republicana e democrática consagrada pelo sistema de direito constitucional positivo (*RTJ* 195/212-213).

É incompatível com a dignidade da pessoa humana. Nada justifica a permanência de uma pessoa na prisão, sem culpa formada, quando configurado excesso irrazoável no tempo de sua segregação cautelar (*RTJ* 137/287 – 157/633, 180/262-264, 187/933-934, 195/212-213), considerada a excepcionalidade de que se reveste, em nosso sistema jurídico, a prisão meramente processual do indiciado ou do réu, mesmo que se trate de crime hediondo ou de delito a este equiparado.

No caso de prisão cautelar, a medida não pode transmudar-se, mediante subversão dos fins que a autorizam, em meio de inconstitucional antecipação executória da própria sanção penal, pois tal instrumento de tutela cautelar penal somente se legitima, se se comprovar, com apoio em base empírica idônea, a real necessidade da adoção, pelo Estado, dessa extraordinária medida de constrição do *status libertatis* do indiciado ou do réu (HC 88025/ES – rel. Min. Celso de Mello – 2ª Turma – STF – 15/8/2007).

PRISÃO E LIBERDADE

g) presunção de inocência[194]: a prisão, como pena, somente pode ser aplicada após o trânsito em julgado da sentença criminal condenatória, nos termos do art. 5º, inciso LVII – *"ninguém será considerado culpado até o trânsito em julgado de sentença penal condenatória"*.

A presunção de inocência é uma garantia processual penal, que não ofende a prisão processual, nos termos da Súmula n. 9 do STJ. Conforme observa Antônio Magalhães Gomes Filho[195]: *"As prisões decretadas anteriormente à condenação, que numa visão mais radical do princípio nem sequer poderiam ser admitidas, encontram justificação apenas na excepcionalidade de situações em que a liberdade do acusado possa comprometer o regular desenvolvimento e a eficácia da atividade processual"*.

Em conformidade com a Súmula 444 do STJ, não podem ser considerados como circunstâncias judiciais desfavoráveis os inquéritos e as ações penais em andamento, o que violaria o princípio da presunção de inocência.

h) intervenção mínima: a prisão é o instrumento mais grave que o Estado dispõe, na ordem jurídica, para punir o infrator da lei penal, pois priva o indivíduo da sua liberdade pessoal. Dessa forma, a prisão somente poderá ser usada quando necessária e em último caso, no regime de tutela das liberdades individuais como fator de desenvolvimento social;

---

[194] A submissão de uma pessoa à jurisdição penal do Estado coloca em evidência a relação de polaridade conflitante que se estabelece entre a pretensão punitiva do Poder Público e o resguardo à intangibilidade do *jus libertatis* titularizado pelo réu. A persecução penal rege-se, enquanto atividade estatal juridicamente vinculada, por padrões normativos, que, consagrados pela Constituição e pelas leis, traduzem limitações significativas ao poder do Estado. Por isso mesmo, o processo penal só pode ser concebido – e assim deve ser visto – como instrumento de salvaguarda da liberdade do réu. O processo penal condenatório não é um instrumento de arbítrio do Estado. Ele representa, antes, um poderoso meio de contenção e de delimitação dos poderes de que dispõem os órgãos incumbidos da persecução penal. Ao delinear um círculo de proteção em torno da pessoa do réu – que jamais se presume culpado, até que sobrevenha irrecorrível sentença condenatória —, o processo penal revela-se instrumento que inibe a opressão judicial e que, condicionado por parâmetros ético-jurídicos, impõe ao órgão acusador o ônus integral da prova, ao mesmo tempo em que faculta ao acusado, que jamais necessita demonstrar a sua inocência, o direito de defender-se e de questionar, criticamente, sob a égide do contraditório, todos os elementos probatórios produzidos pelo Ministério Público. A própria exigência de processo judicial representa poderoso fator de inibição do arbítrio estatal e de restrição ao poder de coerção do Estado. A cláusula *nulla poena sine judicio* exprime, no plano do processo penal condenatório, a fórmula de salvaguarda da liberdade individual. (HC 73.338, rel. Min. Celso de Mello, j. em 13/8/96, *DJ* de 19-12-96) (grifos nossos);
[195] GOMES FILHO, Antônio Magalhães. *Presunção de inocência e prisão cautelar*. São Paulo: Saraiva, 1991.

PRISÃO

i) inderrogabilidade: a prisão, quando houver certeza na sua decretação, pelo preenchimento dos requisitos, não pode deixar de ser aplicada, por ser imperativo legal;

j) *favor rei*: num conflito entre o *jus puniendi* do Estado e o *jus libertatis* do acusado, deve prevalecer o *jus libertatis (in dubio pro reo)*, pois a dúvida sempre beneficia o acusado;

k) igualdade: na prisão, os presos que estiverem na mesma situação receberão o mesmo tratamento criminal. A igualdade assegura o direito de ser diferente, de não se submeter a tratamento de modificação de personalidade e proíbe discriminação de tratamento, dentro ou fora do presídio, em razão de especial condição seja de ordem social, religiosa, racial, político-ideológica;

l) controle judicial: a prisão pode ser impugnada pelo prejudicado, nos termos do art. 5º, inciso XXXV, da CF – *"a lei não excluirá da apreciação do Poder Judiciário lesão ou ameaça a direito"*. No caso de prisão indevida, o Estado deve indenizar nos termos do art. 5º, inciso LXXV, da Constituição Federal, *verbis*: *"O Estado indenizará o condenado por erro judiciário, assim como o que ficar preso além do tempo fixado na sentença"*. A **prisão** indevida consagra, além dos danos material e moral, o dano pessoal;

m) contraditório: a pessoa presa tem o direito de ser informado e de contraditar sua prisão, nos termos do art. 5º, inciso LV – *"aos litigantes, em processo judicial ou administrativo, e aos acusados em geral são assegurados o contraditório e ampla defesa, com os meios e recursos a ela inerentes"*;

n) ampla defesa: a pessoa presa tem o direito de apresentar defesa no processo penal. A defesa abrange: **1) a defesa técnica**: é concretizada pela representação de um profissional habilitado, podendo ser constituído (nomeado pela parte) ou dativo (nomeado pelo juiz); a defesa técnica será sempre exercida por meio de manifestação fundamentada; nos termos do art. 261 do Código de Processo Penal que *"nenhum acusado, ainda que ausente ou foragido, será processado ou julgado sem defensor"*; **2) autodefesa**: é concretizada pelo direito de presença, ou seja, o direito de acompanhar o desenvolvimento do processo e pelo direito de audiência, ou seja, o direito de ser ouvido e de se manifestar. **É típica a conduta do acusado que, no momento da** prisão **em flagrante, atribui para si falsa identidade (art. 307 do CP), ainda que em alegada situação de autodefesa.** Isso porque a referida conduta não constitui extensão da garantia à ampla defesa, visto tratar-se de conduta típica, por ofensa à fé pública e aos interesses de disciplina social, prejudicial, inclusive, a eventual terceiro cujo nome seja utilizado no falso (informativo nº 533/2014 do STJ).

o) defensor natural: a defesa técnica é necessária em todos os momentos da persecução penal. A edição da Lei n. 11.449, de 15 de janeiro de 2007, reforça o argumento da necessidade do princípio do defensor natural no processo penal prevendo que dentro em 24h (vinte e quatro horas) depois da prisão em flagrante, será encaminhado ao juiz competente o auto de prisão em flagrante acompanhado de todas as oitivas colhidas e, caso o autuado não informe o nome de seu advogado, sua cópia integral para a Defensoria Pública.

O art. 4º-A da Lei Complementar 80/1994 estabelece que seja direitos dos assistidos pela Defensoria Pública *"o patrocínio de seus direitos e interesses pelo defensor natural"* (designação por critérios legais), o que não se confunde com exclusividade do órgão para atuar nas causas em que figure pessoa carente, sobretudo se considerada a atual realidade institucional[196].

Nos termos do artigo 263 do Código de Processo Penal, o acusado tem o direito de escolher o seu defensor, não podendo o magistrado nomear profissional para patrociná-lo antes de lhe possibilitar a indicação de advogado de sua confiança. A nomeação de defensor *ad hoc* para atuar em audiência na qual o advogado do réu, devidamente intimado, não comparece, não ofende o direito conferido ao acusado de escolher patrono de sua confiança. Inteligência dos artigos 263 e 265 do Código de Processo Penal[197].

p) celeridade prisional: a duração da prisão deve observar prazo legal, ou em caso de omissão na lei, o prazo razoável, já que num regime tutelar da liberdade pessoal, como o nosso, a prisão é vista como instrumento excepcional usado para manter a ordem pública e a segurança social.

4. Direitos Relativos à Prisão

Os direitos do preso são prerrogativas necessárias para assegurar sua proteção contra os abusos e as violações, impedindo o exercício arbitrário e

---

[196] HC 123.494, Relator(a): Min. TEORI ZAVASCKI, Segunda Turma, julgado em 16/02/2016, PROCESSO ELETRÔNICO DJe 02-03-2016.

[197] AGRG no ARESP 1072292/BA – relator: Ministro JORGE MUSSI, órgão julgador: T5 - QUINTA TURMa, DJe 26/09/2018.

ilegítimo do poder estatal, de forma a proteger o Estado Democrático de Direito.

a) Comunicabilidade da prisão

A Constituição Federal, em seu art. 5º, inciso LXII, exige que a prisão e o local sejam comunicados **imediatamente** ao juiz e à família do preso. A lei não estabelece forma pela qual é feita a comunicação da prisão à família do preso, entendendo-se como satisfeito esse requisito quando a autoridade policial coloca à disposição do réu os meios necessários a essa comunicação.

A comunicação é exigida para: a) permitir o controle dos órgãos da persecução penal (Juiz e Ministério Público) sobre a legalidade e a necessidade da prisão, visando, em última análise, à salvaguarda efetiva do direito à liberdade de locomoção; b) atestar o paradeiro do detido; c) possibilitar assistência necessária ao detido. A não comunicação gera relaxamento da prisão.

A demora na comunicação à autoridade judiciária competente da prisão em flagrante do paciente não acarreta, por si só, nulidade no auto de prisão[198]. A comunicação da prisão em flagrante a juiz de jurisdição diversa não constitui, por si só, constrangimento ilegal[199]. Na verdade, o descumprimento do art. 5º, inciso LXII, da Constituição Federal gera responsabilidade das autoridades envolvidas.

b) Relaxamento da prisão ilegal

Relaxar a prisão é uma decisão emanada da autoridade judiciária que determina a soltura de uma pessoa presa, diante da constatação de uma ilegalidade ou arbitrariedade na privação à liberdade individual (contrariedade à ordem jurídica ou decretação abusiva, além do permitido ou omissão, diante da não observância dos requisitos legais na decretação).

A pessoa prejudicada pode formular pedido de relaxamento, com a finalidade de obter do juiz a restauração da sua liberdade física; ou o juiz pode decidir a soltura da pessoa presa, de ofício, ou seja, por iniciativa própria, já que o direito à liberdade de locomoção é questão de ordem pública.

---

[198] HC 72391/RS – rel. Min. Felix Fischer – 5ª Turma – 14/06/2007.
[199] RESP 242808/RJ – rel. Min. Fernando Gonçalves – 6ª Turma – 18/10/2001.

A prisão cautelar será relaxada quando houver razões demonstrativas da real falta de necessidade ou no caso de excesso de prazo. A proibição de liberdade provisória nos processos por crimes hediondos não veda o relaxamento da prisão processual por excesso de prazo, nos termos da Súmula n. 697 do STF.

c) Identificação criminal

Identificação é a determinação da identidade de uma pessoa através da especificação dos seus caracteres próprios e exclusivos. A identificação pode ser civil, feita através da apresentação de documento com foto, e criminal, que abrange a colheita de impressões digitais e de fotografias.

O civilmente identificado não será submetido a identificação criminal, exceto nas hipóteses previstas na Lei n. 12.037/2009. O art. 3º, *caput* e incisos, da Lei n. 12.037/2009, enumerou, de forma incisiva, os casos nos quais o civilmente identificado deve, necessariamente, sujeitar-se à **identificação criminal**[200].

d) Informação dos direitos

A pessoa que efetuar a prisão deve advertir o preso de seus direitos, entre os quais o de permanecer calado, sendo-lhe assegurada a assistência da família e de advogado, sob pena de não ter validade o que por ele vier a ser dito. A finalidade do direito de informação e assistência é assegurar a integridade física e moral do preso, bem como possibilitar sua proteção jurídica.

e) Identificação dos responsáveis pela prisão

---

[200] Art. 3º Embora apresentado documento de identificação, poderá ocorrer identificação criminal quando: I – o documento apresentar rasura ou tiver indício de falsificação; II – o documento apresentado for insuficiente para identificar cabalmente o indiciado; III – o indiciado portar documentos de identidade distintos, com informações conflitantes entre si; IV – a identificação criminal for essencial às investigações policiais, segundo despacho da autoridade judiciária competente, que decidirá de ofício ou mediante representação da autoridade policial, do Ministério Público ou da defesa; V – constar de registros policiais o uso de outros nomes ou diferentes qualificações; VI – o estado de conservação ou a distância temporal ou da localidade da expedição do documento apresentado impossibilite a completa identificação dos caracteres essenciais.

PRISÃO

O preso tem direito à identificação dos responsáveis por sua prisão ou por seu interrogatório policial. A finalidade do direito de identificação visa assegurar a integridade física e moral do preso, bem como possibilitar sua defesa no processo penal; art. 5º, inciso XLVIII: *"a pena será cumprida em estabelecimentos distintos, de acordo com a natureza do delito, a idade e o sexo do apenado".*

f) Direito à indenização por erro judiciário

Erro judiciário abrange toda e qualquer decisão judicial errônea, que tenha provocado evidente prejuízo à liberdade individual ou mesmo à imagem e à honra do acusado[201].

Não há como se reconhecer a existência de erro judiciário capaz de gerar indenização por injusta condenação (art.630, CPP) se a sentença condenatória fundou-se em interpretação jurisprudencial controversa à época da condenação e que somente veio a se firmar após a confirmação da sentença pelo Tribunal de segundo grau. A interpretação que vem sendo dada ao art. 630 do CPP tanto pelo STJ quanto pelo Supremo Tribunal Federal é no sentido de que a vítima de erro judiciário tem direito a receber indenização do Estado em casos de desconstituição de sua condenação em sede de revisão criminal ou de excesso injustificado de sua permanência na prisão. O direito à indenização, entretanto, depende da demonstração da existência de efetivo erro judiciário[202].

A prisão por erro judiciário ou permanência do preso por tempo superior ao determinado na sentença, de acordo com o art. 5º, inciso LXXV, da CF, garante ao cidadão o direito à indenização.

A coerção pessoal que não enseja o dano moral pelo sofrimento causado ao cidadão é aquela que se lastreia nos parâmetros legais[203].

O excesso de prazo na prisão afronta o princípio da Dignidade Humana. Conforme observa Roberto Delmanto Junior[204]: *"A ampliação da responsa-*

---

[201] RESP 1.243.516-SP, **Rel. Min. Reynaldo Soares da Fonseca, julgado em 22/9/2016, DJe 30/9/2016.**

[202] Revisão Criminal 3900/SP, relator: Ministro REYNALDO SOARES DA FONSCA; revisor: Ministro RIBEIRO DANTAS; S3 – TERCEIRA SEÇÃO; DJe 15/12/2017.

[203] Precedente: REsp 815004, *DJ* 16/10/2006 – 1ª Turma do STJ.

[204] DEMANTO JUNIOR, Roberto. *As modalidades de prisão provisória e seu prazo de duração.* 2. ed. Rio de Janeiro: Renovar, 2001, p. 377-386.

PRISÃO E LIBERDADE

bilidade estatal, com vistas a tutelar a dignidade das pessoas, sua liberdade, integridade física, imagem e honra, não só para casos de erro judiciário, mas também de cárcere ilegal e, igualmente, para hipóteses de prisão provisória injusta, embora formalmente legal, é um fenômeno constatável em nações civilizadas, decorrente do efetivo respeito a esses valores".

O *habeas corpus* não é meio idôneo para avaliar erro judiciário que depende de exame probatório. A prisão injusta revela ofensa à honra, à imagem, à vida livre e digna.

g) Direito à integridade do preso

É assegurado aos presos o respeito à integridade física e moral. As penas privativas de liberdade devem ser executadas com respeito à integridade física e moral do preso, proibidas as penas cruéis. Ninguém será submetido à tortura nem a tratamento desumano ou degradante.

O Estado é responsável pela preservação da integridade moral e física do preso, enquanto estiver sob sua custódia[205]. Dessa forma, detento assassinado por outro preso gera responsabilidade civil do Estado.

É orientação jurisprudencial pacífica que quando o Estado for omisso em relação ao seu dever de zelar pela integridade física dos que se encontram sob sua tutela será obrigado a indenizar[206]. A prisão especial é uma

---

[205] "[...] o aventado risco de morte e ameaças ao acusado não seria argumento hábil a justificar sua soltura, uma vez que a administração da instituição prisional é responsável por preservar a integridade física dos presos, adotando, para isso, medidas cabíveis para coibir tais transgressões" (RHC 50333/RJ, relator: Ministro JORGE MUSSI; T5 - QUINTA TURMA; DJe 18/09/2014).

[206] RESPONSABILIDADE CIVIL DO ESTADO – MORTE DE DETENTO – INCÊNDIO – CULPA "IN VIGILANDO" – DANO MORAL. Verificada que a morte do detento ocorreu enquanto recluso em delegacia, devido a incêndio provocado por companheiro de cela, revela-se omisso o Estado em relação ao dever de zelar pela integridade física dos que se encontram sob sua tutela, restando caracterizada a culpa *in vigilando*, a acarretar sua responsabilidade civil, sobretudo quando os agentes públicos encontravam-se ausentes do recinto. Rejeitada a preliminar de nulidade eriçada no primeiro apelo. Reformada a sentença, em reexame necessário, para excluir a condenação do Estado por danos materiais a título de despesas com sepultamento. Dado provimento parcial ao segundo apelo para alterar o valor da condenação por danos morais, fixando-a em 300 salários mínimos. Prejudicado o exame de mérito do primeiro recurso. Precedentes: REsp 799939/MG, rel. Min. Luiz Fux, *DJ* 30/08/2007; REsp 674586/SC, rel. Min. Luiz Fux, *DJ* 02/05/2006; REsp 427569/SP, *DJ* 02/08/2006.

providência que objetiva resguardar a integridade física do preso, afastando-o da promiscuidade com outros detentos comuns.

h) Direito de amamentação das presidiárias

A Constituição Federal assegura às presidiárias condições para que possam permanecer com os seus filhos durante o período de amamentação. Em cumprimento ao mandamento constitucional, a Lei de Execução Penal, no art. 83, § 2º, determina que os estabelecimentos penais femininos sejam dotados de berçário, a fim de que as presas possam amamentar os filhos. A amamentação deve ser feita até os 06 (seis) meses da criança.

O direito à amamentação deve ser requerido na administração do estabelecimento criminal. Uma vez negado, cabe mandado de segurança ao juiz da execução penal, com fundamento na saúde e bem-estar do ser humano.

i) Direito da não autoincriminação[207]

O direito de não autoincriminação (*nemo tenetur se detegere*), decorrente do art. 5º, inciso LXIII, da Constituição da República e art. 8º, § 2º, g, do Pacto de São José da Costa Rica, diante do princípio da presunção de inocência não se pode obrigar que acusados, suspeitos ou testemunhas forneçam base probatória para caracterizar a sua própria culpa[208].

---

[207] O direito de o indiciado permanecer em silêncio, na fase policial, não pode ser relativizado em função do dever-poder do Estado de exercer a investigação criminal. Ainda que formalmente seja consignado, no auto de prisão em flagrante, que o indiciado exerceu o direito de permanecer calado, evidencia ofensa ao direito constitucionalmente assegurado (art. 5º, LXIII) se não lhe foi avisada previamente, por ocasião de diálogo gravado com os policiais, a existência desse direito (HC 244.977-SC, rel. Min. Sebastião Reis Júnior, julgado em 25/9/2012).

[208] *HABEAS CORPUS*. DENÚNCIA. ART. 14 DA LEI N. 6.368/76. REQUERIMENTO, PELA DEFESA, DE PERÍCIA DE CONFRONTO DE VOZ EM GRAVAÇÃO DE ESCUTA TELEFÔNICA. DEFERIMENTO PELO JUIZ. FATO SUPERVENIENTE. PEDIDO DE DESISTÊNCIA PELA PRODUÇÃO DA PROVA INDEFERIDO. 1. O privilégio contra a autoincriminação, garantia constitucional, permite ao paciente o exercício do direito de silêncio, não estando, por essa razão, obrigado a fornecer os padrões vocais necessários a subsidiar prova pericial que entende lhe ser desfavorável. 2. Ordem deferida, em parte, apenas para, confirmando a medida liminar, assegurar ao paciente o exercício do direito de silêncio, do qual deverá ser formalmente advertido e documentado pela autoridade designada para a realização da perícia (HC 83096/RJ, 2ª Turma, rel. Min. Ellen Gracie, *DJ* 12/12/2003).

PRISÃO E LIBERDADE

O direito do investigado ou do acusado de não produzir provas contra si foi positivado pela Constituição Federal (art. 5.º, inciso LXIII). Trata-se da consagração da diretriz fundamental proclamada, desde 1791, pela Quinta Emenda [à Constituição dos Estados Unidos da América], que compõe o *Bill of Rights* norte-americano[209].

Não há como reconhecer a prática do crime de falso testemunho, porquanto é atípica a conduta do depoente que em suas declarações se exime de auto incriminar-se.

A não autoincriminação além de neutralizar os arbítrios contra a dignidade da pessoa humana eventualmente perpetrados pela atividade estatal de persecução penal, protege os acusados ou suspeitos de possíveis violências físicas e morais empregadas pelo agente estatal na coação em cooperar com a investigação criminal[210].

Trata-se de princípio de caráter processual penal, já que intimamente ligado à produção de provas incriminadoras, em que ninguém é obrigado a produzir prova contra si mesmo, ou seja, ninguém pode ser forçado, por qualquer autoridade ou particular, a fornecer involuntariamente qualquer tipo de informação ou declaração que o incrimine, direta ou indiretamente.

A pessoa que figure como indicado ou imputado tem, dentre as várias prerrogativas constitucionais, o direito de permanecer calada, inserido no princípio do devido processo legal. É jurisprudência pacífica no Supremo Tribunal Federal a possibilidade de o investigado ou acusado permanecer em silêncio, evitando-se a autoincriminação. O falso, que afasta a autoincriminação, não caracteriza o delito tipificado no art. 342 do Código Penal[211].

A recusa do acusado, suspeito ou testemunha de responder a pergunta cujas respostas entendam poderem vir a incriminá-los, não pode implicar a prisão. É costume o interessado antes de realizarem o depoimento ajuizarem o *habeas corpus* preventivo para evitar a prisão ante o exercício

---

[209] STF, HC 94.082-MC/RS, Rel. Min. CELSO DE MELLO, DJ de 25/03/2008.

[210] REsp 1677380/RS, Rel. Ministro HERMAN BENJAMIN, SEGUNDA TURMA, julgado em 10/10/2017, DJe 16/10/2017.

[211] O inciso LXIII do artigo 5º da Constituição Federal confere ao acusado o direito à não autoincriminação, permitindo que, por ocasião do interrogatório, cale-se acerca dos fatos criminosos que lhe são imputados, ou ainda, e via de consequência do sistema de garantias constitucionais, negue a autoria delitiva, sem que isso dê ensejo à apenação criminal ou mesmo à valoração negativa pelo magistrado, que poderá, no máximo, desconsiderá-las quando do cotejo com os demais elementos probatórios colacionados (HC 249330/PR, relator: Ministro JORGE MUSSI; T5 - QUINTA TURMA; DJe 25/02/2018).

do direito ao silêncio[212]. O comportamento do réu durante o processo, na tentativa de defender-se, não se presta a agravar-lhe a pena (HC 72.815, 5/9/95, rel. Min. Moreira Alves, *DJ* 6/10/95).

O direito a não autoincriminação também permite ao investigado ou réu se recusar a fornecer qualquer tipo de material, inclusive de seu corpo, para realização de `exames periciais, ressalvadas as hipóteses legalmente previstas, como para fins de identificação criminal (art. 5º, LVIII, da Constituição Federal, regulamentado pela Lei n. 12.037/09), bem como para a formação do banco de dados de perfil genético de condenados por crimes hediondos ou delitos dolosos praticados com violência de natureza grave contra pessoa (art. 9º-A da Lei de Execução Penal, incluído pela Lei n. 12.654/12)[213].

j) Direito à transferência carcerária

O pedido de transferência deve se sujeitar às conveniências pessoais e familiares do preso e, igualmente, às condições do sistema carcerário. O aten-

---

[212] EMENTA: COMISSÃO PARLAMENTAR DE INQUÉRITO – PRIVILÉGIO CONTRA A AUTOINCRIMINAÇÃO – DIREITO QUE ASSISTE A QUALQUER INDICIADO OU TESTEMUNHA – IMPOSSIBILIDADE DE O PODER PÚBLICO IMPOR MEDIDAS RESTRITIVAS A QUEM EXERCE, REGULARMENTE, ESSA PRERROGATIVA – PEDIDO DE *HABEAS CORPUS* DEFERIDO. – O privilégio contra a autoincriminação – que é plenamente invocável perante as Comissões Parlamentares de Inquérito – traduz direito público subjetivo assegurado a qualquer pessoa, que, na condição de testemunha, de indiciado ou de réu, deva prestar depoimento perante órgãos do Poder Legislativo, do Poder Executivo ou do Poder Judiciário. – O exercício do direito de permanecer em silêncio não autoriza os órgãos estatais a dispensarem qualquer tratamento que implique restrição à esfera jurídica daquele que regularmente invocou essa prerrogativa fundamental. Precedentes. O direito ao silêncio – enquanto poder jurídico reconhecido a qualquer pessoa relativamente a perguntas cujas respostas possam incriminá-la (*nemo tenetur se detegere*) – impede, quando concretamente exercido, que aquele que o invocou venha, por tal específica razão, a ser preso, ou ameaçado de prisão, pelos agentes ou pelas autoridades do Estado. – Ninguém pode ser tratado como culpado, qualquer que seja a natureza do ilícito penal cuja prática lhe tenha sido atribuída, sem que exista, a esse respeito, decisão judicial condenatória transitada em julgado. O princípio constitucional da não culpabilidade, em nosso sistema jurídico, consagra uma regra de tratamento que impede o Poder Público de agir e de se comportar, em relação ao suspeito, ao indiciado, ao denunciado ou ao réu, como se estes já houvessem sido condenados definitivamente por sentença do Poder Judiciário. Precedentes (HC 79812/SP – rel. Min. Celso de Mello – 8/11/2000 – Órgão julgador: Tribunal Pleno).

[213] RHC 82748/PI, relator: Ministro FELIX FISCHER; T5 - QUINTA TURMA; DJe 0102/2018.

PRISÃO E LIBERDADE

dimento ao pedido de transferência de estabelecimento prisional depende de decisão judicial (Juízo da Vara das Execuções Penais) fundamentada no interesse da segurança da sociedade.

A transferência do preso para outra unidade da federação depende da decisão de juiz indicado na lei de organização judiciária, ou seja, juiz da unidade federativa onde vai se executar a pena, nos termos do art. 65 da Lei n. 7.210/84.

Ao condenado e ao internado são assegurados todos os direitos não atingidos pela sentença ou pela lei, porém não tem o direito subjetivo de escolher o presídio onde pretende cumprir a pena, situando-se a questão no âmbito do Juízo de conveniência da Administração Penitenciária, sob a direção do Juízo da Vara de Execução.

É sempre preferível que a pessoa processada ou condenada seja custodiada em presídio no local em que reside, inclusive para facilitar o exercício do seu direito à assistência familiar[214], mas, se a sua permanência em presídio local se evidencia impraticável ou inconveniente, em razão dos interesses da administração da justiça criminal, é importante destacar que deve prevalecer ao interesse social da segurança e da própria eficácia da segregação individual.

A princípio, deve ser assegurada ao preso provisório a permanência em Cadeia Pública próxima ao seu meio social e familiar, nos termos do art. 103 da Lei de Execução Penal.

O direito do preso provisório de permanecer em local próximo ao seu meio social e familiar não configura em garantia absoluta, podendo ser afastada quando houver conflitos entre os **direitos do preso** e os interesses da administração da justiça criminal. Dessa forma, constatados os

---

[214] PENA – CUMPRIMENTO – TRANSFERÊNCIA DE PRESO – NATUREZA. Tanto quanto possível, incumbe ao Estado adotar medidas preparatórias ao retorno do condenado ao convívio social. Os valores humanos fulminam os enfoques segregacionistas. A ordem jurídica em vigor consagra o direito do preso de ser transferido para local em que possua raízes, visando a indispensável assistência pelos familiares. Os óbices ao acolhimento do pleito devem ser inafastáveis e exsurgir ao primeiro exame, consideradas as precárias condições do sistema carcerário pátrio. Eficácia do disposto nos artigos 1º e 86 da Lei de Execução Penal – Lei n. 7.210, de 11 de julho de 1984 – HC 71179/PR – rel. Min. Marco Aurélio – 19/04/1994: 2ª Turma – Precedente: *habeas corpus* n. 62.411-DF, julgado na 2ª Turma, relatado pelo Min. Aldir Passarinho, tendo sido o acórdão publicado na *Revista Trimestral de Jurisprudência* n. 113, a p. 1049.

motivos concretos de interesse público, será feita a sua transferência para outro presídio.

A transferência de presos em face da superpopulação carcerária e do estado precário do estabelecimento prisional atende aos princípios da dignidade da pessoa humana e da humanização da pena, bem como os **direitos dos presos** expressamente assegurados em seu art. 5º, inciso XLIX (é assegurado aos presos o respeito à integridade física e moral).

Cabe ressalvar que o *habeas corpus*, instrumento processual de rito especial e célere, de cognição sumária, não é a via adequada para se aferir à necessidade de transferência de preso para outro estabelecimento prisional.

k) Outros direitos

Nos termos do art. 41 da Lei de Execução Penal, são direitos do preso: I – alimentação suficiente e vestuário; II – atribuição de trabalho e sua remuneração; III – previdência social; IV – constituição de pecúlio; V – proporcionalidade na distribuição do tempo para o trabalho, o descanso e a recreação; VI – exercício das atividades profissionais, intelectuais, artísticas e desportivas anteriores, desde que compatíveis com a execução da pena; VII – assistência material, à saúde, jurídica, educacional, social e religiosa; VIII – proteção contra qualquer forma de sensacionalismo; IX – entrevista pessoal e reservada com o advogado; X – visita do cônjuge, da companheira, de parentes e amigos em dias determinados; XI – chamamento nominal; XII – igualdade de tratamento, salvo quanto às exigências da individualização da pena; XIII – audiência especial com o diretor do estabelecimento; XIV – representação e petição a qualquer autoridade em defesa de direito; XV – contato com o mundo exterior por meio de correspondência escrita, da leitura e de outros meios de informação que não comprometam a moral e os bons costumes; XVI – atestado de pena a cumprir, emitido anualmente, sob pena da responsabilidade judiciária competente.

É bem verdade que o art. 41 estabelece um vasto rol onde estão elencados o que se convencionou denominar *direitos do preso*. Quer nos parecer, entretanto, que referido rol é apenas exemplificativo, pois não esgota, em absoluto, os direitos da pessoa, mesmo daquela que se encontra presa, e assim submetida a um conjunto de restrições.

Também em tema de *direitos do preso*, a interpretação que se deve buscar é a mais ampla no sentido de que tudo aquilo que não constitui res-

PRISÃO E LIBERDADE

trição legal decorrente da particular condição do sentenciado permanece como direito seu:

a) Declaração Universal dos Direitos Humanos de 1948: *"Art. IX: Ninguém será arbitrariamente preso, detido ou exilado"*;

b) *Pacto Internacional dos Direitos Civis e Políticos de 1966:* "Art. 9º.1: *Toda pessoa tem direito à liberdade e à segurança pessoais. Ninguém poderá ser objeto de detenção ou prisão arbitrárias. Ninguém poderá ser privado da sua liberdade a não ser por motivo e em conformidade com procedimentos previstos em lei".* "Art. 9º.3: ... *A prisão preventiva de pessoas que aguardam julgamento não deverá constituir regra, mas a libertação delas poderá estar subordinada a garantia que assegurem sua presença em todos os atos do processo penal e, se for o caso, para a execução da sentença"*;

c) Convenção Americana dos Direitos Humanos (Pacto de San José da Costa Rica) de 1969: *"Art. 7.2: Ninguém pode ser privado de sua liberdade física, salvo pelas causas e nas condições previamente fixadas pelas Constituições políticas dos Estados-Partes ou pelas leis de acordo com elas promulgadas". "Art. 7.3: Ninguém pode ser submetido a detenção ou encarceramento arbitrários"*;

d) Estatuto de Roma do Tribunal Penal Internacional: "Art. 55: *Direitos das Pessoas no Decurso do Inquérito. 1. No decurso de um inquérito aberto nos termos do presente Estatuto: (...) d) Nenhuma pessoa poderá ser presa ou detida arbitrariamente, nem ser privada da sua liberdade, salvo pelos motivos previstos no presente Estatuto e em conformidade com os procedimentos nele estabelecidos".*

5. Garantias Constitucionais da Prisão

Dentre as funções da Constituição destaca-se **a função de garantia**, em que a Constituição serve para limitar o poder do Estado através da previsão de direitos e garantias fundamentais.

As garantias constitucionais possuem as seguintes características: a) instrumental (meio destinado a fazer valer direito); b) defesa (oferece proteção aos direitos). Não há uniformidade a respeito das espécies de garantias.

Com base na Constituição de 1988, as garantias fundamentais classificam-se em: a) **gerais**: proíbem abusos de poder e todas as formas de violação aos direitos que asseguram; b) **específicas**: instrumentalizam os direitos fundamentais e fazem prevalecer as garantias fundamentais gerais.

No tema da prisão as garantias constitucionais funcionam como limitações do dever de punir do Estado, como mecanismo garantidor de uma ordem jurídica justa com a proteção de bens jurídicos fundamentais harmoniza a polarização de dois direitos fundamentais: direito de liberdade do imputado e o direito social à segurança manifestado pela necessidade da tutela da coletividade e apresentam caráter vinculante em relação ao Estado, podendo o juiz aplicar as garantias constitucionais mesmo contra as leis. São garantias constitucionais da prisão:

1. **Garantia Específica:** *habeas corpus;*

2. **Garantias Gerais:** a. Não ser preso fora das hipóteses legais; b. Respeitar as imunidades prisionais; c. Ser respeitado em sua integridade física e moral; d. Motivação na decretação da prisão; e. Provisoriedade e vedação de excesso de prazo; f. Comunicação imediata da prisão; g. Ser informado de seus direitos; h. Identificação dos responsáveis pela prisão; i. Amamentação para as presidiárias; j. Relaxamento da prisão ilegal; k. Concessão da liberdade provisória.

Título V – Prisão

2ª Parte – Disposições Gerais da Prisão

1. Regra Geral de Prisão

> *Art. 283 do CPP. Ninguém poderá ser preso senão em flagrante delito ou por ordem escrita e fundamentada da autoridade judiciária competente, em decorrência de sentença condenatória transitada em julgado ou, no curso da investigação ou do processo, em virtude de prisão temporária ou prisão preventiva.*

Na linguagem do Código, a prisão é **providência extrema ou excepcional**, pois só será possível quando houver indeclinável necessidade e base legal. Como observa Grandinetti[215]: *"A liberdade é um direito natural, e a prisão, embora necessária como instrumento de defesa social, uma medida excepcional. Por sua excepcionalidade, para vingar, para ser legítima, deve preencher os requisitos legais de validade. Caso contrário será inócua para constranger a liberdade individual"*.

A norma processual penal em questão (artigo 283 do CPP) prescreve que na atual sistemática processual penal há duas espécies básicas de pri-

---

[215] CARVALHO, Luis Gustavo Grandinetti de. *O processo penal em face da Constituição*. Rio de Janeiro: Forense, 1992, p. 87.

são: **penal**, decorrente de uma sentença condenatória transitada em julgado, e outra **processual ou cautelar ou provisória**, decretada no curso da investigação ou processo criminal.

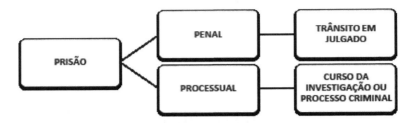

Nem toda decretação da prisão depende de mandado judicial, ou seja, de uma ordem escrita e fundamentada da autoridade judiciária competente.

Em algumas hipóteses é **dispensável mandado judicial**: a) prisão em flagrante; b) prisão durante o estado de sítio; c) prisão durante o estado de defesa[216]: existem dois casos: 1) por crime contra o Estado, determinada pelo executor da medida, comunicada imediatamente ao juiz competente, acompanhada de declaração, pela autoridade, do estado físico e mental do detido no momento de sua autuação; 2) por outros motivos que não o crime contra o Estado, não podendo ser superior a dez dias, salvo quando autorizada pelo Poder Judiciário; d) prisão disciplinar: aplicável em dois casos: 1) transgressões militares, cujo permissivo legal está nos arts. 5º, inciso LXI, e 142, § 2º, da Constituição Federal e 18 da Lei n. 1.002/69; 2) crimes militares próprios; e) recaptura do foragido.

---

[216] Art. 136, § 3º, CF: Na vigência do estado de defesa: I – a prisão por crime contra o Estado, determinada pelo executor da medida, será por este comunicada imediatamente ao juiz competente, que a relaxará, se não for legal, facultado ao preso requerer exame de corpo de delito à autoridade policial; II – a comunicação será acompanhada de declaração, pela autoridade, do estado físico e mental do detido no momento de sua autuação; III – a prisão ou detenção de qualquer pessoa não poderá ser superior a dez dias, salvo quando autorizada pelo Poder Judiciário; IV – é vedada a incomunicabilidade do preso.

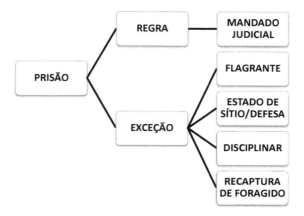

2. Momento da Prisão

Art. 283, § 2º, do CPP. A prisão poderá ser efetuada em qualquer dia e a qualquer hora, respeitadas as restrições relativas à inviolabilidade do domicílio.

A prisão poderá ser efetuada em qualquer dia e a qualquer hora, nos termos do § 2º do art. 283 do Código de Processo Penal, respeitadas as seguintes restrições: a) relativas à inviolabilidade do domicílio, nos termos do art. 5º, inciso XI, da CF; b) relativas à imunidade eleitoral, nos termos do art. 236 c/c com o art. 298, ambos do Código Eleitoral.

2.1. Imunidade Prisional Eleitoral

Art. 236 do código eleitoral. Nenhuma autoridade poderá, desde 05 (cinco) dias antes e até 48 (quarenta e oito) horas depois do encerramento da eleição, prender ou deter qualquer eleitor, salvo em flagrante delito ou em virtude de sentença criminal condenatória por crime inafiançável, ou, ainda, por desrespeito a salvo-conduto. § 1º os membros das mesas receptoras e os fiscais de partido, durante o exercício de suas funções, não poderão ser detidos ou presos, salvo o caso de flagrante delito; da mesma garantia gozarão os candidatos desde 15 (quinze) dias antes da eleição. § 2º ocorrendo qualquer prisão o preso será imediatamente conduzido à presença do juiz competente que, se verificar a ilegalidade da detenção, a relaxará e promoverá a responsabilidade do coator. Art. 298 do código eleitoral. prender ou deter eleitor, membro de mesa receptora, fiscal, delegado de partido ou candidato, com violação do disposto no art. 236. pena – reclusão até quatro anos.

As hipóteses excepcionais de cabimento da prisão admitida no período eleitoral estão referidas no art. 236 do Código Eleitoral, em homenagem à garantia eleitoral de que ninguém poderá impedir ou atrapalhar o direito do cidadão de votar.

A prisão ou detenção do eleitor, membro da mesa receptora, fiscal, delegado de partido ou candidato, com violação ao disposto no art. 236 do Código Eleitoral, atinge a liberdade de votação, configurando o crime previsto no art. 298 do mesmo Diploma legal.

O **primeiro caso** é a prisão em flagrante cujas situações configuradoras estão previstas no art. 302, incisos I a IV, do Código de Processo Penal[217].

No caso de crime permanente, em que a consumação se prolonga no tempo, como no caso de sequestro, a situação antijurídica perdura por vontade do próprio agente. Enquanto a situação ilícita se prolonga no tempo há situação de flagrante delito.

O **segundo caso** é quando há sentença condenatória por crime inafiançável. Não é exigido que a sentença tivesse transitado em julgado, bastando que na sentença não tenha sido reconhecido o direito de o acusado aguardar em liberdade o julgamento do apelo.

O **terceiro caso** é o desrespeito a salvo-conduto, cuja finalidade é garantir que o eleitor não sofra qualquer espécie de coação ou constrangimento quando está se dirigindo à sua seção de votação, enquanto vota e após ter votado.

No art. 235, o Código Eleitoral autoriza ao Juiz Eleitoral ou ao Presidente da mesa receptora de votos expedir salvo-conduto – com cominação de prisão de até 5 dias em caso de desobediência – em favor de eleitor que sofrer violência, moral ou física, na liberdade de votar, ou pelo fato de ter votado. O salvo-conduto é válido das 72h anteriores ao início da votação até 48h depois do seu encerramento.

---

[217] Art. 302. Considera-se em flagrante delito quem: I - está cometendo a infração penal; II - acaba de cometê-la; III - é perseguido, logo após, pela autoridade, pelo ofendido ou por qualquer pessoa, em situação que faça presumir ser autor da infração; IV - é encontrado, logo depois, com instrumentos, armas, objetos ou papéis que façam presumir ser ele autor da infração.

PRISÃO

Na análise do art. 236 do Código Eleitoral é importante ressaltar que a proibição prisional atinge eleitor, que é o brasileiro maior de 18 anos, que se alistou na forma da lei. O alistamento se faz mediante a qualificação e inscrição da pessoa como eleitor perante justiça eleitoral.

Dessa forma, é possível no período eleitoral a prisão de indivíduo que não se alistou como eleitor, como no caso dos conscritos[218] ou daqueles que estão com o seu alistamento eleitoral cancelado.

No que pertine aos **membros da mesa receptora de votos, fiscais de partidos ou coligações e candidatos,** tais não podem ser presos salvo em caso de flagrante delito, enquanto estiverem no efetivo exercício de suas funções. Fora delas, a situação equipara-se a de um eleitor comum, aplicando-se a regra contida no *caput* do art. 236 do Código Eleitoral.

Os **candidatos a cargos eletivos** não podem ser presos desde 15 dias antes da data prevista para as eleições, à exceção da hipótese de flagrante delito.

Em consequência do que foi exposto, estão vedadas as prisões temporárias; prisões preventivas; prisão do devedor de alimentos, **no seu cumprimento, mas é possível na sua decretação.** Conforme acentua Marcos Ramayana[219]: *"O Juiz Eleitoral ou criminal poderá decretar a prisão temporária ou preventiva, mas o cumprimento fica postergado até o término do prazo de 48 (quarenta e oito horas) após eleição".*

Parte da doutrina entende que o artigo 236 do Código Eleitoral viola o princípio da isonomia[220], ou que não foi recepcionado pela Constituição Federal.

---

[218] Conscritos são aqueles que prestam o serviço militar obrigatório, abrangendo, inclusive, aluno de órgão de formação da reserva, médicos, dentistas, farmacêuticos e veterinários que prestam serviço militar obrigatório a teor da Lei n. 5.292/67. Também aos que prestam serviço militar na condição de prorrogação de engajamento incidem restrições da Constituição Federal, com base no art. 14, § 2ª (Resolução TSE n. 15.850, rel. Min. Roberto Rosas) (MORAES, Alexandre. *Constituição do Brasil interpretada e legislação constitucional.* São Paulo: Atlas, 2004, p. 541-542).

[219] RAMAYANA, Marcos. *Código Eleitoral comentado.* Rio de Janeiro: Roma Victor, 2005, p. 353.

[220] "Deve o Direito ser interpretado inteligentemente: não de modo que a ordem legal envolva um absurdo, prescreva inconveniências, vá ter a conclusões inconsistentes ou impossíveis".

2.2. Imunidade prisional em domicílio

> Art. 5º da CF. Todos são iguais perante a lei, sem distinção de qualquer natureza, garantindo-se aos brasileiros e aos estrangeiros residentes no País a inviolabilidade do direito à vida, à liberdade, à igualdade, à segurança e à propriedade, nos termos seguintes: (...) XI – a casa é asilo inviolável do indivíduo, ninguém nela podendo penetrar sem consentimento do morador, salvo em caso de flagrante delito ou desastre, ou para prestar socorro, ou, durante o dia, por determinação judicial.

Conforme entendimento do Supremo Tribunal Federal, a expressão "domicílio" é todo local, delimitado e separado, que alguém ocupa com direito exclusivo e próprio, a qualquer título. O conceito normativo de casa revela-se abrangente, compreendendo até mesmo o local onde se exerce a profissão ou a atividade, desde que constitua um ambiente de acesso restrito ao público, como é o caso típico dos escritórios profissionais.

Dessa forma, o conceito de casa, para os fins da proteção jurídico--constitucional a que se refere o art. 5º, inciso XI, da Constituição Federal reveste-se de caráter amplo, pois compreende: a) qualquer compartimento habitado, b) qualquer aposento ocupado de habitação coletiva e c) qualquer compartimento não aberto ao público, onde alguém exerce profissão ou atividade. Nesse sentido, da noção de casa fazem parte ideias de âmbito espacial, direito de exclusividade em relação a todos, direito à privacidade e à não intromissão[221].

O conceito amplo de "casa", compatível com a exigência constitucional de proteção à esfera de liberdade individual e de privacidade pessoal[222], é protegido pelo princípio constitucional da inviolabilidade domiciliar (CF, art. 5º, XI), de forma que ninguém pode invadir domicílio alheio sem a prévia e necessária existência de ordem judicial, ressalvada a ocorrência das demais exceções constitucionais.

Cabe ressalvar que constitui crime de abuso de autoridade qualquer atentado à inviolabilidade do domicílio, nos termos do artigo 22 da Lei

---

[221] CARVALHO, Kildare Gonçalves. *Direito constitucional*. 10. ed. Belo Horizonte: Del Rey, 2004, p. 386.

[222] (STF – Decisão proferida em Suspensão de Segurança n. 1.203/DF – rel. Min. Celso de Melo) *DJU* de 15/9/97, p. 44222.

nº13.869/19[223], para quem Invadir ou adentrar, clandestina ou astuciosamente, ou à revelia da vontade do ocupante, imóvel alheio ou suas dependências, ou nele permanecer nas mesmas condições, sem determinação judicial ou fora das condições estabelecidas em lei, terá uma pena de detenção, de 1 (um) a 4 (quatro) anos, e multa.

A mesma pena será imposta para quem: a) coage alguém, mediante violência ou grave ameaça, a franquear-lhe o acesso a imóvel ou suas dependências; b) cumpre mandado de busca e apreensão domiciliar após as 21h (vinte e uma horas), ou antes, das 5h (cinco horas). Não haverá crime se o ingresso for para prestar socorro, ou quando houver fundados indícios que indiquem a necessidade do ingresso em razão de situação de flagrante delito ou de desastre.

Para esclarecimento, dia é considerado o período entre as 6h da manhã às 18h, sendo que há outros entendimentos quanto ao período do dia e da noite: a) é o período do alvorecer ao anoitecer (Guilherme Nucci); b) é o período da aurora ao crepúsculo (José Celso de Mello Filho).

A prisão em domicílio com o consentimento do morador pode ser feita em qualquer dia e horário. A prisão em domicílio sem o consentimento do morador e sem ordem judicial pode ser feita em qualquer dia e horário, desde que haja situação de flagrante delito, desastre ou para prestar socorro.

A respeito do flagrante, diverge a doutrina a respeito de sua espécie: a) para alguns, pode ser qualquer modalidade de flagrante, pois se a Constituição Federal não restringe, não é dado ao intérprete restringir; b) para outros, só na modalidade própria, em que o agente é surpreendido quando está cometendo ou acaba de cometer a infração penal.

A prisão em domicílio sem o consentimento do morador e com ordem judicial só pode ocorrer durante o dia. O executor do mandado intima o morador a entregar o infrator. Se não for obedecido imediatamente, o executor convocará duas testemunhas e, sendo dia, entrará à força na casa, arrombando as portas, se preciso.

Se o morador não deixar a autoridade entrar no domicílio ou não oferecer resistência, quando a autoridade entrar à força, o morador não estará cometendo o delito de *resistência*. Se o morador realizar oposição ativa,

---

[223] Art. 45. Esta Lei entra em vigor após decorridos 120 (cento e vinte) dias de sua publicação oficial (5/09/2019).

por meio de violência ou ameaça à autoridade quando esta adentrar na residência praticará o delito de *resistência*. Não é necessário para a consumação do delito que o morador consiga obstar a execução da ordem pela autoridade competente[224].

Quanto à *desobediência*, o delito já estará consumado antes mesmo do momento da entrada forçada da autoridade. O crime de desobediência representa uma resistência passiva ou, quando comissiva, desacompanhada de violência ou grave ameaça[225].

O crime de favorecimento pessoal pode ficar caracterizado se presentes os requisitos de sua configuração legal: 1) o asilado ter cometido delito anterior apenado com reclusão, do qual o morador não teve participação alguma; 2) não ocorrência da extinção da punibilidade do delito; 3) morador deve saber que o auxiliado é autor de crime e o auxílio visarem à subtração à ação da autoridade; 4) não pode o agente de o favorecimento pessoal ser ascendente, descendente, cônjuge ou irmão do criminoso favorecido.

Como vimos acima, a prisão em domicílio, sem o consentimento do morador e com ordem judicial, só pode ocorrer durante o dia[226].

---

[224] Não há crime de resistência (art. 329 do Código Penal), sem violência ou ameaça a funcionário público competente a execução de ato legal, ou a quem lhe esteja prestando auxílio (HC 59449/RJ – *HABEAS CORPUS* – rel. Min. Firmino Paz – j. 23/03/1982 – 2ª Turma do STF); Cuidando-se de mandado judicial formalmente perfeito, lavrado a pedido da parte legitimada a tanto e entregue para cumprimento a funcionário competente, somente seria viável oposição a ordem "se clara e inconteste a ilegitimidade ou arbitrariedade nele contida" (REsp 52392/SP; RECURSO ESPECIAL 1994/0024336-7 – rel. Min. Anselmo Santiago (1100) – j. 01/10/1996 – 6ª Turma do STJ).

[225] No delito de desobediência, o bem jurídico tutelado é o prestígio e a dignidade da Administração, representada pelo funcionário que age em seu nome. É a defesa do princípio da autoridade que não deve ser ofendido (*RT* 378/308).

[226] Conforme o art. 5º, XI, da Constituição – afora as exceções nele taxativamente previstas (em caso de flagrante delito ou desastre, ou para prestar socorro) só a determinação judicial autoriza, e durante o dia, a entrada de alguém – autoridade ou não – no domicílio de outrem, sem o consentimento do morador. Em consequência, o poder fiscalizador da administração tributária perdeu, em favor do reforço da garantia constitucional do domicílio, a prerrogativa da autoexecutoriedade. Daí não se extrai, de logo, a inconstitucionalidade superveniente ou a revogação dos preceitos infraconstitucionais de regimes precedentes que autorizam a agentes fiscais de tributos a proceder à busca domiciliar e à apreensão de papéis; essa legislação, contudo, que, sob a Carta precedente, continha em si a autorização à entrada forçada no domicílio do contribuinte, reduz-se, sob a Constituição vigente, a uma simples norma de competência para, uma vez no interior da dependência domiciliar, efetivar as diligências legalmente permitidas: o ingresso, porém, sempre que necessário vencer a oposição

Porém se for durante a noite, o executor da ordem intima o morador; se o executor não for atendido, fará guardar todas as saídas, tornando a casa incomunicável, e, logo que amanheça, arrombará as portas e efetuará a prisão.

Cabe ressalvar que impedir a entrada da polícia à noite, em domicílio, não é crime, constituindo exercício regular do direito. Não pode o executor

do morador, passou a depender de autorização judicial prévia. Mas é um dado elementar da incidência da garantia constitucional do domicílio o não consentimento do morador ao questionado ingresso de terceiro: malgrado a ausência da autorização judicial, só a entrada *invito domino* a ofende, seja o dissenso presumido, tácito ou expresso, seja a penetração ou a indevida permanência, clandestina, astuciosa ou franca. HC 79512/RJ – *HABEAS CORPUS* – rel. Min. Sepúlveda Pertence – j. 16/12/1999 – Órgão Julgador: Tribunal Pleno; Sem que ocorra qualquer das situações excepcionais taxativamente previstas no texto constitucional (art. 5º, XI), nenhum agente público poderá, contra a vontade de quem de direito (*invito domino*), ingressar, durante o dia, sem mandado judicial, em aposento ocupado de habitação coletiva, sob pena de a prova resultante dessa diligência de busca e apreensão reputar-se inadmissível, porque impregnada de ilicitude originária. Doutrina. Precedentes (STF) (RHC 90.376, rel. Min. Celso de Mello, j. 3/4/2007, *DJ* de 18/5/2007); Sem que ocorra qualquer das situações excepcionais taxativamente previstas no texto constitucional (art. 5º, XI), nenhum agente público, ainda que vinculado à administração tributária do Estado, poderá, contra a vontade de quem de direito (*invito domino*), ingressar, durante o dia, sem mandado judicial, em espaço privado não aberto ao público, onde alguém exerce sua atividade profissional, sob pena de a prova resultante da diligência de busca e apreensão assim executada reputar-se inadmissível, porque impregnada de ilicitude material. O atributo da autoexecutoriedade dos atos administrativos, que traduz expressão concretizadora do *privilège du préalable*, não prevalece sobre a garantia constitucional da inviolabilidade domiciliar, ainda que se cuide de atividade exercida pelo Poder Público em sede de fiscalização tributária. Doutrina. Precedentes (HC 82.788, rel. Min. Celso de Mello, j. 12/4/05, *DJ* de 2/6/2006); Não são absolutos os poderes de que se acham investidos os órgãos e agentes da administração tributária, pois o Estado, em tema de tributação, inclusive em matéria de fiscalização tributária, está sujeito à observância de um complexo de direitos e prerrogativas que assistem, constitucionalmente, aos contribuintes e aos cidadãos em geral. Na realidade, os poderes do Estado encontram, nos direitos e garantias individuais, limites intransponíveis cujo desrespeito pode caracterizar ilícito constitucional. – A administração tributária, por isso mesmo, embora podendo muito, não pode tudo. É que, ao Estado, é somente lícito atuar, 'respeitados os direitos individuais e nos termos da lei' (CF, art. 145, § 1º), consideradas, sobretudo, e para esse específico efeito, as limitações jurídicas decorrentes do próprio sistema instituído pela Lei Fundamental, cuja eficácia – que prepondera sobre todos os órgãos e agentes fazendários – restringe-lhes o alcance do poder de que se acham investidos, especialmente quando exercido em face do contribuinte e dos cidadãos da República, que são titulares de garantias impregnadas de estatura constitucional e que, por tal razão, não podem ser transgredidas por aqueles que exercem a autoridade em nome do Estado (STF – HC 82788/RJ – rel. Min. Celso de Mello – 2ª Turma – *DJU* 02/06/2006, p. 43).

adentrar à força na residência, sob pena de cometer abuso de autoridade. Se o executor entrar à força e o morador resistir, este não comete crime algum, agindo no exercício regular do direito de defesa do seu domicílio.

No caso de a autoridade adentrar de forma ilegal, sem obedecer ao disposto no art. 293 do Código de Processo Penal, estará cometendo o crime de abuso de autoridade consistente em "Invadir ou adentrar, clandestina ou astuciosamente, ou à revelia da vontade do ocupante, imóvel alheio ou suas dependências, ou nele permanecer nas mesmas condições, sem determinação judicial ou fora das condições estabelecidas em lei, com pena de detenção, de 1 (um) a 4 (quatro) anos, e multa (artigo 22 da lei nº13.869/19[227]).

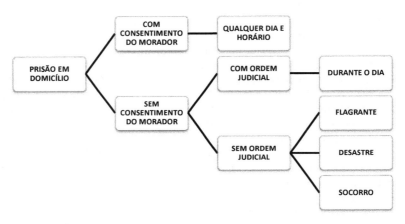

3. Emprego da Força

> *Art. 284 do CPP. Não será permitido o emprego de força, salvo a indispensável no caso de resistência ou de tentativa de fuga do preso.*

A regra prevista no art. 284 do Código de Processo Penal é a da não permissão do emprego da força, somente ocorrendo se indispensável nos casos legais e taxativos, quais sejam resistência e tentativa de fuga do preso, que colocam em conflito o direito, a dignidade, a incolumidade física do preso e a segurança da sociedade.

---

[227] Art. 45. Esta Lei entra em vigor após decorridos 120 (cento e vinte) dias de sua publicação oficial (5/09/2019).

O uso da força fora dos casos legais gera abuso de autoridade, pois o desrespeito na execução da medida privativa de liberdade individual implica uma conduta atentória a um dos direitos fundamentais do homem e, por consequência, o exercício funcional irregular e ilícito do responsável pela supressão da liberdade ambulatória[228].

É importante ressalvar que, além do abuso de autoridade, o executor da prisão pode responder pelo crime correspondente à violência utilizada contra a pessoa, quer seja moral, consubstanciada na grave ameaça, ou física, consistente no emprego de força bruta.

Se a efetivação da prisão com emprego de força nos exatos termos da lei gerar dano ao preso, a autoridade executora poderá alegar estrito cumprimento do dever legal, salvo se ocorrer morte do procurado.

A força usada para efetivação da prisão para ser legítima deve preencher os seguintes requisitos:

a) necessidade: o executor deve usar apenas a força indispensável (eficaz e suficiente) para conter tentativa de fuga ou resistência;

b) proporcionalidade: o meio coercitivo usado deve ser moderado, ou seja, a escolha do meio e o seu uso deve ser compatível com a situação concreta para vencer a resistência ou impedir a tentativa de fuga, privilegiando a menor carga ofensiva possível. Como observa Guilherme Nucci[229]: "*Não há cálculo preciso no uso dos meios necessários, sendo indiscutivelmente fora de propósito pretender construir uma relação perfeita entre ataque e defesa;*

c) adequação: o uso da força deve ter como finalidade a prevista na lei, ou seja, para a defesa ou para vencer resistência ou para evitar fuga; a busca teleológica representa além de harmonia com o sistema jurídico a ponderação regular da medida.

---

[228] Assim, responde por abuso de autoridade o policial que, pretexto injustificado, detém alguém mediante emprego de força física e agressões, máxime porque, embora possa o agente da lei, nas hipóteses legais, suprimir a liberdade do cidadão, impõe-se o respeito à incolumidade física e às condições primárias de vida do detido (*JUTACRIM* 44/425); Não há que se falar em abuso de autoridade, se o agente do poder, no exercício de suas funções, se vê obrigado ao emprego de força e a usa moderadamente (*RT* 601/348) ; Mas, se excede os justos limites, resultando vexames e restrições às liberdades dos indiciados e suspeitos, que poderiam ser evitados, quem a isso der causa deve ser responsabilizado civil e criminalmente (*JUTACRIM* 92/127).

[229] NUCCI, Guilherme de Souza. *Manual de processo penal e execução penal*. São Paulo: Revista dos Tribunais, 2011, p. 249.

4. Resistência à Prisão

Art. 291 do CPP. A prisão em virtude de mandado entender-se-á feita desde que o executor, fazendo-se conhecer do réu, lhe apresente o mandado e o intime a acompanhá-lo. Art. 292 do CPP. Se houver, ainda que por parte de terceiros, resistência à prisão em flagrante ou à determinada por autoridade competente, o executor e as pessoas que o auxiliarem poderão usar dos meios necessários para defender-se ou para vencer a resistência, do que tudo se lavrará auto subscrito também por duas testemunhas. Art. 293 do CPP. Se o executor do mandado verificar, com segurança, que o réu entrou ou se encontra em alguma casa, o morador será intimado a entregá-lo, à vista da ordem de prisão. Se não for obedecido imediatamente, o executor convocará duas testemunhas e, sendo dia, entrará à força na casa, arrombando as portas, se preciso; sendo noite, o executor, depois da intimação ao morador, se não for atendido, fará guardar todas as saídas, tornando a casa incomunicável, e, logo que amanheça, arrombará as portas e efetuará a prisão. Parágrafo único. O morador que se recusar a entregar o réu oculto em sua casa será levado à presença da autoridade, para que se proceda contra ele como for de direito. Art. 294 do CPP. No caso de prisão em flagrante, observar-se-á o disposto no artigo anterior, no que for aplicável.

Resistência é a oposição ou a não aceitação da execução de uma prisão legal. O art. 292 do Código de Processo Penal assegura a possibilidade do uso da força para conter a resistência. A lei processual penal exige que o combate deva preencher as seguintes características:

a) **proporcionalidade**: deve ser empregada a força suficiente para que se cumpra a ordem de prisão;

b) **legalidade**: a ordem de prisão a ser resistida deve ser legal, ou seja, ordenada por autoridade competente, no tempo, do modo e com as cautelas determinadas por lei;

c) **necessidade:** o uso da força será justificado somente para vencer a resistência e evitar a fuga;

d) **atualidade**: a resistência tem que ser atual ou iminente para não configurar descabida vingança e, por consequência, o crime de exercício arbitrário das próprias razões previsto no art. 345 do Código Penal.

Cabe ressalvar que resistência ativa à prisão configura crime, nos termos do art. 329 do Código Penal – "Opor-se à execução de ato legal, mediante violência ou ameaça a funcionário competente para executá-lo ou a quem lhe esteja prestando auxílio".

Se a pessoa que será presa empregar violência ou grave ameaça na resistência, o crime será de resistência; se houver uma resistência passiva, desacompanhada de força física ou coação moral, será o crime de desobediência, nos termos do art. 330 do Código Penal – "Desobedecer à ordem legal de funcionário público".

A fuga diante da ordem de prisão é impulso de liberdade, não configurando crime de desobediência. O particular que auxilia a autoridade competente na execução da prisão pode usar da força necessária para conter a resistência da prisão. Caso tenha ocorrido resistência à prisão, a autoridade executora da ordem de prisão deve lavrar um auto de resistência, com esclarecimentos do ocorrido.

5. Uso de Algemas

O uso de algemas não é disciplinado no Código de Processo Penal, salvo na parte referente ao Tribunal do Júri, nos termos do art. 474, § 3º, do CPP, que dispõe que *"não se permitirá o uso de algemas no acusado durante o período em que permanecer no plenário do júri, salvo se absolutamente necessário à ordem dos trabalhos, à segurança das testemunhas ou à garantia da integridade física dos presentes"*.

Desta forma, o uso de algemas durante a realização da audiência ou sessão de julgamento tem que ter a necessidade demonstrada em situações nas quais se vislumbre risco para a segurança do próprio acusado e das demais pessoas presentes no recinto, como por exemplo, número reduzido de policiais responsáveis pela segurança do local, além do elevado número de audiências a serem realizadas no Fórum e o grande número de pessoas presentes no Plenário. Se houver fundamentação adequada para justificar a necessidade do uso de algemas, não há que se falar em nulidade, especialmente diante da falta de demonstração de qualquer prejuízo sofrido pelo acusado em decorrência de tal procedimento

PRISÃO E LIBERDADE

Na Lei de Execução Penal, o art. 199 determina que o emprego de algemas seja disciplinado por decreto federal (o referido decreto não existe para regular a matéria). De acordo com as regras internacionais, é vedado o emprego de algema como forma de sanção ou punição, para fim de constrangimento ou antecipação da pena, já que representa uso abusivo e vexatório em desrespeito à dignidade da pessoa humana.

No Código de Processo Militar, é permitido o uso de algema quando houver perigo de fuga ou agressão da parte do preso, nos termos do art. 234, § 1º. No mesmo diploma legal há proibição do uso de algemas para os que gozam de prisão especial.

No Estado de São Paulo vige o Decreto n. 19.903, de 30-10-1950, o qual orienta os policiais no uso de algemas nas hipóteses de tentativa de fuga ou resistência à prisão com violência, exigindo que as ocorrências dessa espécie sejam registradas em livros nas repartições policiais: *"Art. 1º O emprego de algemas far-se-á na Polícia do Estado, de regra, nas seguintes diligências: 1º – Condução à presença da autoridade dos delinquentes detidos em flagrante, em virtude de pronúncia ou nos demais casos previstos em lei, desde que ofereçam resistência ou tentem a fuga; 2º – Condução à presença da autoridade dos ébrios, viciosos e turbulentos, recolhidos na prática de infração e que devam ser postos em custódia, nos termos do Regulamento Policial do Estado, desde que o seu estado externo de exaltação torne indispensável o emprego de força; 3º – Transporte, de uma para outra dependência, ou remoção, de um para outro presídio, dos presos que, pela sua conhecida periculosidade, possam tentar a fuga, durante a diligência, ou a tenham tentado, ou oferecido resistência quando de sua detenção".*

As algemas devem ser utilizadas para: 1) mobilização e neutralização do delinquente; 2) garantir a segurança do executor da prisão e de terceiros; 3) prevenir, dificultar ou impedir a fuga ou reação indevida do preso; 4) garantir a integridade física e moral do executor e dos eventuais auxiliares na efetivação da medida; 5) manter a ordem para evitar reação ou inaceitação das providências de segurança.

É proibido o uso indiscriminado de algemas, em que há ostensiva e excessiva exposição pública dos detidos, com intenção de constranger, emprego desnecessário, em desrespeito aos direitos fundamentais, aplicação em pessoas inofensivas nos casos de não oferecerem risco potencial social ou periculosidade ou abuso com finalidades sensacionalistas[230].

---

[230] Penal. Réu. Uso de algemas. Avaliação da necessidade. A imposição do uso de algemas ao réu, por constituir afetação aos princípios de respeito à integridade física e moral do cidadão, deve ser aferida de modo cauteloso e diante de elementos concretos que demonstrem a peri-

PRISÃO

Se o uso das algemas for feito pela autoridade pública e seus agentes, o fundamento da utilização é o poder de polícia. Se for caso de flagrante facultativo, o fundamento é autodefesa da sociedade.

O uso de algemas depende da existência de elementos concretos que demonstrem a periculosidade da pessoa; se a pessoa não apresenta risco, o uso é desnecessário, devendo ser usada com medida extrema, quando necessária ao interesse social, respeitando, em última análise, a dignidade da pessoa humana. O emprego de algemas, quando desnecessária a força, pode caracterizar tortura, senão física e psíquica, como também desrespeito à integridade moral do preso ou conduzido[231].

A manutenção do réu algemado à presença do juiz é tema controvertido, com os seguintes posicionamentos:

---

culosidade do acusado. Recurso provido (Recurso Ordinário em *Habeas Corpus* n. 5.663-SP, STJ, rel. Min. William Patterson, 6ª Turma, j. em 19/08/96, *DJU*, de 23/09/96).

[231] No tocante à necessidade ou não do uso de algemas, aduziu-se que esta matéria não é tratada, específica e expressamente, nos Código Penal e de Processo Penal vigente. Entretanto, salientou-se que a Lei de Execução Penal (art. 199) determina que o emprego de algema seja regulamentado por decreto federal, o que ainda não ocorreu. Afirmou-se que, não obstante a omissão legislativa, a utilização de algemas não pode ser arbitrária, uma vez que a forma juridicamente válida do seu uso pode ser inferida a partir da interpretação dos princípios jurídicos vigentes, especialmente o princípio da proporcionalidade e o da razoabilidade. Citaram-se, ainda, algumas normas que sinalizam hipóteses em que aquela poderá ser usada (CPP, arts. 284 e 292; CF, art. 5º, incisos III, parte final, e X; as regras jurídicas que tratam de prisioneiros adotados pela ONU, n. 33; o Pacto de San José da Costa Rica, art. 5º, 2. **Entendeu-se, pois, que a prisão não é espetáculo e que o uso legítimo de algemas não é arbitrário, sendo de natureza excepcional e que deve ser adotado nos casos e com as finalidades seguintes: a) para impedir, prevenir ou dificultar a fuga ou reação indevida do preso, desde que haja fundada suspeita ou justificado receio de que tanto venha a ocorrer; b) para evitar agressão do preso contra os próprios policiais, contra terceiros ou contra si mesmo (HC 89429/RO, rel. Min. Cármen Lúcia, 22/8/2006);** Há constrangimento ilegal, no uso de algemas, quando as condições do réu não oferecem situação de efetiva periculosidade, estando escoltado, existindo policiais fazendo o serviço de revista nas demais pessoas que ingressam no local do julgamento, não se constatando qualquer animosidade por parte do público, inclusive havendo possibilidade de ser requisitado reforço policial. A repercussão do fato e a comoção da comunidade, em si mesmas, não se constituem motivos para a utilização de algemas, medida excepcional e drástica, e que pode ofender a dignidade da pessoa humana, e até interferir, negativamente, na concepção dos jurados, no momento que decidir **(HC n. 70001561562 – 1ª Câm. Crim. – Dom Pedrito – Tribunal de Justiça – RO – setembro/2001).**

1) a manutenção não é constrangimento ilegal, pois incumbe ao juiz prover a regularidade do processo e manter a ordem no curso dos atos processuais, nos termos do art. 251 do Código de Processo Penal;

2) o uso de algemas deve ser usado quando houver a necessidade de garantir a efetividade da operação e segurança de todos os envolvidos, por constituir afetação aos princípios de respeito à integridade física e moral do cidadão (*"Não configura constrangimento ilegal a manutenção do réu algemado durante a Sessão Plenária do Tribunal do Júri se esta medida for necessária ao bom andamento e segurança do julgamento, bem como das pessoas que nele intervêm – RT 675/371-374)*[232];

3) é constrangimento ilegal, pois viola a presunção de inocência.

Por unanimidade, os ministros do STF decidiram editar uma súmula determinando que o uso de algemas deva ser uma exceção nas prisões e durante o julgamento[233], ou seja, que as algemas devem ser usadas apenas em caráter de excepcionalidade, urgência ou periculosidade. No dia 13 de agosto de 2008 foi aprovada pelo STF a súmula vinculante estabelecendo o uso de algemas apenas em casos excepcionais: *"Só é lícito o uso de algemas em casos de resistência e de fundado receio de fuga ou de perigo à integridade física própria ou alheia, por parte do preso ou de terceiros, justificada a excepcionalidade por escrito, sob pena de responsabilidade disciplinar, civil e penal do agente ou da autoridade e de nulidade da prisão ou do ato processual a que se refere, sem prejuízo da responsabilidade civil do Estado".*

De acordo com o texto da referida súmula é possível estabelecer os seguintes requisitos para o uso de algemas durante julgamentos e para detenção e condução dos presos pela polícia:

a) motivo: é necessária a existência de uma situação que justifique a utilização da algema, pois só será lícito o uso de algemas em casos justificados;

---

[232] Em relação ao uso de algemas durante a audiência, é consabido que pode ser determinado pelo magistrado quando presentes concretos riscos à segurança do acusado ou das pessoas presentes ao ato (HC 148640/SP – rel. Min. Sebastião Reis Junior – 6ª Turma – STJ – *Dje* 17/9/2012); O uso de algemas durante a audiência de instrução e julgamento encontra-se devidamente fundamentado, tendo as instâncias ordinárias apontadas elementos concretos que demonstraram a real necessidade dessa providência para garantir a segurança na realização do ato, considerando, sobretudo, o perfil violento do menor (HC 168874 – rel. Min. Laurita Vaz – 5ª Turma – STJ – *Dje* 5/4/2012).

[233] "O ministro Carlos Ayres Britto chegou a comparar o uso de algemas em julgamentos como a apresentação de um troféu de caça". Quando algemado, o preso parece um troféu, produto de uma caça abatida sob ferros – *O Estado de S. Paulo* – 7/8/08.

b) motivação: a justificativa do uso de algema deve ser descrita ou explicitada por escrito; Havendo motivação adequada, concreta e suficiente para manter algemado o acusado, não há falar em nulidade do ato processual. Desta forma, **não há nulidade processual na recusa do juiz em retirar as** algemas **do acusado durante a audiência de instrução e julgamento, desde que devidamente justificada a negativa**, nos termos do informativo nº 506/2012;

c) necessidade: o uso de algema só é justificado quando houver risco de fuga, quando colocar em risco a integridade física própria ou de outras pessoas ou de resistência. Na verdade, é possível afirmar que os casos contidos na súmula não representam um descomedimento sancionatório, mas, sim, meios que guardam proporção com o objetivo da imposição, que é o de respeitar a dignidade da pessoa humana, base do Estado de Direito, princípio norteador e confluente de todos os demais direitos e valores em nosso ordenamento jurídico. O objetivo no uso de algemas é o de respeitar os direitos fundamentais, o mínimo ético e o acesso efetivo às condições mínimas de sobrevivência.

A não observância dos requisitos gera as seguintes consequências jurídicas, que visam à manutenção e reintegração das condições de ordem em relação particular de autoridade:

a) punição: o agente ou autoridade responsável pelo uso de algemas pode sofrer   pena disciplinar, civil e penal;

b) anulação: a prisão ou a ação processual no qual foram usadas as algemas será anulada.

6. Mandado de Prisão

> *Art. 285 do CPP. A autoridade que ordenar a prisão fará expedir o respectivo mandado. Parágrafo único. O mandado de prisão: a) será lavrado pelo escrivão e assinado pela autoridade; b) designará a pessoa, que tiver de ser presa, por seu nome, alcunha ou sinais característicos; c) mencionará a infração penal que motivar a prisão; d) declarará o valor da fiança arbitrada, quando afiançável a infração; e) será dirigido a quem tiver qualidade para dar-lhe execução. Art. 286.* O mandado será passado em duplicata, e o executor entregará ao preso, logo depois da prisão, um dos exemplares com declaração do dia, hora e lugar da diligência. Da entrega deverá o preso passar recibo no outro exemplar; se recusar, não sou-

ber ou não puder escrever, o fato será mencionado em declaração, assinada por duas testemunhas. Art. 287. Se a infração for inafiançável, a falta de exibição do mandado não obstará à prisão, e o preso, em tal caso, será imediatamente apresentado ao juiz que tiver expedido o mandado. Art. 288. Ninguém será recolhido à prisão, sem que seja exibido o mandado ao respectivo diretor ou carcereiro, a quem será entregue cópia assinada pelo executor ou apresentada a guia expedida pela autoridade competente, devendo ser passado recibo da entrega do preso, com declaração de dia e hora. Parágrafo único. O recibo poderá ser passado no próprio exemplar do mandado, se este for o documento exibido. Art. 297. Para o cumprimento de mandado expedido pela autoridade judiciária, a autoridade policial poderá expedir tantos outros quantos necessários às diligências, devendo neles ser fielmente reproduzido o teor do mandado original.

O mandado de prisão é um documento escrito que formaliza a ordem de prisão, contendo a ordem de captura, redigido pelo escrivão, por determinação da autoridade judiciária competente (a que ordenar a prisão fará expedir o respectivo mandado).

O mandado de prisão, que visa evitar abusos em face da liberdade ambulatória e dar legitimação formal na prisão de uma pessoa, será executado pelo oficial de justiça, autoridade policial e seus agentes e assinado pelo juiz, implicando a autenticidade e veracidade do documento.

O mandado de prisão deve conter requisitos formais mínimos a fim de garantir ao acusado o conhecimento dos motivos de sua prisão e para que este possa exercer o direito de defesa à sua liberdade física: a) designação da autoridade que irá cumprir a ordem; b) designará a pessoa, que tiver de ser presa, por seu nome, alcunha ou sinais característicos; c) mencionará a infração penal que motivar a prisão, com menção do nome, artigo, data e local da infração penal, possibilitando a defesa pelo preso; d) declarará o valor da fiança arbitrada, quando afiançável a infração; e) será dirigido a quem tiver qualidade para dar-lhe execução: oficial de justiça, autoridade policial e seus agentes.

A lei exige que o mandado preencha formalidades legais, de forma que a falta dos **elementos principais** exigidos no art. 285 do Código de Processo Penal leva ao reconhecimento de que o mandado se apresenta formalmente irregular e, portanto, eivado de nulidade. Cabe ressaltar que a ausência da indicação da infração penal no mandado de infração constitui-se mera irregularidade, insuscetível de invalidar o decreto de prisão, assim como no caso de mandado de prisão feito por escrevente.

O juiz pode determinar o cumprimento do mandado de prisão sem o cumprimento das exigências previstas no art. 285 do Código de Processo Penal, desde que motive sua decisão e haja urgência que justifique tal postura[234].

A expedição de mandado de prisão, antes do trânsito em julgado da condenação, sem amparo em dados concretos de cautelaridade, viola a garantia constitucional inserta no art. 5º, inciso LVII, da Constituição Federal.

O juiz competente, ao constatar o trânsito em julgado da condenação, deve determinar a expedição de mandado de prisão contra o agente, a fim de que seja iniciada a execução definitiva da pena, mesmo que o agente tenha permanecido solto durante o trâmite processual.

A autoridade policial poderá expedir tantos mandados quantos necessários às diligências, devendo neles ser fielmente reproduzido o teor do mandado original, nos termos do art. 297 do Código de Processo Penal.

Em seguida a ordem é passada para um funcionário ou agente estatal realizar seu cumprimento e alcançar a captura da pessoa para posterior recolhimento ao cárcere. A efetivação da prisão é feita desde que o executor, fazendo-se conhecer do réu, lhe apresente o mandado e o intime a acompanhá-lo.

O mandado será passado em duplicata (é necessário que existam duas cópias originais do mandado), o executor entregará ao preso, logo depois da prisão, um dos exemplares com declaração do dia, hora e lugar da diligência. Se o executor não entregar ao preso uma cópia sofrerá responsabilidade funcional. A cópia entregue ao preso serve para informar o motivo da prisão, identificar os responsáveis da prisão, fixar o início do cumprimento de eventual pena futura.

---

[234] *HABEAS CORPUS*. ROUBO COM EMPREGO DE ARMA E EM CONCURSO DE PESSOAS. PRISÃO PREVENTIVA. UTILIZAÇÃO DO DECRETO DE PRISÃO PREVENTIVA COMO MANDADO DE PRISÃO. NULIDADE. INOCORRÊNCIA. 1. Em ordenando o Juiz ele mesmo de forma expressa e motivada que, em face da urgência, se efetue a prisão cautelar à luz do seu próprio decreto, que supera as exigências do art. 285 do Código de Processo Penal, não há falar em nulidade. 2. Ordem denegada (HC 24599/GO – rel. Min. Hamilton Carvalhido – 6ª Turma – 18/12/2002).

Após entrega de uma das cópias do mandado, o preso deve dar recibo. Da entrega deverá o preso passar recibo no outro exemplar; se recusar, não souber ou não puder escrever, o fato será mencionada em declaração, assinada por duas testemunhas da entrega do exemplar do mandado de prisão ao capturado.

Se a infração for inafiançável, a falta de exibição do mandado não obstará à prisão, e o preso, em tal caso, será imediatamente apresentado ao juiz que tiver expedido o mandado.

Nos crimes mais graves (inafiançáveis), a lei permite a captura sem exibição do mandado, pois prevalece a tutela do interesse social da celeridade e segurança, desde que haja condução imediata ao juiz que haja ordenado a prisão.

Ninguém será recolhido à prisão sem que seja exibido o mandado ao respectivo diretor ou carcereiro, a quem será entregue cópia assinada pelo executor ou apresentada a guia expedida pela autoridade competente, devendo ser passado recibo da entrega do preso, com declaração de dia e hora. O recibo poderá ser passado no próprio exemplar do mandado, se este for o documento exibido.

O diretor ou carcereiro do estabelecimento prisional não pode receber preso sem exibição do mandado de prisão, sob pena de sofrer responsabilidade disciplinar e criminal.

7. Casos Especiais de Prisão

7.1 Prisão por Precatória

Quando o acusado estiver no território nacional, fora da jurisdição do juiz processante, ou seja, fora dos limites territoriais da comarca ou seção onde corre o processo, será deprecada a sua prisão, devendo constar da precatória o inteiro teor do mandado.

É necessária a expedição da carta precatória, dirigida ao juiz de mesma categoria jurisdicional. A precatória deve conter o nome do juiz deprecante (o que a expede) e o do juiz deprecado (o que a recebe), as sedes dos juízos de cada um, a qualificação do réu, a finalidade da diligência, o lugar e momento de seu comparecimento, a subscrição do escrivão e a assinatura do juiz.

PRISÃO

Uma vez deprecada prisão, será efetivada a captura do preso. Após a captura, o juiz processante que solicitou tomará providências para que haja a remoção do preso para comarca ou seção judiciária em que tramita o processo num prazo máximo de 30 dias contados da efetivação da medida, para facilitar a efetivação das disposições de sua condenação criminal, já que ficará sob a jurisdição do juiz responsável pela condução do seu processo criminal.

A lei processual penal prevê que a remoção deve ser feita dentro de um determinado prazo. Pode acontecer a **não remoção: a) justificada:** quando a remoção não ocorre pelas próprias dificuldades operacionais; **b) injustificada:** quando a remoção não ocorre por um descaso da autoridade solicitadora ou outro motivo de ineficiência comprovado.

Não há dúvida que diante da não remoção injustificada a consequência jurídica será responsabilizar a autoridade envolvida pela ineficiência na transferência. Já na não remoção justificada, não haverá responsabilização direta da autoridade; mas pode existir por parte das instituições ou da sociedade civil a conscientização de acessar a justiça para cobrar a implementação do aparato necessário para remoção do preso (judicialização das políticas públicas ou intervenção do Poder Judiciário na consecução de políticas públicas).

7.2 Prisão Urgente

Havendo urgência, o juiz poderá requisitar a prisão para autoridade policial por qualquer meio de comunicação, do qual deverá constar o motivo da prisão, bem como, se afiançável a infração, o valor da fiança. A autoridade requisitada tomará as precauções necessárias para averiguar a autenticidade da comunicação.

Uma vez requisitada prisão, será efetivada a captura do preso. Após a captura, o juiz processante que solicitou tomará providências para que haja a remoção do preso para comarca ou seção judiciária em que tramita o processo num prazo máximo de 30 dias contados da efetivação da medida, para facilitar a efetivação das disposições de sua condenação criminal, já que ficará sob a jurisdição do juiz responsável pela condução do seu processo criminal.

A lei processual penal prevê que a remoção deve ser feita dentro de um determinado prazo. Pode acontecer a **não remoção: a) justificada:**

PRISÃO E LIBERDADE

quando a remoção não ocorre pelas próprias dificuldades operacionais; **b) injustificada:** quando a remoção não ocorre por um descaso da autoridade solicitadora ou outro motivo de ineficiência comprovado.

Não há dúvida que diante da não remoção injustificada a consequência jurídica será responsabilizar a autoridade envolvida pela ineficiência na transferência. Já na não remoção justificada, não haverá responsabilização direta da autoridade; mas pode existir por parte das instituições ou da sociedade civil a conscientização de acessar a justiça para cobrar a implementação do aparato necessário para remoção do preso (judicialização das políticas públicas ou intervenção do Poder Judiciário na consecução de políticas públicas).

7.3 Prisão em Perseguição[235]

Se o réu, sendo perseguido, passar ao território de outro município ou comarca, o executor poderá efetuar lhe a prisão no lugar onde o alcançar, apresentando-o imediatamente à autoridade local, que, depois de lavrado, se for o caso, o auto de flagrante, providenciará para a remoção do preso.

Entender-se-á que o executor vai à perseguição do réu, quando: a) tendo-o avistado, for perseguindo-o sem interrupção, embora depois o tenha perdido de vista; b) sabendo, por indícios ou informações fidedignas, que o réu tenha passado, há pouco tempo, em tal ou qual direção, pelo lugar em que o procure, for ao seu encalço.

Réu ou suspeito ou indiciado quando perseguido for capturado: a) apresentação imediata à autoridade local (com mandado: exibição do mandado; sem mandado: exibição do detido); b) autoridade local pode liberar para transferência; se duvidar da legalidade do ato pode colocar o preso sob custódia em local seguro.

---

[235] Art. 290 do CPP. Se o réu, sendo perseguido, passar ao território de outro município ou comarca, o executor poderá efetuar-lhe a prisão no lugar onde o alcançar, apresentando-o imediatamente à autoridade local, que, depois de lavrado, se for o caso, o auto de flagrante, providenciará para a remoção do preso. § 1º Entender-se-á que o executor vai em perseguição do réu, quando: a) tendo-o avistado, for perseguindo-o sem interrupção, embora depois o tenha perdido de vista; b) sabendo, por indícios ou informações fidedignas, que o réu tenha passado, há pouco tempo, em tal ou qual direção, pelo lugar em que o procure, for no seu encalço. § 2º Quando as autoridades locais tiverem fundadas razões para duvidar da legitimidade da pessoa do executor ou da legalidade do mandado que apresentar, poderão pôr em custódia o réu, até que fique esclarecida a dúvida.

7.4 Prisão por Telefone

A investigação policial pressupõe um território em que é exercida. As autoridades policiais exercem suas atribuições nos limites da *circunscrição policial*. Essa divisão territorial é estabelecida no intuito de organizar a atuação administrativa, inexistindo qualquer óbice legal à realização de diligências em circunscrição distinta daquela onde se tem em andamento um inquérito policial, nos termos do art. 22 do Código de Processo Penal.

No caso da prisão, como por via telefone, a autoridade policial interessada em diligência que tenha que ser praticada fora da sua circunscrição policial, deverá solicitar a cooperação da autoridade do local pretendido.

A cooperação será feita por requisição judicial. A autoridade requisitante emite a requisição via telefone e a autoridade requisitada verifica a autenticidade da requisição constata a inafiançabilidade da infração e realiza o ato requisitado. A admissibilidade da prisão via telefone prevista em lei é reforçada pela jurisprudência[236].

Embora a autoridade policial requisitada não esteja sob subordinação funcional da autoridade requisitante, tem o dever funcional de realizar a diligência requisitada (até por que a lei diz que a captura é ordenada à vista do mandado judicial), sob pena de responsabilização.

---

[236] PROCESSUAL PENAL. *HABEAS CORPUS* SUBSTITUTIVO DE RECURSO ORDINÁRIO. ART. 158, § 1º, DO CP. CONDENAÇÃO TRANSITADA EM JULGADO. MANDADO DE PRISÃO. RÉU LOCALIZADO EM TERRITÓRIO ESTRANHO À CIRCUNSCRIÇÃO DA AUTORIDADE POLICIAL. CAPTURA REQUERIDA. FAC-SÍMILE. EFETIVAÇÃO POR OUTRA AUTORIDADE POLICIAL. LEGALIDADE. ART. 298 DO CPP. I – Não há ilegalidade na prisão do paciente, a qual foi efetuada por policiais de comarca diversa daquela em que foi expedido o mandado de prisão, a requerimento da autoridade policial competente. II – A norma inscrita no art. 298 do CPP é clara ao autorizar que a autoridade policial da comarca em que o paciente foi condenado requeira a captura do réu pela polícia de território estranho à sua circunscrição, através de simples requerimento acompanhado do mandado de prisão, enviado por via postal ou telegráfica (incluído aí o fac-símile). III – Na hipótese dos autos, seria possível à autoridade policial requerer a captura até mesmo por via telefônica, uma vez que o paciente foi condenado por crime inafiançável, *ex vi* do art. 299 do CPP. Ordem denegada (HC 53666/PR/2007).

8. Prisão Especial

Determinadas pessoas em razão do cargo ou função pública que ocupam no cenário político-jurídico do Brasil, pela atividade desempenhada na sociedade ou pelo grau de instrução desfrutam da possibilidade de gozarem de prisão especial, ou seja, do direito ao recolhimento em local distinto da prisão comum até o julgamento final.

No entanto, há uma divergência doutrinária a respeito da constitucionalidade da prisão especial, prevista no art. 295 do Código de Processo Penal, de forma que há dois posicionamentos:

a) **não viola o princípio da isonomia**, pois não é um privilégio da pessoa, mas um direito que decorre da dignidade do cargo ou função, da relevância da atividade ou do grau de escolaridade. A prisão especial não é uma regalia atentatória ao princípio da isonomia jurídica, mas consubstanciada providência que tem por objetivo resguardar a integridade física do preso, afastando-o da promiscuidade com outros detentos comuns (HC 6420/SC; HC 1997/0073312-2; HC 3848/ES; HC 1995/0043570-5 – STJ);

b) **viola o princípio da isonomia**, pois é um privilégio concedido para algumas pessoas, violando a igualdade de todos perante a lei.

Sendo a prisão especial uma exceção, deve ser sua aplicação interpretada restritivamente, para que o direito não se transforme em privilégio. A prisão especial objetiva assegurar ao preso o direito de não ser misturado com os sentenciados comuns, que já não gozam da presunção de inocência[237].

O direito do preso especial é a garantia de recolhimento em local distinto da prisão comum. Não havendo estabelecimento específico para o preso especial, este será recolhido em cela distinta do mesmo estabelecimento, observadas as condições mínimas de salubridade e dignidade da pessoa humana. A cela especial poderá consistir em alojamento coletivo, atendidos os requisitos de salubridade do ambiente, pela concorrência dos fatores de aeração, insolação e condicionamento térmico adequado à existência humana. Se o preso estiver na cela distinta com as garantias

---

[237] RHC 3836/PR – rel. Min. Edson Vidigal – 5ª Turma – 15/08/94.

PRISÃO

mencionadas, não pode alegar constrangimento ilegal na liberdade de locomoção, sanável por *habeas corpus*[238].

A prisão especial é um direito e somente se aplica aos presos submetidos à prisão provisória até o julgamento final. O benefício da prisão especial não será concedido se o preso já desfruta de prisão domiciliar.

A única exceção a essa regra é quanto aos funcionários da administração da Justiça Criminal, conforme art. 84 da Lei de Execução Penal, os quais deverão cumprir sua pena em local separado mesmo após o trânsito em julgado da condenação. A execução de suas penas será feita em estabelecimento penal sujeito ao mesmo sistema disciplinar e carcerário de outros presos com o mesmo regime prisional, em dependência isolada dos demais reclusos, nos termos do § 2º do art. 84 da Lei n. 7.210/84[239].

---

[238] A teor do art. 295, §§ 1º, 2º e 3º, do Código de Processo Penal, com a redação dada pela Lei n. 10.258/2001, a garantia reservada para aqueles que têm direito à prisão especial está adstrita ao recolhimento em local distinto da prisão comum ou, inexistindo estabelecimento específico, em cela distinta, garantida a salubridade do ambiente. Assim, não havendo vagas ou inexistindo na localidade unidades prisionais que se prestam exclusivamente para a guarda de presos especiais, a manutenção do acautelamento em acomodações que atendam esses requisitos cumpre as exigências legais (HC 231768/SP – rel. Min., Laurita Vaz – 5ª Turma do STJ – *Dje* 6/11/12); Encontrando-se o paciente – advogado – preso na enfermaria do Centro de Detenção Provisória, com instalações condignas e separado dos demais detentos, não há falar em constrangimento ilegal, sendo descabido o deferimento da **prisão** domiciliar, sob o argumento de inexistência de Sala do Estado Maior das Forças Armadas (HC 62867/SP – rel. Min. Laurita Vaz – 5ª Turma – 20/11/2007); Recolhido o paciente em cela distinta de estabelecimento de prisão comum, consistindo em alojamento coletivo para os internos que se encontram na mesma condição, ou seja, com direito à **prisão especial**, não há falar em constrangimento ilegal a ser sanado, uma vez que atendidos os requisitos do art. 295 do CPP (HC 56160/RN – rel. Min. Arnaldo Esteves Lima – 5ª Turma – 03/04/2007); Não há falar em constrangimento ilegal, sanável via *habeas corpus*, na manutenção do recorrido em cela especial no Quartel do Comando-Geral da Polícia Militar do Estado, local reconhecidamente destinado a custodiados em idêntica situação, com condições ideais de salubridade e segurança, devidamente separado dos detentos comuns (REsp 493134/AC – rel. Min. Hamilton Carvalhido – 6ª Turma – 25/11/2003); Não havendo vagas nos quartéis e nas unidades que se prestam para a guarda de presos especiais, a manutenção do acautelamento em acomodações que atendam os requisitos de salubridade do ambiente, com aeração, insolação e temperaturas adequadas à existência humana, devidamente separadas da prisão comum, ao que se me afigura, cumpre as exigências legais, como no caso vertente em que o ora Paciente está alojado em uma Igreja existente no Presídio Ary Franco, aguardando transferência já solicitada (HC 24554/RJ – rel. Min. Laurita Vaz – 5ª Turma – 24/06/2003).

[239] RESP 744857/RN – rel. Min. Laurita Vaz – 5ª Turma – 06/12/2005.

O preso especial não será transportado juntamente com o preso comum. Os demais direitos e deveres do preso especial serão os mesmos do preso comum.

Os inferiores e praças de pré, onde for possível, serão recolhidos à prisão, em estabelecimentos militares, de acordo com os respectivos regulamentos. Em hipóteses extremas e atento ao princípio constitucional que assegura a "integridade física e moral dos presos" (CF, art. 5º, XLIX), razão não há para negar, ao praça reformado, a extensão do benefício da prisão especial disposto no art. 296 do Código de Processo Penal. A prisão especial assegurada ao militar, custodiado provisoriamente, "consiste exclusivamente no recolhimento em local distinto da prisão comum (art. 295, § 1º, do CPP)[240].

As pessoas que gozam da prisão especial serão, conforme o art. 295 do Código de Processo Penal, recolhidas a quartéis ou a prisão especial, à disposição da autoridade competente, quando sujeitos a prisão antes de condenação definitiva (trata-se de rol taxativo – interpretação restritiva):

a) os ministros de Estado: auxiliares imediatos do Presidente da República, ocupantes de cargos em comissão, de livre nomeação e exoneração pelo Presidente da República. Ministro tem que ser brasileiro, sendo que o da defesa tem que ser nato, maior de 21 anos e estar no gozo dos direitos políticos. Ministros exercem as seguintes funções: supervisionar, orientar e coordenar os órgãos da administração pública federal, referendar os atos do Presidente da República, expedir instruções normativas, exercer atribuições outorgadas ou delegadas pelo Presidente da República. No caso de praticar crime comum, será julgado pelo Supremo Tribunal Federal; se praticar crime de responsabilidade sozinho, será julgado pelo Supremo Tribunal Federal; se for crime conexo com os do Presidente da República, será julgado pelo Senado Federal. No caso de *Mandado de Segurança ou* habeas data *contra ato de Ministro de Estado,* será julgado pelo STJ (art. 105, I, *b,* da CF). No caso de *Ministro de Estado como autoridade coatora* em *habeas corpus* será julgado pelo STJ (art. 105, I, *c,* da CF). No caso de *Deputado Federal ou Senador nomeado para Ministro de Estado,* não ocorrerá perda do mandato de parlamentar, porém terá que optar por uma remuneração. Pela Lei n.

---

[240] HC 51.324/ES, Rel. Ministro ARNALDO ESTEVES LIMA, QUINTA TURMA, julgado em 4/2/2010, DJe 8/3/2010; RHC 44.014/RJ, Rel. Ministra MARIA THEREZA DE ASSIS MOURA, SEXTA TURMA, julgado em 4/09/2014, DJe 15/9/2014.

PRISÃO

11.036/2004, o cargo de presidente do Banco Central é equiparado ao de Ministro de Estado;

b) os governadores ou interventores de Estados ou Territórios, o prefeito do Distrito Federal, seus respectivos secretários, os prefeitos municipais, os vereadores e os chefes de polícia: o prefeito do Distrito Federal foi substituído pela figura do governador, nos termos do art. 32, § 2º, da Constituição Federal (a eleição do governador e do vice-governador, observadas as regras do art. 77, e dos deputados distritais coincidirá com a dos governadores e deputados estaduais, para mandato de igual duração). Os secretários do governador são seus auxiliares diretos e de confiança do governador. O prefeito municipal é o chefe do Executivo no município, nos termos do art. 29 da Constituição Federal. O vereador é membro do Poder Legislativo Municipal, nos termos do art. 29 da Constituição Federal. O interventor é pessoa nomeada pelo Chefe do Executivo para restabelecer o equilíbrio federativo, no caso de decretação de intervenção federal[241]. Chefe de polícia é o delegado-geral da polícia;

c) os membros do Parlamento Nacional, do Conselho de Economia Nacional e das Assembleias Legislativas dos Estados: membros do Parlamento Nacional são os deputados federais e senadores; Conselho de Economia Nacional previsto na Constituição de 1946, regulamentado pela Lei n. 970/1949, para deliberar assuntos econômicos, foi extinto pela Constituição de 1967, não existindo nos dias atuais. Os membros das Assembleias Legislativas são os deputados estaduais;

d) os cidadãos inscritos no "Livro de Mérito"[242]: a Ordem será conferida aos cidadãos brasileiros que, pelas suas virtudes e mérito excepcional, se tenham tornado merecedores desta distinção e aos estrangeiros, por atos de excepcional relevância, que, a critério do Governo, dela se fizerem dignos. A Ordem constará de cinco classes: Grã-Cruz, Grande Oficial, Comendador, Oficial e Cavaleiro. As nomeações para as diferentes classes serão feitas por decreto do Presidente da República, na qualidade de Grão-Mestre, e mediante proposta do Conselho da Ordem.

---

[241] "É figura constitucional e autoridade federal, cujas atribuições dependem do ato interventivo e das instruções que receber da autoridade interventora. Suas funções, limitadas ao ato de intervenção, são federais. Mas também pratica atos de governo estadual, dando continuidade à administração do Estado nos termos da Constituição das leis deste" (SILVA, José Afonso. *Curso de direito constitucional positivo*. São Paulo: Malheiros, 1989).

[242] Decreto-lei n. 9.732/46 e Decreto n. 203/91.

PRISÃO E LIBERDADE

O decreto que conferir esta condecoração a cidadão brasileiro ou estrangeiro residente no país será referendado pelo Ministro de Estado da Justiça. Quando se tratar de estrangeiro residente fora do país, o decreto será referendado pelo Ministro de Estado das Relações Exteriores. Lavrado o decreto, o chanceler da Ordem mandará expedir o competente diploma, que será por ele assinado. O Presidente da República ou, por delegação, um dos membros do Conselho da Ordem, procederá à entrega da insígnia e do diploma aos agraciados.

Quando o agraciado residir no estrangeiro, caberá à respectiva missão diplomática brasileira entregar-lhe o diploma e a insígnia. O Conselho da Ordem tem a seguinte composição: I – o chefe do Estado; II – o presidente da Comissão do Livro do Mérito; que o presidirá, na ausência do chefe de Estado; III – o ministro de Estado da Justiça; IV – o ministro de Estado das Relações Exteriores; V – o secretário-geral da Presidência da República; VI – o chefe do Gabinete Militar da Presidência da República. O Conselho da Ordem terá sua sede no Palácio da Presidência da República, por onde correrá o seu expediente, a cargo de um Secretário. Os membros do Conselho da Ordem e o seu Secretário não perceberão qualquer remuneração e os seus serviços serão considerados relevantes. Ninguém poderá ser nomeado para a ordem com menos de 25 anos de idade. Os militares e os funcionários públicos brasileiros só poderão ser nomeados para a ordem se contarem os seguintes anos de serviço: I – Cavaleiro – 10 anos; II – Oficial – 15 anos; III – Comendador – 20 anos; IV – Grande-Oficial – 25 anos; V – Grã-Cruz – 30 anos. Os membros da Ordem só poderão ser promovidos ao grau imediato quando houverem permanecido cinco anos na sua classe;

e) os oficiais das Forças Armadas e os militares dos Estados, do Distrito Federal e dos Territórios: as Forças Armadas são constituídas por três ramos: Marinha, Exército e Força Aérea. Os militares dos Estados, Distrito Federal e dos Territórios são os membros das Polícias Militares e Corpos de Bombeiros Militares, nos termos do art. 42 da Constituição Federal. O recolhimento a estabelecimento prisional destinado a militares é exclusivo para os integrantes da Polícia Militar, condição não ostentada por quem tenha sido regularmente excluído dessa corporação;

f) os magistrados: conforme Lei Complementar n. 35, de 14/3/79 – Lei Orgânica da Magistratura, em seu art. 33 – "São prerrogativas do magistrado: ... III – ser recolhido a prisão especial, ou a **sala de Estado Maior,**

por ordem e à disposição do Tribunal ou do Órgão Especial competente, quando sujeito a prisão antes do julgamento final".

g) os diplomados por qualquer das faculdades superiores da República: o diplomado em curso superior tem direito à **prisão especial**, no correr do processo criminal, feita prova de qualificação profissional. Não comprovada a condição de possuidor de título de formação profissional superior, indefere-se o pedido de remoção do preso para cela especial. Não havendo prova de ser diplomado em curso superior não há concessão do benefício da prisão especial;

h) os ministros de confissão religiosa: ministro de confissão religiosa é a pessoa vocacionada para serviços relacionados com a sua confissão, como os padres, pastores, rabinos;

i) os ministros do Tribunal de Contas: o Tribunal de Contas da União, integrado por nove Ministros, tem sede no Distrito Federal, serão nomeados dentre brasileiros com mais de trinta e cinco e menos de sessenta e cinco anos de idade, que tenham idoneidade moral, reputação ilibada, notórios conhecimentos jurídicos, contábeis, econômicos e financeiros ou de administração pública e mais de dez anos de exercício de função ou de efetiva atividade profissional que exija os conhecimentos mencionados acima. Abrange, outrossim, os membros dos Tribunais de Contas dos Estados, Distrito Federal e Municípios;

j) os cidadãos que já tiverem exercido efetivamente a função de jurado, salvo quando excluídos da lista por motivo de incapacidade para o exercício daquela função: o benefício da prisão especial ao jurado dependia do efetivo exercício da função de jurado, ou seja, o jurado tinha que ter participado de algum julgamento pelo júri, não bastava a mera inclusão de seu nome na lista geral de jurados. Com a nova redação dada pela Lei n. 12.403/2011 não há mais a prerrogativa da prisão especial para jurado;

k) os delegados de polícia e os guardas-civis dos Estados e Territórios, ativos e inativos: delegado de polícia é quem dirige a carreira policial. Não há guardas-civis dos Estados e Territórios, desde o Decreto-lei n. 667/69 que atribui à Polícia Militar a função de executar o policiamento ostensivo, ressalvadas missões especiais das Forças Armadas;

l) os juízes de Paz: juiz de Paz é quem tem competência somente para o processo de habilitação e a celebração do casamento. Será nomeado pelo Governador, mediante escolha em lista tríplice, organizada pelo presidente

PRISÃO E LIBERDADE

do Tribunal de Justiça, ouvido o Juiz de Direito da Comarca, e composta de eleitores residentes no Distrito, não pertencentes a órgão de direção ou de ação de partido político. Os demais nomes constantes da lista tríplice serão nomeados primeiro e segundo suplentes. A impugnação à regularidade do processo de habilitação matrimonial e a contestação a impedimento oposto serão decididas pelo Juiz de Direito. O exercício efetivo da função de juiz de Paz constitui serviço público relevante e assegurará prisão especial, em caso de crime comum, até definitivo julgamento;

m) defensores públicos: são prerrogativas dos membros da Defensoria Pública da União, dentre outras, ser recolhido a prisão especial ou a sala especial de Estado-Maior, com direito a privacidade e, após sentença condenatória transitada em julgado, ser recolhido em dependência separada, no estabelecimento em que tiver de ser cumprida a pena, nos termos do art. 44, inciso III, da Lei Complementar n. 80, de 12 de janeiro de 1994;

n) membro do Conselho Tutelar da Criança e do Adolescente: o Conselho Tutelar é órgão permanente e autônomo, não jurisdicional, encarregado pela sociedade de zelar pelo cumprimento dos direitos da criança e do adolescente, existente em cada Município. "O exercício efetivo da função de conselheiro constituirá serviço público relevante, estabelecerá presunção de idoneidade moral", nos termos do art. 135 da Lei n. 8.069, de 13 de julho de 1990;

o) membros do Ministério Público Estadual: conforme a Lei n. 8.625, de 12/2/83 – Lei Orgânica Nacional do Ministério Público Estadual, em seu art. 40 – "Constituem prerrogativas dos membros do Ministério Público, além de outras previstas na Lei Orgânica: V – ser custodiado ou recolhido **à prisão domiciliar ou à sala especial de Estado Maior**, por ordem e à disposição do Tribunal competente, quando sujeito a prisão antes do julgamento final";

p) os membros do Ministério Público da União: conforme a Lei Complementar n. 75, de 20/5/93, em seu art. 18 – "São prerrogativas dos membros do Ministério Público da União: II – processuais: *e)* ser recolhido à prisão especial ou à **sala especial de Estado Maior**, com direito a privacidade e à disposição do tribunal competente para julgamento, quando sujeito a prisão antes da decisão final; e a dependência separada no estabelecimento em que tiver de ser cumprida a pena";

q) os advogados: conforme art. 7º, inciso V, da Lei n. 8.906, de 4 de julho de 1994 – Estatuto da Advocacia – São direitos do advogado: ... "*V –*

PRISÃO

*não ser recolhido preso, antes de sentença transitada em julgado, **senão em sala de Estado Maior,** com instalações e comodidades condignas, e, na sua falta, em prisão domiciliar"*. Trata-se de uma prerrogativa de índole profissional, qualificável como direito público subjetivo do advogado regularmente inscrito na OAB.

O Estatuto da Ordem dos Advogados do Brasil garante a todos os advogados, enquanto inscritos em seus quadros, o direito de serem cautelarmente constritos em sala de Estado-Maior ou, em sua falta, em prisão domiciliar. O Supremo Tribunal Federal, nos autos das ADI's 1.105/DF e 1.127/DF, reconheceu a constitucionalidade dessa prerrogativa, que não foi derrogada pela Lei n. 10.258/2001[243].

A prerrogativa que confere prisão especial aos advogados objetiva proteger o profissional que exerce atividade essencial à administração da justiça, segundo o cânon do art. 133, *caput*, da Constituição Federal. Cabe ressalvar que se não houver sala de Estado Maior, mas recolhimento em cela separada dos demais detentos com condições de salubridade e dignidade, não há razão para alegar constrangimento ilegal sanável por HC, nem conversão em prisão domiciliar.

A privação da liberdade do advogado em estabelecimento prisional do batalhão da polícia militar atende à exigência da prisão especial, mesmo porque a prisão domiciliar somente é deferida no caso de inexistir estabelecimento prisional adequado para o preso. A privação da liberdade do advogado em cela de Delegacia de Polícia não atende à exigência de prisão especial, na forma preconizada no art. 7º, inciso V, da Lei n. 8.906/94[244]. A privação da liberdade do advogado em estabelecimento prisional do batalhão da polícia militar supre a exigência de prisão especial[245].

---

[243] Por maioria, na ADIn 1.127-8, foi declarada a inconstitucionalidade da expressão "assim reconhecidas pela OAB" constante do dispositivo impugnado, vencidos os ministros Marco Aurélio, Eros Grau e Carlos Ayres Britto que julgavam improcedente o pedido formulado na ação (o artigo questionado foi o art. 7º do Estatuto da OAB – São direitos do advogado: V – não ser recolhido preso, antes de sentença transitada em julgado, senão em sala de Estado Maior, com instalações e comodidades condignas, assim reconhecidas pela OAB, e, na sua falta, em prisão domiciliar).

[244] RHC 10442/SP – rel. Min. Vicente Leal – 6ª Turma – 05/04/2001.

[245] O advogado tem direito à prisão especial, enquanto não transitar em julgado a sentença penal condenatória. A sala especial do Estado Maior das Forças Armadas não é absoluta. Desde que possível, isso sim satisfaz a condição legal lugar condigno, separado dos demais detentos. A ausência não implica direito a prisão domiciliar (RHC 719/PE; Recurso Ordinário

O advogado que tenha contra si decretada prisão civil por inadimplemento de obrigação alimentícia não tem direito a ser recolhido em sala de Estado Maior ou, na sua ausência, em prisão domiciliar, nos termos do informativo 551/2014 do STJ.

8.1. Progressão de Regime e Prisão Especial

A progressão de regime não exige prisão especial, nos termos da Súmula n. 717 do STF – "Não impede a progressão de regime de execução da pena, fixada em sentença não transitada em julgado, o fato de o réu se encontrar em prisão especial".

8.2. Prisão Especial e Regime Domiciliar

Prisão especial não se confunde com regime domiciliar este excepcionalmente admitido pela lei e pela jurisprudência em raras hipóteses. Prisão domiciliar é o cumprimento da pena em residência particular. A sua admissibilidade é restrita nos seguintes casos:

a) nas hipóteses previstas no art. 117 da Lei de Execução Penal – Somente se admitirá o recolhimento do beneficiário de regime aberto em residência particular quando se tratar de: I – condenado maior de 70 (setenta) anos; II – condenado acometido de doença grave; III – condenada com filho menor ou deficiente físico ou mental; IV – condenada gestante".

b) em situações excepcionais – O Superior Tribunal de Justiça tem admitido, excepcionalmente, o cumprimento da pena em residência particular nos casos em que o réu é acometido de doença grave e diante da absoluta inexistência de estabelecimento especial adequado à sua condição pessoal. Cabe ressalvar que a pessoa com doença grave somente tem direito à **prisão especial** quando demonstra, inequivocamente, a inadequabilidade do estabelecimento em que cumpre pena[246].

---

em *HABEAS CORPUS* 1998/0002395-0 – rel. Min. Luiz Vicente Cernicchiaro (1084) – 6ª Turma – j. 03/03/1998).

[246] PROCESSUAL PENAL. *HABEAS CORPUS*. **PRISÃO ESPECIAL** (CPP, ART. 295). TRANSFORMAÇÃO EM PRISÃO DOMICILIAR. RÉ ACOMETIDA DE DOENÇA GRAVE. AIDS. IMPOSSIBILIDADE. O cumprimento da pena em residência particular somente é admissível, além das hipóteses previstas no art. 117, da Lei de Execução Penal, em situações excepcionais. O Superior Tribunal de Justiça tem admitido, excepcionalmente, o cumprimento

PRISÃO

Cabe ressalvar a controvérsia a respeito da inexistência da casa de albergado destinada à execução do regime aberto de cumprimento da pena privativa de liberdade:

a) o condenado deve aguardar, no regime semiaberto, fechado ou em cadeia pública, a vaga em casa de albergado, pois o cabimento da prisão domiciliar é taxativo, cabível somente nas hipóteses do art. 117 da Lei de Execução Penal; segundo jurisprudência do STF, a impossibilidade material de o Estado instituir casa de albergado não autoriza o poder judiciário a conceder a prisão domiciliar fora das hipóteses do art. 117 da Lei de Execução Penal (HC 68.012-7-SP; HC 72997);

b) o condenado poderá cumprir o regime albergue em prisão domiciliar até que surja vaga em estabelecimento próprio. Segundo jurisprudência do STJ, não havendo casa de albergado na comarca, admite-se a concessão de prisão domiciliar ao apenado, configurando constrangimento ilegal a imposição do cumprimento da pena em estabelecimento destinado a regime carcerário mais rigoroso (HC 62277, HC 54583-MG, HC 44390-MG, HC 48629-MG, HC 40727-RS).

Além dos casos de prisão especial previstos no art. 295 do Código de Processo Penal, há outros previstos em leis esparsas como os pilotos de aeronaves mercantes nacionais (Lei n. 3.988/61) e dirigente de entidade sindical de qualquer grau e representativa de empregados, empregadores, profissionais liberais, agentes e trabalhadores autônomos (Lei n. 2.860/56).

da pena em residência particular nos casos em que o réu é acometido de doença grave e diante da absoluta inexistência de estabelecimento especial adequado à sua condição pessoal. Não obstante ser a paciente portadora do vírus HIV, moléstia considerada grave, este fato, por si só, não enseja a concessão da prisão domiciliar, sendo necessária prova inconteste no sentido de que a condenada não está tendo a devida assistência médica no estabelecimento penal em que se encontra (HC 24256/SP – rel. Min. Vicente Leal – 6ª Turma – STJ – *DJe* 17/2/2003); Processual penal. *Habeas corpus.* **Prisão especial** (CPP, art. 295). Transformação em prisão domiciliar. Réu septuagenário e acometido de doença grave. Possibilidade. O cumprimento da pena em residência particular somente é admissível, além das hipóteses previstas no art. 117 da Lei de Execução Penal, em situações excepcionais. O Superior Tribunal de Justiça tem admitido, excepcionalmente, o cumprimento da pena em residência particular nos casos em que o paciente é septuagenário, acometido de doença grave e diante da absoluta inexistência de estabelecimento especial adequado à sua condição pessoal (RHC 9255/SP – rel. Min. Vicente Leal – 6ª Turma – STJ – 21/3/2000) ; RHC 12736/PR – rel. Min. Hamilton Carvalhido – 6ª Turma – 01/10/2002.

Título V – Prisão

3ª Parte – Prisão Cautelar

1. Conceito e Finalidade

A prisão cautelar ou processual ou provisória é a efetuada antes do trânsito em julgado da sentença penal[247]. A prisão cautelar possui **caráter precário**, já que é decretada ou mantida enquanto for necessária para o correto e eficaz desenvolvimento do processo penal.

A prisão cautelar deve ser considerada **exceção**[248], já que, por meio desta medida extrema, priva-se o réu de seu *jus libertatis* antes do pronun-

---

[247] A prisão cautelar deve ser considerada exceção, já que, por meio desta medida, priva-se o réu de seu *jus libertatis* antes do pronunciamento condenatório definitivo, consubstanciado na sentença transitada em julgado, nos termos do informativo 554/2015 do STJ; a prisão provisória é providência excepcional no Estado Democrático de Direito, só sendo justificável quando atendidos os critérios de adequação, necessidade e proporcionalidade, nos termos do informativo 523/2013 do STJ.

[248] "A prisão preventiva é excepcional e só deve ser decretada a título cautelar e de forma fundamentada em observância ao princípio constitucional da presunção de inocência. O STF fixou o entendimento de que ofende o princípio da não culpabilidade a execução da pena privativa de liberdade antes do trânsito em julgado da sentença condenatória, ressalvada a hipótese de prisão cautelar do réu, desde que presentes os requisitos autorizadores previstos no art. 312 do CPP". Precedentes citados do STF: HC 90.226-SP, DJe 14/5/2009; HC 84.078-

ciamento condenatório definitivo, consubstanciado na sentença transitada em julgado.

A prisão processual reveste-se de **caráter excepcional**[249], deve ser configurada no caso de situações extremas, com explícita fundamentação, em meio a dados sopesados da experiência concreta[250], porquanto o instrumento posto a cargo da jurisdição reclama, antes de tudo, o respeito à liberdade[251].

A prisão cautelar **não ofende o princípio da não culpabilidade** (Súmula n. 09/STJ), que, por sua vez, não permite que o Estado trate como culpado aquele que não sofreu condenação penal transitada em julgado.

A prisão cautelar materializa um **dilema social**, pois, se de um lado, é uma medida necessária para o desenvolvimento regular do processo com a consequente aplicação da lei penal, de outro, é uma **privação legal** do direito de liberdade antes do trânsito em julgado de uma sentença que pode ao final ser condenatória ou absolutória.

A **finalidade** da custódia cautelar não pode ser deturpada a ponto de configurar uma antecipação do cumprimento de pena, de forma a compro-

---

MG, DJe 26/2/2010; HC 98.166, DJe 18/6/2009, e do STJ: HC 103.429-SP, DJe 23/3/2009. *HC 226.014-SP*, **Rel. Min. Laurita Vaz, julgado em 19/4/2012.**

[249] HC 90.398/SP, 1ª Turma, rel. Min. Ricardo Lewandowski, *DJU* de 17/05/2007; "....a jurisprudência do STF, bem como a do STJ, é reiterada no sentido de que, sem que se caracterize situação de real necessidade, não se legitima a privação cautelar da liberdade individual do indiciado ou do réu. Ausentes razões de necessidade, revela-se incabível, ante a sua excepcionalidade, a decretação ou a subsistência da prisão cautelar. Ressaltou-se que a privação cautelar da liberdade individual reveste-se de caráter excepcional, sendo, portanto, inadmissível que a finalidade da custódia provisória, independentemente de qual a sua modalidade, seja deturpada a ponto de configurar antecipação do cumprimento da pena. Com efeito, o princípio constitucional da presunção de inocência se, por um lado, não foi violado diante da previsão no nosso ordenamento jurídico das prisões cautelares, por outro não permite que o Estado trate como culpado aquele que não sofreu condenação penal transitada em julgado. Dessa forma, a privação cautelar do direito de locomoção deve-se basear em fundamento concreto que justifique sua real necessidade". Precedentes citados do STF: HC 98.821-CE, DJe 16/4/2010; do STJ: HC 22.626-SP, DJ 3/2/2003. *HC 155.665-TO*, **Rel. Min. Laurita Vaz, julgado em 2/9/2010.**

[250] HC 91.729/SP, 1ª Turma, rel. Min. Gilmar Mendes, *DJU* de 11/10/2007.

[251] A **prisão** processual tem proclamado com insistência a doutrina e a jurisprudência, está associada indelevelmente à ideia de necessidade, vale dizer, que se deixe evidenciado que se mostra indispensável, processualmente falando, a segregação do réu antes do trânsito em julgado da sentença condenatória (HC 24976 / SP – rel. Min. Paulo Gallotti – 6ª Turma – 02/09/2003).

meter o *jus libertatis* e o *jus dignitatis* do cidadão. Conforme acentua Basileu Garcia[252]: "*A prisão cautelar ... constitui ... instrumento destinado a atuar em benefício da atividade desenvolvida no processo penal*".

2. Espécies

No Direito Brasileiro, considerando todo o acervo normativo ligado ao assunto[253], há duas espécies de prisão cautelar: a) prisão preventiva; b) prisão temporária.

Com a entrada em vigor da lei nº 12.403/11, a prisão em flagrante não autoriza, por si só, que o agente permaneça preso durante todo o processo. Como o juiz ao receber o auto de prisão em flagrante deve de forma fundamentada tomar uma atitude (relaxamento da prisão ilegal ou conversão em prisão preventiva ou concessão da liberdade provisória), nos termos do artigo 310 do CPP, afirma-se que a prisão em flagrante tem **natureza precautelar**.

A prisão decorrente de sentença condenatória recorrível e a prisão decorrente de pronúncia, espécies de prisão cautelar, foram expressamente revogadas pelas Leis n. 11.719/2008 e 11.689/2008, respectivamente.

---

[252] GARCIA, Basileu. *Comentários ao Código de Processo Penal*. Rio de Janeiro: Forense, v. III/7, item n. 1.

[253] "Não há nenhum dispositivo, na ordem jurídica, que seja autônomo, autoaplicável. A norma jurídica somente pode ser interpretada e ganhar eficácia, quando analisada no conjunto de normas que dizem respeito a uma determinada matéria. O elemento sistemático... *consiste na pesquisa do sentido e alcance das expressões normativas contidas na ordem jurídica, mediante comparações*" (NADER, Paulo. *Introdução ao estudo do direito*. Rio de Janeiro: Forense, 1994).

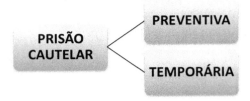

3. Princípios

A prisão cautelar[254], em qualquer de suas modalidades, só pode ser decretada se houver expressa previsão legal, não sendo admitida nenhuma restrição ou privação da liberdade pessoal com base apenas no poder geral de cautela. É o chamado **princípio da legalidade cautelar** (art. 5º, inciso LXVI, da Constituição Federal).

A decretação da prisão cautelar, na verdade, depende da real demonstração de sua **necessidade** como meio para assegurar o desenvolvimento regular da persecução penal e, por consequência, o resultado útil do processo criminal.

É por isso que tal medida constritiva só pode ser decretada se expressamente for justificada sua real indispensabilidade, constatada pelo juiz no caso concreto, com o cotejo de elementos reais e concretos que indiquem a necessidade da segregação provisória. Conforme observa Ada Pellegrini[255]: *"... a prisão cautelar deve obedecer a rigorosas exigências, diante do preceito constitucional segundo o qual 'ninguém será considerado culpado até o trânsito em julgado da sentença penal condenatória' (art. 5º, LVII, da CF): em face do estado de inocência do acusado, a antecipação do resultado do processo representa providência excepcional, que não pode ser confundida com punição, somente justificada em casos de extrema necessidade".*

---

[254] "A adequação da prisão cautelar manifesta-se pela sua utilidade frente à preservação dos fins do processo, seja no tocante à prova, seja no se refere à proteção da coletividade, seja no resguardo do provimento final. A necessidade explica-se pela ausência de outro meio menos sacrificante, a propiciar a mencionada utilidade. E a proporcionalidade, em sentido estrito, materializa-se na decisão pela prevalência do interesse social sobre o direito de liberdade a partir da decretação da prisão" (BECHARA, Fábio Ramazzini. *Prisão cautelar.* São Paulo: Malheiros, 2005).

[255] Limites constitucionais à prisão temporária, in *Revista Jurídica* 207/209, p. 35 e 36.

A justificação na decretação da prisão cautelar visa assegurar a boa administração da justiça como forma de prevenção da perturbação da ordem e da tranquilidade pública. Daí o **princípio da exigibilidade**, nos termos do qual a prisão cautelar deve-se revelar necessária, como forma de proteção da defesa social. Como acentua Eugênio Paceli de Oliveira[256]: *"Com efeito, a prisão cautelar é utilizada, e somente aí se legitima, como instrumento de garantia da eficácia da persecução penal, diante de situações de risco real devidamente previstas em lei. Se a sua aplicação pudesse trazer consequências mais graves que o provimento final buscado na ação penal, ela perderia a sua justificação, passando a desempenhar função exclusivamente punitiva. A proporcionalidade da prisão cautelar é, portanto, a medida de sua legitimação, a sua ratio essendi".*

Cabe ressaltar que a prisão cautelar é caracterizada pela **proporcionalidade** entre a medida privativa de liberdade e o interesse que deve ser tutelado no desenvolvimento da persecução penal. Conforme acentua José Herval Sampaio Júnior e Pedro Rodrigues Caldas Neto[257]: *"A cautelaridade é o elemento legitimador, sob a ótica constitucional, de qualquer espécie de prisão provisória, atendidos no caso concreto os requisitos da necessidade, da razoabilidade e proporcionalidade, sem que se permita extrair, direto da legislação, uma situação cautelar genérica. De um modo geral, o encarceramento precoce visa garantir a futura operabilidade de uma eventual sentença condenatória, contudo tal escopo não pode atropelar direitos e garantias fundamentais dos indivíduos, daí por que faz-se mister que a medida se faça proporcional, isto é, sejam sopesados os interesses em cada situação concreta a fim de que, caso decretada ou presente uma prisão cautelar, o interesse coletivo seja superior ao direito individual do cidadão".*

A não obediência da proporcionalidade da medida privativa de liberdade, como prevalência do interesse social sobre o direito de liberdade, configura o *periculum in mora inverso*, o que impede a decretação ou autoriza sua revogação.

Uma manifestação relacionada ao princípio da proporcionalidade é a **compatibilidade entre a** prisão cautelar **mantida pela sentença condenatória e o regime inicial semiaberto fixado nessa decisão, devendo**

---

[256] OLIVEIRA, Eugênio Pacelli de. *Curso de processo penal.* Rio de Janeiro: Lumen Juris, 2009, p. 432.
[257] SAMPAIO JÚNIOR, José Herval; CALDAS NETO, Pedro Rodrigues. *Manual de prisão e soltura sob ótica constitucional.* 2. ed. São Paulo: Método, 2009, p. 80-81.

o réu, contudo, cumprir a respectiva pena em estabelecimento prisional compatível com o regime inicial estabelecido²⁵⁸.

Imposto regime mais brando, significa que o Estado-Juiz, ao aplicar as normas ao caso concreto, concluiu pela possibilidade de o réu poder iniciar o desconto da reprimenda em circunstâncias que não se compatibilizam com a imposição/manutenção de prisão provisória. Caso seja necessário, poderá se valer, quando muito, de medidas alternativas diversas à prisão, previstas no art. 319 do CPP, inquestionavelmente mais adequadas à hipótese²⁵⁹.

4. Requisitos

A decretação da prisão cautelar depende da ocorrência cumulativa de dois requisitos²⁶⁰:

---

²⁵⁸ Precedentes citados: HC 256.535-SP, Quinta Turma, DJe 20/6/2013; e HC 228.010-SP, Quinta Turma, DJe 28/5/2013. *HC 289.636-SP*, **Rel. Min. Moura Ribeiro, julgado em 20/5/2014.**

²⁵⁹ Precedentes citados do STF: HC 118.257-PI, Segunda Turma, DJe 6/3/2014; HC 115.786-MG, Segunda Turma, DJe 20/8/2013; e HC 114.288-RS, Primeira Turma, DJe 7/6/2013. *RHC 52.407-RJ*, **Rel. Min. Felix Fischer, julgado em 10/12/2014, DJe 18/12/2014.**

²⁶⁰ É ilegal a manutenção da prisão provisória **na hipótese em que seja plausível antever que o início do cumprimento da reprimenda, em caso de eventual condenação, dar-se-á em regime menos rigoroso que o fechado.** De fato, a prisão provisória é providência excepcional no Estado Democrático de Direito, só sendo justificável quando atendidos os critérios de adequação, necessidade e proporcionalidade. Dessa forma, para a imposição da medida, é necessário demonstrar concretamente a presença dos requisitos autorizadores da preventiva (art. 312 do CPP) - representados pelo *fumus comissi delicti* e pelo *periculum libertatis* - e, além disso, não pode a referida medida ser mais grave que a própria sanção a ser possivelmente aplicada na hipótese de condenação do acusado. É o que se defende com a aplicação do princípio

a) *periculum in mora* (*periculum libertatis*): demonstração de que a liberdade do acusado possa colocar em risco os resultados do processo, quer em relação ao seu desenvolvimento regular, quer em relação à concreta efetivação da sanção penal que venha a ser imposta;

b) *fumus boni iuris* (*fumus comissi delicti*): plausibilidade do direito invocado pelo interessado traduzida em elementos indiciários graves de culpabilidade.

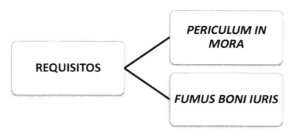

5. Motivação

A decretação de prisão cautelar deve ser **fundamentada**, ainda que a motivação seja concisa, demonstrando de forma concreta[261] os pressupostos autorizadores mencionados no art. 312 do Código de Processo Penal, nos termos do art. 93, inciso IX, da Constituição Federal.

Cabe ressaltar que a manutenção da prisão cautelar não exige nova fundamentação, ressalvada mudança no quadro fático. Transitada em julgado a condenação, resta superada a alegação de falta de fundamentação para a prisão cautelar.

---

da homogeneidade, corolário do princípio da proporcionalidade, não sendo razoável manter o acusado preso em regime mais rigoroso do que aquele que eventualmente lhe será imposto quando da condenação. Precedente citado: HC 64.379-SP, Sexta Turma, DJe 3/11/2008. HC 182.750-SP, **Rel. Min. Jorge Mussi, julgado em 14/5/2013.**

[261] "....a prisão cautelar só se justifica quando fica demonstrada sua real necessidade, o decreto prisional está devidamente fundamentado em dados concretos extraídos dos autos e a liberdade do paciente acarretaria insegurança jurídica e lesão à ordem pública". Precedentes citados do STF: HC 90.858-SP, DJ 22/6/2007; HC 90.162-RJ, DJ 29/6/2007, e HC 90.726-MG, DJ 17/8/2007; do STJ: HC 92.125-SE, DJe 23/6/2008; HC 90.629-PR, DJ 17/12/2007, e HC 85.485-RS, DJ 17/12/2007. HC 143.892-PE, **Rel. Min. Felix Fischer, julgado em 29/10/2009.**

PRISÃO E LIBERDADE

A decretação da prisão processual exige que o juiz indique circunstância específica que justifique a necessidade da segregação do paciente[262]. É idônea a fundamentação da custódia cautelar que examina os fatos concretos e suas peculiaridades[263], relacionando-os com os requisitos legais estabelecidos no art. 312 do Código de Processo Penal. Se fizer apenas referência genérica aos pressupostos ensejadores da custódia cautelar, fica evidenciado o constrangimento ilegal[264].

Em razão disso, não se justifica a manutenção em cárcere daquele que pratica crime somente porque de natureza hedionda[265], ou mesmo porque,

[262] A Turma, ao prosseguir o julgamento, por maioria, concedeu a ordem a fim de revogar a prisão do paciente, com extensão aos co-réus, pois, no caso, tratou-se de decreto ao qual faltou a efetiva fundamentação e se limitou a consignar que a liberdade seria estímulo para que os denunciados voltassem a delinqüir, colocando, então, a coletividade em risco. O que ali se consignou não é, evidentemente, algo concreto, mas, sim, simples suposição. Não é o bastante, todavia, mormente à luz do caráter de exceção das prisões provisórias. Também, na manifestação do MP pela prisão do paciente, não há suficiente fundamentação. RHC 17.428-GO, **Rel. Min. Nilson Naves, julgado em 9/8/2005.**

[263] Trata-se de estudante universitário, primário, autuado em flagrante por suposta prática de delito tipificado no art. 12 da Lei n. 6.368/1976, por estar guardando diferentes espécies de entorpecentes em quantidade razoável. Noticiam, também, os autos que o paciente poderia compartilhar o uso das drogas com colegas de faculdade, pois foi o pai de um desses pretensos usuários que o denunciou à polícia. Esses fatos, entretanto, nessa fase do processo, não descaracterizariam o tráfico. O parecer do subprocurador-geral da República alerta que, no caso, os fundamentos da prisão cautelar estão dissociados de qualquer elemento concreto e individualizado, restringindo-se, apenas, à alusão do caráter hediondo do delito de tráfico de entorpecente, o que, por si só, não é suficiente para legitimar a excepcional medida constritiva. Conclui defendendo a concessão da liberdade provisória ao paciente, sem prejuízo de sua custódia cautelar, com base em fundamentação idônea. O Min. Relator ratificou a liminar concedida, agora com apoio do parecer ministerial. Isso posto, a Turma, por maioria, concedeu a liberdade provisória. *HC 44.910-SP,* **Rel. Min. Nilson Naves, julgado em 11/10/2005.**

[264] A gravidade do delito mesmo quando praticado crime hediondo, se considerada de modo genérico e abstratamente, sem que haja correlação com a fundamentação fático objetiva, não justifica a prisão cautelar. A prisão preventiva é medida excepcional de cautela, devendo ser decretada quando comprovados objetiva e corretamente, com motivação atual, seus requisitos autorizadores. O clamor público, por si só, não justifica a custódia cautelar. Precedentes citados: HC 5.626-MT, DJ 16/6/1997, e HC 31.692-PE, DJ 3/5/2004. HC 33.770-BA, **Rel. Min. Paulo Medina, julgado em 17/6/2004.**

[265] A potencialidade lesiva do crime não constitui, *per se,* fundamento idôneo à decretação da prisão cautelar, sob pena de violação do princípio da presunção de inocência. Hediondo ou não, o crime somente pode ensejar restrição antecipada da liberdade se presente circunstância *de fato,* elementos *concretos,* no sentido de sua real necessidade. Toda e qualquer restrição de direitos, absoluta e apriorística, decorrente do rótulo da hediondez é inconstitucional,

PRISÃO

genericamente, se possa extrair, com a não residência no distrito da culpa, a suposição de fuga do acusado[266].

A constrição cautelar deve ter base empírica e concreta não bastando a mera explicitação textual dos requisitos legais ensejadores da prisão ou fundamentação genérica como a gravidade abstrata do crime[267] ou a periculosidade presumida[268].

Na prisão cautelar, a periculosidade concreta do agente é evidenciada pelas circunstâncias do crime. Cabe ressalvar que a fuga do réu constitui motivo suficiente a embasar a custódia cautelar. Já a simples menção à suposta necessidade de resguardar a ordem social não se presta a embasar a custódia provisória[269].

A prisão cautelar, justificada no **resguardo da ordem pública**[270], visa prevenir a reprodução de fatos criminosos e acautelar o meio social, reti-

---

porque conflitante com outro princípio expresso na Lei Maior: o da isonomia. HC 66.304-SP, **Rel. Min. Paulo Medina, julgado em 14/12/2006.**

[266] HC 96356/SP – rel. Min. Maria Thereza de Assis Moura – 6ª Turma – 25/2/2008.

[267] "....não foram tecidos fundamentos idôneos e suficientes à manutenção da prisão cautelar, pois, apesar de afirmarem a presença de indícios suficientes de autoria e materialidade para a deflagração da ação penal, não apontaram elementos concretos extraídos dos autos que justificassem a necessidade da segregação provisória, amparando-se, tão somente, na gravidade abstrata do delito e na alusão genérica à necessidade de preservação da ordem social". Precedentes citados: HC 126.613-RO, DJe 3/8/2009; HC 110.269-PE, DJe 23/11/2009, e HC 92.515-BA, DJe 2/6/2008. RHC 26.755-MG, **Rel. Min. Laurita Vaz, julgado em 10/8/2010.**

[268] A existência de indícios de autoria e prova da materialidade, bem como o juízo valorativo sobre a gravidade genérica do delito imputado ao paciente e acerca de sua suposta periculosidade, não constituem fundamentação idônea a autorizar a prisão cautelar, se desvinculada de qualquer fator concreto – HC 23311/BA, rel. Min. Jane Silva – 6ª Turma – 27/05/2008.

[269] Isso porque as prisões provisórias são medidas de índole excepcional que devem vir calçadas em fundamentação concreta. Não bastam, evidentemente, meras conjecturas ou presunções que mais se assemelham a exercícios de futurologia. Precedentes citados: HC 105.702-SC, DJ 29/9/2008, e HC 101.058-MG, DJ 4/8/2008. HC 110.433-PR, **Rel. originário Min. Nilson Naves, Rel. para acórdão Min. Maria Thereza de Assis Moura, julgado em 11/11/2008.**

[270] Primariedade e bons antecedentes não são, de *per si*, suficientes para livrar o paciente da prisão cautelar quando a mesma fundamenta-se na garantia da ordem pública, haja vista a inequívoca periculosidade do agente pela prática de homicídios duplamente qualificados (art. 121, § 2º, I e IV c/c arts. 29 e 71 do CP). Precedentes citados: HC 20.891-PE, DJ 2/9/2002; HC 19.799-SP, DJ 24/6/2002; RHC 6.876-DF, DJ 25/2/1998, RHC 12.323-SP, DJ 26/8/2002. HC 23.191-RJ, Rel. Min. Felix Fischer, julgado em 21/11/2002; Quanto ao decreto prisional, firmou afigurar-se devidamente fundamentada a manutenção da prisão cautelar na garantia da ordem pública, visto que aquela peça alude às reiteradas condutas delituosas perpetradas

PRISÃO E LIBERDADE

rando do convívio da comunidade o indivíduo que diante do *modus operandi* demonstra ser dotado de alta periculosidade.

A possibilidade de reiteração criminosa é fundamento idôneo para a manutenção da custódia cautelar, desde que comprovada a sua possibilidade concreta de ocorrência, pela demonstração de sua potencial periculosidade e real possibilidade de que, solto, volte a delinquir. Noutros termos, a reiteração criminosa não pode ser uma presunção, mas um risco concreto.

Condições pessoais favoráveis, tais como primariedade, bons antecedentes, residência fixa e trabalho lícito, não têm o condão de, por si só, garantir ao preso a revogação da prisão cautelar se há nos autos fundamentos suficientes a recomendar a sua manutenção.

Pronunciado o réu, fica superada a alegação do constrangimento ilegal da prisão cautelar por excesso de prazo na instrução criminal, nos termos da Súmula n. 21 do Superior Tribunal de Justiça. No entanto, a análise de legalidade da prisão cautelar por excesso de prazo para conclusão da instrução criminal deve ser feita no caso concreto à luz do princípio da razoabilidade.

As finalidades não cautelares violam os princípios constitucionais da presunção de inocência e do devido processo legal, dando à medida cautelar um fim exclusivo de sanção penal: a) proteção da integridade física do indiciado ou acusado para evitar represálias ou linchamento; b) prevenção geral: evitar que outras pessoas venham a praticar delitos diante da intimidação da prisão preventiva; c) prevenção especial: evitar que o indiciado ou acusado venha cometer novos delitos; d) reação ao alarma social: visa satisfazer o sentimento social de justiça imediata.

6. Prisão Cautelar e Prisão Provisória

Alguns doutrinadores[271] diferenciam prisão cautelar da prisão provisória, afirmando que a cautelar é a prisão preventiva, e a provisória é a decorrente de ato impugnável por meio de recursos.

---

pelo paciente, o que denota sua personalidade voltada para o crime. Precedentes citados: REsp 495.928-MG, DJ 2/2/2004, e REsp 241.377-AC, DJ 3/6/2002. *HC 44.434-PE*, **Rel. Min. Laurita Vaz, julgado em 20/10/2005.**

[271] NERY JUNIOR, Nelson. *Constituição Federal comentada e legislação constitucional.* São Paulo: Revista dos Tribunais, 2006, p. 136.

Título V – Prisão

4ª Parte – Prisão Temporária

1. Histórico

A prisão temporária surgiu no Direito brasileiro com a **Medida Provisória n. 111**, de 24 de novembro de 1989, posteriormente convertida na Lei n. 7.960, de 21 de dezembro de 1989, que entrou em vigor no dia 22 de dezembro de 1989, visando regularizar e coibir a prisão para averiguações.

A Medida Provisória n. 111/89 foi inspirada no projeto de reforma do Código de Processo Penal n. 1655 – B/83, que, por sua vez, baseou-se, no anteprojeto elaborado por José Frederico Marques, em 1970.

A criação da prisão temporária por medida provisória representou uma **resposta legítima** ao combate da criminalidade organizada e foi permitida, pois àquela época não figurava a vedação constitucional de legislar sobre matéria processual penal por via de medida provisória.

O instituto da prisão temporária foi introduzido no Direito brasileiro sob a influência do **movimento político-criminal conhecido como "lei e ordem"**, verdadeiro mobilização social de aniquilamento do crime e criminoso, como medida a ser tomada quando a liberdade do investigado prejudicasse a investigação policial e, por consequência, o esclarecimento da verdade real dos fatos.

Atualmente, a Constituição da República no art. 62, com redação da Emenda Constitucional n. 32, de 11 de setembro de 2001, que cuida da edição de medidas provisórias, veda expressamente que nesta espécie legislativa sejam veiculadas matérias que digam respeito a direito penal e processual (§ 1º inciso I, do art. 62).

2. Natureza Jurídica, Característica e Finalidade

A prisão temporária é uma espécie de prisão cautelar decretada pelo juiz durante o inquérito policial, por tempo determinado contra o suspeito indiciado (**é importante ressaltar que a referida prisão só pode atingir indiciado)** de um crime grave, para possibilitar as investigações policiais (**providência ínsita à investigação criminal**)[272].

A prisão temporária, medida judicial de natureza cautelar que deve ser provida de necessária e suficiente fundamentação, tem **caráter provisório e transitório,** visando atender às circunstâncias de momento determinado das investigações no inquérito policial.

Como modalidade de segregação cautelar, a expressão prisão temporária, para alguns, não é mais acertada, pois toda prisão no nosso sistema jurídico é temporária; outros, como Valdir Szinick[273], sustenta que é mais acertada, pois o termo prisão cautelar ou provisória representa o gênero das prisões processuais e prisão policial traz a ideia das épocas passadas de prisão ilegal ou arbitrária.

A prisão temporária é autêntica **prisão para investigações,** com natureza de medida cautelar preventiva, já que para sua decretação, além de necessária a presença dos pressupostos do *periculum in mora* (imprescindibilidade para o prosseguimento das investigações policiais[274]) e do *fumus boni iuris* (fundadas razões de autoria ou participação em um ou mais dos

---

[272] A prisão temporária tem natureza essencialmente acautelatória, uma vez que tem a finalidade de assegurar os resultados práticos e úteis das investigações de crimes graves previstos na Lei nº 7.960/1989 (HC 94763/GO - HABEAS CORPUS – Relator: Ministro RIBEIRO DANTAS; Órgão julgador: T5 - quinta turma; Dje: 12/12/2018).

[273] SZINICK, Valdir. *Liberdade, prisão cautelar e temporária.* São Paulo: Editora Universitária de Direito, 1995.

[274] Esta Corte Superior de Justiça tem reiteradamente decidido ser cabível a imposição de prisão temporária, consubstanciada na imprescindibilidade das investigações, quando existentes indícios de autoria e dados concretos, consistentes no fato de o investigado encontrar-se foragido (HC 224270/DF – rel. Min. Sebastião Reis Junior – 6ª Turma – STJ – *Dje* 9/11/12).

tipos penais enumerados no inciso III do art. 1º da Lei n. 7.960/89), a privação da liberdade do investigado será utilizada para descobrir elementos que indiquem a autoria e materialidade de crimes graves.

Visando à coleta de elementos tendentes à elucidação da autoria e materialidade de determinada infração penal, a prisão temporária tem como finalidade tutelar o inquérito policial, de forma que resta destacado seu caráter de **medida instrumental**. Conforme Jayme W. de Freitas[275]: *"Tem o propósito de instrumentalizar o inquérito policial com manancial probatório concernente à autoria ou participação do suspeito ou indiciado em grave infração penal e fornecer cabedal probante que subsidie a futura denúncia ou queixa".*

É importante ressalvar que a prisão temporária não é medida exclusiva da legislação brasileira, sendo caracterizada como medida **judicial** (pois decretada pelo juiz), **precária** (pois, além de transitória, pode ser revogada a qualquer tempo) e **acessória** (pois é decretada no inquérito policial, quando restar comprovado que a liberdade do suspeito pode prejudicar o prosseguimento do inquérito policial).

A prisão temporária possibilita a investigação de crimes graves, para garantir eficácia na apuração da infração penal pela polícia, permitindo o esclarecimento da verdade real, garantindo a tutela da persecução extrajudicial e resguardando elementos de provas, pessoas e situações durante o inquérito policial.

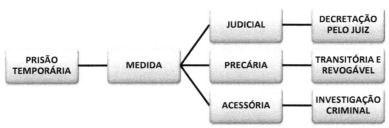

3. Prazo de Duração

Art. 2º da Lei n. 7.960/89. A prisão temporária será decretada pelo Juiz, em face da representação da autoridade policial ou de requerimento do Ministério Público, e terá o prazo de 5 (cinco) dias, prorrogável por igual período em caso de extrema e comprovada necessidade.

---

[275] FREITAS, Jayme Walmer de. *Prisão temporária*. São Paulo: Saraiva, 2004, p. 98.

Art. 2º, § 4º, da Lei n. 8.072/90. A prisão temporária, sobre a qual dispõe a Lei n. 7.960, de 21 de dezembro de 1989, nos crimes previstos neste artigo, terá o prazo de 30 (trinta) dias, prorrogável por igual período em caso de extrema e comprovada necessidade. (Incluído pela Lei nº 11.464, de 2007.)

De acordo com as leis acima referidas é possível afirmar que existem prazos distintos para a duração da prisão temporária, de forma que nos crimes hediondos e equiparados, o prazo é de 30 dias; nos demais casos, o prazo é de 05 dias.

A prisão temporária é uma **medida transitória**, pois tem prazo certo, tempo determinado. Conforme orientação do Superior Tribunal de Justiça: *"A **prisão temporária** é excepcional, de curta duração, e objetiva garantir a integridade da investigação criminal, mas não é cumprimento antecipado de condenação e nem pode estender-se ou prolongar-se no tempo, transpondo o limite que a lei lhe estabelece"* [276].

O prazo de duração (quando não houver prorrogação) representa o limite máximo de tempo da prisão temporária. Nada impede que o juiz fixe prazo menor, desde que tal medida seja mais adequada ao caso concreto.

O tema prisão é matéria penal[277], pois envolve o direito de liberdade; dessa forma, a maneira de contagem do prazo da prisão temporária segue a regra prevista no art. 10 do CP, que inclui o dia do começo (data em que o suspeito é recolhido ao estabelecimento criminal) e exclui o dia do vencimento. A natureza do prazo é confirmada pela lei nº 13.869/19, no artigo 40, que acrescenta no artigo 2º da lei da prisão temporária, o §8º - *Inclui-se o dia do cumprimento do mandado de prisão no cômputo do prazo de prisão temporária*[278].

O prazo da custódia temporária começa a fluir a partir da efetiva prisão do acusado. Desta forma, enquanto o infrator da lei penal não for encontrado, o mandado prisional fica em aberto, até decisão posterior de revogação da prisão temporária ou decisão do recebimento da denúncia ou queixa[279].

---

[276] (HC 78376/SC – *HABEAS CORPUS* – 2007/0048671-9 – rel. Min. Napoleão Nunes Maia Filho – 5ª Turma – j. 13/09/2007).

[277] Há opiniões doutrinárias em contrário, sustentando a natureza processual do prazo, já que a prisão temporária é uma medida cautelar.

[278] Lei nº 13.869/19 - Art. 45. Esta Lei entra em vigor após decorridos 120 (cento e vinte) dias de sua publicação oficial (5/9/2019).

[279] O não cumprimento do mandado de prisão temporária é justificativo a mais para a preservação da medida constritiva, tendo em vista a dificuldade de continuidade e conclusão

No caso de **prorrogação do prazo de duração da prisão temporária** é necessária presença de três requisitos: a) objetivo; b) temporal; c) subjetivo.

O **requisito objetivo** é a existência de um motivo de comprovada e extrema necessidade que, por sua vez, é manifestada pela demonstração de que a prorrogação é imprescindível para as investigações policiais.

É importante ressalvar que não consubstancia constrangimento ilegal, susceptível de ataque por via de *habeas corpus*, a ordem de prorrogação de prisão temporária provida de fundamentos indicativos da presença efetiva de sua necessidade; porém não demonstrada à extrema e comprovada necessidade da prorrogação da prisão temporária, a mantença em cárcere representará um constrangimento ilegal sanável por via de *habeas corpus*;

A duração do prazo de prorrogação é o mesmo prazo de duração da prisão temporária: nos crimes hediondos e equiparados, o prazo de prorrogação é de 30 dias; nos demais casos, o prazo é de 5 dias. O juiz deve em cada caso concreto fixar o *quantum* do prazo de prorrogação. A prorrogação só é permitida uma única vez.

A iniciativa na prorrogação enseja dois posicionamentos:

1) majoritário: depende de requerimento do MP ou representação da autoridade policial; se o juiz concordar dará despacho fundamentado fixando o prazo de duração da prorrogação;

2) minoritário: pode ser feita de ofício pelo juiz, pois trata-se da mesma prisão em continuidade; o despacho deve ser fundamentado com a fixação do prazo de duração da prorrogação.

Após o término do prazo de duração/prorrogação da prisão temporária, o preso deve ser colocado em liberdade, salvo se houve a decretação da sua prisão preventiva, sob pena de configurar crime de abuso de autoridade, nos termos do art. 4º, alínea *i*, da Lei n. 13869/19 (*Art. 12. Parágrafo único. Incorre na mesma pena (detenção, de 6 (seis) meses a 2 (dois) anos, e multa) quem: IV - prolonga a execução de pena privativa de liberdade, de prisão temporária, de prisão preventiva, de medida de segurança ou de internação, deixando, sem motivo justo e excepcionalíssimo, de executar o alvará de soltura imediatamente após recebido ou de promover a soltura do preso quando esgotado o prazo judicial ou legal)*[280].

---

das investigações quando ausente o indiciado (HC 122897 – STJ – rel. Min. Jorge Mussi – 5ª Turma – *DJE* 15/12/2009).

[280] Lei nº 13869/19 - Art. 45. Esta Lei entra em vigor após decorridos 120 (cento e vinte) dias de sua publicação oficial (5/9/2019).

A lei nº 13.869/19, no artigo 40, que ao acrescentar no artigo 2º da lei da prisão temporária, o §7º, determinou que decorrido o prazo contido no mandado de prisão, a autoridade responsável pela custódia deverá pôr imediatamente o preso em liberdade, salvo se já tiver sido comunicada da prorrogação da prisão temporária ou da decretação da prisão preventiva[281].

Em relação à liberação do preso, **após o término do prazo de duração** da prisão temporária, há dois posicionamentos:

a) a liberação não depende de ordem judicial, ou seja, de alvará de soltura; deverá ser posto em liberdade pela autoridade policial, bastando a comunicação imediata ao juiz e ao membro do MP; a providência de colocar o preso em liberdade é automática;

b) a liberação do preso depende de ordem judicial; a autoridade policial manda ofício para o juiz mencionando a não necessidade de mantença na custódia do indiciado e aguarda resposta do juiz, no sentido de revogar a prisão e liberar o indiciado.

Não obstante existam os dois posicionamentos, a lei nº 13.869/19, no artigo 40, que ao acrescentar no artigo 2º da lei da prisão temporária, o §7º, determinou que a liberação do preso, **após o término do prazo de duração** da prisão temporária independe de nova ordem da autoridade judicial[282].

Em relação à liberação do preso, **antes do término do prazo de duração** da prisão temporária, há dois posicionamentos:

a) a liberação do preso depende de ordem judicial; a autoridade policial ou o Ministério Público formulam pedido de liberação e o juiz, uma vez concordando com a desnecessidade do encarceramento prévio, concede alvará de soltura; se o alvará for concedido pelo delegado sem ordem judicial, haverá responsabilização do delegado por crime de desobediência;

b) a liberação do preso independe de ordem judicial, pois a lei não estabelece em nenhum dos seus dispositivos a necessidade da referida ordem; assim, a própria autoridade policial poderá conceder o alvará de soltura.

---

[281] Lei nº 13869/19 - Art. 45. Esta Lei entra em vigor após decorridos 120 (cento e vinte) dias de sua publicação oficial (5/9/2019).
[282] Lei nº 13869/19 - Art. 45. Esta Lei entra em vigor após decorridos 120 (cento e vinte) dias de sua publicação oficial (5/9/2019).

4. Momento de Decretação

A prisão temporária somente pode ser efetivada na fase pré-processual, ou seja, durante o inquérito policial. Após o término do inquérito, seja pelo encerramento (relatório da autoridade policial), trancamento (ajuizamento de *habeas corpus* com fundamento na atipicidade do fato investigado ou evidente impossibilidade de o indiciado ser autor da infração penal ou quando já tiver ocorrido extinção da punibilidade)[283] ou arquivamento, não é mais possível decretação da prisão temporária[284].

5. Competência para Decretação

Art. 2º da Lei n. 7.960/89. A prisão temporária será decretada pelo Juiz, em face da representação da autoridade policial ou de requerimento do Ministério Público, e terá o prazo de 5 (cinco) dias,

---

[283] MESSA, Ana Flávia. *Prática penal para o exame da OAB*. São Paulo: Saraiva, 2012.

[284] Uma vez oferecida a denúncia não mais subsiste o decreto de prisão temporária, que visa resguardar, tão somente, a integridade das investigações (HC 78437/ SP – 2007/0050077-9 – rel. Min. Laurita Vaz – 5ª Turma – 28/06/2007); Uma vez recebida a denúncia não mais subsiste o decreto de prisão temporária, que visa resguardar, tão somente, a integridade das investigações. *Writ* concedido para declarar a insubsistência da ordem de prisão temporária proferida nos autos do processo n. 29/03 que tramita junto à Vara Criminal da Comarca de Serrinha/BA (HC 44.987/BA, rel. Min. Felix Fischer, 5ª Turma, j. 02/02/2006, *DJ* 13/03/2006, p. 341).

PRISÃO E LIBERDADE

prorrogável por igual período em caso de extrema e comprovada necessidade. (...) § 2º O despacho que decretar a prisão temporária deverá ser fundamentado e prolatado dentro do prazo de 24 (vinte e quatro) horas, contadas a partir do recebimento da representação ou do requerimento.

A prisão temporária não é medida administrativa, já que é decretada por órgão estatal pertencente ao Poder Judiciário, ou seja, somente é decretada pela autoridade judiciária, nos termos do art. 5º, inciso LXI, combinado com o art. 2º da Lei n. 7.960/89, por ordem escrita e fundamentada. O juiz tem 24 horas para decidir sobre a decretação ou não da prisão temporária. O prazo começa a contar do recebimento da representação ou requerimento.

Em relação à competência para decretação da prisão temporária, há divergência doutrinária, de forma que há dois posicionamentos:

1) o juiz competente será o que tiver competência potencial para apurar o feito e exercer o controle jurisdicional do inquérito policial[285];

2) qualquer juiz pode decretar prisão temporária, pois durante o inquérito policial ainda não existe competência, pois esta só é fixada com o início da ação penal.

6. Mandado de Prisão

O mandado é uma ordem escrita e fundamentada da autoridade judiciária competente, que deve ser expedida em duas vias, sendo que uma delas será entregue ao preso, servindo como nota de culpa.

A nota de culpa funcionará como documento informativo sobre o motivo da prisão e a identificação dos responsáveis pela prisão. São os seguintes requisitos do mandado de prisão temporária: a) identificação da pessoa a ser presa; b) menção da infração penal: descrição do fato e indicação da capitulação legal do crime; c) menção do valor da fiança a ser arbitrada; d) assinatura da autoridade: garante autenticidade da ordem e existência do mandado; e) endereçamento por quem tem a qualidade de executar: oficiais de justiça ou autoridades policiais.

---

[285] KAUFFMANN, Carlos. *Prisão temporária*. São Paulo: Quartier Latin, 2006, p. 148.

A lavratura do mandado será feita pelo escrivão, escrevente ou qualquer outra pessoa que possa atestar sua veracidade ou autenticidade. A prisão temporária somente poderá ser executada após a expedição do mandado judicial (sob pena de configurar abuso de autoridade e violação ao princípio da reserva jurisdicional), por oficial de justiça ou autoridade policial (art. 297 do CPP).

7. Fundamentação

A decretação da prisão temporária, feita por decisão judicial, deve ser fundamentada[286], nos termos do princípio da motivação das decisões judiciais previstos no art. 93, inciso IX, da CF, sob pena de nulidade, ensejando *habeas corpus*; a fundamentação significa indicar os motivos e a necessidade da cautela para o esclarecimento dos fatos apurados em inquérito policial.

O despacho que decreta a prisão temporária evidencia legalidade quando o juiz deixa expressos os índices de autoria e materialidade e enfatiza a necessidade de constrição ao exercício de liberdade[287]. Cabe ressalvar que a fundamentação sucinta não constitui coação ilegal.

Para a fundamentação não basta expressões formais ou repetição dos dizeres da lei. A fundamentação pode ser sucinta. O juiz deve indicar as razões de fato e de direito que embasaram a decisão. A decisão que decreta a prisão temporária, lastreando-se apenas na gravidade do delito, encontra-se sem a devida fundamentação. Tal medida é de natureza excepcional e deve conter elementos concretos que ensejem sua adoção[288].

O juiz deve indicar os fatos que demonstram: **a) a necessidade:** imprescindibilidade para as investigações; **b) pertinência:** fundadas razões de

---

[286] RHC - PROCESSUAL PENAL - PRISÃO TEMPORARIA - FUNDAMENTAÇÃO – A prisão temporária, exceção ao exercício do direito de liberdade, deve ser fundamentada; segue a regra imperativa do art. 93, IX, da Constituição da Republica (RHC 4611/MA RECURSO ORDINARIO EM HABEAS CORPUS 1995/0025577-4 – relator: Ministro LUIZ VICENTE CERNICCHIARO – 6ª turma do STJ, Dje 20/05/1996).

[287] HC 1738/RJ – STJ – 1993.

[288] A prisão temporária, por sua própria natureza instrumental, é permeada pelos princípios do estado de não culpabilidade e da proporcionalidade, de modo que sua decretação só pode ser considerada legítima caso constitua medida comprovadamente adequada e necessária ao acautelamento da fase pré- processual, não servindo para tanto a mera suposição de que o suspeito virá a comprometer a atividade investigativa (HC n. 286.981/MG, Ministra Laurita Vaz, Quinta Turma, DJe 1º/7/2014).

autoria ou participação nos crimes indicados no art. 1º da Lei n. 7.960/89) da decretação da prisão temporária[289].

A decretação da prisão temporária, como qualquer outra prisão cautelar, deve, necessariamente, estar amparada em um dos motivos constantes do art. 312 do Código de Processo Penal e por força dos art. 5º, XLI, e 93, IX, da Constituição da República, o magistrado está obrigado a apontar os elementos concretos ensejadores da medida.

A necessidade da fundamentação é uma garantia: **a) das partes**, pois possibilita o pedido de reexame da matéria, por meio do recurso; **b) da sociedade,** já que permite que a sociedade avalie e fiscalize a atuação jurisdicional e sua compatibilidade com a imparcialidade e a justiça.

Há divergência doutrinária a respeito da possibilidade de o juiz adotar os argumentos do Ministério Público ou da autoridade policial como as suas razões de decidir. O STJ já manifestou julgado contrário à possibilidade da fundamentação por remissão a despachos anteriores[290].

---

[289] A determinação de prisão temporária deve ser fundada em fatos concretos que indiquem a sua real necessidade, atendendo-se aos termos descritos na lei. O fato de o paciente se encontrar em lugar incerto e não sabido, tanto que não há nos autos notícias de que o decreto prisional tenha sido cumprido, é suficiente para fundamentar a segregação provisória, tendo em vista a dificuldade de investigação e conclusão do inquérito quando ausente o indiciado.

[290] Ementa: Constitucional e Processual Penal. *Habeas Corpus.* Crime Hediondo. Prisão preventiva resultante de convolação de prisão temporária: necessidade de efetivação por parte do juiz. Não basta a remissão a despachos anteriores e dizer que a prisão se faz para a "contenção da escalada criminosa". A exigência da concreção de ato judicial, além de ser direito fundamental do jurisdicionado (Brasil, art. 93, IX; Itália, art. 111; Portugal, 210, 1), também se presta para o controle por parte dos órgãos recursais. Recurso provido – HC 5378/SP – rel. Min. Adhemar Maciel – T6 – 22/04/1996.

8. Iniciativa

Art. 2º da Lei n. 7.960/89. A prisão temporária será decretada pelo Juiz, em face da representação da autoridade policial ou de requerimento do Ministério Público, e terá o prazo de 5 (cinco) dias, prorrogável por igual período em caso de extrema e comprovada necessidade. § 1º Na hipótese de representação da autoridade policial, o Juiz, antes de decidir, ouvirá o Ministério Público.

A decretação da prisão temporária depende de representação da autoridade policial ou de requerimento do Ministério Público, nos termos do art. 2º, *caput*, da Lei n. 7.960/89.

A representação ou o requerimento será feito por escrito. Tanto na representação, como no requerimento é necessário que o autor do pedido exponha de forma clara e precisa os requisitos legais motivadores da prisão, com base nos elementos dos autos do inquérito policial, para comprovar a necessidade e a conveniência da medida privativa de liberdade.

É importante ressalvar que não é possível decretação *ex officio*, já que a decretação da prisão temporária depende de provocação da autoridade policial ou do Ministério Público. É o princípio da inércia, que segundo Antonio Carlos Marcato[291]: "*A todos, independentemente de qualquer condição, é conferido o poder de retirar a jurisdição da inércia. Trata-se de garantia constitucional da ação, segundo a qual não se pode subtrair à apreciação do Poder Judiciário, lesão ou ameaça de lesão a direito (art. 5º, XXXV, da CF)*".

A oitiva do Ministério Público pode ser determinada pelo juiz antes da sua decisão de decretação ou não da prisão temporária, no caso de representação da autoridade policial conforme art. 2º, § 1º, da Lei n. 7.960/89.

---

[291] MARCATO, Antonio Carlos et al (Coord.). *Código de Processo Civil interpretado*. São Paulo: Atlas, 2004, p. 38.

PRISÃO E LIBERDADE

9. Apresentação Espontânea

A apresentação espontânea no âmbito investigatório demonstra o propósito de não tumultuar ou comprometer a elucidação dos fatos, a realização das diligências ou a coleta de provas em geral.

Há o intuito de não interferir na investigação policial, mas de cooperar com a autoridade policial. A apresentação espontânea do agente perante a autoridade policial logo depois da determinação de sua prisão temporária, dando mostras de que pretende colaborar com a administração da Justiça, é suficiente para tornar sua anterior fuga, ocorrida momentos após a prática do evento criminoso, insubsistente para motivar o édito constritivo[292].

10. Detração Penal

O prazo de prisão temporária será computado no prazo da pena privativa de liberdade ou medida de segurança, nos termos do art. 42 do Código Penal.

11. Prazo da Conclusão do Inquérito Policial de Réu Preso

Há dois posicionamentos: 1) o prazo de prisão temporária não pode ultrapassar o prazo de conclusão do inquérito policial, sob pena de constrangimento ilegal sanável por *habeas corpus*[293]; 2) o prazo de prisão temporária e o da conclusão do inquérito são prazos distintos e contados de forma separada. A nossa posição é que a duração do prazo não é contada no prazo de conclusão do inquérito policial, nem para conclusão da instrução no processo criminal.

12. Conversão da Prisão Temporária em Prisão Preventiva

Após o término do prazo de duração da prisão temporária, o preso será colocado em liberdade, salvo se já tiver sido decretada sua prisão preventiva.

---

[292] HC 107705/SP - HABEAS CORPUS – Relator: Ministra JANE SILVA (DESEMBARGADORA CONVOCADA DO TJ/MG); Órgão julgador: T6 - sexta turma; Dje: 19/12/2008.
[293] LINO, Bruno Teixeira. *Prisão temporária*: Lei 7.960, de 21 de dezembro de 1989. Belo Horizonte: Mandamentos, 2000, p. 68.

A prisão preventiva **não é consequência lógica da prisão temporária**, devendo sua decretação exigir os requisitos legais específicos.

Eventual alegação de ilegalidade da prisão temporária resta superada pela superveniência de decreto de prisão preventiva suficientemente fundamentada[294].

Com a decretação da prisão preventiva do paciente ocorre alteração no título judicial da custódia. A superveniência da prisão preventiva torna sem objeto a irresignação quanto à prisão temporária. Interessante acórdão estabelece diferença entre prisão temporária e preventiva: *"HC – CONSTITUCIONAL – PROCESSUAL PENAL – PRISÃO PREVENTIVA – PRISÃO TEMPORÁRIA – A prisão preventiva não se confunde com a prisão temporária. A primeira é cautela relativa ao processo penal; a segunda visa ao recolhimento de dados para o inquérito policial. – HC 9112 / RJ – rel. Min. Luiz Vicente Cernicchiaro – 6ª Turma – 01/06/1999".*

Exaurido o prazo estipulado para a prisão temporária e sobrevindo decreto de prisão preventiva desaparece o alegado constrangimento ilegal, objeto do pedido de *habeas corpus* formulado em face da decretação da prisão temporária, por achar-se o paciente custodiado por novo título, inatacado na impetração (TJGO – HC 13734.2.217 – rel. Des. João Canedo Machado – j. em 27/08/96 – *DJ* de 09/09/96, p. 09; TJDFT – HC 06.187/93 – rel. Des. Estevam Carlos Lima Maia – j. em 15/04/93 – *DJ* de 02/06/93, p. 21010).

---

[294] Prisão preventiva resultante de convolação de prisão temporária: necessidade de efetiva fundamentação por parte do juiz. Não basta a remissão a despachos anteriores e dizer que a prisão se faz para "contenção da escalada criminosa". A exigência da concreção de ato judicial, além de ser direito fundamental do jurisdicionado (Brasil, art. 93, IX; Itália, Art 111; Portugal, 210,1), também se presta para o controle por parte dos órgãos recursais (RHC 5378/SP RECURSO ORDINARIO EM HABEAS CORPUS, relator: Ministro ADHEMAR MACIEL, órgão julgador: 6ª turma, Dje 10/06/1996); Após a convolação da prisão temporária em preventiva, ficam superadas todas as questões relativas a eventuais irregularidade daquela (HC 76263/MG - HABEAS CORPUS – Relator: Ministro JOEL ILAN PACIORNIK; Órgão julgador: T5 - quinta turma; Dje: 18/12/2017); Eventual irregularidade na prisão temporária resta superada pela superveniência de novo título a embasar a segregação cautelar, qual seja, a prisão preventiva, fundamentada na necessidade de garantia da ordem pública (HC 78150/SP - HABEAS CORPUS – Relator: Ministro FELIX FISCHER; Órgão julgador: T5 - quinta turma; Dje: 15/03/2017).

13. Local do Preso Temporário

Art. 3º da Lei n. 7.960/89. Os presos temporários deverão permanecer, obrigatoriamente, separados dos demais detentos.

O preso temporário fica separado dos demais detentos, sejam condenados ou submetidos às demais espécies de prisão provisória[295]. A não separação do preso temporário enseja *habeas corpus* por violação à integridade moral do preso (art. 5º, XLIX, da CF).

A colocação do preso temporário em cela separada é justificada pelas seguintes razões: 1) facilitar a investigação policial; 2) evitar a promiscuidade carcerária; 3) proteger a integridade do preso; 4) facilitar a obtenção dos elementos de prova.

14. Providências

Art. 2º, § 3º, da Lei n. 7.960/89 (...) O Juiz poderá, de ofício, ou a requerimento do Ministério Público e do Advogado, determinar que o preso lhe seja apresentado, solicitar informações e esclarecimentos da autoridade policial e submetê-lo a exame de corpo de delito.

a) da autoridade policial: advertir o preso do seu direito constitucional de permanecer calado e dos outros direitos previstos no art. 5º da Constituição Federal, como o direito à assistência por advogado e o da identificação dos responsáveis pela prisão;

b) da autoridade judicial: determinar que o preso lhe seja apresentado, solicitar informações da autoridade policial ou submeter o preso a exame de corpo de delito. Tais providências são feitas de ofício pelo juiz ou a requerimento do Ministério Público ou do advogado. Como observa Carlos Kauffmann[296]: *"A apresentação do preso à autoridade, facultativa pela Lei da prisão temporária, tornou-se obrigatória por força do art. 9º, número 3 do Pacto Internacional sobre direitos civis e políticos... sendo a única forma de evitar-se, ou pelo menos procurar evitar-se, a prisão desnecessária de quem poderia permanecer ainda em liberdade".*

---

[295] É uma exceção à regra do art. 300 da Lei de Execução Penal.
[296] KAUFFMANN, Carlos. *Prisão temporária*, cit., p. 160.

PRISÃO

O exame de corpo de delito deve ser exigido não só no momento da prisão, como também após o término da prisão.

15. Requisitos

> Art. 1° Caberá prisão temporária: I - quando imprescindível para as investigações do inquérito policial; II - quando o indicado não tiver residência fixa ou não fornecer elementos necessários ao esclarecimento de sua identidade; III - quando houver fundadas razões, de acordo com qualquer prova admitida na legislação penal, de autoria ou participação do indiciado nos seguintes crimes: a) homicídio doloso (art. 121, caput, e seu § 2°); b) sequestro ou cárcere privado (art. 148, caput, e seus §§ 1° e 2°); c) roubo (art. 157, caput, e seus §§ 1°, 2° e 3°); d) extorsão (art. 158, caput, e seus §§ 1° e 2°); e) extorsão mediante sequestro (art. 159, caput, e seus §§ 1°, 2° e 3°); f) estupro (art. 213, caput, e sua combinação com o art. 223, caput, e parágrafo único); g) atentado violento ao pudor (art. 214, caput, e sua combinação com o art. 223, caput, e parágrafo único); h) rapto violento (art. 219, e sua combinação com o art. 223 caput, e parágrafo único); i) epidemia com resultado de morte (art. 267, § 1°); j) envenenamento de água potável ou substância alimentícia ou medicinal qualificado pela morte (art. 270, caput, combinado com art. 285); l) quadrilha ou bando (art. 288), todos do Código Penal; m) genocídio (arts. 1°, 2° *e* 3° da Lei n° 2.889, de 1° de outubro de 1956), em qualquer de suas formas típicas; n) tráfico de drogas (art. 12 da Lei n° 6.368, de 21 de outubro de 1976); o) crimes contra o sistema financeiro (Lei n° 7.492, de 16 de junho de 1986); p) crimes previstos na Lei de Terrorismo. (Incluído pela Lei nº 13.260, de 2016)

1. Fundadas razões (elementos concretos constantes dos autos contra o indiciado suspeito) de autoria ou participação do indiciado nos crimes enumerados no art. 1º da Lei n. 7.960/89[297].

---

[297] O art. 1º da Lei n. 7.960/1989 evidencia que o objetivo primordial da prisão temporária é o de acautelar o inquérito policial, procedimento administrativo voltado a esclarecer o fato criminoso, a reunir meios informativos que possam habilitar o titular da ação penal a formar sua *opinio delicti* e, por outra angulação, a servir de lastro à acusação (HC 414341/

PRISÃO E LIBERDADE

É o *fumus boni iuris* da prisão temporária consubstanciado nos elementos concretos constantes dos autos idôneos e precisos de autoria ou participação do indiciado suspeito[298]. O rol de crimes é taxativo, não admitindo interpretação extensiva ou analógica.

2. Requisito alternativo:

a) imprescindibilidade da medida para as investigações[299]. É o *periculum in mora* da prisão temporária demonstrado pela indispensabilidade da restrição da liberdade ambulatória para possibilitar a coleta de informações sobre a materialidade e autoria da infração penal.

Ao decretar a prisão temporária, o magistrado deve demonstrar, efetivamente, quais obstáculos pretende impedir que o acusado possa causar ao trabalho da autoridade policial[300]. Segundo Carlos Kauffmann[301]: *"...se, mentalmente, perante a ocorrência verificada, se abstrair a contribuição causal a que se quer dar o valor da condição, e se concluir que, suprimida a prisão, a investigação policial ficaria impossibilitada, a prisão será imprescindível para as investigações do inquérito policial"*.

Cabe ressaltar que, a imprescindibilidade às investigações, requisito inerente à decretação da prisão temporária, visualizada através da demonstração concreta de risco à apuração em desenvolvimento, não é satisfeita pela omissão de plena colaboração no acordo negociado da delação premial[302].

b) ausência de residência fixa do indiciado;

SP - HABEAS CORPUS – Relator: Ministro ROGERIO SCHIETTI CRUZ; Órgão julgador: T6 - sexta turma; Dje: 27/10/2017).

[298] O despacho que decreta a prisão temporária evidencia legalidade quando o juiz deixa expressos os índices de autoria e materialidade e enfatiza a necessidade de constrição ao exercício do direito de liberdade (HC 1738/RJ HABEAS CORPUS 1993/0002361-6 – relator: Ministro LUIZ VICENTE CERNICCHIARO - 6ª turma do STJ - DJ 17/05/1993).

[299] A existência de indícios de participação em organização criminosa, a qual se dedica, principalmente, ao tráfico de drogas, demonstra a imprescindibilidade da decretação da prisão temporária para a garantia da investigação criminal (HC 91318 do STJ – rel. Min. Maria Thereza de Assis Moura – 6ª Turma – *DJE* 21/06/2010).

[300] Ao decretar a prisão temporária, o magistrado deve demonstrar, efetivamente, quais obstáculos pretende impedir que o acusado pudesse causar ao trabalho da autoridade policial (HC 187869/MG – relator: Ministro Gilson Dipp, órgão julgador: Quinta Turma, DJe 14/03/2011).

[301] KAUFFMANN, Carlos. *Prisão temporária*, cit., p. 127.

[302] HC 479227/MG - HABEAS CORPUS – Relator: Ministro NEFI CORDEIRO; Órgão julgador: T6 - sexta turma; Dje: 18/03/2019.

c) não esclarecimento da identidade do indiciado. Se ficar evidenciada a intenção do indiciado de furtar-se a fornecer esclarecimento ao inquérito policial e afastar-se do local do crime, será mantida a prisão temporária[303].

É importante ressaltar que a análise de alguns elementos no caso concreto evidencia a não necessidade da prisão temporária, como no caso de quando o réu é primário, tem bons antecedentes, não apresenta periculosidade para a sociedade e comparece normalmente ao ser convocado pela autoridade policial[304].

São as seguintes posições relacionadas aos requisitos de admissibilidade: a) é necessário apenas um dos requisitos do art. 1º da Lei n. 7.960/89 para decretar prisão temporária; b) é necessária a presença de todos os requisitos do art. 1º da Lei n. 7.960/89 para decretar prisão temporária; c) o inciso III é obrigatório e os incisos I e II são alternativos; d) são necessários, além dos requisitos do art. 1º da Lei n. 7.960/89, os pressupostos da prisão preventiva previstos no art. 312 do Código de Processo Penal.

16. Plantão Permanente

> Art. 5º da Lei n. 7.960/89. Em todas as comarcas e seções judiciárias haverá um plantão permanente de vinte e quatro horas do Poder Judiciário e do Ministério Público para apreciação dos pedidos de prisão temporária.

Em todas as comarcas e seções judiciárias deverá haver um plantão permanente de 24 horas do Poder Judiciário e do Ministério Público para apreciação da prisão temporária. É irrelevante se o juiz atua na área criminal ou não.

A análise do juiz de plantão sobre o pedido de prisão temporária não gera prevenção da jurisdição. O pedido, após analisado, deverá ser encaminhado ao distribuidor, que fará o sorteio para a escolha do juiz competente para conduzir e presidir o processo criminal.

O plantão é permanente e abrange não só a primeira instância, como também a segunda instância do Judiciário.

---

[303] RHC 6348/RJ – rel. Min. Luiz Vicente Cernicchiaro – 6ª Turma – 20/05/1997.
[304] RHC 6610/PA – rel. Min. Anselmo Santiago – 6ª Turma – 01/09/1997.

17. Incomunicabilidade do Preso Temporário

O preso temporário não está sujeito à incomunicabilidade, devendo respeitar os regulamentos penitenciários. Não há previsão na lei que regula a prisão temporária. Há posição em contrário, sustentando ser possível, nos termos do art. 21 do Código de Processo Penal.

18. Recurso

A decisão que decreta ou não a prisão temporária pode ser questionada em juízo. No caso de despacho que decreta prisão temporária, há possibilidade de *habeas corpus*, e no despacho que rejeita prisão temporária há dois posicionamentos: a) cabe recurso em sentido estrito, por analogia ao art. 581, inciso V, do Código de Processo Penal; b) irrecorrível, pois não há previsão legal.

A reconsideração de despacho que determinou a prisão temporária não enseja o reconhecimento de responsabilidade penal do Estado, pois e ato discricionário do juiz. A fixação de responsabilidade civil e criminal do Estado, e possível condenação por erro de condenação, devem ser postuladas pela via própria, não pelos estreitos caminhos do *"habeas corpus"*[305].

19. Inconstitucionalidade

O tema da inconstitucionalidade da prisão temporária gera divergência doutrinária, de forma que há dois posicionamentos:

---

[305] RHC 5692/PR - Recurso Ordinário em HABEAS CORPUS – relator: Ministro CID FLAQUER SCARTEZZINI; órgão julgador: T5 - QUINTA TURMA do STJ, Dje: 29/10/1996.

PRISÃO

a) o **majoritário**, já pacífico nos Tribunais, sustenta a constitucionalidade da prisão temporária;

b) uma parte da doutrina, **minoritária**, sustenta a inconstitucionalidade da prisão temporária nos seguintes termos:

A matéria prisão, referente ao direito penal e ao direito processual penal, não possui as características de urgência e relevância, pressupostos autorizadores da medida provisória;

A matéria foi criada e regulada por medida provisória, violando os arts. 22, inciso I, e 48, ambos da Constituição Federal, já que matéria penal e processual penal é matéria de reserva legal;

Violação ao princípio da presunção de inocência, pois transforma a pessoa em objeto de investigações, não sendo respeitada em seus direitos; a prisão é do simples suspeito, sem indiciamento.

20. Revogação

A revogação da prisão temporária é possível quando desaparecer a necessidade da prisão para as investigações do inquérito policial, ou seja, a prisão temporária pode ser reconsiderada quando desaparecerem os fatos que ensejaram sua decretação.

Dessa forma, o requisito para a revogação da prisão temporária *é a não demonstração da necessidade da restrição da liberdade para possibilitar as investigações durante o inquérito policial.*

Cabe ressalvar que não há previsão na Lei n. 7.960/89 da possibilidade de revogação da prisão temporária, mas é cabível por analogia à prisão preventiva, nos termos do art. 3º c/c o art. 316, ambos do Código de Processo Penal[306].

A prisão temporária deve ser fundada em fatos concretos que indiquem a sua real necessidade, atendendo-se os termos descritos na lei, em homenagem ao princípio da não culpabilidade. Não serve como fundamento da prisão temporária elementos abstratos e genéricos referentes a circunstâncias pessoais dos investigados[307].

---

[306] KAUFFMANN, Carlos. *Prisão temporária*, cit.

[307] PROCESSUAL PENAL – PACIENTE SUSPEITO DE HOMICÍDIO DUPLAMENTE QUALIFICADO – PRISÃO TEMPORÁRIA – GRAVIDADE DO DELITO – GARANTIA DA ORDEM PÚBLICA – IMPRESCINDIBILIDADE PARA COMPLEMENTAÇÃO DAS INVESTIGAÇÕES POLICIAIS – FUNDAMENTAÇÃO SUFICIENTE. A prisão temporária

PRISÃO E LIBERDADE

Constitui, igualmente, causa de revogação da prisão temporária, o transcurso de considerável lapso temporal sem que o mandado de prisão temporária tenha sido cumprido indica, por si só, que não estão mais presentes os requisitos da medida constritiva previstos na Lei nº 7.960/89[308].

é justificável quando, além da gravidade do delito, resta demonstrada a necessidade da segregação cautelar para complementação das investigações policiais e para garantir-se a ordem pública. Ademais, conforme informações prestadas, o paciente encontra-se foragido até a presente data, não demonstrando desejo de colaborar com as investigações. Ordem denegada (HC 32.348/RJ, rel. Min. Jorge Scartezzini, 5ª Turma, j. em 28/04/2004, *DJ* 28/06/2004, p. 369); *HABEAS CORPUS*. PROCESSUAL PENAL. CRIMES DE FURTO, RECEPTAÇÃO E QUADRILHA. PRISÃO TEMPORÁRIA SUFICIENTEMENTE FUNDAMENTADA. PRESENÇA DOS REQUISITOS AUTORIZATIVOS EXPRESSOS NA LEI N. 7.960/89. PACIENTE FORAGIDO. PRECEDENTES DO STJ. 1. O decreto de prisão temporária foi satisfatoriamente motivado pelo juízo processante ao atender o requerimento policial, pois consignou fatos concretos que revelam a imprescindibilidade da prisão do paciente, a teor do disposto no art. 1º, incisos I e III, alínea *l*, da Lei n. 7.960/89. 2. A invocação, também, de fundamentos próprios da prisão preventiva, no decreto de prisão temporária, não macula a decisão judicial, ao contrário, apenas a reforça, mormente se o paciente se encontra foragido do distrito da culpa. 3. Precedentes do STJ. 4. Ordem denegada (HC 42.942/MG, rel. Min. Laurita Vaz, 5ª Turma, j. em 14/06/2005, *DJ* 01/08/2005 p. 500); CRIMINAL. PETIÇÃO RECEBIDA COMO HC. LATROCÍNIO. PRISÃO TEMPORÁRIA. AUSÊNCIA DOS REQUISITOS AUTORIZADORES. INOCORRÊNCIA. FUNDAMENTAÇÃO SUFICIENTE. INDÍCIOS DE AUTORIA. PACIENTE EM LOCAL INCERTO E NÃO SABIDO. NECESSIDADE DA PRISÃO PARA AS INVESTIGAÇÕES. REALIZAÇÃO DE RECONHECIMENTO. IMPRESCINDIBILIDADE. CUSTÓDIA TEMPORÁRIA. PRAZO QUE COMEÇA A FLUIR COM O EFETIVO CUMPRIMENTO DO DECRETO SEGREGATÓRIO. ORDEM DENEGADA. A determinação de prisão temporária deve ser fundada em fatos concretos que indiquem a sua real necessidade, atendendo-se aos termos descritos na lei. Evidenciada a presença de indícios de autoria do paciente no delito de latrocínio, para o qual é permitida a decretação da custódia provisória, bem como a necessidade de realização de seu reconhecimento pela vítima sobrevivente, necessária se torna a decretação da prisão temporária. O fato de o paciente se encontrar em lugar incerto e não sabido, tanto que o decreto prisional até o momento não foi cumprido, é suficiente para fundamentar a segregação provisória, tendo em vista a dificuldade de investigação e conclusão do inquérito quando ausente o indiciado. Precedentes desta Corte. O fato de a vítima ter assinado escritura pública afirmando não ser o paciente um dos autores do delito investigado não pode ser tido como prova no feito, pois, além de a possibilidade desta subscrição ter ocorrido sob coação, não há elementos que comprovem que as fotos a ela apresentadas são realmente do acusado, sendo, portanto, imprescindível a realização de reconhecimento pessoal pela testemunha. O prazo da custódia temporária começa a fluir a partir da efetiva prisão do acusado. Ordem denegada (Pet 4.483/SC, rel. Min. Gilson Dipp, 5ª Turma, j. em 01/04/2006, *DJ* 02/05/2006, p. 338).
[308] HC 383855/PB - HABEAS CORPUS – Relator: Ministro NEFI CORDEIRO; Órgão julgador: T6 - sexta turma; Dje: 07/04/2017.

A revogação é uma decisão judicial de ofício ou a requerimento da parte, durante o inquérito policial, no curso do prazo de duração da prisão temporária. Se o requerente do pedido da revogação de prisão temporária estiver em liberdade, resta prejudicado o referido pedido de revogação.

Cabe ressaltar que o entendimento do STJ de que, só após o indeferimento do pedido de revogação da prisão temporária, é possível analisar eventual *habeas corpus*, sob pena de supressão de instância[309].

21. Prisão Temporária e Prisão para Averiguação[310]

ITENS	PRISÃO TEMPORÁRIA	PRISÃO PARA AVERIGUAÇÕES
Necessidade de ordem judicial	Sim	Não
Finalidade	Possibilitar a investigação de crimes graves durante o inquérito policial	Verificar a ocorrência de um crime
Natureza	Prisão cautelar	Abuso de autoridade
Exigência	Juízo de probabilidade de autoria/materialidade	Não é necessária nenhuma materialidade ou autoria para sua decretação

[309] Como o pedido de revogação da prisão temporária não foi analisado pela autoridade apontada coatora, uma vez que sequer havia sido submetido ao Juízo singular, fica esta Corte impedida de examiná-lo, sob pena de supressão de instância (HC 146.029 – STJ – rel. Min. Felix Fischer – 5ª Turma – *DJE* 03/05/2010).

[310] PRISÃO TEMPORÁRIA – AUTOMATICIDADE. A prisão temporária não pode alcançar a automaticidade, descabendo determiná-la para fragilizar o acusado. PRISÃO TEMPORÁRIA. Não serve à prisão temporária a suposição de o envolvido, nas investigações, vir a intimidar testemunhas (HC 105833/SP - SÃO PAULO - HABEAS CORPUS - Relator: **Min. MARCO AURÉLIO Julgamento: 09/08/2011 - Órgão Julgador: Primeira Turma – Dje: 21/03/2012).**

PRISÃO E LIBERDADE

22. Prisão Temporária e Preventiva[311]

ITENS	PRISÃO TEMPORÁRIA	PRISÃO PREVENTIVA
Momento	Durante inquérito policial	Durante inquérito ou processo criminal
Finalidade	Possibilitar a investigação de crimes graves no inquérito policial	Garantia da ordem pública, aplicação da lei penal, garantia da ordem econômica, conveniência da instrução criminal ou descumprimento de medidas alternativas à prisão
Decretação de ofício	Não	Pode ser
Prazo	5 dias prorrogáveis por mais 5 dias; hediondos ou equiparados, 30 dias prorrogáveis por mais 30 dias	Razoabilidade
Materialidade	Fundadas razões	Prova

---

[311] A prisão preventiva e a prisão temporária não podem ser confundidas, pois constituem modalidades distintas de custódia cautelar, cada qual sujeita a requisitos legais específicos. A primeira pode ser decretada em qualquer fase da investigação criminal ou do processo penal e demanda a demonstração, em grau bastante satisfatório e mediante argumentação concreta (*fumus comissi delicti*), de que a liberdade do acusado implica perigo (*periculum libertatis*) à ordem pública, à ordem econômica, à conveniência da instrução criminal, ou à aplicação da lei penal (art. 312 do Código de Processo Penal). A segunda, por sua vez, subordina-se a requisitos legais menos severos, previstos na Lei n.º 7.960/1989, e presta-se a garantir o eficaz desenvolvimento da investigação criminal quando se está diante de algum dos graves delitos elencados no art. 1.º, inciso III, da mesma Lei (HC 286981/MG – relator: Ministra LAURITA VAZ – órgão julgador: T5 - QUINTA TURMA; DJe 01/07/2014).

Título V – Prisão

5ª Parte – Prisão em Flagrante

1. Conceito, Características e Finalidade

Flagrante vem do latim *flagrare* que significa queimar; a expressão flagrante delito é usada para designar o crime que está acontecendo, ainda queimante, evidente; é a certeza visual do crime. Como observa Nogent Saint Laurents[312]: *"Assim, flagrante delito significa o delicto ainda queimante, o momento mesmo da perpetração – a plena posse da evidência, a evidência absoluta, o facto que acaba de cometer-se, que acaba de ser provado, que foi visto e ouvido e, em presença do qual, seria absurdo ou impossível negá-lo".*

A prisão em flagrante é medida privativa de liberdade, de natureza cautelar ou provisória (antes do trânsito em julgado), que independe de ordem judicial, decretada diante da ocorrência de uma infração penal, visando evitar o perecimento de direitos e restabelecer a paz social. O *fumus boni iuris* resta demonstrado com a ocorrência da infração penal e o *periculum in mora*, por sua vez, fica evidenciado com a presença de alguma das situações de flagrante previstas em lei.

A prisão em flagrante *é um autêntico sistema de autodefesa da sociedade*, ou seja, é uma forma de o Estado cessar a atividade criminosa e proteger os valores sociais, de forma a restaurar a confiança na ordem jurídica e na autoridade.

---

[312] Apud MALTA, Tostes. *Flagrante delito.* Rio de Janeiro: Edição da Revista a Época, 1930, p. 17.

A prisão em flagrante tem **caráter preservativo**, já que visa preservar a prova da materialidade do crime e sua respectiva autoria e salvaguardar a pessoa autor do fato contra represálias do ofendido, de parentes e da própria sociedade. A prisão em flagrante tem **cunho probatório**, pois visa apreender os elementos probatórios da materialidade e autoria do crime para futura ação penal.

A prisão em flagrante é uma resposta eficaz, imediata e atual em face da evidência plena e certeza visual da materialidade e da autoria do crime, que visa proteger a segurança pública, a ordem social e a tranquilidade dos bens jurídicos diante do ataque atual ou iminente.

A prisão em flagrante, como **medida excepcional**, só ocorre quando for necessária, sendo uma exceção ao regime de tutela de liberdades individuais; *é ato de coerção* **temporária,** pois tem duração limitada e imediata; a prisão em flagrante exige apenas a aparência de tipicidade, não se exigindo valoração sobre a ilicitude e a culpabilidade. A caracterização do flagrante depende da ocorrência dos seguintes elementos: 1. atualidade do crime; 2. viabilidade do crime; 3. conhecimento do crime por outrem.

Salvo a prisão em flagrante delito, qualquer outra modalidade de prisão cautelar deve ser motivada com base nos requisitos do art. 312 do Código de Processo Penal, sob pena de antecipação da sanção penal, o que afronta diretamente o princípio constitucional da presunção de não culpabilidade.

É pacífico o entendimento da doutrina quanto à natureza jurídica precautelar da prisão em flagrante, o que tem sido confirmado pela jurisprudência do Superior Tribunal de Justiça.

2. Situações de Flagrante

Art. 302 do CPP. Considera-se em flagrante delito quem: I – está cometendo a infração penal; II – acaba de cometê-la; III – é perseguido, logo após, pela autoridade, pelo ofendido ou por qualquer pessoa, em situação que faça presumir ser ele autor da infração; IV – é encontrado, logo depois, com instrumentos, armas, objetos ou papéis que façam presumir ser ele autor da infração.

Não caracterizada qualquer das hipóteses de flagrância previstas no art. 302 do Código de Processo Penal, cujo rol é taxativo, há de ser considerada ilegal a prisão em flagrante do preso. Existem três situações de flagrante:

2.1. Próprio

Também chamado real ou verdadeiro ou propriamente dito ou perfeito ou efetivo. É aquele em que o agente é surpreendido quando está cometendo ou acaba de cometer (relação de absoluta imediatidade) a infração penal[313].

2.2. Impróprio[314]

Também chamado quase-flagrante ou imperfeito. É aquele em que o agente é perseguido, logo após, em situação que faça presumir ser o autor da infração penal.

---

[313] PENAL E PROCESSUAL. ENTORPECENTES. TRÁFICO. FLAGRANTE PRÓPRIO. PRISÃO. RELAXAMENTO. LIBERDADE PROVISÓRIA. INDEFERIMENTO. FUNDAMENTAÇÃO. COAÇÃO ILEGAL. INEXISTÊNCIA. Por si só, a prisão em flagrante próprio, mercê da prática de delito, não configura ilegalidade, porque prevista no ordenamento jurídico constitucional e infraconstitucional (HC 60861/SP – rel. Min. Paulo Medina – 6ª Turma – 15/03/2007).

[314] Não se configura o flagrante impróprio, nem qualquer outra sua forma, se os pacientes são presos três dias após o crime, sem que tenha havido sua perseguição ou tenham sido presos em situação que faça presumir terem sido autores da infração (HC 71667/AM – 2006/0267553-5 – rel. Min. Jane Silva – 5ª Turma do STJ – 6/9/2007); Não há que se falar em irregularidade da prisão em flagrante, se o paciente foi perseguido, logo após a prática do eventual delito, sendo preso em situação que fez presumi-lo como o possível autor do crime. É o que se chama de flagrante impróprio ou quase flagrante (art. 302, III, CPP) (HC 74647/CE – 2007/0008501-9 – rel. Min. Felix Fischer – 5ª Turma do STJ – 3/4/2007); CRIMINAL. HC. ESTUPRO E ATENTADO VIOLENTO AO PUDOR. FLAGRANTE IMPRÓPRIO OU QUASE FLAGRANTE. CARACTERIZAÇÃO. PACIENTE LOCALIZADO LOGO APÓS OS FATOS. PRESUNÇÃO DE AUTORIA VERIFICADA. ORDEM DENEGADA. I – A sequência cronológica dos fatos demonstra a ocorrência da hipótese de prisão em flagrante prevista no art. 302, inciso III, do Código de Processo Penal, denominada pela doutrina e jurisprudência de flagrante impróprio, ou quase flagrante. II – Hipótese em que a polícia foi acionada às 05:00 horas, logo após a prática, em tese, do delito, saindo à procura do veículo utilizado pelo paciente, de propriedade de seu irmão, logrando êxito em localizá-lo por volta das 07:00 horas do mesmo dia, em frente à casa de sua mãe, onde o paciente se encontrava dormindo. III – Do momento em que fora acionada até a efetiva localização do paciente, a Polícia levou cerca de 02 (duas) horas, não havendo dúvidas de que a situação flagrancial se encontra caracterizada, notadamente porque foram encontrados os brincos da vítima no interior do veículo utilizado para a prática da suposta infração penal, fazendo presumir que, se infração houve, o paciente seria o autor. IV – Ordem denegada (HC 55559 – rel. Min. Gilson Dipp – 5ª Turma – 02/05/2006); A expressão "logo após" permite interpretação elástica, havendo maior margem na apreciação do elemento cronológico, quando o agente é encontrado em circunstâncias suspeitas, aptas, diante de indícios, a autorizar a presunção de ser ele o autor do delito, estendendo o prazo a várias horas, inclusive ao repouso noturno até o dia seguinte, se for o caso (HC n. 7622/MG, rel. Min. Fernando Gonçalves, *DJ* de 08/09/1998).

São os seguintes requisitos da perseguição: a) insistente e contínua, nos termos do art. 290, § 1º, do Código de Processo Penal; b) não é necessário contato visual entre os perseguidores e o agente perseguido; c) deve ser iniciada logo após o crime; d) é necessário que o agente perseguido seja identificado. A interpretação do lapso de tempo entre o fato delituoso e a captura do infrator fica a critério do juiz.

2.3. Ficto (ou presumido)

É aquele em que o agente é encontrado, logo depois, com objetos ou papéis que façam presumir ser ele o autor da infração penal. Não importa se foi encontrado por acaso ou fruto de investigações. O que importa é a apreensão em poder da pessoa de instrumentos, armas, objetivos ou papéis que guardem relação direta com a infração penal praticada[315].

---

[315] É válido o flagrante presumido quando o objeto furtado é encontrado, após a prática do crime, na residência do acusado (RHC 21326/PR – 2007/0111448-8 – rel. Min. Jane Silva – 5ª Turma do STJ – 25/10/2007); A jurisprudência desta Corte Superior de Justiça firmou já entendimento no sentido de que a expressão "logo depois", constante no inciso IV do art. 302 do Código de Processo Penal, deve ser lida como tempo razoável, não havendo cogitar, pois, em intervalo temporal fixo a configurar o estado de flagrância (HC 49323/PE – 2005/0180547-4 – rel. Min. Hamilton Carvalhido – 6ª Turma do STJ 9/5/2006); PENAL. PROCESSO PENAL. *HABEAS CORPUS*. ALEGAÇÃO DE INOCÊNCIA. LIMITES ESTREITOS DO *MANDAMUS* QUE IMPEDEM ANÁLISE PROBATÓRIA. FLAGRANTE FICTO. ART. 302, IV, DO CÓDIGO DE PROCESSO PENAL. ELASTICIDADE EM SUA INTERPRETAÇÃO. AUSÊNCIA DE NULIDADES NO AUTO DA PRISÃO EM FLAGRANTE. EXCESSO DE PRAZO NA INSTRUÇÃO PROCESSUAL. PRINCÍPIO DA RAZOABILIDADE. INSTRUÇÃO ENCERRADA. PRISÃO CAUTELAR. *PERICULUM LIBERTATIS*. MOTIVOS CONCRETOS. IMPRESCINDIBILIDADE. FALTA DE FUNDAMENTAÇÃO. CONSTRANGIMENTO ILEGAL CARACTERIZADO. ORDEM CONCEDIDA. A doutrina e a jurisprudência vêm concedendo uma interpretação mais elástica à expressão "logo depois" contida no inciso IV, do art. 302, da Lei Instrumental Penal, mais até do que a prevista no inciso anterior ("logo após"). O lapso temporal para conclusão do processo criminal submete-se ao princípio da razoabilidade, não constituindo uma simples soma dos prazos processuais. Ao término da instrução processual, fica superada a alegação de excesso de prazo para a formação da culpa (aplicação da Súmula n. 52 do STJ). A segregação cautelar deve, necessariamente, estar amparada em um dos motivos constantes do art. 312 do Código de Processo Penal e, por força dos arts. 5º, XLI, e 93, IX, da Constituição da República, o magistrado está obrigado a apontar os elementos concretos ensejadores da medida. No ordenamento constitucional vigente, a liberdade é regra, excetuada apenas quando concretamente se comprovar, em relação ao indiciado ou réu, a existência de *periculum libertatis*. Ordem concedida para revogar a prisão cautelar, mediante o compromisso de comparecimento a todos os atos do processo (HC 34168 – rel.

3. Espécies de Flagrante

3.1. Crime Permanente

A situação de flagrante delito persiste enquanto não cessar a permanência. Noutros termos, a prisão em flagrante é permitida enquanto durar a ação criminosa por vontade do agente, nos termos do art. 303 do Código de Processo Penal (*"Art. 303. Nas infrações permanentes, entende-se o agente em flagrante delito enquanto não cessar a permanência"*).

Nos crimes ditos permanentes, como o tráfico ilícito de entorpecentes e a associação para o tráfico, o estado de flagrância prolonga-se no tempo[316].

Min. Paulo Medina – 6ª Turma – 31/05/2005); Para a caracterização do flagrante presumido, não há a necessidade de se demonstrar a perseguição imediatamente após a ocorrência do fato-crime, mas, sim, o encontro do autor, "logo depois", em condições de se presumir sua ação (art. 302, inciso IV, do Código de Processo Penal) (REsp 147839 – 1997/0064119-8 – rel. Min. Hamilton Carvalhido – 6ª Turma do STJ – 1/3/2001); Estando o presumível delinquente na posse de coisas ou traços que apontem como autor ou coautor do delito que acabou de ser cometido, e estando os policiais na captura de algum suspeito do mesmo delito, considera-se a situação como de flagrância presumida, autorizada a lavratura do auto de prisão em flagrante (RHC 6935/RJ – 1997/0077372-8 – rel. Min. Anselmo Santiago – 6ª Turma do STJ – 1/12/97).

[316] HABEAS CORPUS – TRÁFICO DE ENTORPECENTES – FLAGRANTE EM CRIME PERMANENTE – COMPETÊNCIA POR PREVENÇÃO – ORDEM DENEGADA. O tráfico de entorpecentes é um crime permanente e, como tal, tem seu estado de flagrante prolongado no tempo enquanto durar a ação criminosa. Ocorrendo a abordagem em uma comarca, mas a prisão em flagrante, pela constatação da prática delituosa, somente em outra, justifica-se que a primeira manifestação seja do Juiz da Comarca onde ocorreu o flagrante, gerando, assim, a prevenção. Em crimes permanentes praticados em mais de uma comarca, a competência será estabelecida pela da prevenção. Ordem denegada (HC 91006 – rel. Min. Jane Silva – 5ª Turma – 08/11/2007).

3.2. Contravenção Penal

É possível, salvo se o autor da contravenção penal, após a lavratura do termo circunstanciado, for imediatamente encaminhado ao Juizado ou assumir o compromisso de comparecer ao Juizado, nos termos dos arts. 61 e 69 parágrafo único, da Lei n. 9.099/95. Se comparecer ou assumir o compromisso de comparecer não será possível a prisão em flagrante nem a exigência de fiança. A restrição da liberdade ambulatória durante a formalização do termo circunstanciado não gera constrangimento ilegal[317].

Aos seguintes crimes de trânsito com lesão corporal culposa não é cabível termo circunstanciado, devendo ser instaurado inquérito policial para investigação da infração penal: I – sob a influência de álcool ou qualquer outra substância psicoativa que determine dependência; II – participando, em via pública, de corrida, disputa ou competição automobilística, de exibição ou demonstração de perícia em manobra de veículo automotor, não autorizada pela autoridade competente; III – transitando em velocidade superior à máxima permitida para a via em 50 km/h (cinquenta quilômetros por hora).

Tratando-se da conduta prevista no art. 28 da Lei de Drogas (consumo pessoal), não se imporá prisão em flagrante, devendo o autor de o fato ser imediatamente encaminhado ao juízo competente ou, na falta deste, assumir o compromisso de a ele comparecer, lavrando-se termo circunstanciado e providenciando-se as requisições dos exames e perícias necessários.

3.3. Crime de Ação Penal Privada

É possível, uma vez que o art. 301 do Código de Processo Penal não distingue; porém para a lavratura do auto de prisão em flagrante é necessário: a) se for o crime previsto no art. 236 do Código Penal: requerimento da vítima; em caso de morte ou ausência da vítima, ocorrerá extinção da puni-

---

[317] *HABEAS CORPUS* PREVENTIVO. DESOBEDIÊNCIA. PREVARICAÇÃO. PAGAMENTO DE PRECATÓRIOS. PRISÃO. CRIMES DE MENOR POTENCIAL OFENSIVO. Em se tratando de crimes de menor potencial ofensivo cometidos na esfera federal, nos termos da Lei n. 10.259/2001, mostra-se descabida, em princípio, a ameaça de prisão contra o autor do delito, tendo em vista que o flagrante não é possível caso o agente seja encaminhado de imediato ao juizado ou assuma o compromisso de fazê-lo (HC n. 19.071/MA, rel. Min. Felix Fischer, *DJ* de 08/04/2002).

bilidade do fato imputado ao agente; b) se for crime de ação penal privada exclusiva ou propriamente dita, será necessário requerimento da vítima ou de seu representante legal; em caso de morte ou ausência, o direito passará para o cônjuge, ascendente, descendente ou irmão.

O requerimento deve ser dado em até 24 horas da prisão, sob pena de relaxamento da prisão, que, por sua vez, não impedirá a queixa-crime, desde que respeitado o prazo decadencial. O requerimento deve ser dado no corpo do auto de prisão em flagrante ou em separado. O requerimento é exigido para a lavratura do auto; a captura em si não depende da autorização[318].

3.4. Crime de Ação Penal Pública Condicionada

É possível, porém para a lavratura do auto de prisão em flagrante é necessário: a) se for crime de ação penal pública condicionada à representação: representação da vítima ou de seu representante legal; b) se for crime de ação penal pública condicionada à requisição do Ministro da Justiça: requisição do Ministro da Justiça.

3.5. Crime Continuado

A configuração do crime continuado depende da verificação da situação concreta, a fim de constatar se os delitos foram perpetrados nas mesmas condições de tempo, lugar e modo de execução, a teor do disposto no art. 71, *caput*, do Código Penal.

A jurisprudência do Superior Tribunal de Justiça orienta-se no sentido de que, para caracterizar a continuidade delitiva, é necessário o preenchi-

---

[318] RECURSO EM *HABEAS CORPUS*. PENAL E PROCESSO PENAL. ESTUPRO. PRISÃO EM FLAGRANTE. REQUERIMENTO DA OFENDIDA. DESNECESSIDADE DE RIGOR FORMAL. Em sede de crime de ação penal privada não se exige fórmula sacramental para a manifestação de vontade do ofendido no sentido de que se promova a responsabilização do autor do delito. Precedentes. No caso, tendo a vítima comunicado o fato à autoridade policial e presenciado a lavratura do auto de prisão em flagrante, tem-se como demonstrado inequivocamente o seu interesse em que se promovesse a responsabilidade do acusado. Primariedade, bons antecedentes e ocupação lícita. Circunstâncias que, isoladamente, não inviabilizam a custódia cautelar. Recurso desprovido (STF – *DJ* 04/10/1999, p. 63. *LEXSTJ*, v. 126, p. 268. 5ª Turma – rel. Min. José Arnaldo da Fonseca. RHC 8680/MG; Recurso Ordinário em *Habeas Corpus* 1999/0045724-2).

mento de requisitos de ordem objetiva e subjetiva. O crime continuado é uma ficção jurídica orientada a punir o agente pela prática de um "delito único", se preenchidos os pressupostos legais, não obstante tenha cometido, de fato, diversos crimes. Não se trata propriamente de um único crime e, sim, de uma pluralidade de delitos; uma vez constatado o crime continuado, a prisão em flagrante é possível sobre cada crime de forma isolada.

3.6. Crime Habitual

No delito habitual, é a reiteração de ações que constitui a conduta típica, a qual somente se considera inteiramente consumada com o cometimento da última ação. Cabe ressalvar que a prova da habitualidade prescinde de sindicância prévia podendo ser demonstrada por outros meios, inclusive depoimentos de testemunhas.

Sobre a possibilidade da prisão em flagrante no crime habitual há dois posicionamentos: 1) é possível[319], desde que seja conseguido, no momento em que se surpreender um dos atos ou uma das ações do crime, a habitualidade que configure um estilo de vida; 2) não é possível, já que a comprovação da reiteração da conduta criminosa não é conseguida num só ato ou ação; o flagrante funcionaria como uma fotografia, de forma que registraria apenas um momento ou ação; não é possível verificar a reiteração da conduta em um ato ou momento isolado (não há retrato do corpo inteiro).

3.7. Prorrogado (ou Retardado ou Ação Controlada)

É possível no crime organizado e no crime de drogas. A autoridade policial tem **discricionariedade** para escolher o melhor momento de efetuar a prisão em flagrante. A finalidade é conseguir a responsabilização criminal de todos os integrantes da organização criminosa. O momento da

---

[319] Ementa: "*HABEAS CORPUS*. SUA DENEGAÇÃO. O CRIME HABITUAL NADA TEM DE INCOMPATÍVEL COM A PRISÃO EM FLAGRANTE – HC 36723 – rel. Min. Nelson Hungria – j. 27/05/1959 – Órgão julgador: TRIBUNAL PLENO. Casa de prostituição. O caráter habitual do crime não impede a efetuação de prisão em flagrante, se deste resulta que o agente tem local em funcionamento para o fim previsto na lei. É irrelevante o licenciamento do hotel para a caracterização do delito. Recurso em *habeas corpus* desprovido" (STF. Publicação: *DJ* 26/09/1969. RHC 46115/SP – Recurso em *habeas corpus* – rel. Min. Amaral Santos – j. 13/09/1968).

PRISÃO

intervenção policial é aquele em que há a reunião eficaz de provas e fornecimento de informações.

A autoridade policial tem liberdade de agir, de acordo com os critérios de conveniência e oportunidade, na escolha do momento da prisão, podendo retardar ou prorrogar para reunir maiores provas contra a organização criminosa, de acordo com os interesses probatórios da investigação policial. Não tem liberdade para escolher entre agir ou não, pois se trata de dever funcional cuja omissão pode gerar responsabilização administrativa, disciplinar e até criminal.

A Lei do Crime Organizado n. 12850/13, disciplina, dentre vários assuntos, a técnica investigativa da ação controlada, que pode ser definida como o retardamento da intervenção policial ou administrativa relativa à ação praticada por organização criminosa ou a ela vinculada, desde que mantida sob observação e acompanhamento para que a medida legal se concretize no momento mais eficaz à formação de provas e obtenção de informações. O agente policial possui a discricionariedade para deixar de efetuar a prisão em determinado momento, podendo realizá-la na ocasião reputada mais importante para a investigação policial ou para a coleta de provas.

Na prevenção, atenção e reinserção social de usuário e dependentes de drogas e repressão à produção e ao tráfico de drogas ilícitas, há a estipulação de determinadas condições na ação controlada pela Lei n. 11.343/2006[320]. São condições, para a execução de uma operação controlada, decorrentes da Lei n. 11.343/2006: a) oitiva do Ministério Público; b) autorização judicial; c) conhecimento do itinerário provável e a identificação dos agentes do delito ou de colaboradores. O flagrante prorrogado, na vigência da Lei n. 10.409/2002, somente era permitido em caso de tráfico internacional. Com a Lei n. 11.343/2006, a ação controlada passou a ser admitida também em solo nacional.

---

[320] Art. 53 da Lei n. 11.343/2006. Em qualquer fase da persecução criminal relativa aos crimes previstos nesta Lei, são permitidos, além dos previstos em lei, mediante autorização judicial e ouvido o Ministério Público, os seguintes procedimentos investigatórios: (...) II – a não atuação policial sobre os portadores de drogas, seus precursores químicos ou outros produtos utilizados em sua produção, que se encontrem no território brasileiro, com a finalidade de identificar e responsabilizar maior número de integrantes de operações de tráfico e distribuição, sem prejuízo da ação penal cabível. Parágrafo único. Na hipótese do inciso II deste artigo, a autorização será concedida desde que sejam conhecidos o itinerário provável e a identificação dos agentes do delito ou de colaboradores.

3.8. Forjado (ou Fabricado ou Maquinado ou Urdido)

É aquele em que há a criação de provas de um crime inexistente. Como não há crime real, consumado ou tentado, o flagrante é **insubsistente**. As pessoas que efetuaram o flagrante forjado responderão por crime de abuso de autoridade. Como observa Daniela Cristina R. Gonçalves[321]: *"Ocorre, portanto, apenas uma encenação criminosa, mero simulacro da ocorrência de um delito. Em verdade, o detido não cometeu crime algum, mas projeta-se sobre seus ombros, por ocasião do flagrante, responsabilidade sobre fato típico inexistente, forjado e criado por agentes policiais com o fim de justificar a privação de liberdade"*.

Havendo condenação preservada em sede de apelação criminal, encontra-se superada a discussão acerca da ocorrência de flagrante forjado. Não há que se confundir flagrante forjado com esperado, em que a polícia tão somente espera a prática da infração, sem que haja instigação e tampouco a preparação do ato, mas apenas o exercício de vigilância na conduta do agente criminoso[322].

3.9. Preparado (ou Provocado)

É aquele em que o agente é induzido ou instigado a praticar a infração penal; será conduta atípica, por ausência de vontade livre e espontânea do infrator e ocorrência de crime impossível. O flagrante preparado não é válido e torna impossível a consumação do crime. Não existe flagrante preparado quando o crime não resulta da ação direta do agente provocador[323].

---

[321] GONÇALVES Daniela Cristina Rios. *Prisão em flagrante*. São Paulo: Saraiva, 2004, p. 112.

[322] RHC 20283/SP – rel. Min. Gilson Dipp – 5ª Turma – 24/04/2007.

[323] Inexiste flagrante preparado quando a atividade policial não provoca ou induz ao cometimento do crime, sobretudo em relação ao tipo do crime de tráfico, que é de ação múltipla, consumando-se, apenas, com a guarda da substância entorpecente com o propósito de venda (HC 59247/MT – rel. Min. Laurita Vaz – 5ª Turma – 20/11/2006); RHC. TRÁFICO DE ENTORPECENTES. CRIME DE EFEITO PERMANENTE. FLAGRANTE PREPARADO. IRRELEVÂNCIA PARA CARACTERIZAÇÃO DO DELITO. SÚMULA 145/STF. 1. Não há falar em nulidade do flagrante, sob a alegação de ter sido preparado ou provocado, pois o crime tráfico de entorpecentes, de efeito permanente, gera situação ilícita que se prolonga com o tempo, consumando-se com a mera guarda ou depósito para fins de comércio, restando inaplicável o verbete da Súmula n. 145/STF. 2. RHC improvido (RHC 9839 – rel. Min. Fernando Gonçalves – 6ª Turma – 08/08/2000).

Conforme Súmula n. 145 do STF: *não há crime quando a preparação do flagrante pela polícia torna impossível a sua consumação*. A iniciativa do flagrante é do provocador. O crime é o delito de ensaio ou experiência ou putativo por obra do agente provocador. O agente provocador, ao instigar ou induzir a praticar a infração, toma providência para impossibilitar a consumação do crime. O agente provocado é um protagonista inconsciente de uma comédia. Conforme observa Nelson Hungria[324]: *"...que somente na aparência é que ocorre um crime exteriormente perfeito. Na realidade, o seu autor é apenas o protagonista inconsciente de uma comédia"*.

3.10. Esperado (ou Campana)

É aquele em que a polícia é avisada de antemão da prática da infração penal; dirige-se ao local e fica na espreita esperando o crime acontecer para efetuar o flagrante. Pode a polícia conseguir evitar a consumação do crime; nesse caso o agente não será preso em flagrante.

Não decorrendo a prática delituosa de induzimento ou provocação da autoridade policial que apenas assenhorou-se de informações que possibilitaram a prisão em flagrante, tem-se por caracterizado o flagrante esperado e não o preparado (HC 640/PB –1990). Há flagrante esperado quando os policiais não intervêm na execução do crime, limitando-se a surpreender o agente quando já consumado o delito[325].

3.11. Obrigatório (ou Compulsório ou Necessário)

É aquele efetuado pela autoridade policial e seus agentes. É dever funcional cuja omissão pode gerar responsabilidade administrativa e criminal (por prevaricação e pelo resultado causado pelo agente, se a consumação do crime podia ser evitada). Não há discricionariedade na efetivação da prisão em flagrante, salvo no crime organizado.

---

[324] HUNGRIA, Nelson; FRAGOSO, Heleno. *Comentários ao Código Penal.* Rio de Janeiro: Forense, 1977, t. 1, p. 107.

[325] Tendo a vítima dirigindo-se à polícia, narrando os fatos e contando que tinha um encontro marcado com o agressor, possibilitando que os policiais fossem ao local e dessem voz de prisão ao réu, não se reconhece qualquer preparação por parte da polícia, mas, sim, a configuração do legítimo flagrante esperado – RHC 8709/BA – rel. Min. Gilson Dipp – 5ª Turma – 19/08/99.

3.12. Facultativo

É aquele efetuado por qualquer pessoa do povo, inclusive os agentes públicos da guarda municipal; é uma faculdade cuja omissão não gera responsabilidade administrativa, nem a criminal; há discricionariedade na efetivação da prisão em flagrante. O qualquer do povo é um caso especial de exercício de função pública transitória. O fundamento é exercício regular de direito.

3.13. Determinadas Espécies de Crimes

a) **Crimes formais:** o flagrante deve ser realizado após a conduta. O resultado será exaurimento do crime;

b) **Falso testemunho:** há dois posicionamentos: 1) após assinatura do termo de audiência pela testemunha, nos termos do art. 342, § 2º, do Código Penal; 2) com a publicação da sentença no processo em que foi verificada a falsidade das declarações ou omissão;

c) **Prisão em flagrante na eleição:** o eleitor, os membros das mesas receptoras, fiscais de partidos e candidatos poderão, em época de eleição, sofrer prisão em flagrante, nos termos do art. 236 do Código Eleitoral.

4. Sujeitos do Flagrante

4.1. Sujeito Ativo

É quem efetua a prisão em flagrante; será facultativo, quando feito por qualquer do povo e necessário quando feito pela autoridade policial.

ITENS	FLAGRANTE FACULTATIVO	FLAGRANTE NECESSÁRIO
Sujeito ativo	Qualquer do povo	Autoridade policial e seus agentes
Atributo	Discricionariedade	Vinculado, salvo no crime organizado
Caráter	Há faculdade de agir	Há dever de agir
Não efetivação da prisão	Não gera responsabilização	Gera responsabilização
Fundamento	Exercício regular do direito	Estrito cumprimento do dever legal
Verbo	Poderá	Deverá
Característica	Exercício da cidadania em nome das leis do país	é dever inerente do cargo

4.2. Sujeito Passivo

É a pessoa que sofre a prisão em flagrante. Em regra, qualquer pessoa pode ser presa em flagrante. Alienado mental pode ser preso em flagrante, pois sofre medida de segurança e incidente de insanidade.

Excepcionalmente, há casos em que a pessoa não pode sofrer em nenhum caso a prisão em flagrante delito. São pessoas que possuem a prerrogativa da **imunidade ao flagrante:**

a) **menores de 18 anos:** os adolescentes infratores estão submetidos à legislação especial. No Estatuto da Criança e do Adolescente há previsão de apreensão em flagrante quando houver prática de ato infracional cometido com violência ou grave ameaça à pessoa;

b) **diplomatas estrangeiros:** desde que haja um tratado ou convenção internacional neste sentido;

c) **Presidente da República:** não pode ser preso em flagrante, pois é chefe de Estado, representante do país na órbita internacional, nos termos do art. 86, § 3º, da Constituição Federal;

d) **Código de Trânsito:** o autor de crime de trânsito que socorre de forma imediata e integral a vítima do acidente, nos termos do art. 301 do Código de Trânsito Brasileiro;

e) **apresentação espontânea à autoridade:** não há intenção de fuga; a autoridade deve lavrar o auto de apresentação.

Há pessoas que só podem ser presas em flagrante por crime inafiançável (**imunidade ao flagrante somente de crime afiançável**):

a) Membros do Congresso Nacional, nos termos do art. 53, § 2º, da Constituição Federal;
b) Deputados Estaduais, nos termos do art. 27, § 1º, c/c o art. 53, § 1º, ambos da Constituição Federal;
c) Magistrados, nos termos do art. 33, inciso II, da Lei Complementar n. 35/79;
d) Ministério Público, nos termos do art. 40, inciso III, da Lei n. 8.625/93;
e) Advogado, por motivo de exercício da profissão, nos termos do art. 7º, § 3º, da Lei n. 8.906/94. De acordo com o art. 7º, inciso IV, do Estatuto da OAB, é direito do advogado ter a presença de representante da OAB, quando preso em flagrante, por motivo ligado ao exercício da advocacia, para lavratura do auto respectivo, sob pena de nulidade e, nos demais casos, a comunicação expressa à seccional da OAB.

O dispositivo em comento foi analisado pelo STF (ADin 1.127 e 1.105). O Plenário julgou constitucional o dispositivo acima, mantendo a necessidade de representante da OAB para a prisão em flagrante de advogado por motivo relacionado ao exercício da advocacia. O ministro Marco Aurélio, relator da ADin, ressalvou que, se a OAB não enviar um representante em tempo hábil, mantém-se a validade da prisão em flagrante. Todos os ministros acompanharam Marco Aurélio.

5. Autoridade competente

Em regra, a autoridade competente para lavrar o auto de prisão em flagrante é a autoridade do local em que foi efetivada a prisão, mesmo que a infração penal tenha ocorrido em local diverso. Se não houver autoridade no local da prisão, o agente será apresentado à autoridade do lugar mais próximo.

Cabe ressalvar que os demais atos, inclusive inquérito e ação, serão realizados pela autoridade do local da consumação do crime. Se o auto de prisão em flagrante for lavrado em local diverso do correto, não há nulidade, pois a polícia não exerce jurisdição, não está submetida à competência jurisdicional *ratione loci.*

Em relação ao **crime permanente** cuja consumação se protrai no tempo, a competência fixa-se pela prevenção, se a atuação se estender por diversas jurisdições (art. 71 do CPP). Se a autoridade policial que presidiu a lavratura do auto de prisão em flagrante não foi a mesma que participou das diligências que efetivaram a custódia, não há que se falar em nulidade da prisão em flagrante.

No caso de fato praticado na presença ou contra autoridade no exercício das funções, a competência é da própria autoridade, que, por sua vez, lavra o auto e depois remete à autoridade competente.

No caso de crime cometido nas dependências da Câmara dos Deputados ou Senado Federal, a competência é da Mesa ou autoridade indicada no Regimento Interno, lavra o auto e preside o inquérito, nos termos da Súmula n. 397 do STF – *"O poder de polícia da Câmara dos Deputados e do Senado Federal, em caso de crime cometido nas suas dependências, compreende, consoante o regimento, a prisão em flagrante do acusado e a realização do inquérito".* No caso de crime cometido perante a CPI, é a própria CPI que lavra o auto de prisão em flagrante.

No caso de infração prevista no Código Penal Militar, a lavratura do auto será feita pelo oficial militar (preside o inquérito) designado para a função.

6. Apresentação Espontânea

O comparecimento espontâneo impede a prisão em flagrante, devendo a autoridade policial lavrar o auto de apresentação e representar, se for o caso, para o juiz decretar a prisão preventiva.

A prisão em flagrante no caso de apresentação espontânea do agente à Polícia constitui constrangimento ilegal, devendo ser determinada a sua imediata soltura. Cabe ressalvar que a apresentação espontânea implica a intenção do agente de não fugir, mas colaborar com o caso, na busca da verdade real. Ademais, o não cabimento da prisão em flagrante diante da apresentação espontânea do acusado justifica-se pela não caracterização da situação de flagrante prevista no art. 302 do Código de Processo Penal.

7. Procedimento

a) Apresentação do preso em flagrante

A pessoa apresentada é denominada conduzida; após a apresentação do preso, a autoridade policial fará a lavratura de um documento para registrar a prisão em flagrante denominada auto de prisão em flagrante.

A apresentação de documento de identidade falso, no momento da prisão em flagrante, caracteriza a conduta descrita no art. 304 do CP (uso de documento falso), e não constitui um mero exercício do direito de autodefesa.

b) Comunicação da prisão em flagrante

Existem cinco modalidades de comunicações na prisão em flagrante:

b.1. Comunicação ao juiz: a prisão de qualquer pessoa e o local onde se encontre serão comunicados imediatamente ao juiz competente e à família do preso ou a pessoa por ele indicada. Em regra, compete à autoridade policial comunicá-la ao juiz através do envio de uma cópia do auto respectivo; porém, no sentido de proteger e resguardar a liberdade de locomoção, a Constituição Federal, em seu art. 5º, inciso LXII, determinou a obrigação da imediata comunicação da prisão de qualquer pessoa ao Poder Judiciário.

A comunicação possui as seguintes características: a) **juridicidade:** é medida que possibilita o controle judicial de verificação da compatibilidade da prisão com o ordenamento jurídico no sentido de fiscalizar e corrigir os abusos cometidos na liberdade de locomoção, tudo em conformidade com os postulados do Estado Democrático de Direito; b) **imediatidade:** a comunicação deve ser feita logo após a lavratura do auto de prisão em flagrante com a entrega da nota de culpa. Pelo art. 306 do Código de Processo Penal, o encaminhamento do auto de prisão em flagrante ao Estado-juiz é imperativo dentro do prazo de vinte e quatro horas; c) **formalidade:** a comunicação será feita por ofício acompanhado do auto de prisão em flagrante;

b.2. Comunicação à família: em relação à comunicação à família do preso ou à pessoa por ele indicada, a finalidade é possibilitar ao preso assistência moral, material e afetiva. A exigência é que haja a comunicação, não sendo necessária a presença na lavratura do auto de prisão em flagrante.

Há uma discussão a respeito da possibilidade de a assistência do advogado no momento da lavratura do auto de prisão em flagrante suprir a falta da comunicação da prisão; para alguns supre, para outros não, pois é direito subjetivo do preso ter assistência material e afetiva da família ou de um amigo.

O STJ possui julgado sobre a possibilidade da assistência do advogado constituído suprir a falta da comunicação da prisão para a família do preso – RHC 2526/MG. A comunicação à família ou à pessoa indicada quando renunciada pelo preso ou impraticável, dispensa a autoridade policial de sua realização, bastando que a autoridade certifique nos autos a situação;

b.3. Comunicação a advogado: é pacífica a jurisprudência no sentido de ser dispensável a presença de advogado no auto de prisão em flagrante, por ser peça inquisitiva. Não havendo indicação de advogado, ou sendo este indicado, mas não localizado, é dispensável sua presença durante a lavratura do auto;

b.4. Comunicação ao Ministério Público: na Lei Complementar n. 75/93, em seu art. 10, é necessária que a prisão de qualquer pessoa, por parte de autoridade federal ou do Distrito Federal e Territórios, deverá ser comunicada imediatamente ao Ministério Público competente, com indicação do lugar onde se encontra o preso e cópia dos documentos comprobatórios da legalidade da prisão.

O Judiciário e o Ministério Público serão os competentes a receber a comunicação de acordo com o crime praticado. No âmbito estadual vigora a Lei n. 8.625/93 que prescreve no art. 2º que a Lei complementar, denominada Lei Orgânica do Ministério Público cuja iniciativa é facultada aos Procuradores-Gerais de Justiça dos Estados, estabelecerá, *no âmbito de cada uma dessas unidades federativas, normas específicas de organização, atribuições e estatuto do respectivo Ministério Público. Parágrafo único. A organização, atribuições e estatuto do Ministério Público do Distrito Federal e Territórios serão objeto da Lei Orgânica do Ministério Público da União.*

b.5. Comunicação à Defensoria Pública: com o advento da Lei n. 11.449, de 16 de janeiro de 2007, fica obrigatório o encaminhamento de cópia do auto de prisão em flagrante, nas hipóteses de prisão em flagrante em que o preso não indicou advogado, à Defensoria Pública, tudo no prazo de vinte e quatro horas. O encaminhamento será feito pela autoridade policial.

c) Análise judicial do auto de prisão em flagrante

O juiz, ao receber o auto de prisão em flagrante, abre vista ao Ministério Público. Após abertura de vista, o juiz fará uma análise do documento enviado para verificar sua legalidade e necessidade da medida. Como observam Ada Pellegrini e outros[326]: *"Mais importante do que a comunicação em si, no conjunto das garantias constitucionais, é a inafastabilidade da efetiva apreciação judicial sobre os pressupostos da privação cautelar do direito à liberdade de locomoção".*

Dessa forma, o juiz poderá tomar as seguintes atitudes:

---

[326] GRINOVER, Ada Pellegrini et al. *As nulidades no processo penal.* São Paulo: Revista dos Tribunais, 1998.

1) relaxar prisão ilegal: se faltar requisito de ordem material ou formal, o juiz deve relaxar a prisão com a consequente expedição do alvará de soltura, sob pena de o juiz incidir em crime de abuso de autoridade, nos termos do art. 4º, *d*, da Lei n. 4.898/65;
2) pode o juiz conceder liberdade provisória, com ou sem fiança, nos termos do art. 5º, inciso LXVI, da Constituição Federal. A falta ou demora na comunicação da prisão ao juiz gera abuso de autoridade para e quanto à validade do auto de prisão em flagrante, há dois posicionamentos: a) não invalida, pois a comunicação é forma de impedir abusos nas prisões; b) invalida, pois a comunicação é requisito de legalidade da prisão;
3) converter a prisão em flagrante em preventiva, quando presentes os requisitos constantes do art. 312 deste Código, e se revelarem inadequadas ou insuficientes as medidas cautelares diversas da prisão.

Se o juiz verificar, pelo auto de prisão em flagrante, que o agente praticou o fato sob o amparo de uma excludente de ilicitude poderá, fundamentadamente, conceder ao acusado liberdade provisória, mediante termo de comparecimento a todos os atos processuais, sob pena de revogação.

É predominante na jurisprudência o entendimento de que a demora na comunicação à autoridade judiciária competente da prisão em flagrante não a torna ilegal e não acarreta, por si só, nulidade no auto de prisão em flagrante.

d) Lavratura do auto de prisão em flagrante

A documentação da prisão em flagrante serve para assegurar a legalidade do ato, proteger a liberdade ambulatória contra abusos e possibilitar o direito de defesa do interessado. O auto de prisão em flagrante é, assim, instrumento de segurança do preso contra abusos e arbitrariedades[327]. Dá início ao inquérito policial; a notícia do crime chega ao conhecimento da autoridade policial pela cognição coercitiva, ou seja, com a própria apresentação do preso em flagrante.

---

[327] BAPTISTA, Fernando Pavan. As garantias da liberdade individual no Código de Processo Penal brasileiro. Dissertação de Mestrado, Faculdade de Direito da Universidade de São Paulo, 1993, p. 90.

O auto de prisão em flagrante é lavrado pelo escrivão; na falta ou impedimento do escrivão, qualquer pessoa designada pela autoridade lavrará o auto, depois de prestado o compromisso legal, nos termos do art. 305 do CPP.

O auto de prisão em flagrante é formado por duas partes: a) **preâmbulo:** é formado pela data e local da lavratura, autoridade presidente e a qualificação do condutor; no conteúdo deve ser mencionada a infração penal praticada, bem como uma das situações de flagrante previstas no art. 302 do Código de Processo Penal; b) **corpo:** há uma sucessão de atos: oitiva do condutor, oitiva das testemunhas, oitiva do indiciado, remessa do auto de prisão em flagrante, participação de defesa técnica e nota de culpa.

Antes do advento da Lei n. 11.113/2005, o art. 304, do Código de Processo Penal *caput*, tinha a seguinte redação: *"Apresentado o preso à autoridade competente, ouvirá esta o condutor e as testemunhas que o acompanharam e interrogará o acusado sobre a imputação que lhe é feita, lavrando-se o auto, que será por todos assinado".*

A redação antiga preconizava a lavratura de todo o auto de prisão em flagrante, para que somente depois do seu término as pessoas ouvidas assinassem o documento.

Com a nova redação do art. 304, *caput*, do Código de Processo Penal: *"Apresentado o preso à autoridade competente, ouvirá esta o condutor e colherá, desde logo, sua assinatura, entregando a este cópia do termo e recibo de entrega do preso. Em seguida, procederá à oitiva das testemunhas que o acompanharem e ao interrogatório do acusado sobre a imputação que lhe é feita, colhendo, após cada oitiva, suas respectivas assinaturas, lavrando, a autoridade, afinal, o auto",* as pessoas que estão sendo ouvidas não precisam esperar até o final da lavratura do auto para assinarem, pois, logo após o seu depoimento pessoal, estão autorizadas a assinarem e são liberadas.

e) Oitiva do condutor

Condutor é a pessoa que apresenta o preso à autoridade; será indagada sobre o fato que motivou a prisão e as circunstâncias em que esta se verificou. Após seu depoimento, a autoridade policial colherá, desde logo, sua assinatura, entregando a esta cópia do termo e recibo de entrega do preso. É pacífico o entendimento na doutrina e jurisprudência de que o policial que participou do flagrante não está impedido de assinar o auto como testemunha.

f) Oitiva das testemunhas

A lei exige que sejam ouvidas no mínimo duas testemunhas. De preferência, é necessária a oitiva das testemunhas da infração. Caso não haja tais testemunhas, podem ser ouvidas testemunhas que tenham presenciado a apresentação do preso à autoridade (indiretas ou instrumentárias).

Não há constrangimento ilegal quando o auto de prisão em flagrante for lavrado na presença de duas testemunhas indiretas, estando o auto de prisão formalmente compatível com o disposto no art. 304 do Código de Processo Penal.

Após cada oitiva das testemunhas, a autoridade policial colherá suas respectivas assinaturas, lavrando, a autoridade, afinal, o auto.

O art. 304, § 3º, do Código de Processo Penal determina que quando o acusado se recusar a assinar, não souber ou não puder fazê-lo, o auto de prisão em flagrante será assinado por duas testemunhas, que tenham ouvido sua leitura na presença deste, ou seja, no caso de testemunhas instrumentárias, isto é, aquelas que não acompanharam a prisão, mas a lavratura do auto e assinam no caso de o acusado recusar-se a assinar, não souber ou não puder fazê-lo, assinam após a leitura do auto na presença somente do acusado e, não mais na presença do acusado, do condutor e das testemunhas.

Condutor pode ser testemunha? Há dois posicionamentos: 1. Tourinho Filho: não é possível, pois a lei distingue; 2. Outros autores: é possível, pois não há impedimento jurídico; o STJ admite os policiais como testemunhas de apresentação do preso[328]. Por construção jurisprudencial, se aceita o condutor da prisão em flagrante como uma das testemunhas a fim de integrar a exigência numérica legal, prevista no art. 304 do Código de Processo Penal, de oitiva de pelo menos duas testemunhas.

A oitiva da testemunha sem a presença de advogado não gera nulidade, salvo se houver comprovação de prejuízo para o réu. A presença do advo-

---

[328] É possível aos policiais servirem como testemunhas da apresentação do preso durante a lavratura do auto de prisão em flagrante delito (HC 58127 – rel. Min. Jane Silva – 5ª Turma – 28/11/2007).

gado no momento da lavratura do auto de prisão em flagrante não constitui formalidade essencial a sua validade.

Embora o auto de flagrante e o inquérito policial tenham normas de remessa que informem deva ser o preso ou indiciado ouvido nos moldes do interrogatório judicial, necessário é que se tenha em conta estar-se em fase onde permanece o modelo inquisitório, pelo que não é caso de distorcida interpretação que pretenda inserir o contraditório (com a presença de advogado no interrogatório) nesta fase investigatória.

O membro do Ministério Público que exercer a fiscalização da legalidade da lavratura do auto de prisão em flagrante, em cumprimento à sua condição de *custos legis* ou fiscal da ordem jurídica, não fica impedido de ser testemunha na fase da instrução criminal[329].

g) Oitiva do indiciado

A oitiva do indiciado é dividida em duas partes: 1) qualificação: será indagado sobre os dados pessoais; 2) mérito: será indagado sobre o fato. Quando o acusado se recusar a assinar, não souber ou não puder fazê-lo, o auto de prisão em flagrante será assinado por duas testemunhas, que tenham ouvido sua leitura na presença deste. A recusa do acusado em assinar o auto de prisão em flagrante não o torna inválido, desde que assinado por duas testemunhas, nos termos do art. 304, § 3º, do Código de Processo Penal. A assinatura do acusado dispensa a das testemunhas de leitura, não havendo que se falar em nulidade do auto de prisão em flagrante.

É possível a lavratura do auto de prisão em flagrante sem a oitiva do preso? Sim, quando o preso estiver impedido de falar por um motivo, como a embriaguez; neste caso, a autoridade deve registrar o motivo no auto e proceder à oitiva em momento oportuno futuro. O preso, antes de ser ouvido, deverá ser alertado sobre seu direito de permanecer em silêncio. Segue os mesmos requisitos do interrogatório judicial.

---

[329] O Membro do Ministério Público Estadual que assiste a lavratura do auto de prisão em flagrante, convidado pela autoridade policial para assegurar a legalidade do ato, não está impedido de prestar depoimento, na fase da instrução penal, reportando-se aos fatos que ouviu quando dos depoimentos prestados na fase investigatória (HC 73425-1/PR, 2ª Turma – rel. Min. Maurício Corrêa, *DJ* de 18/06/2001).

PRISÃO

h) Remessa do auto de prisão em flagrante

Encerrada a lavratura do auto, a prisão é comunicada ao juiz, bem como à Defensoria Pública (art. 306, § 1º, do CPP, com redação dada pela Lei n. 12.403/2011), que dará vistas ao Ministério Público.

Dentro de 24h (vinte e quatro horas) depois da prisão, será encaminhado ao juiz competente o auto de prisão em flagrante acompanhado de todas as oitivas colhidas e, caso o autuado não informe o nome de seu advogado, cópia integral para a Defensoria Pública. Prisão em flagrante, não comunicada em até 24 horas para o juiz, é ilegal. Há doutrinadores, como Tourinho Filho, que sustentam que o prazo só será de 24 horas quando houver algum motivo ponderável para o atraso.

No mesmo prazo de 24 horas, será entregue ao preso, mediante recibo, a nota de culpa, assinada pela autoridade, com o motivo da prisão, o nome do condutor e o das testemunhas, expedição da nota de culpa e encaminhamento ao cárcere, salvo se for infração em que o réu se livra solto ou caso de fiança fixada pela autoridade policial.

Se a autoridade que preside a lavratura do auto de prisão em flagrante tem competência para realizar a lavratura, não há nulidade se quem assinou embaixo foi o escrevente ou o escrivão.

i) Participação da Defensoria Pública na prisão em flagrante

No dia 15 de janeiro de 2007 entrou em vigor a Lei n. 11.449, que altera o art. 306 do Código de Processo Penal, obrigando, no caso de prisão em flagrante de pessoa sem advogado constituído, comunicação da prisão em 24 horas ao Defensor Público. É a efetivação do direito à assistência judiciária prescrita no inciso LXIII, do art. 5º, da Constituição Federal, que assegura ao preso o direito à defesa técnica.

A finalidade da comunicação é permitir que a Defensoria Pública fizesse o exame da legalidade da prisão em flagrante, com a finalidade de buscar um relaxamento, ou, ainda, um pedido de liberdade provisória. A comunicação é acompanhada de cópia do auto. Ainda no contexto do processo penal o art. 306 foi alterado novamente pela Lei 12.403/2011, acrescentando que, além da comunicação à defensoria com a entrega do recibo da nota de culpa em até 24 (vinte e quatro) horas após a realização da prisão, será encaminhado ao juiz competente o auto de prisão em flagrante e, caso o autuado não informe o nome de seu advogado, cópia integral para a Defensoria Pública.

No mesmo prazo, será entregue ao preso, mediante recibo, a nota de culpa, assinada pela autoridade, com o motivo da prisão, o nome do condutor e os das testemunhas e o direito à comunicação da prisão (a prisão de qualquer pessoa e o local onde se encontre serão comunicados imediatamente ao juiz competente, ao Ministério Público e à família do preso ou à pessoa por ele indicada).

j) Nota de culpa

É um documento que visa informar ao preso o motivo da prisão em flagrante, o nome da autoridade responsável pela prisão, do condutor e das testemunhas. O documento deve ser entregue ao autuado, como garantia da legalidade da prisão, no prazo improrrogável de 24 horas (início do prazo que se dá com a prisão).

A nota de culpa possibilita que o preso tome conhecimento da imputação para se defender e serve como controle na ilegalidade das prisões. A nota de culpa é expedida em duas vias, pois a via original é entregue ao preso e a segunda via, assinada com recibo do preso, é anexada com o auto de prisão em flagrante. Quando o preso não puder ou não souber ou não quiser assinar deve-se colher a assinatura de duas testemunhas.

O erro na data do crime ou da prisão configura erro material que não invalida a prisão em flagrante[330]. Erro material é o constatável de plano.

Cabe ressalvar que no caso de omissão ou entrega de forma tardia o juiz deve relaxar a prisão, sob pena de o preso impetrar um *habeas corpus*. A inexistência ou irregularidade na nota de culpa gera a invalidade do auto de prisão em flagrante. Sobre a espécie da invalidade existem dois posicionamentos: a) acarreta nulidade relativa, já que não é formalidade essencial e depende da demonstração de prejuízo[331]; b) acarreta nulidade absoluta,

---

[330] HC 60666/SP – rel. Min. Laurita Vaz – 5ª Turma – 07/08/2007.

[331] O atraso na entrega da nota de culpa ao investigado preso em flagrante, embora constitua irregularidade, não determina a nulidade do ato processual regularmente válido. É princípio basilar do processo penal a assertiva de que não se declara nulidade de ato, se dele não resultar prejuízo comprovado para o réu, nos termos do art. 563 do Código de Processo Penal (RHC 21532/PR – rel. Min. Laurita Vaz – 5ª Turma – 18/10/2007).

já que é formalidade essencial que possibilita a aferição da legalidade e regularidade da prisão, possibilitando o exercício do direito de defesa.

8. Nulidade do Auto de Prisão em Flagrante

A não observância das formalidades do auto de prisão em flagrante não gera nulidade no inquérito policial ou processo-crime, originando apenas a invalidade do auto com consequente relaxamento da prisão em flagrante[332]. A alegação da ilegalidade do decreto de prisão em flagrante, por ocorrência de vícios formais, torna-se preclusa com a prolação da sentença que condena o réu, amparada em provas colhidas durante a instrução criminal[333].

As formalidades do auto de prisão em flagrante são essenciais para justificar a regularidade e legalidade da restrição antecipada da liberdade ambulatória[334], sendo certo que seu desatendimento resulta na nulidade absoluta, nos termos do art. 564, inciso IV, do Código de Processo Penal, atingindo o valor do auto de prisão em flagrante como instrumento de coação cautelar, sem repercussão no processo-crime[335].

É possível afirmar que a nulidade do auto de flagrante delito somente tem cabimento quando demonstrada a inexistência do cumprimento de formalidade essencial ou quando comprovado legítimo prejuízo ao direito do preso.

Sobrevindo decretação da custódia preventiva, resta superado eventual constrangimento ilegal decorrente do auto de prisão em flagrante. Nada impede que o juiz, ao reconhecer a nulidade da prisão em flagrante, possa

---

[332] O STJ tem posição aceitando o reconhecimento de nulidade no auto de prisão em flagrante – RHC – 886 – a declaração da nulidade do auto de prisão em flagrante tem, como efeito, apenas a restituição da liberdade do acusado, não ferindo a integridade do inquérito policial.

[333] Proferida a sentença penal condenatória, que, inclusive, transitou em julgado, restam prejudicadas as alegações de nulidade do auto de prisão em flagrante e de falta dos requisitos autorizadores da custódia cautelar – RHC 13.921/SP – rel. Min. Paulo Gallotti – 6ª Turma – 12/11/2007.

[334] O auto de prisão em flagrante delito, porque constitucionalmente equiparado ao mandado judicial de prisão (Constituição da República, art. 5º, inciso LXI), deve observar estritamente os requisitos legais da sua lavratura – HC 29019/PE – rel. Min. Hamilton Carvalhido – 6ª Turma – 27/10/2004.

[335] GRINOVER, Ada Pellegrini et al. *As nulidades no processo penal*, cit.

decretar a prisão preventiva do acusado, desde que demonstre a necessidade da custódia cautelar.

Cabe ressalvar que situações semelhantes entre réus não podem obrigar o juiz a relaxar a prisão em flagrante, até porque cada acusado deve ser examinado de maneira individual e de acordo com os fatos e as circunstâncias do seu caso concreto.

9. Conversão da Prisão em Flagrante em Prisão Preventiva

Há a possibilidade jurídica de ser feita a conversão da prisão em flagrante em preventiva quando restar demonstrada a necessidade da prisão cautelar através da presença dos requisitos legais previstos na legislação de regência, em observância ao princípio constitucional da presunção de inocência ou da não culpabilidade.

A própria lei traz a permissão da possibilidade jurídica da conversão no art. 310 do Código de Processo Penal ao mencionar que uma das atitudes do juiz ao receber o auto de prisão em flagrante é converter a prisão em flagrante em preventiva, quando presentes os requisitos do art. 312 do Código de Processo Penal e se revelarem inadequadas ou insuficientes as medidas cautelares diversas da prisão.

Há uma discussão a respeito da natureza da referida conversão, de forma que há os seguintes posicionamentos:

a) a conversão *pode ser feita de ofício*, pois o juiz apenas mudará o título da prisão apontando fundamentos compatíveis com o novo título;

b) a conversão *não pode ser feita de ofício*, pois o juiz não tem poder geral de cautela em matéria de medida privativa de liberdade, de forma que é necessário manifestação prévia do Ministério Público.

Título V – Prisão

6ª Parte – Prisão Preventiva

1. Sentidos

Em *sentido amplo,* prisão preventiva é toda privação de liberdade efetuada antes do trânsito em julgado da sentença penal condenatória; é o gênero das prisões anteriores à sentença definitiva.

Em *sentido restrito,* prisão preventiva é medida cautelar, processual penal, típica, pessoal, privativa de liberdade individual, consistente no encarceramento do indivíduo antes do trânsito em julgado da sentença condenatória, decretável pela autoridade judiciária competente, de ofício ou mediante provocação, em qualquer fase do inquérito policial ou da instrução criminal, estando devidamente preenchidos os pressupostos e requisitos legais e restando evidenciada sua necessidade, idoneidade e proporcionalidade, com o escopo de acautelar o processo criminal[336].

---

[336] FERRAZ, Leslie Sherida. Prisão preventiva e direitos e garantias individuais. Dissertação de mestrado, Faculdade de Direito da Universidade de São Paulo, 2003, p. 12.

2. Características

A prisão preventiva é *medida excepcional*, que só ocorre em situação de real necessidade fundamentada. Visando ao desenvolvimento do processo criminal, sem aplicar punição antecipada ao réu ou ao indiciado, resta evidenciado seu caráter *rebus sic standibus*, ou seja, a manutenção da prisão preventiva fica condicionada à existência concreta dos requisitos autorizadores da custódia. Dessa forma, quando verificar a falta do motivo que ensejou a decretação, nos termos do art. 316 do Código de Processo Penal: *"O juiz poderá revogar a prisão preventiva se, no correr do processo, verificar a falta de motivo para que subsista, bem como de novo decretá-la, se sobrevierem razões que a justifiquem".*

A prisão preventiva é *medida facultativa*, pois pode ser decretada de acordo com a presença dos requisitos legais e à decisão judicial fundamentada. Não há mais a previsão de prisão preventiva obrigatória nos crimes em que pena era igual ou superior a dozes anos.

A prisão preventiva é *medida "agressiva"*, já que limita o direito fundamental de liberdade da pessoa, visando proteger o processo penal e a aplicação da justiça penal.

A prisão preventiva é *ato judicial*, pois sua decretação depende de ordem judicial, nos termos do art. 311 do Código de Processo Penal: "... *caberá a prisão preventiva decretada pelo juiz...*".

Não obstante a decretação exigir ordem judicial da autoridade judiciária competente, nos termos do art. 5º, inciso LXI, da CF c/c o art. 311 do Código de Processo Penal, a iniciativa pode ser de ofício ou requerimento do MP ou querelante ou representação da autoridade policial.

A CPI não pode decretar a prisão preventiva, devendo encaminhar pedido aos legitimados. O assistente de acusação, para alguns, não pode requerer a decretação da prisão preventiva, pois o seu objetivo é a formação do título executivo para futura indenização na esfera cível; para outros, pode requerer, pois sua função é contribuir para efetivação da persecução penal alcançando a justiça criminal.

A prisão preventiva é *medida subsidiária*, já que diante da nova sistemática trazida pela Lei n. 12.403/2011 a prisão preventiva só pode ser determinada quando não for cabível a sua substituição por outra medida cautelar. Daí o princípio da subsidiariedade, consagrando a natureza excepcional da prisão preventiva, como a *ultima ratio* das medidas cautelares.

3. Apresentação Espontânea

A apresentação espontânea não impede a decretação da prisão preventiva. Quando houver dúvida na decretação da prisão preventiva, a interpretação deve ser *in dubio pro societatis*.

4. Momento de Decretação

A prisão preventiva pode ser decretada em qualquer fase da investigação policial ou do processo criminal. Na fase pré-processual a prisão preventiva pode ser decretada quando houver ou não inquérito policial instaurado. Na fase processual pode ser decretada em qualquer fase da ação penal.

5. Pressupostos

A decretação da prisão preventiva exige a presença de pressupostos (*fumus boni iuris*), que são requisitos concomitantes ou cumulativos:

a) **prova da materialidade (existência) do crime:** é a certeza da ocorrência da infração penal; é demonstrada por meio do exame de corpo de delito; se não deixar vestígios ou desaparecerem, supre a falta do exame a prova testemunhal;

b) **indícios suficientes de autoria**: é necessária existência de indícios (fato conhecido e provado que, por raciocínio, leva ao conhecimento de um fato desconhecido) convincentes que levem a uma suspeita fundada e não à prova plena da culpa. É a probabilidade de ser o acusado ou indiciado o autor do crime. A lei processual penal exige indícios sólidos de autoria e não a prova cabal desta, que somente poderá ser verificada em eventual *decisum* condenatório, após a devida instrução dos autos.

6. Recurso

É possível questionar a prisão preventiva, pois contra a decisão que decreta não cabe recurso, sendo admitido *habeas corpus*; contra a que denega cabe *habeas corpus*; da decisão que revoga, cabe recurso em sentido estrito, nos termos do art. 581, inciso V, da CF; no caso de nova decretação da prisão preventiva após revogação, será admitido *habeas corpus*.

7. Não Cabimento

Não é possível decretar a prisão preventiva quando houver excludente de ilicitude, nos termos do art. 314 do Código de Processo Penal: *"A prisão preventiva em nenhum caso será decretada se o juiz verificar pelas provas constantes dos autos ter o agente praticado o fato nas condições previstas nos incisos I, II e III do caput do art. 23 do Decreto-lei n. 2.848, de 7 de dezembro de 1940 – Código Penal"*.

Não há previsão legal que autorize a prisão preventiva contra autor de uma contravenção, de forma que, a prática de contravenção penal, no âmbito de violência doméstica, não é motivo idôneo para justificar a prisão preventiva do réu[337].

A frustração na realização de acordo de delação premiada não consiste em fundamentação apta a justificar a imposição de prisão preventiva, nos termos do artigo 312 do CPP[338].

8. Fundamentação

A decretação da prisão preventiva é uma decisão judicial que deve ser fundamentada, nos termos do art. 93, inciso IX, da Constituição Federal c/c o art. 315 do Código de Processo Penal: *"A decisão que decretar substituir ou denegar a prisão preventiva será sempre motivada"*.

Cabe ressalvar que inexiste constrangimento ilegal se o decreto de **prisão preventiva** mostra-se suficientemente fundamentado, em consonância com o que dispõe o art. 312 do Código de Processo Penal.

Conforme Carrara (Programa, vol. II/466, LUCCA, 1877), a prisão preventiva deve atender a uma tripla necessidade: a) de justiça: na medida em que afasta a fuga do réu; b) de verdade: na medida em que obsta que o réu confunda as atividades da autoridade policial, destrua os vestígios ou intimide as testemunhas; c) de defesa pública: na medida em que impede a

---

[337] Informativo nº 632/18 do STJ.
[338] Informativo nº 609/17 do STJ.

PRISÃO

certos delinquentes, pendente o processo, continuar seus ataques a direito alheio.

A decretação deve ser fundamentada de forma efetiva, não bastando mera referência quanto à gravidade genérica do delito ou à aplicação da lei penal. É necessário demonstrar, com dados concretos extraídos dos autos, a necessidade da custódia, em observância ao princípio constitucional da presunção de inocência, sob pena de antecipar reprimenda a ser cumprida no caso de eventual condenação.

A fundamentação deve ser baseada em motivos concretos e sólidos com razões fáticas e jurídicas justificadoras para a medida. Não é ilegal a **prisão preventiva** que se funda em dados concretos a indicar a necessidade da medida cautelar (HC 68596/RJ – rel. Min. Maria Thereza de Assis Moura – 6ª Turma – 6/11/2007).

O decreto prisional deve ser necessariamente fundamentado, não bastando mera referência quanto à gravidade genérica do delito ou à aplicação da lei penal. É dever do magistrado demonstrar, com dados concretos extraídos dos autos, a necessidade da custódia do paciente[339].

Cabe ressalvar que não é recomendável a fundamentação *per relazione*, em que o juiz fundamenta indicando os motivos alegados pelo Ministério Público.

A fundamentação deve ser relacionada com o caso concreto, não bastando meras conjecturas ou fatos abstratos invocados pelo magistrado. A decretação da **prisão preventiva** deve reger-se sempre pela demonstração da efetiva necessidade da medida no caso em concreto, não se confundindo com a simples reprodução de expressões ou termos legais ou com a demonstração de argumentos abstratos, desprovidos de qualquer suporte fático[340].

---

[339] A prisão preventiva se justifica desde que demonstrada a sua real necessidade com a satisfação dos pressupostos a que se refere o art. 312 do Código de Processo Penal, não bastando, frise-se, a mera explicitação textual de tais requisitos. Não se exige, contudo, fundamentação exaustiva, bastando que o decreto constritivo, ainda que de forma sucinta, concisa, analise a presença, no caso, dos requisitos legais ensejadores da prisão preventiva (HC 90.862/SP, 2ª Turma, rel. Min. Eros Grau, *DJU* de 27/04/2007; HC 92.069/RJ, 2ª Turma, rel. Min. Gilmar Mendes, *DJU* de 09/11/2007; RHC 89.972/GO, 1ª Turma, rel. Min. Cármen Lúcia, *DJU* de 29/06/2007).

[340] DECISÃO DA QUINTA TURMA. HC. PRISÃO PREVENTIVA. AUSÊNCIA DE FUNDAMENTAÇÃO – A simples reprodução das expressões ou dos termos legais expostos na norma de regência, divorciada dos fatos concretos ou baseada em meras suposições, não é

PRISÃO E LIBERDADE

Na análise de diversos casos concretos, podemos destacar os seguintes parâmetros na decretação da prisão preventiva: o réu responder a vários processos em comarcas diversas; ser líder de organização criminosa; a fuga do réu do distrito da culpa ou sua oposição ao chamamento processual; possuir antecedentes criminais com real possibilidade de reiteração criminosa; reiteração de violências domésticas; gravidade concreta do crime; periculosidade do agente revelada no *modus operandi* do crime; indícios concretos de que o acusado faz do crime seu meio de vida; participação efetiva em organização criminosa.

8.1. Prisão Preventiva Ilegal

A Suprema Corte tem reiteradamente reconhecido como ilegais as prisões preventivas decretadas, por exemplo, com base na gravidade abstrata do delito[341]; na periculosidade presumida do agente[342]; no clamor social decorrente da prática da conduta delituosa[343] ou, ainda, na afirmação genérica de que a **prisão** é necessária para acautelar o meio social[344]; na falta de comprovação de residência fixa e de ocupação lícita[345].

Distanciados de fatos concretos e respaldados em suposições, os argumentos de existência de prova de materialidade, indícios de autoria do crime, comoção social, credibilidade da Justiça e gravidade do delito não

suficiente para atrair a incidência do art. 312 do Código de Processo Penal, tendo em vista que o referido dispositivo legal não admite conjecturas. A decretação da referida medida restritiva de liberdade antecipada deve reger-se sempre pela demonstração da efetiva necessidade no caso concreto (HC 49681/GO – rel. Min. Arnaldo Esteves Lima).

[341] HC 90.858/SP, 1ª Turma, rel. Min. Sepúlveda Pertence, *DJU* de 21/06/2007; HC 90.162/RJ, 1ª Turma, rel. Min. Carlos Britto, *DJU* de 28/06/2007; A gravidade do delito mesmo quando praticado crime hediondo, se considerada de modo genérico e abstratamente, sem que haja correlação com a fundamentação fático objetiva, não justifica a prisão cautelar. A prisão preventiva é medida excepcional de cautela, devendo ser decretada quando comprovados objetiva e corretamente, com motivação atual, seus requisitos autorizadores (informativo nº 213/04 do STJ).

[342] HC 90.471/PA, 2ª Turma, rel. Min. Cezar Peluso, *DJU* de 13/09/2007; "....se limitou a consignar que a liberdade seria estímulo para que os denunciados voltassem a delinquir, colocando, então, a coletividade em risco. O que ali se consignou não é, evidentemente, algo concreto, mas, sim, simples suposição..." (informativo nº 255/05).

[343] HC 84.311/SP, 2ª Turma, rel. Min. Cezar Peluso, *DJU* de 06/06/2007.

[344] HC 86.748/RJ, 2ª Turma, rel. Min. Cezar Peluso, *DJU* de 06/06/2007.

[345] STF, HC 80.805/SP, 1ª Turma, rel. Min. Ilmar Galvão, *DJ* 19/10/01.

PRISÃO

são suficientes para justificar a custódia cautelar nem a manutenção na prisão de paciente primário com bons antecedentes e residência fixa[346].

É considerada prisão preventiva ilegal a decretação sem fundamentação idônea, ou seja, que enumere os requisitos previstos no art. 312 do CPP, sem apresentar quaisquer fatos que possam alicerçar, em bases mais concretas e seguras, a restrição imposta[347].

8.2. Fundamentos

8.2.1. Garantia da Ordem Pública

A expressão ordem pública é termo amplo, indeterminado, variável no tempo e no espaço que implica a ausência de perturbação na paz pública e na harmonia social. É impedir que a pessoa cometa novos crimes para manter a tranquilidade no meio social, garantindo a credibilidade da justiça em face da gravidade do crime e de sua repercussão.

A garantia da ordem pública não resta caracterizada apenas pela comoção social causada nem pela gravidade genérica do delito. A justificativa em garantir a ordem pública na decretação da prisão preventiva ocorre quando ficar demonstrada, com base nos elementos concretos constantes dos autos, a periculosidade do réu e de seus eventuais comparsas, a crueldade, revelada pelo *modus operandi* do crime e a habitualidade da conduta, bem como a necessidade de fazer cessar a reiteração criminosa.

A fundamentação da prisão preventiva consistente na garantia da ordem pública deve lastrear-se na grande intranquilidade social causada pelo crime, ao ponto de colocar em risco as instituições democráticas, o que não se confunde com mera vontade popular de ver o indiciado ou réu encarcerado[348].

Quando há suficientes indícios da participação da paciente na quadrilha formada para a prática de tráfico internacional de órgãos, resta evidenciada a necessidade da prisão preventiva como forma de garantia da ordem

---

[346] Informativo nº241/05 do STJ.
[347] Informativo nº237/05 do STJ.
[348] Informativo nº216/04 do STJ.

PRISÃO E LIBERDADE

pública, em face da flagrante ofensa à dignidade da pessoa humana, bem como para impedir o cometimento de novos crimes[349].

A dimensão e a perniciosidade das ações da organização criminosa, delineadas pelos elementos indiciários colhidos, evidenciam clara ameaça à ordem pública, a autorizar o encarceramento provisório dos agentes envolvidos, em especial dos líderes, a fim de estancar a continuidade das empreitadas criminosas. Trata-se de pessoa voltada para a prática de crimes, o que reforça a necessidade da prisão preventiva para a garantia da ordem pública[350].

As condições pessoais do acusado quando favoráveis não são aptas, por si só, a impedir prisão preventiva[351]; já quando desfavoráveis são acatadas como justificativas da prisão preventiva.

Nas palavras de Guilherme Souza Nucci[352] "*a garantia da ordem pública, como fundamento para a* **prisão preventiva,** *deve ser visualizada pelo trinômio gravidade da infração + repercussão social + periculosidade do agente*".

É entendimento pacífico na doutrina e jurisprudência nacional que o argumento de que a custódia cautelar é necessária para proteger o acusado da reação da sociedade não serve de fundamento para a sua **decretação**[353].

---

[349] Informativo nº208/04 do STJ.

[350] Informativo nº 289/06.

[351] Circunstância de o paciente ser primário e ter bons antecedentes não se mostra obstáculo ao decreto de prisão preventiva, desde que presentes os pressupostos e condições previstas no art. 312, do CPP. 8. Ordem denegada." – HC 91407/SP – rel. Min. Ellen Gracie – j. 10/06/2008.

[352] *Código de Processo Penal comentado*. São Paulo: Revista dos Tribunais, 2011.

[353] 1 – A real periculosidade do réu advinda do *modus operandi* dos crimes é motivação idônea capaz de justificar o decreto constritivo, por demonstrar a necessidade de se resguardar a ordem pública que ficaria vulnerada com a liberdade dos réus. Precedentes. 2 – A prisão cautelar, justificada no resguardo da ordem pública, visa prevenir a reprodução de fatos criminosos e acautelar o meio social, retirando do convívio da comunidade o indivíduo que diante do *modus operandi* demonstra ser dotado de alta periculosidade – HC 99240/MG – rel. Min. Jane Silva (Desembargadora convocada do TJ/MG) – 6ª Turma – 29/04/2008; A custódia cautelar do acusado encontra-se fundamentada em elementos concretos que indicam a sua necessidade pela **garantia da ordem pública**, em virtude da possibilidade de reiteração de condutas criminosas, em razão da existência de fortes indicativos nos autos de que se trata de associação organizada para a prática do tráfico de entorpecentes. – HC 101314/PR – rel. Min. Laurita Vaz – 5ª Turma – 22/04/08; A garantia da ordem pública é representada pelo imperativo de se impedir a reiteração das práticas criminosas, como se verifica no caso sob julgamento. A garantia da ordem pública se revela, ainda, na necessidade de se assegurar a credibilidade das instituições públicas quanto à visibilidade e transparência de políticas públicas de persecução criminal – HC 89143/PR – rel. Min. Ellen Gracie – 5ª Turma – 10/06/2008;

PRISÃO

8.2.2. Conveniência da Instrução Criminal

É a cautela instrumental, pois visa assegurar o correto desenvolvimento da fase processual de coleta de provas, necessárias ao esclarecimento da verdade real, impedindo a destruição de provas ou intimidação das testemunhas, peritos, terceiros ou vítima. A tutela probatória como fundamento da prisão preventiva deve ser baseada em elementos concretos que demonstrem a possibilidade efetiva de lesão ou turbação no conjunto probatório por parte do acusado ou indiciado, se mantido em liberdade.

A decretação da prisão preventiva é justificada pela necessidade de acautelar o conjunto probatório no sentido de conservação da prova, evitando obstáculos ou dificuldades no estabelecimento da verdade. Não é fundamento da prisão preventiva quando já encerrada a fase instrutória.

Há divergência a respeito de a possibilidade da prisão preventiva ser justificada para garantir a presença do acusado em atos de instrução, formando-se duas correntes: a) não é possível em virtude do direito ao silêncio e da garantia da não autoincriminação; b) é possível (HC 74.839 do STF).

É possível arrolar as seguintes justificativas na conveniência da instrução criminal: a) proteger a integridade da testemunha ou vítima; b) impe-

EMENTA: *Habeas Corpus.* 1. "Operação Navalha". Inquérito n. 544/BA, do Superior Tribunal de Justiça. 2. Alegações de falta de fundamentação do decreto de prisão preventiva e de ofensa ao direito constitucional do paciente permanecer em silêncio (CF, art. 5º, inciso LXIII, e CPP, art. 186). 3. Decreto prisional fundamentado em supostas conveniência da instrução criminal e garantia da ordem pública e econômica. 4. Segundo a jurisprudência do STF, não basta a mera explicitação textual dos requisitos previstos pelo art. 312 do CPP, mas é indispensável a indicação de elementos concretos que demonstrem a necessidade da segregação preventiva. Precedentes. 5. A prisão preventiva é medida excepcional que demanda a explicitação de fundamentos consistentes e individualizados com relação a cada um dos cidadãos investigados (CF, arts. 93, IX, e 5º, XLVI). 6. A existência de indícios de autoria e materialidade, por si só, não justifica a decretação de prisão preventiva. 7. A boa aplicação dos direitos fundamentais de caráter processual, principalmente a proteção judicial efetiva, permite distinguir o Estado de Direito do Estado Policial. 8. Na medida em que o silêncio corresponde à garantia fundamental intrínseca do direito constitucional de defesa, a mera recusa de manifestação por parte do paciente não pode ser interpretada em seu desfavor para fins de decretação de prisão preventiva. 9. Não se justifica a prisão para a mera finalidade de obtenção de depoimento. 10. Ausência de correlação entre os elementos apontados pela prisão preventiva no que concerne ao risco de continuidade da prática de delitos em razão da iminência de liberação de recursos do Programa de Aceleração do Crescimento (PAC). 11. Motivação insuficiente. 12. Ordem deferida para revogar a prisão preventiva decretada em face do paciente – HC 91514/BA – rel. Min. Gilmar Mendes – 2ª Turma – 11/03/2008.

PRISÃO E LIBERDADE

dir a adulteração ou ocultação ou destruição ou alteração ou falsidade ou remoção ou supressão de provas; c) impedir intimidação ameaça, suborno ou conluio com testemunha ou perito; d) impedir influência sobre coacusados, testemunhas ou peritos[354].

8.2.3. Garantia da Aplicação da Lei Penal

A garantia significa impedir a fuga ou perigo de fuga do indiciado ou acusado. A fuga do réu, no caso concreto, constitui motivo suficiente a embasar a prisão preventiva[355]. Cabe ressaltar que o estado de fuga deve ser real e comprovado com base em provas concretas seguras, não bastando como fundamentação a gravidade do crime ou outras presunções. A comprovação do estado de fuga depende da análise das condições do agente, bem como das circunstâncias do fato concreto.

É a cautela final, que visa impedir a fuga do indiciado ou acusado para garantir o resultado do processo. O perigo de fuga deve ser baseado em razoável probabilidade consubstanciada em fatos e circunstâncias concretas de subtração do acusado do procedimento persecutório criminal.

A fuga do agente para caracterizar fundamento da prisão preventiva deve possuir algumas características: a) a fuga tem que ser anterior à decretação da prisão; b) a fuga tem que ser ilegítima. O Superior Tribunal de

---

[354] Mostra-se inviável a manutenção da custódia cautelar do paciente pela **conveniência da instrução criminal** fundada unicamente em conjecturas abstratas de que, em liberdade, ele poderia investir contra os vestígios do crime ou contra testemunhas" – HC 98980/GO – rel. Min. Jane Silva (Desembargadora convocada do TJ/MG) – 6ª Turma – 01/04/2008; Resta devidamente fundamentada a decisão do e. Tribunal *a quo* que determinou o restabelecimento da prisão cautelar, com a expressa menção à situação concreta que se caracteriza pela **conveniência da instrução criminal**, tendo em vista a notícia nos autos de que as testemunhas, que poderão ser ouvidas na sessão de julgamento pelo Tribunal do Júri, estariam se sentido intimidadas diante de certas condutas praticadas pelos recorrentes – REsp 909021/RN – rel. Min. Felix Fischer – 5ª Turma – 18/12/2007; Por outro lado, o fundamento da conveniência da instrução criminal, diante do temor das testemunhas ao paciente, que, sendo residente no mesmo condomínio das vítimas, causa evidente intranquilidade caso permaneça em liberdade, merece relevado e mantido. 2. A existência dos pressupostos autorizadores da liberdade provisória só seria possível pela análise de fatos e de provas a confirmarem essas circunstâncias, sendo certo que não se admite dilação probatória no rito estreito do *habeas corpus*. 3. Ordem denegada – HC 92839/SP – rel. Min. Menezes Direito – 1ª Turma – 11/03/2008.

[355] A fuga do paciente do distrito da culpa demonstra a sua vontade de se furtar da aplicação da lei penal e obstruir o regular andamento da instrução criminal (informativo nº 244/05).

PRISÃO

Justiça tem se posicionado no sentido de que a fuga do réu do distrito da culpa é causa suficiente, por si só, para justificar a decretação da prisão preventiva como forma de garantia do cumprimento da lei penal[356].

8.2.4. Garantia da Ordem Econômica

A decretação da prisão preventiva é em razão do temor social de que o infrator volte a cometer delitos econômicos (que abalam a ordem social em sua parcela econômica), provocando grave dano social, além de prejudicar a livre concorrência.

8.2.5. Descumprimento da Medida Cautelar

A decretação da prisão preventiva é justiçada pelo descumprimento de qualquer das obrigações impostas por força das medidas cautelares diversas da prisão[357]. É necessário, com base em elementos concretos, demonstrar o descumprimento da medida, o que demonstra a periculosidade do agente.

Não há constrangimento ilegal quando a prisão preventiva está devidamente justificada, notadamente pelo descumprimento de medidas anteriormente impostas, nos termos do parágrafo único do art. 312 do Código de Processo Penal.

9. Clamor Público

É o estado de comoção social e indignação popular com a ocorrência da infração penal. A jurisprudência diverge a respeito de o clamor público ser fundamento suficiente para decretação da prisão preventiva, formando dois posicionamentos:

---

[356] "Evidenciado que o acusado evadiu-se do distrito da culpa, permanecendo foragido por longa data, justifica-se sua prisão preventiva para a garantia de aplicação da lei penal" – HC 101539/GO – rel. Min. Jane Silva (Desembargadora convocada do TJ/MG) – 6ª Turma – 26/05/2008).

[357] O descumprimento de medida cautelar anteriormente imposta, quando da concessão da liberdade provisória, é motivo legal para a decretação da prisão preventiva. Inteligência dos artigos 312, parágrafo único, e 282, § 4º, ambos do Código de Processo Penal. (HC nº 422.646/SP, relator Ministro REYNALDO SOARES DA FONSECA, QUINTA TURMA, julgado em 20/2/2018, DJe de 27/2/2018).

PRISÃO E LIBERDADE

a) clamor é fundamento suficiente, com base, por exemplo, na gravidade dos fatos ou na intensa revolta causada pelo crime ou na comoção social causada pelo delito na sociedade para a decretação da prisão preventiva (RT 656/374, 691/314);

b) o clamor público não é fundamento suficiente para decretação da prisão preventiva[358], já que:

gera insegurança jurídica, pois visa satisfazer sentimento de justiça;

viola o princípio da legalidade processual da repressão, já que o clamor público não está previsto no Código de Processo Penal como fundamento da prisão preventiva, sendo tal conceito disposto no art. 323, inciso V, do Código de Processo Penal, na denegação da liberdade provisória com fiança;

descaracteriza a prisão preventiva, pois sua finalidade não é a de antecipar a pena, mas garantir a efetividade do processo, concretizada numa tutela protetiva do direito material lesado ou ameaçado de lesão, nascida em um processo que tem observância plena do direito constitucional e tutela efetiva da justiça[359];

viola o princípio constitucional da presunção de inocência e compromete o postulado fundamental da liberdade.

A jurisprudência assevera a inidoneidade da prisão preventiva, quando decretada diante do clamor público, com ou sem estrépito da mídia (HC 79781, 1ª Turma, rel. Min. Sepúlveda Pertence, 18/4/99, *DJ* 9/6/2000)[360].

---

[358] STF: HC 54.375-RJ, DJ 16/61976; HC 71.289-RS, DJ 6/9/1996; HC 80.472-PA, DJ 22/6/2001; HC 79.781-SP, DJ 9/6/2000, e HC 80.379-SP, DJ 25/5/2001.

[359] MESSA, Ana Flávia. Algumas considerações sobre a busca do processo efetivo no contexto das reformas processuais civis. In: CALDEIRA, Adriano; FREIRE, Rodrigo da Cunha Lima. *Terceira etapa da reforma do processo civil:* estudos em homenagem ao Ministro José Augusto Delgado. Bahia: Juspodivm, 2007, p. 43.

[360] DECISÃO DA 5ª T. HC. PRISÃO PREVENTIVA. AUSÊNCIA. FUNDAMENTAÇÃO. Distanciados dos fatos concretos e respaldados em suposições, os argumentos de existência de prova de materialidade, indícios de autoria do crime, comoção social, credibilidade da justiça e gravidade do delito não são suficientes para justificar a custódia cautelar nem a manutenção na prisão de paciente primário com bons antecedentes e residência fixa. Com esse reiterado entendimento, a Turma concedeu a ordem de *habeas corpus*, o que não impede a decretação de nova prisão preventiva com base em elementos concretos que a justifiquem. HC 41.601-MG, rel. Min. Gilson Dipp, j. 7/4/2005

PRISÃO

Conforme orientação doutrinária e jurisprudencial pacífica não é fundamento suficiente para decretação da prisão preventiva o singelo clamor público ou a necessidade de serem preservadas a credibilidade e respeitabilidade do Poder Judiciário. Porém, quando isso for conciliado com a prova da materialidade, com os indícios suficientes de autoria e a demonstração dos pressupostos previstos no art. 312 do Código de Processo Penal, não há de se ter dúvida na decretação da prisão preventiva[361].

10. Condições de Admissibilidade

Significa analisar qual modalidade de infração penal pode sofrer prisão preventiva; é um rol taxativo, só cabe nas seguintes hipóteses legais:

- nos crimes dolosos punidos com pena privativa de liberdade máxima superior a 04 (quatro) anos; se tiver sido condenado por outro crime doloso, em sentença transitada em julgado, ressalvado o disposto no inciso I do *caput* do art. 64 do Código Penal;

- se o crime envolver violência doméstica e familiar contra a mulher, criança, adolescente, idoso, enfermo ou pessoa com deficiência, para garantir a execução das medidas protetivas de urgência;

- quando houver dúvida sobre a identidade civil da pessoa ou quando esta não fornecer elementos suficientes para esclarecê-la, devendo o preso ser colocado imediatamente em liberdade após a identificação, salvo se outra hipótese recomendar a manutenção da medida.

11. Prisão Preventiva Militar

É a decretada tanto na fase do inquérito como do processo militar, exigindo-se prova da materialidade do crime e indícios suficientes de autoria,

---

[361] Conforme decisão do relator Canguçu de Almeida no caso Nardoni no *habeas corpus* n. 993.08.044.581-8 (voto 17178) – TJSP: "Trata-se de acontecimento que alcançou altíssima repercussão, até mesmo no âmbito internacional, não apenas da hediondez absurda do delito, como pelo fato de envolver membros de uma mesma família de boa condição social, que teriam dado trágico fim à vida de uma doce menina de cinco anos. Em razão de tudo isso, revoltou-se a população de toda uma cidade, que em manifestação coletiva [de] quase histerismo determinante até de interdições de ruas ou quarteirões, apenas não alcançou atingir fisicamente os pacientes porque oportunamente impedida pela eficiente atuação policial. A Justiça Penal, por isso, não pode ficar indiferente na prestação que lhe cobra o reclamo de toda uma Nação".

PRISÃO E LIBERDADE

de ofício pelo auditor ou Conselho de Justiça ou por provocação do Ministério Público ou da autoridade encarregada do inquérito policial militar.

É decretada para garantia da ordem pública, conveniência da instrução criminal, segurança da aplicação da lei penal, periculosidade do indiciado ou acusado e a exigência da manutenção das normas ou princípios de hierarquia e disciplina militares.

Título V - Prisão

7ª Parte – Outras Espécies de Prisão

1. Prisão Administrativa

1.1 Sentidos

a) Sentido Amplo: é a prisão extrapenal, decretada para obrigar alguém a fazer alguma coisa. Neste sentido amplo, a prisão extrapenal possui duas espécies: 1) prisão civil: decretada no caso de inadimplemento da obrigação alimentar; 2) prisão administrativa em sentido restrito.

b) Sentido Restrito: é a prisão administrativa propriamente dita. Existem três critérios para conceituação de prisão administrativa em sentido restrito ou propriamente dita:
b1) Critério subjetivo: leva em conta quem decreta a prisão administrativa: prisão administrativa é a decretada por autoridade administrativa.
No Direito Brasileiro existe uma espécie de prisão administrativa conceituada pelo critério subjetivo: é a prisão em flagrante. Con-

forme observa Hidejalma Muccio [362]: "...*a prisão em flagrante é uma prisão administrativa, porque pode ser feita pela autoridade policial e seus agentes... à exceção da prisão em flagrante, nenhuma outra poderá ser determinada pela autoridade administrativa*";

b2) Critério finalístico: leva em conta a finalidade da prisão administrativa: prisão administrativa é a decretada para atender a finalidade de interesse público, a bem da Administração Pública, no sentido de coagir alguém a fazer alguma coisa;

b3) Critério Misto: é a combinação de três elementos: *1) elemento subjetivo*: é a decretada pela autoridade administrativa; *2) elemento objetivo*: é a decretada nas hipóteses previstas em lei; *3) elemento finalístico*: é a decretada para obrigar alguém a fazer alguma coisa; decretada para compelir alguém a fazer alguma coisa e o ressarcimento no sentido de proteger o patrimônio.

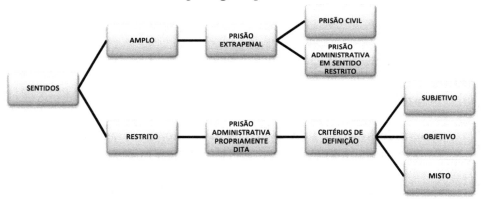

1.2 Prisão Administrativa em Sentido Restrito: Previsão na Ordem Jurídica

a) Artigo 319 do Código de Processo Penal

Em conformidade com o artigo 319 do CPP (nos dias atuais, revogado pela Lei n. 12.403/11), eram três hipóteses que justificavam a decretação da prisão administrativa:

a1) Prisão Administrativa dos Responsáveis para com a Fazenda Pública (artigo 319, I, CPP): é a decretada contra remissos (é o que retarda o recolhimento) ou omissos (é o que deixa de efetivar o recolhimento) em

---

[362] MUCCIO, Hidejalma. *Curso de processo penal.* São Paulo: Gen, 2011.

entrar para os cofres públicos com dinheiros a seu cargo, a fim de compeli-los a que o façam;

a2) Prisão Administrativa do Estrangeiro Desertor (artigo 319, II CPP): é a decretada contra estrangeiro desertor de navio de guerra ou mercante, surto em porto nacional (o requerimento seria feito pelo cônsul do país a que pertencesse o navio ao juiz federal competente);

a3) Prisão Administrativa Legal (artigo 319, III, CPP): é a decretada nos demais casos previstos em lei.

b) Artigo 5º, LXI da Constituição Federal.

Com o advento da Constituição Federal de 1988, houve alteração da competência para decretação da prisão administrativa. As hipóteses previstas no artigo 319 do CPP de prisão administrativa decretadas por autoridade administrativa passaram a ser decretadas por autoridade judiciária.

É importante ressaltar que o advento da Constituição Federal de 1988 não fez desaparecer a prisão administrativa, que continua aceita no ordenamento jurídico: o que houve foi mudança de competência na decretação da prisão; de forma que, nos dias atuais, a decretação é feita pela autoridade judiciária competente e não mais por autoridade administrativa.

Alguns doutrinadores afirmam que a prisão administrativa não pode ser decretada no Brasil em face da não recepção pela Constituição Federal. Como observa Uadi Lammêgo Bulos[363]: *"Com o advento da Carta de 1988, a autoridade competente para decretá-la é o membro do Poder Judiciário, e não administradores, que, no passado, a determinavam por ato próprio. O STF, na ordem pregressa, chegou a admiti-la, mas não tinha caráter penal".*

c) Lei nº 12.403/11

A lei n. 12403/11 revogou o artigo 319 do CPP, ou seja, revogou o tratamento da prisão administrativa pela lei processual penal. Parte da doutrina fez elogios à lei 12.403/11, já que uma das críticas feitas quando da existência do artigo 319 do CPP, era de que o assunto da prisão administrativa deveria ser tratado não pela lei processual penal, mas em leis de natureza administrativa.

---

[363] BULOS, Uadi Lammêgo. *Curso de direito constitucional.* São Paulo: Saraiva, 2007.

1.3 Persistência da Prisão administrativa em Sentido Restrito ou Propriamente Dita na Ordem Jurídica

De acordo com o *critério subjetivo* na conceituação da prisão administrativa em sentido restrito, persiste a prisão administrativa na ordem jurídica, pois existe a possibilidade de prisão em flagrante decretada pela autoridade administrativa.

Já de acordo com o *critério misto* na conceituação da prisão administrativa em sentido restrito, há divergência: a) por uma visão majoritária, não há nenhuma previsão de prisão administrativa em nosso ordenamento jurídico; b) por uma visão minoritária, persiste a prisão administrativa na ordem jurídica.

1.4 Considerações Gerais da Prisão Administrativa Propriamente Dita

Na visão doutrinária de persistência da prisão administrativa na ordem jurídica brasileira, é possível estabelecer as seguintes características:

a) **Prisão Administrativa e Detração Penal:** o prazo da prisão administrativa é computado na pena ou medida de segurança final, nos termos do art. 42 do Código Penal. O juiz deve, no caso concreto, deduzir a prisão antecipada da pena imposta, por força da própria lei.

b) **Prisão Administrativa e Punição Disciplinar:** a prisão administrativa não se confunde com punição disciplinar. A prisão administrativa é decretada pelo juiz no sentido de reprimir uma conduta ilícita. A punição disciplinar é decretada pelo Estado em razão da supremacia interna, ou seja, no comando que o Estado exerce sobre seus bens, funcionários e atividades.

A prisão administrativa alcança particulares não sujeitos à disciplina interna da Administração. A punição disciplinar alcança servidores públicos e demais pessoas sujeitas à disciplina administrativa. A prisão administrativa visa à repressão de crimes definidos nas hipóteses legais. A punição disciplinar só abrange infrações relacionadas com o serviço. A prisão administrativa tem a finalidade social de convivência justa. A punição disciplinar visa à punição interna na Administração.

1.5 Prisão Falimentar

a) Artigo 35, Parágrafo Único do Decreto-Lei nº 7.661/45.

No decreto-lei n. 7661/45 (antiga lei de falências), era possível a prisão administrativa do falido (artigo 35, parágrafo único), bem como do devedor (artigo 60, parágrafo 1) e do síndico (artigo 69, parágrafo 5).

A prisão falimentar, pelo referido decreto, era decretada pelo juiz falimentar (juiz cível), de ofício ou a requerimento do Ministério Público, síndico ou de qualquer credor, diante da falta de cumprimento dos deveres legais, cujo prazo de duração não podia exceder a 60 dias.

b) Artigo 5º, LXVII da Constituição Federal.

Com o advento da Constituição Federal de 1988, houve o entendimento de que esse tipo de prisão deixou de ser permitido em nosso sistema jurídico, conforme artigo 5, LXVII. Tal entendimento foi consolidado pela súmula 280 do STJ.

c) Artigo 99 da Lei nº 11.101/05

Com o advento da lei n. 11.101/05 (nova lei de falências)[364], a prisão falimentar[365] foi mantida: continua sendo decretada por juiz falimentar (juiz cível), mas passou a ser uma espécie de prisão preventiva. Com a nova lei, a prisão falimentar assume uma natureza cautelar para assegurar eficácia das investigações ou do processo criminal.

---

[364] Cabe ressaltar que, antes do advento da Lei n. 11.101/2005, a jurisprudência do STJ e do STF era a de que a prisão administrativa prevista no art. 35 do Decreto-Lei n. 7.661/45 (antiga Lei de Falências) não subsistia, porque era incompatível com os incisos LXI e LXVII do art. 5º da CF – Súmula 280 do STJ (RHC 16579/SP – STJ).

[365] A Lei n. 11.101/2005, em seu art. 99, admite que a sentença declaratória de falência contenha ordem de prisão preventiva do falido ou de seus administradores quando requerida com fundamento em provas da prática de crime definido nesta Lei.

PRISÃO E LIBERDADE

d) Constitucionalidade do artigo 99 da Lei nº 11.101/05 (Prisão Falimentar)

Há dois posicionamentos a respeito da constitucionalidade da prisão falimentar na nova lei de falências:

- a primeira corrente sustenta que a prisão falimentar é inconstitucional, pois ofende a cláusula de reserva jurisdicional prevista na CF/88, já que somente o juiz criminal pode decretar prisão preventiva; a previsão no artigo 99 da nova lei de falências ofende os incisos LXI e LXVII da CF, pois o juiz falimentar (juiz cível) decreta como efeito da sentença de falência, sem que haja ação penal, que é oferecida perante o juiz criminal, nos termos do artigo 187 da Lei n. 11.101/05;
- a segunda corrente sustenta que a prisão falimentar é constitucional, pois o juiz da falência é juiz natural com competência criminal, nos termos do artigo 99, VII da Lei 11.101/05.

1.6 Prisão Administrativa para fins de Expulsão

a) Lei nº 6.815/80

A antiga Lei n. 6.815/80 afirmava que a competência para a decretação da prisão para fins de expulsão do estrangeiro era do Ministro da Justiça. A disposição legal referente à autoridade competente para decretar a prisão não tinha sido recepcionada pela Constituição Federal de 1988, tendo em vista a adoção da cláusula da reserva da jurisdição em matéria de prisão[366].

---

[366] "A prisão administrativa de estrangeiro submetido a processo de expulsão, prevista no Estatuto do Estrangeiro, não pode mais ser determinada pelo Ministro da Justiça, porquanto o art. 69 da referida norma é manifestamente incompatível com o texto constitucional disposto no art. 5º, *caput*, inciso LXI. Sendo assim, a alegação do impetrante de constrangimento ilegal fundado na decretação de prisão para fins de expulsão a ser proferida pelo Ministro de Estado da Justiça se mostra de todo desarrazoada, porquanto como medida excepcional de restrição da liberdade e acautelatória do procedimento de expulsão somente será admitida mediante decisão da autoridade judiciária, e não mais da autoridade administrativa, nos termos da ordem constitucional vigente" (HC 134195/DF – rel. Min. Mauro Campbell Marques – 1ª Seção do STJ – 24/6/2009).

PRISÃO

A prisão administrativa de estrangeiro submetido a processo de expulsão ou deportação, prevista na Lei n. 6.815/80, foi admitida mediante decisão da autoridade judiciária, e não mais da autoridade administrativa, nos termos da ordem constitucional vigente. Noutros termos, a referida prisão administrativa foi recepcionada pela Constituição Federal, mas sua decretação deixou de ser incumbência do Ministro da Justiça, passando a ser da autoridade judiciária competente.

No caso da expulsão, a prisão deveria ser decretada pelo STF e por iniciativa do Ministro da Justiça[367]. Na deportação, a prisão deveria ser decretada pela Justiça Federal de Primeira Instância, após provocação da Polícia Federal ou do Ministro da Justiça.

b) Lei nº 13.445/17

Com o surgimento da nova lei sobre os estrangeiros, a Lei n. 13.445/2017, não é mais possível prisão administrativa, existindo previsão de prisão cautelar. O pedido de extradição é recebido pelo Ministro da Justiça. Após analisado por este (pressupostos de admissibilidade), o pedido segue ao STF, cujo relator analisará os requisitos de procedibilidade do processo extradicional.

Em caso de urgência, o Estado interessado na extradição poderá, prévia ou conjuntamente com a formalização do pedido extradicional, requerer, por via diplomática ou por meio de autoridade central do Poder Executivo, prisão cautelar com o objetivo de assegurar a executoriedade da medida de extradição, que, após exame da presença dos pressupostos formais de admissibilidade exigidos nesta Lei ou em tratado, deverá representar à autoridade judicial competente, ouvido previamente o Ministério Público Federal.

O pedido de prisão cautelar deverá conter informação sobre o crime cometido e deverá ser fundamentado, podendo ser apresentado por cor-

---

[367] *HABEAS CORPUS*. EXPULSÃO. PRISÃO ADMINISTRATIVA. A prisão administrativa para cumprimento de decreto de expulsão é medida que sobrevive no ordenamento jurídico pátrio, apenas saindo da esfera de atribuições do Ministério da Justiça para ingressar na competência da autoridade jurisdicional, por imposição do art. 5º, LXI, da Constituição Federal de 1988 (HC 47932/SP – Des. Federal Peixoto Junior – 2ª Turma do TRF 3ª Região – *DJF3* 16/2/12).

PRISÃO E LIBERDADE

reio, fax, mensagem eletrônica ou qualquer outro meio que assegure a comunicação por escrito.

O Supremo Tribunal Federal, ouvido o Ministério Público, poderá autorizar prisão albergue ou domiciliar ou determinar que o extraditando responda ao processo de extradição em liberdade, com retenção do documento de viagem ou outras medidas cautelares necessárias, até o julgamento da extradição ou a entrega do extraditando, se pertinente, considerando a situação administrativa migratória, os antecedentes do extraditando e as circunstâncias do caso.

2. Prisão Civil

a) Prisão civil no caso de devedor de alimentos

A Constituição Federal assegura como fundamento da República Federativa do Brasil a dignidade da pessoa humana (art. 1º, III, da CF), manifestada pela necessidade de assegurar para as pessoas condições mínimas de sobrevivência, das quais se destacam os alimentos, indispensáveis na vida de uma pessoa.

A Constituição Federal exige que na prisão civil, no caso de devedor de alimentos, tenha ocorrido o inadimplemento voluntário e inescusável de obrigação alimentícia pelo responsável. É possível a prisão civil quanto ao devedor de alimentos, não havendo dúvida do seu cabimento, por força do art. 19 da Lei de Alimentos (Lei n. 5.478/68) e do art. 733, § 1º, do Código de Processo Civil.

O inadimplemento dos alimentos provisórios, provisionais ou definitivos, surge após realizado o procedimento previsto no art. 733 do Código de Processo Civil, que prescreve que na execução de sentença ou de decisão, que fixa os alimentos, o juiz mandará citar o devedor para, em 3 (três) dias, efetuar o pagamento, provar que o fez ou justificar a impossibilidade de efetuá-lo. Se o devedor não pagar, nem se escusar, o juiz decretará a prisão pelo prazo de 1 (um) a 3 (três) meses.

A prisão será suspensa com o cumprimento da prestação alimentícia. A execução de alimentos visa satisfazer a obrigação alimentar, através dos seguintes meios: a) pelo desconto em folha de pagamento, b) por descontos de alugueres ou quaisquer rendimentos do devedor, c) pela execução por quantia certa contra devedor solvente; d) pela prisão do devedor. A

Lei n. 5.478/68 prevê, em seu art. 19, a possibilidade de o juiz, para instrução da causa ou na execução da sentença ou do acordo, tomar todas as providências necessárias para seu esclarecimento ou para o cumprimento do julgado ou do acordo, **inclusive a decretação de prisão do devedor até 60 (sessenta) dias.**

Há um conflito de prazo máximo de prisão entre o Código de Processo Civil e a Lei de Alimentos, ressalvando que o previsto no Código de Processo Civil, de 3 meses, é aplicado para alimentos provisionais; já o da Lei de Alimentos, de 60 dias, é aplicado aos definitivos. A resolução do conflito, na execução de alimentos, depende da aplicação do princípio da economia da execução, em que a execução deve ser realizada de forma que, satisfazendo o direito do credor, seja o menos prejudicial possível ao devedor. Dessa forma, deve ser aplicada a Lei de Alimentos em face do Código de Processo Civil, nos termos do art. 620.

É importante ressalvar que a prisão visa constranger o devedor a cumprir a obrigação, de forma que podem ser decretadas tantas vezes quanto forem necessárias. Como observa o saudoso Celso Ribeiro Bastos[368]: "*A prisão... não visa à aplicação de uma pena, mas tão somente a sujeição do devedor a um meio extremamente violento de coerção, diante do qual, é de presumir, cedam as resistências do inadimplente*".

O cumprimento da prisão pelo inadimplemento alimentar não dispensa o devedor do pagamento, impedida a renovação do pedido de prisão. Pela dívida alimentar não paga, só pode ser preso uma vez. O cumprimento da prisão permite o prosseguimento da execução por quantia certa, nos termos do art. 732 do Código de Processo Civil.

A prisão civil somente poderá ser decretada em relação aos débitos alimentares atuais[369]. A Súmula 309 do STJ explicita a atualidade do débito alimentar: "*o débito alimentar que autoriza a prisão civil do alimentante é o que compreende as três prestações anteriores ao ajuizamento da execução e as que vencerem no curso do processo*". A doutrina (conforme o Juiz de Direito Pablo

---

[368] BASTOS, Celso Ribeiro. *Comentários à Constituição do Brasil*. São Paulo: Saraiva, 1989. v. 2.

[369] ALIMENTOS – PRISÃO CIVIL – NECESSIDADE DE PROVA DE DÉBITO ATUAL – Recurso em *habeas corpus* – Obrigação alimentar – Prisão civil – A decretação da prisão civil deve fundamentar-se na necessidade de socorro ao alimentando e referir-se a débito atual, por isso que os débitos em atraso já não têm caráter alimentar. Precedente. Recurso provido (STJ – 6ª Turma; Rec. em HC n. 4.745-SP; rel. Min. Anselmo Santiago; j. 10/06/1996) AASP, Ementário, 2005/44e.

Stolze Gagliano) critica a referida Súmula, sustentando que o juiz, atuando com a devida cautela, **pode, no caso concreto, decretar a prisão civil em face de mais de três prestações em atraso,** respeitado, é claro, o limite máximo da prescrição da pretensão condenatória da dívida alimentar.

O devedor de alimentos não se livra da prisão civil pelo pagamento parcial do débito alimentar. Quem deixa de pagar débito alimentar decorrente de ato ilícito não está sujeito à **prisão civil**.

Em relação ao inadimplemento de pensão alimentícia decorrente de acidente de trânsito, há dois posicionamentos: a) não pode ser decretada a prisão civil do paciente em vista do inadimplemento referente à pensão alimentícia decorrente de acidente de trânsito, uma vez que a referida somente pode ser deferida na hipótese de dívida de direito de família; b) pode ser decretada a prisão civil por falta de pagamento de prestação alimentícia decorrente de ação de responsabilidade *ex delito*.

O *habeas corpus* só pode ser aceito para discutir a prisão civil do ponto de vista formal. O *habeas corpus* não é meio idôneo para discussão de arbitramento da pensão, condições financeiras do devedor paciente para satisfação da dívida alimentar.

b) Antiga prisão civil do depositário infiel

No depósito existem dois personagens: a) depositário, que assume a obrigação de guardar bem móvel, com os cuidados e diligências de conservação; b) depositante, que entrega a coisa e exige a restituição com todos os acessórios, a qualquer tempo. Existem três modalidades de depósito: a) convencional, que resulta do acordo entre as partes; b) judicial, que resulta da ordem judicial; c) necessário que, pode ser: legal (decorre da lei), miserável (decorre de calamidade pública) e do hoteleiro ou do hospedeiro.

Depositário infiel é a pessoa que descumpre obrigação de guarda, conservação e restituição do bem assumida perante outra pessoa. O depositante diante do inadimplemento do depositário pode ajuizar ação de depósito, podendo o depositário tomar uma das seguintes atitudes: a) depositar o bem em juízo; b) pagar o equivalente; c) contestar a ação (a sequência será pelo procedimento ordinário). Se a ação proposta for julgada procedente e houver o descumprimento do mandado para a entrega da coisa em 24 horas, o juiz decreta a prisão do depositário até 1 ano.

PRISÃO

A prisão civil do depositário infiel é decretada em face do descumprimento voluntário do dever de guarda e conservação do bem depositado, possuindo nítido caráter coercitivo, no sentido de fazer o depositário cumprir o encargo. A não entrega por motivo de deterioração é motivo para decretar prisão civil (HC 91530 ES/2008). O Pacto de São José da Costa Rica não revogou a possibilidade de se decretar a prisão civil do depositário infiel (RE 345345, rel. Min. Sepúlveda Pertence, *DJ* de 11/04/2003; RE 344585, rel. Min. Moreira Alves, *DJ* de 13/09/2002).

O depósito de bens fungíveis e consumíveis equipara-se ao mútuo. Não se admite prisão do depositário de tais bens. Porém, o entendimento jurisprudencial das duas Turmas que compõem a segunda seção do STJ é no sentido de admitir a **prisão** civil do depositário infiel, ainda que se trate de bens fungíveis, exceto se se tratar de depósito vinculado a contrato de EGF (Empréstimo do Governo Federal) ou AGF (Aquisição do Governo Federal), HC 91429/RS – rel. Min. Fernando Gonçalves – 4ª Turma – 6/3/2008.

Quem se nega a devolver bem penhorado de que é depositário pode ser preso não por inadimplemento de dívida, mas por apropriação de bem público. A prisão do depositário infiel, conforme Súmula n. 619 do Supremo Tribunal Federal, "pode ser decretada no próprio processo em que se constitui o encargo, independentemente da propositura de ação de depósito".

Não há depositário sem que tenha havido a regular constituição de um depósito, legal ou consensual. E não se pode considerar como depositário infiel quem, nada tendo recebido em depósito, simplesmente deixou de cumprir a obrigação que assumira de recolher em juízo parte do futuro faturamento da pessoa jurídica, para fins de penhora. Quando houver justificativa para o descumprimento do encargo, descabida a **prisão civil** do depositário infiel.

A **prisão civil** do depositário judicial deve ser precedida de intimação pessoal para a devolução do bem que lhe foi entregue. A **prisão civil** do depositário judicial, além de ter o caráter coercitivo, no sentido de fazer cumprir o encargo, destina-se também a coibir e a reprimir ato atentatório à dignidade da Justiça. O depositário judicial é auxiliar da justiça que exerce um múnus público, um encargo de guarda e preservação de determinado bem.

Na alienação fiduciária não existe depósito, já que o devedor fiduciante não tem o dever de guardar o objeto, para restituição imediata, quando pedido pelo fiduciário, mas tem o poder de utilizar o bem de acordo com sua conveniência. O devedor fiduciante não se encontra na situação jurídica de depositário *stricto sensu*. Está sedimentado no Superior Tribunal de Justiça o entendimento de que, na hipótese de contratos garantidos por alienação fiduciária, não existe relação de depósito típico, sendo, porquanto, ilegal a **prisão civil** – não admite a prisão civil do devedor fiduciante, posto que na alienação fiduciária em garantia não se tem um contrato de depósito (REsp n. 149.518/GO – rel. Min. Ruy Rosado de Aguiar – *DJ* de 28/02/2000; STJ – RHC 15413/RJ – rel. Min. Fernando Gonçalves – *DJ* de 05/04/2004, p. 265). Há posição em contrário, na orientação da admissibilidade da prisão civil do devedor fiduciante, por equiparação ao depositário infiel (STF – HC 75687/ PR – rel. Min. Maurício Corrêa – *DJ* de 20/04/01 – PP-00106 – Ement v. 02027-04 – PP-00781).

c) Revogação da prisão do depositário infiel

A Constituição Federal de 1988 admitiu expressamente a possibilidade da prisão civil em dois casos: depositário infiel e devedor de alimentos, nos termos do art. 5º, inciso LXVII – "não haverá prisão civil por dívida, salvo a do responsável pelo inadimplemento voluntário e inescusável de obrigação alimentícia e a do depositário infiel".

Em 22 de novembro de 1969, foi assinado o Pacto de San José e ratificado pelo Brasil em 25 de setembro de 1992, que trouxe no seu art. 7º, n. 7, um dos direitos à liberdade pessoal, de que ninguém deve ser detido por dívidas. Esse princípio não limita os mandados de autoridade judiciária competente expedida em virtude de inadimplemento de obrigação alimentar.

Em razão do advento da Convenção Interamericana, incorporada em nosso direito positivo pelo Decreto n. 678/92, que somente admitiu a prisão civil em caso de **débito alimentar**, surgiu uma discussão doutrinária e jurisprudência, a respeito da constitucionalidade da prisão civil do depositário infiel, pacificada pelo STF, que firmou orientação no sentido de que o Pacto prevalece, já que como tratado internacional sobre direitos humanos possui caráter supralegal.

3. Prisão disciplinar

a) Conceito: é a decretada em caso de transgressão militar ou em caso de crime militar próprio, sem necessidade de ordem judicial.

Transgressão militar é a violação ao Estatuto e Regulamento Disciplinar da Polícia Militar. É manifestada por faltas disciplinares relacionadas com

PRISÃO

os princípios próprios da hierarquia e disciplina militar. Por transgressão militar devemos entender as infrações disciplinares previstas nos respectivos regulamentos disciplinares militares da Marinha (Dec. n. 88.545/83), Exército (Dec. n. 4.346/2002), Aeronáutica (Dec. n. 76.322/75) e Polícia Militar (LC n. 893/2001).

Crime militar próprio é a infração penal definida somente no Código Penal Militar, que somente pode ser praticada por militar. No âmbito da Justiça Militar, o Estatuto que prevê os crimes militares e as respectivas penas é o Decreto n. 1.001/69 – Código Penal Militar.

b) Controle judicial: nos termos do art. 142, § 2º, da Constituição Federal, "Não caberá *habeas corpus* em relação a punições disciplinares militares"[370]. Porém a restrição é limitada ao exame do mérito do ato administrativo, sendo viável, portanto, a utilização do remédio tutelar constitucional da liberdade de locomoção, relativamente aos vícios de legalidade, entre os quais a competência do agente, o direito de defesa e as razões em que se apoiou a autoridade para exercer a discricionariedade.

Compete tão somente ao Poder Judiciário, sem apreciar a justiça ou injustiça da punição, examinar a inconstitucionalidade ou ilegalidade do ato, especialmente quando implique restrição à liberdade individual, quando se a apreciará nos limites da jurisdição penal militar. Somente se invocará a jurisdição penal (comum ou militar) quando o poder disciplinar se exercitar em perturbação ou privação da liberdade do indivíduo, pois aí haverá um conflito entre o poder estatal e o estado de liberdade individual.

A lição é de Pontes de Miranda[371]: "o Poder Judiciário só aprecia a inconstitucionalidade ou a ilegalidade dos atos dos poderes públicos, não a injustiça intrínseca, naquilo em que qualquer dos poderes obrar discricionariamente"[372].

---

[370] É vedado, na via do remédio heroico, discutir a aplicação de pena disciplinar (HC 70.648-7, rel. Min. Moreira Alves, *DJ* 04/03/94, p. 3289).

[371] *História e prática do* habeas corpus. São Paulo: Bookseller, 1999, p. 191.

[372] Nesse sentido: RECURSO EM *HABEAS CORPUS* – PRISÃO DISCIPLINAR MILITAR – ILEGITIMIDADE DA UNIÃO PARA RECORRER – ILEGALIDADE DO ATO ADMINIS-TRATIVO (DUPLA PUNIÇÃO) – REMESSA OFICIAL NÃO PROVIDA – 1. Para a maioria, vencido o relator, a União não tem legitimidade para recorrer da sentença em *habeas corpus*, que tenha por objeto matéria administrativa (prisão disciplinar militar). Entendimento do relator: Restrita a atuação do MPF à matéria penal, cabe à União interesse e legitimidade recursal em *habeas corpus* contra prisão de natureza processual (civil e/ou disciplinar militar), nos feitos da

competência federal. 2. A jurisprudência construiu que o § 2º do art. 142 da CF veda apenas o exame do mérito do ato administrativo que aplica a punição disciplinar a militar, não o dos possíveis vícios de legalidade, tais como incompetência do agente, inobservância do direito da ampla defesa e ausência do devido processo legal. 3. Na ambiência castrense, o descumprimento de ordem hierarquicamente superior consubstancia inobservância a expresso dever militar, suscita a intervenção do poder disciplinar e caracteriza a necessária vinculação do ato impugnado à função pública exercida pelo militar. 4. O militar que é punido com a ordem de desocupação, sob pena de multa e procedimento judicial, de Próprio Nacional Residencial por conduta incompatível dentro da vila militar, não pode ser punido com "prisão rigorosa" até 10 dias por não desocupá-lo no prazo comunicado em face da proibição de dupla punição pela mesma "contravenção" (Decreto n. 88.545/83, art. 17). 5. A ocupação de Próprio Nacional Residencial constitui relação jurídica própria regida por normas próprias e não se confunde com a relação jurídica existente na ordem direta da autoridade a subalterno no exercício de seu dever legal de militar. 6. Recurso da União não conhecido. Remessa oficial não provida. 7. Peças liberadas pelo Relator em 15.10.2002 para publicação do acórdão (TRF – 1ª Região – RCHC 32000032148 – AM – 3ª Turma – rel. Des. Fed. Luciano Tolentino Amaral – *DJU* 14/11/2002, p. 189); RECURSO EM *HABEAS CORPUS* – COMPETÊNCIA – JULGAMENTO – *HABEAS CORPUS* – PUNIÇÃO DISCIPLINAR MILITAR – 1. A proibição inserta no art. 142, parágrafo 2º, da Constituição Federal, relativa ao incabimento de *habeas corpus* contra punições disciplinares militares, é limitada ao exame de mérito, não alcançando o exame formal do ato administrativo-disciplinar, tido como abusivo e, por força de natureza, próprio da competência da Justiça Castrense. 2. Recurso improvido (STJ – RHC – 8846-SP – 6ª Turma – rel. Min. Hamilton Carvalhido – *DJU* 24/09/2001, p. 00341); RECURSO CRIMINAL EM SENTIDO ESTRITO – DECISÃO CONCESSIVA DE *HABEAS CORPUS* – CABIMENTO DO *WRIT* – PUNIÇÃO ADMINISTRATIVA MILITAR – COMPETÊNCIA DA JUSTIÇA FEDERAL – REQUISITOS DO ATO ADMINISTRATIVO – LEGALIDADE – Embora o disposto no art. 142, § 2º, da Constituição Federal de 1988, o entendimento jurisprudencial é pacífico no sentido do cabimento do *habeas corpus* quando o ato atacado revestir-se de ilegalidade ou constituir abuso de poder, atingindo a liberdade de locomoção do indivíduo. A única ressalva diz respeito ao mérito da sanção administrativa emanada da autoridade militar, ponto que não pode ser objeto de análise pelo Poder Judiciário. A competência para o julgamento do *writ* contra ato praticado por autoridade do Exército Brasileiro é da Justiça Federal, nos termos do inc. VII do art. 109, da Constituição Federal de 1988, porquanto à Justiça Militar incumbe "processar e julgar os crimes militares definidos em lei" (art. 124, *caput*, da CRFB/88). Ao agravar a sanção aplicada ao recorrido, sem declinar as razões por que operava a alteração da pena disciplinar originalmente imposta (de 2 dias de detenção), a autoridade militar descurou da observância de um dos requisitos do ato administrativo, qual seja, a motivação. Tal circunstância tornou a punição e, por consequência, o cerceamento à liberdade de ir e vir do recorrido, ilegal (TRF – 4ª Região – RCr-SE 2001.71.02.000271-0-RS – 2ª Turma – rel. Juiz Vilson Darós – *DJU* 13/06/2001, p. 684).

4. Prisão e CPI

No regime constitucional de separação de funções, o equilíbrio entre os poderes impõe controle de um pelo outro, nos limites previstos na Constituição Federal. Segundo o art. 15 da Declaração dos Direitos dos Homens e do Cidadão, a sociedade tem o direito de pedir conta, a todo agente público, quanto à sua administração.

Um dos controles é o parlamentar ou legislativo, desempenhado pelo Poder Legislativo sobre os órgãos do Poder Executivo, as entidades da Administração indireta e o próprio Judiciário, quando exerce função administrativa.

A função do Legislativo de fiscalizar é típica e visa fazer com que a Administração Pública atue com legitimidade, de acordo com a lei e o interesse público, para a consecução de um governo probo, transparente e eficiente. Como observa o saudoso Raul Machado Horta[373]: *"...desde as origens do sistema representativo, a função de investigação e controle vem integrando a fisionomia institucional das assembleias políticas"*.

Dentre os órgãos internos do Poder Legislativo, destacam-se as comissões temporárias ou especiais, que são organizadas para opinarem sobre determinado assunto, após o qual deixam de existir, ou, pelo decurso do prazo que lhe foi dado, dissolvem-se automaticamente.

Uma das comissões especiais é a CPI, órgão do Legislativo colegiado que realiza uma investigação especial (seus atos são praticados por integrantes do Poder Legislativo), informativa e transitória (seus atos não se perpetuam no tempo) sobre fatos relevantes e determinados, objetivando fiscalizar a conduta administrativa do governo e manter o Congresso e a opinião pública informada sobre a situação do país.

O poder da CPI de fiscalizar não é universal ou ilimitado, devendo concentrar-se em fatos determinados, concretos e individuados, que sejam de relevante interesse para a vida política, econômica, jurídica e social do Estado. Não se concebe que a CPI possa investigar fatos ligados à vida privada de uma pessoa, dissociados de qualquer interesse público. É essencial reconhecer que os poderes das Comissões Parlamentares de Inquérito sofrem as restrições impostas pela Constituição da República e encontram limite nos direitos fundamentais do cidadão.

---

[373] HORTA, Raul Machado. *Direito constitucional*. Belo Horizonte: Del Rey, 2009.

A CPI não pode investigar o Poder Judiciário exercendo sua função típica, sob pena de violação ao princípio da separação de poderes. A convocação de Juiz, para depor em CPI sobre decisão judicial, caracteriza indevida ingerência de um poder em outro.

A Constituição da República, ao outorgar às Comissões Parlamentares de Inquérito "poderes de investigação próprios das autoridades judiciais" (art. 58, § 3º), claramente delimitou as seguintes conclusões: 1) o parâmetro dos poderes é o juiz criminal; 2) terá os mesmos poderes que o juiz possui na fase da instrução criminal (fase de coleta de provas), relacionados à dilação probatória, em busca da verdade real; 3) existem determinadas atividades que para a CPI realizar precisa de ordem judicial (cláusula de reserva jurisdicional) que são: poderes cautelares, como o poder de decretar a indisponibilidade dos bens pertencentes a pessoas sujeitas à investigação parlamentar; decretar a prisão de qualquer pessoa, exceto nas hipóteses de flagrância (RDA 196/195, rel. Min. Celso de Mello – RDA 199/205, rel. Min. Paulo Brossard); busca e apreensão domiciliar e interceptação telefônica.

As CPIs não possuem competência para decretar prisão processual ou cautelar ou provisória, salvo prisão em flagrante. A prisão em flagrante por crime de falso testemunho não pode ocorrer quando a pessoa deixar de revelar os fatos em respeito ao direito constitucional do silêncio[374].

A doutrina diverge no tocante à possibilidade de a CPI decretar a prisão em flagrante, existindo dois posicionamentos: 1) é possível, pois se existe o flagrante facultativo, realizado por qualquer do povo, não há que se negar o direito da CPI de decretar a prisão em flagrante; 2) não é possível, pois o assunto prisão não está ligado com a atividade investigativa. Conforme Luiz Carlos dos Santos Gonçalves[375]: "não podem, efetivamente, os membros da CPI processar, julgar ou determinar a prisão, como podem os juízes. Estas não são atividades de natureza investigativa. Eles só se equiparam às autoridades judiciárias na atividade de investigação".

---

[374] Cabe ressalvar que as CPIs não podem formular acusações e nem punir delitos (RDA 199/205, rel. Min. Paulo Brossard), nem desrespeitar o privilégio contra a autoincriminação que assiste a qualquer indiciado ou testemunha (RDA 196/197, rel. Min. Celso de Mello – HC 79.244-DF, rel. Min. Sepúlveda Pertence).

[375] GONÇALVES, Luiz Carlos do Santos. *Poderes de investigação das Comissões Parlamentares de Inquérito*. São Paulo: Juarez de Oliveira, 2001, p. 71.

5. Prisão Semiaberta

A prisão semiaberta é forma de cumprimento de pena privativa de liberdade, na qual os condenados vão trabalhar como colonos em zona rural, com remuneração e vigilância reduzida. A primeira prisão semiaberta foi a colônia agrícola de Witzwill, na Suíça, em 1895. A prisão semiaberta possibilita a movimentação dos presos dentro dos limites do estabelecimento agrícola.

6. Prisão Aberta

É a possibilidade de o preso usar sua liberdade durante o dia; à noite, nos fins de semana e dias feriados há o recolhimento em local sem dispositivos contra fugas e sem relacionamentos com delinquentes perigosos.

A prisão aberta permite que o condenado cumpra sua pena em liberdade, durante o dia, com o trabalho ou estudo. Como observa Sérgio de O. Médici[376]: *"A principal vantagem da prisão aberta é a manutenção do condenado no convívio da sociedade, ainda que sua liberdade seja limitada e controlada. Como consequência, serão menores os efeitos psicológicos da pena em relação ao preso-albergado do que ao recluso submetido à segregação celular"*.

É uma forma de cumprimento de pena baseada no senso de responsabilidade e na autodisciplina do condenado. É tratamento penitenciário baseado na confiança. A prisão aberta deve ser aplicada aos condenados isentos de periculosidade e nos casos de pena de curta duração.

A prisão aberta foi oficializada no Brasil com a Lei n. 6.416, de 24 de maio de 1977. No Estado de São Paulo foi oficializada pelos Provimentos XVI de 1965 e XXV de 1966, ambos do Conselho Superior da Magistratura do Tribunal de Justiça. A prisão aberta oferece ao preso um ambiente social semelhante ao convívio social com finalidade de reabilitação.

A prisão aberta apresenta as seguintes características: a) regime de cumprimento de pena privativa de liberdade; b) durante o dia o condenado trabalha fora do estabelecimento sem escolta ou vigilância; c) recolhimento ao alojamento no período noturno e nos dias de folga; d) regime compatível com os condenados não perigosos; e) separação dos presos que cumprem pena no regime diverso; f) fiscalização por patronatos, conselhos

---

[376] MÉDICI, Sérgio de Oliveira. *Prisão albergue.* São Paulo: Jalovi, 1979.

PRISÃO E LIBERDADE

de comunidade ou pessoas idôneas nomeadas pelo juiz; g) cumprimento da pena em Casa de Albergado ou seção especial do presídio ou detenção domiciliar em casos excepcionais; h) liberdade parcial para o exercício de atividade profissional remunerada pelo empregador ou por conta própria.

Os doutrinadores[377] costumam apontar os seguintes antecedentes históricos da prisão aberta: a) sistema de Montesino (1834): oficinas de trabalho remunerado com respeito aos presos e autorizações de saída; b) sistema progressivo irlandês (1853): Walter Crofton criou as seguintes fases no cumprimento da pena: num primeiro momento o isolamento; num segundo momento o isolamento apenas noturno; num terceiro momento o encaminhamento para prisão semiaberta e por último a concessão do livramento condicional; c) colônias agrícolas para vagabundos (1880); d) colônia agrícola de Witzwill (1895): locais de trabalho com limitação de espaço ao preso e dificuldade para fuga; e) estabelecimentos ingleses tipo Borstal (1930); f) regime "all'aperto" (1889).

7. Prisão do Presidente da República

a) Imunidade Formal Prisional: no Brasil, em conformidade com o sistema de governo presidencialista (artigo 76 da CF), o Executivo é Monocrático, ou seja, as funções de Chefia de Estado e de Chefia de Governo são exercidas por uma única pessoa, o Presidente da República.

O Presidente da República, na condição de Chefe de Estado, possui algumas prerrogativas, dentre as quais se destaca a imunidade formal prisional.

A imunidade formal prisional significa que enquanto não for proferida sentença condenatória nas infrações comuns, o Presidente da República não estará sujeita à prisão, nos termos do artigo 86, parágrafo 3 da CF. A imunidade formal prisional do Presidente da República possui os seguintes elementos característicos:

- **Elemento Subjetivo:** apenas o Presidente da República possui essa imunidade, pois somente ele exerce Chefia de Estado. Desta forma, a imunidade formal prisional não é estendida nem aos Governadores, nem aos Prefeitos. A jurisprudência do Supremo Tribunal Federal entende que a imunidade formal prisional não é de repro-

---

[377] MUAKAD, Irene Batista. *Prisão albergue*. São Paulo: Cortez, 1990.

dução obrigatória pelos Estados-Membros, em nome do princípio republicano. Norma estadual/distrital regulando imunidade formal prisional não é admitida, por considerar matéria de Direito Processual, ou seja, de competência legislativa privativa da União, nos termos do artigo 22, I da CF;

- **Elemento Finalístico**: a imunidade formal prisional protege o Presidente da República contra arbitrariedades, visando equilíbrio de um Governo Republicano e Democrático. Além do que, a referida imunidade diz respeito à função de Chefia de Estado exercida pelo Presidente da República;
- **Elemento Material**: diz respeito à abrangência da imunidade formal prisional: 1) O Presidente da República tem imunidade formal para a prisão e relativa para infrações penais comuns; 2) o Presidente da República não pode sofrer prisão em flagrante, prisão temporária, nem prisão preventiva, pela prática de crime comum.

b) Prisão Por Sentença Condenatória Penal: no tocante à prisão por sentença condenatória do STF diante da prática de crime comum pelo Presidente da República há duas correntes:

- é possível, nos termos do artigo 86, parágrafo 3 da CF: nesta corrente, há dois posicionamentos: a) não exige o trânsito em julgado da decisão condenatória penal. Uma decisão judicial passível de recurso já basta; b) exige trânsito em julgado, ou seja, decisão definitiva;
- não é possível, pois no caso do Presidente da República, que tem foro de prerrogativa de função, há ausência de duplo grau de jurisdição, pela presunção de acerto das decisões proferidas por um órgão colegiado da superior instância.

Desta forma, para atingir uma solução compatível com o Estado Democrático de Direito, sem perder de vista as peculiaridades da previsão constitucional, adotamos a posição de que o presidente da República não pode sofrer nenhuma espécie de prisão cautelar ou processual ou provisória, pois, como Chefe de Estado, tem a função de representar a permanência e a integridade do Estado, função que não pode ser comprometida, em face da sua peculiar importância social e política.

PRISÃO E LIBERDADE

Não há dúvida a respeito da sua prisão definitiva, que ocorre após o trânsito em julgado da sentença criminal condenatória. O presidente da República não pode sofrer prisão militar, por questão da hierarquia, por ser comandante geral das Forças Armadas. Em relação à prisão civil, há duas posições: 1) é possível, já que não há proibição expressa; 2) não é possível, já que é Chefe de Estado.

8. Prisão do Parlamentar

Os deputados federais e senadores, desde a expedição do diploma, não poderão ser presos, salvo em flagrante de crime inafiançável. Nesse caso, os autos serão remetidos dentro de vinte e quatro horas à Casa respectiva, para que, pelo voto da maioria de seus membros, resolva sobre a prisão.

Sobre o alcance da garantia da não prisão do parlamentar federal, há os seguintes posicionamentos:

a) o parlamentar não pode sofrer nenhum tipo de prisão provisória ou definitiva ou civil, salvo a prisão em flagrante;

b) o parlamentar pode sofrer prisão definitiva e a civil, pois o alcance do art. 53 da Constituição Federal é para a prisão processual; dentre as modalidades de prisões cautelares, o parlamentar só pode sofrer prisão em flagrante por crime inafiançável.

A Suprema Corte sustenta que é possível a **prisão** de **parlamentar** em virtude de sentença judicial transitada em julgado, tendo em vista que a imunidade processual não abrange a proibição de execução de pena privativa de liberdade imposta ao membro do Congresso Nacional após o devido processo legal.

Aos deputados estaduais aplica-se a imunidade formal prisional, nos termos do art. 27 § 1º, da Constituição Federal – *"Será de quatro anos o mandato dos Deputados Estaduais, aplicando-se-lhes as regras desta Constituição sobre sistema eleitoral, inviolabilidade, imunidades, remuneração, perda de mandato, licença, impedimentos e incorporação às Forças Armadas".* Aos deputados distritais, também, aplica-se a imunidade formal prisional, nos termos do art. 32, § 3º, da CF – *"Aos Deputados Distritais e à Câmara Legislativa aplica-se o disposto no art. 27".* O vereador pode sofrer qualquer tipo de prisão, pois não possui imunidade formal prisional.

Com a aplicação irrestrita aos membros das Assembleias Legislativas dos Estados e do Distrito Federal, das normas sobre imunidades parlamentares dos integrantes do Congresso Nacional, ficou superada com a tese da Súmula n. 3 do STF – *"A imunidade concedida a Deputados Estaduais é restrita à Justiça do Estado"*, que tem por suporte necessário que o reconhecimento aos deputados estaduais das imunidades dos congressistas não derivava necessariamente da Constituição Federal, mas decorreria de decisão autônoma do constituinte local.

O Estado-Membro não tem competência para estabelecer regras de imunidade formal e material aplicáveis a Vereadores. A Constituição Federal reserva à União legislar sobre Direito Penal e Processual Penal. As garantias que integram o universo dos membros do Congresso Nacional (CF, art. 53, §§ 1º, 2º, 5º e 7º) não se comunicam aos componentes do Poder Legislativo dos Municípios.

9. Prisão Domiciliar

Com o advento da Lei n. 12.403/2011, existem duas espécies de prisão domiciliar: a) a prevista no art. 117 da Lei da Execução Penal como forma de cumprimento de pena; b) a prevista como medida cautelar.

a) Prisão albergue domiciliar: é o recolhimento do indivíduo que está cumprindo pena no regime aberto para sua residência particular, desde que preenchidas uma das seguintes situações previstas no art. 117 da LEP: I – condenado maior de 70 (setenta) anos; II – condenado acometido de doença grave; III – condenada com filho menor ou deficiente físico ou mental; IV – condenada gestante.

b) Prisão albergue domiciliar em caráter excepcional: é o recolhimento do indivíduo para sua residência particular, quando se encontrar cumprindo pena em estabelecimento compatível com regime mais gravoso, por inexistência de vagas em Casa de Albergado.

   A submissão de uma pessoa a um regime mais rigoroso do que o regime prisional estabelecido na condenação constitui constrangimento ilegal. Se o caótico sistema prisional estatal não possui meios para manter o detento em estabelecimento apropriado, é de se autorizar, excepcionalmente, que a pena seja cumprida em regime mais benéfico, ou seja, o domiciliar.

   Cabe ressaltar que a inexistência de estabelecimento penal adequado ao regime prisional determinado para o cumprimento da pena não autoriza a concessão imediata do benefício da prisão domiciliar, porquanto, nos termos da Súmula Vinculante n. 56, é imprescindível que a adoção de tal medida seja precedida das providências estabelecidas no julgamento do RE 641.320/RS, quais sejam: (i) saída antecipada de outro sentenciado no regime com falta de vagas, abrindo-se, assim, vagas para os reeducandos que acabaram de progredir; (ii) a liberdade eletronicamente monitorada ao sentenciado que sai antecipadamente ou é posto em prisão domiciliar por falta de vagas; e (iii) cumprimento de penas restritivas de direitos e/ou estudo aos sentenciados em regime aberto[378].

c) Prisão domiciliar cautelar: é uma prisão provisória, em que o tempo de duração deve ser analisado à luz do princípio da razoabilidade; o tempo de duração da prisão domiciliar deve ser computado na pena privativa de liberdade; se for ilegal enseja *habeas corpus*; se for deferido enseja RESE (recurso em sentido estrito) com fundamento no art. 581, inciso V, do CPP.

d) **Prisão domiciliar substitutiva**[379]: é a prisão que visa substituir a prisão preventiva, por razões humanitárias; é decretada nas seguintes hipóteses legais: I – maior de 80 (oitenta) anos; II – extremamente debilitado por motivo de doença grave; III – imprescindível aos cuidados especiais de pessoa menor de 6 (seis) anos de idade ou com deficiência; IV – gestante; V – mulher com filho de até 12 (doze) anos de idade incompletos; VI – homem, caso seja o único responsável pelos cuidados do filho de até 12 (doze) anos de idade incompletos. Tem como requisito a colocação do agente em prisão domiciliar substitutiva exige prova idônea dos requisitos estabelecidos no art. 318 do CPP, ou seja, é necessária a demonstração cabal da hipótese legal de cabimento.

e) **Prisão domiciliar alternativa:** é a concedida sempre que for adequada ao caso concreto e a prisão preventiva se mostrar muito gravosa; a finalidade é impedir a prisão preventiva.

---

[378] Informativo nº 632/18 do STJ.

[379] É possível a concessão de prisão domiciliar, ainda que se trate de execução provisória da pena, para condenada com filho menor de 12 anos ou responsável por pessoa com deficiência (informativo nº 642/19).

PRISÃO

10. Prisão em Segunda Instância

a) decisão mais debatida do Supremo Tribunal Federal em 2016: a maioria do tribunal entendeu que é possível a execução da pena para quem for condenado em duas instâncias, independentemente do cabimento de recursos ao Superior Tribunal de Justiça e ao STF.

- **período de 2009 a 2016 no STF:** impossibilidade jurídica da execução provisória da pena; a prisão, antes do trânsito em julgado da decisão condenatória, apenas poderia ser de natureza cautelar. Entre os julgados de 2009 e 2016 não houve inovação legislativa. A mutação que, de fato, houve, foi na composição do STF (Nesse período em questão, houve a chegada dos Ministros Luís Roberto Barroso, Edson Fachin, Luiz Fux, Rosa Maria Weber e Teori Zavascki. Por outro lado, deixaram a o egrégio tribunal os seguintes intelectuais: Eros Grau, Carlos Ayres Britto, Joaquim Barbosa, Ellen Gracie e Cezar Peluso).
- **período de 1988 a 2009**: possibilidade da execução provisória da sentença.
- **fevereiro de 2016:** o STF passou a admitir a prisão em caso de condenação mantida em segunda instância: habeas corpus nº 126292/2016: o início da execução da pena condenatória após a confirmação da sentença em segundo grau não ofende o princípio constitucional da presunção da inocência.
- **argumentos favoráveis:** 1) satisfaz o clamor social; 2) não há princípio absoluto; 3) a matéria fática se exaure com a decisão de segundo grau de jurisdição, sendo o momento em que se tem a certeza da materialidade e autoria do crime, o que é contraditório com o próprio conceito de trânsito em julgado; 4) quando não se executa provisoriamente, transcorre o prazo prescricional, facilitando a ocorrência da prescrição; 5) os recursos especial ou extraordinário não há análise fática, mas tão somente jurídica. Os recursos extraordinários são dotados de devolutividade restrita, não sendo cabível para rediscutir os fatos, a culpabilidade do agente, as provas e a justiça da decisão; 6) as súmulas nº 716 e 717 já sinalizavam a mudança de entendimento da suprema corte, tendo em vista que era reconhecido o direito de o preso provisório progredir de regime; 7) necessidade de se interpretarem os direitos fundamentais de acordo com o princípio da proporcionalidade, buscando a efetividade do processo penal; 8)

PRISÃO E LIBERDADE

outros países notadamente democráticos permitem a execução da pena antes do trânsito em julgado, comparação inadequada em razão da particularidade da Constituição brasileira;

- **argumentos contrários**: 1) contribui para superlotação carcerária; 2) a execução provisória da pena é incompatível com o princípio da presunção de inocência, eis que este é expressamente atrelado ao trânsito em julgado da sentença penal condenatória; 3) não cabe utilizar subterfúgio da impunidade ou a segurança pública, para diminuir o âmbito de incidência dos direitos fundamentais, conquistados a duras penas; 4) **o fato de uma pessoa ter cumprido pena sem possibilidade de condenação já contraria os interesses de qualquer Estado que se pretenda democrático.**

b) em 07 de novembro de 2019: o Plenário do Supremo Tribunal Federal (STF) encerrou o julgamento das Ações Declaratórias de Constitucionalidade (ADCs) de números 43, 44 e 54, decidindo, por 06 votos a 05, pela constitucionalidade do artigo 283, caput, do Código de Processo Penal e pela inconstitucionalidade da execução provisória da pena privativa de liberdade em face da violação ao disposto no art. 5º, inciso LVII, da Constituição da República Federativa do Brasil de 1988. O plenário do STF por 6 (Marco Aurélio, Rosa Weber, Gilmar Mendes, Celso de Mello, Dias Tofolli e Ricardo Lewandowski) a 5 (Alexandre de Moraes, Edison Fachin, Luis Roberto Barroso, Luiz Fux e Cármen Lúcia) decidiram que não é possível execução da pena depois de decisão condenatória confirmada e m segund a instância. De acordo com a decisão prevaleceu que a possibilidade de início da execução da pena após decisão condenatória de 2º grau desrespeita o princípio da presunção de inocência, de forma que para ter-se o início do cumprimento da sanção, é necessário o trânsito em julgado da sentença penal condenatória. Em relação à execução provisória da pena restritiva de direitos e da pena privativa de liberdade aplicada em decisão penal condenatória proferida pelo Tri bunal do Júri, no referido julgamento, o STF não chegou a tratar desta execução. Em relação à pena restritiva de direitos, existe divergência doutrinária, de forma que há dois posicionamentos: a) é admitida execução provisória; b) não é admitida a execução provisória, pois as penas restritivas de direitos dependem, para sua efetivação, do trânsito em julgado da sentença que as aplicou, nos termos do art. 147 da Lei de Execução Penal (STF – HC 84859, HC 85289, HC 88413).

Título V – Prisão

8ª Parte – Prisão na Legislação Especial

1. Estatuto do Índio (Prisão na Lei n. 6.001/73)

a) **Direito à Alteridade:** A CF/88, art. 231, reconhece aos índios sua organização social, seus costumes, idiomas, crenças, tradições e os direitos originários sobre as terras que tradicionalmente ocupam. De acordo com a Convenção 169 da OIT, os povos indígenas e tribais deverão gozar plenamente dos direitos humanos e liberdades fundamentais, sem obstáculos nem discriminação.
Os índios têm direito de serem tratados de forma diferenciada no sentido de proteger sua identidade étnica e cultural. Os índios não possuem desenvolvimento mental incompleto ou retardado, mas apenas uma especificidade étnica e cultural, com valores diferentes dos padrões admitidos como corretos pela cultura hegemônica.

b) **Infrações penais:** todas as infrações penais previstas no Estatuto do Índio são infrações de menor potencial ofensivo, pois a pena máxima não é superior a 2 (dois) anos.

PRISÃO E LIBERDADE

c) **Imputabilidade Penal do Índio**
Período Anterior à CF/88 e ao Código Civil de 2002: a imputabilidade penal do índio era avaliada de acordo com o grau de integração do índio à civilização (*artigo 26 do Código Penal combinado com o artigo 4º da Lei 6.001/73*):

imputável: é o índio integrado, ou seja, incorporado à comunhão nacional, reconhecido com pleno exercício dos direitos civis, ainda que conserve costumes da sua cultura;

semi-imputável: é o que está em vias de integração, ou seja, tem contato intermitente ou permanente com grupos estranhos, conserva costumes e aceita a comunhão nacional; havia necessidade de exame pericial para aferição da responsabilidade penal dos índios em vias de integração;

inimputável (índios isolados): é o que pertence a grupos desconhecidos e que tenham poucos e vagos contatos com a comunhão nacional.

Período Posterior à CF/88 e ao Código Civil de 2002: o critério não é o desenvolvimento mental, até porque o índio possui desenvolvimento normal[380], mas a verificação de ter o índio condições (de acordo com a sua cultura e seus costumes) de compreender o caráter ilícito daquela conduta positivada como crime segundo os padrões da cultura da sociedade. Esse critério da verificação é confirmado pela Convenção nº 169 da OIT (Artigo 9.1 - *Na medida em que isso for compatível com o sistema jurídico nacional e com os direitos humanos internacionalmente reconhecidos, deverão ser respeitados os métodos aos quais os povos interessados recorrem tradicionalmente para a repressão dos delitos cometidos pelos seus membros; Artigo 9.2. As autoridades e os tribunais solicitados para se pronunciarem sobre questões penais deverão levar em conta os costumes dos povos mencionados a respeito do assunto*).

---

[380] "A qualificação do índio como 'inimputável', na pressuposição de que seu desenvolvimento mental é incompleto, a nosso sentir tem forte odor de discriminação. Primeiro porque inadaptação for sinal de desenvolvimento mental incompleto, haveremos de inserir nessa categoria muitos estrangeiros. Segundo, porque a inadaptação não significa ausência ou redução de entendimento de valores e práticas, mas exatamente o contrário: significa consciência que eles são 'diferentes'. Terceiro, mesmo que o pressuposto fosse verdadeiro, dele não decorreria a inimputabilidade: seria necessária a prova de ausência da capacidade de entender e de querer no 'momento da conduta'." (BARRETO, Helder Girão. *Direitos Indígenas Vetores Constitucionais*. Curitiba: Juruá, 2005, p.41).

d) Condição de indígena para aplicação do Estatuto do Índio: a definição da condição deve ser dada pela antropologia e segundo critérios estabelecidos em lei para os quais é irrelevante o grau de integração[381]. Em conformidade com o critério da Convenção da OIT/169, leva-se em conta auto identificação, ou seja, é indígena quem se sente, comporta-se ou afirma-se como tal, de acordo com os costumes, organizações, usos, língua, crenças e tradições indígenas da comunidade a que pertença.

Aferição pelo Juiz Criminal da Capacidade Civil do Índio: não deve ser feita, uma vez que se trata de questão prejudicial heterogênea de exame exclusivo na jurisdição civil (informativo 488/11 do STJ).

Aplicação do Estatuto do Índio: só é aplicável ao indígena que ainda não se encontra integrado à comunhão e cultura nacional, de forma que o índio isolado ou não integrado à civilização cumprirá a pena nos termos do Estatuto do Índio (artigo 56, parágrafo único).

Não aplicação do Estatuto do Índio: o índio integrado à civilização, que está em pleno gozo de seus direitos civis, inclusive possuindo título de eleitor, está devidamente integrado à sociedade brasileira, logo, estão sujeito às mesmas leis que são impostas aos demais cidadãos nascidos no Brasil. Dessa forma, o regime de semiliberdade não é aplicável ao indígena integrado à cultura brasileira (STJ – HC 88853/MS/2008).

e) Pena Aplicada ao Índio: será tolerada a aplicação, pelos grupos tribais, de acordo com as instituições próprias, de sanções penais ou disciplinares contra os seus membros, desde que não se revis-

---

[381] Índio ou Silvícola é todo indivíduo de origem e ascendência pré-colombiana que se identifica e é identificado como pertencente a um grupo étnico cujas características culturais o distinguem da sociedade nacional (artigo 3º da Lei 6001/73). A consciência de sua identidade indígena ou tribal deverá ser considerada como critério fundamental para determinar os grupos aos que se aplicam as disposições da Convenção 169 da OIT, bem como a solicitação de auxílio de profissionais de outras áreas como antropólogos, e a investigação na própria comunidade indígena sobre o reconhecimento da pessoa do índio como membro integrante da civilização rudimentar.

tam de caráter cruel ou infamante, **sendo proibida, em qualquer caso, a pena de morte.**

Atenuação da pena: no caso de condenação de índio por infração penal, a pena deverá ser atenuada e, na sua aplicação, o juiz levará em conta também o grau de integração do silvícola: 1) imputável: é o índio integrado, ou seja, incorporado à comunhão nacional, reconhecido com pleno exercício dos direitos civis, ainda que conserve costumes da sua cultura; 2) semi-imputável: é o que está em vias de integração, ou seja, tem contato intermitente ou permanente com grupos estranhos, conserva costumes e aceita a comunhão nacional; 3) inimputável: é o que pertence a grupos desconhecidos e que tenham poucos e vagos contatos com a comunhão nacional.

aumento de pena (1/3): quando o crime (artigo 58 da lei 6.001/73) for praticado por funcionário ou empregado do órgão de assistência ao índio; No caso de crime contra a pessoa, o patrimônio ou os costumes, em que o ofendido seja índio não integrado ou comunidade indígena.

f) **Regime de cumprimento de pena no Estatuto do Índio (artigo 56, parágrafo único da Lei 6.001/73):** o cumprimento das penas de reclusão e de detenção será se possível, em regime especial de semiliberdade, no local de funcionamento do órgão federal de assistência aos índios mais próximo da habitação do condenado (colônia mantida pela União e fiscalizada pela FUNAI); sendo plausível a concessão do benefício para o cumprimento, inclusive, da prisão provisória.

Para a aplicação do art. 56, parágrafo único, da Lei n. 6.001/73 (concessão do regime especial de semiliberdade), o qual se destina à proteção dos silvícolas, é necessária a verificação do grau de integração do índio à comunhão nacional. É inaplicável a concessão do regime especial de semiliberdade previsto no Estatuto do Índio, aos condenados pela prática de crime hediondo ou equiparado[382].

---

[382] O art. 56 da Lei n. 6.001/73 se destina apenas aos índios em fase de aculturação e não àqueles já completamente integrados à civilização dos brancos. Mesmo assim, a atenuação da pena não pode levá-la para aquém do mínimo cominado (STF, RECR-100319/PR, rel. Min. Aldir Passarinho e Súmula 231 – STJ), somente ensejando o cumprimento em regime de

PRISÃO

É inaplicável, igualmente, o referido regime ao indígena integrado à sociedade e aos costumes da civilização[383].

Dessa forma, na prisão provisória ou definitiva do índio é obrigatória a observância do disposto nos arts. 56 e 57 do Estatuto do Índio, que possui fundamento de validade no art. 231 da Constituição Federal e nos arts. 9º e 10 da Convenção n. 169 sobre Povos Indígenas e Tribais.

g) Competência: será da Justiça Federal quando a motivação do crime estiver ligada à disputa de direito indígena (o crime praticado ser relacionado com a organização social dos **índios,** seus costumes, línguas, crenças e tradições, bem como os direitos sobre as terras que tradicionalmente ocupam). Compete à Justiça Federal processar e julgar ação penal referente aos crimes de calúnia e difamação praticados no contexto de disputa pela posição de cacique em comunidade indígena (informativo 527/13 do STJ).

Caso contrário, a competência será da Justiça Estadual, de acordo com a Súmula 140 do STJ: a competência para o processamento e o julgamento das infrações penais em que figure índio como autor ou vítima, não havendo disputa de interesses da comunidade indígena, é da Justiça Estadual. A jurisprudência do Superior Tribunal de Justiça se firmou que há interesse da União quando existir relevante interesse da coletividade indígena.

---

semiliberdade, se possível, não podendo aplicar-se, pois, aos crimes hediondos. – HC 11862/PA – rel. Min. José Arnaldo da Fonseca – 5ª Turma – 22/8/2000.

[383] Não é indispensável a realização de perícia antropológica, se evidenciado que o paciente, não obstante ser índio, está integrado à sociedade e aos costumes da civilização. III. Se os elementos dos autos são suficientes para afastar quaisquer dúvidas a respeito da inimputabilidade do paciente, tais como a fluência na língua portuguesa, certo grau de escolaridade, habilidade para conduzir motocicleta e desenvoltura para a prática criminosa, como a participação em reuniões de traficantes, não há que se falar em cerceamento de defesa decorrente da falta de laudo antropológico. Para a aplicação do art. 56, parágrafo único, da Lei n. 6.001/73, o qual se destina à proteção dos silvícolas, é necessária a verificação do grau de integração do índio à comunhão nacional. Evidenciado, no caso dos autos, que paciente encontra-se integrado à sociedade, não há que se falar na concessão do regime especial de semiliberdade previsto no Estatuto do Índio – HC 30113/MA – rel. Min. Gilson Dipp – 5ª Turma do STJ – 5/10/2004.

PRISÃO E LIBERDADE

2. Drogas (Prisão na Lei n. 11.343/2006)

a) **Drogas**: substâncias ou os produtos capazes de causar dependência, assim especificados em lei ou relacionados em listas atualizadas periodicamente pelo Poder Executivo da União. A lista das drogas é estabelecida pelo Ministério da Saúde por meio da Agência Nacional de Vigilância Sanitária.

b) **Direito de Apelar em liberdade:** nos crimes de tráfico ilícito de drogas, tráfico ilícito de matéria-prima, insumo ou produto químico destinado à preparação de drogas e utilização de local para o tráfico, associação para o tráfico, financiamento e colaboração para o tráfico, **o réu não poderá apelar sem recolher-se à prisão**, salvo se for primário e de bons antecedentes, assim reconhecidos na sentença condenatória. A orientação pacificada no STJ é no sentido de que não há lógica em deferir o direito de recorrer em liberdade ao réu quando permaneceu preso durante a persecução criminal, se persistem os motivos para a segregação preventiva,

c) **Usuário de drogas**: é quem adquirir, guardar, tiver em depósito, transportar ou trouxer consigo, para consumo pessoal, drogas sem autorização ou em desacordo com determinação legal ou regulamentar. A conduta de porte de substância entorpecente para consumo próprio, prevista no art. 28 da Lei n. 11.343/2006, foi apenas despenalizada, mas não descriminalizada (medidas substitutivas ou alternativas, de natureza penal ou processual penal, que visam restringir a aplicação da pena de prisão, sem rejeitar o caráter criminoso da conduta).

Essa conduta de porte de substância entorpecente para consumo próprio é punida apenas com: I – advertência sobre os efeitos das drogas (esclarecimento que deve ser feito pelo juiz quanto às consequências maléficas causadas pelo uso de drogas); II – prestação de serviços à comunidade (a prioridade recai sobre entidades que se ocupem preferencialmente da prevenção do consumo de drogas; prazo máximo é de 05 meses; no caso de reincidência é 10 meses); III – medida educativa de comparecimento a programa ou curso educativo, a ser especificada na proposta (prazo máximo é de 05 meses; no caso de reincidência é 10 meses). Além disso, não existe a possibilidade de converter essas penas em privativas de liberdade em caso de descumprimento.

No caso da conduta de porte de substância entorpecente para consumo próprio, não se imporá prisão em flagrante, devendo o autor de o fato ser imediatamente encaminhado ao juízo competente ou, na falta deste, assumir o compromisso de a ele comparecer, lavrando-se termo circunstanciado e providenciando-se as requisições dos exames e perícias necessários. Se ausente a autoridade judicial, as providências serão tomadas de imediato pela autoridade policial, no local em que se encontrar. Após as providências, o agente será submetido a exame de corpo de delito, se o requerer ou se a autoridade de polícia judiciária entender conveniente, e em seguida liberado.

Sobre se a condenação anterior pelo crime de porte de droga para uso próprio configura reincidência, há duas correntes: a) a condenação anterior com fundamento no artigo 28 da Lei n. 11.343/2006 para fins de caracterização da reincidência viola o princípio constitucional da proporcionalidade (informativo nº 632/2018); b) configura reincidência, o que impõe a aplicação da agravante genérica do artigo 61, inciso I, do Código Penal e o afastamento da aplicação da causa especial de diminuição de pena do parágrafo 4º do artigo 33 da Lei n. 11.343/2006.

d) **Prisão em Flagrante:** Ocorrendo prisão em flagrante, a autoridade de polícia judiciária fará, imediatamente, comunicação ao juiz competente, remetendo-lhe cópia do auto lavrado, do qual será dada vista ao órgão do Ministério Público, em 24 (vinte e quatro) horas.

PRISÃO E LIBERDADE

e) **Laudo de Constatação:** para efeito da lavratura do auto de prisão em flagrante e estabelecimento da materialidade do delito, é suficiente o laudo de constatação da natureza e quantidade da droga, firmado por perito oficial ou, na falta deste, por pessoa idônea.

O laudo preliminar de constatação de substância entorpecente é mera peça informativa, mas suficiente para a lavratura do auto de prisão em flagrante e da oferta de denúncia. Segundo o Supremo Tribunal Federal, *"a inexistência de laudo de constatação da droga apreendida não motiva nulidade da sentença se a omissão for suprida, antes do oferecimento da denúncia, pela juntada do laudo de exame toxicológico".* Uma vez juntado aos autos o laudo pericial definitivo, atestando a ilicitude da substância, resta, portanto, suprida eventual irregularidade na fase inquisitorial.

O laudo de constatação do entorpecente é dispensável para se julgar a validade do auto de prisão em flagrante (não há que se falar em irregularidade do auto de prisão em flagrante), desde que haja outros elementos que demonstrem a ilicitude da substância apreendida, como a confissão do infrator, em sede policial, de que transportava droga[384].

f) **Laudo Toxicológico:** é absoluta a nulidade consistente na prolação de sentença condenatória sem a juntada do laudo toxicológico definitivo, pois afeta o interesse público e diz respeito à própria atividade jurisdicional.

g) *Habeas corpus:* não cabe o remédio do *habeas corpus* para analisar a existência ou não de sociedade criminosa organizada para tráfico de drogas, já que o HC não admite dilação probatória (Informativo 286 do STJ).

h) **Prisão Preventiva[385] do Traficante de Drogas:** a fundamentação da prisão reside na real periculosidade do agente. É necessário

---

[384] HC 88746/MG – rel. Min. Laurita Vaz – 5ª Turma – STJ – 16/10/2007.

[385] As prisões cautelares são medidas de índole excepcional, somente podendo ser decretadas ou mantidas caso demonstrado, com base em elementos concretos dos autos, a efetiva imprescindibilidade de restrição ao direito constitucional à liberdade de locomoção. 2. De acordo com o art. 387, § 1º, do Código de Processo Penal, o juiz, por ocasião da prolação da sentença condenatória, deve fundamentar a decretação ou a manutenção da custódia. Dessa

demonstrar a gravidade concreta da conduta, ou seja, é necessário apresentar dados concretos que demonstrem o *periculum libertatis* do traficante, de forma a indicar um maior desvalor da conduta incriminada.

A demonstração concreta da necessidade da custódia é feita pelo juiz ao vincular sua decisão a fatores reais de cautelaridade. Não são possíveis fundamentos vagos ou fundamentos ligados à desestabilização de relações familiares, temor, insegurança e repúdio social. Não constituem fundamentação idônea a gravidade genérica do delito, a referências à perniciosidade social do crime e a meras conjecturas, sem menção a fatores reais de cautelaridade[386].

O fato de o traficante integrar estruturada organização criminosa destinada à prática de tráfico de drogas em larga escala é motivo justificador de sua prisão preventiva, pois retrata a sua periculosidade e a possibilidade de reiteração delitiva[387]. Um dos fatores concretos que demonstram a aptidão do traficante para reiteração delitiva é já possuir condenações definitivas no delito de tráfico de drogas[388].

Outra situação justificadora da prisão do traficante é a demonstração concreta da dedicação do preso ao tráfico de drogas, como atuação em local conhecido como ponto de venda de drogas, apreensão de escritos sobre o comércio de drogas, apreensão de considerável quantia em dinheiro[389]; a natureza altamente nociva da cocaína - droga de alto poder viciante e alucinógeno -, somada às demais circunstâncias do delito - em que o agente

---

forma, deve ser demonstrada, nessa fase, com fundamento em dados concretos dos autos, a existência de pelo menos um dos fundamentos da prisão preventiva, previstos no art. 312 do Código de Processo Penal (HC 473182/SP - HABEAS CORPUS. Relator: Ministro SEBASTIÃO REIS JÚNIOR (1148). Sexta Turma do STJ. DJe 15/05/2019).

[386] HC 380900/CE - HABEAS CORPUS. Relator: Ministro SEBASTIÃO REIS JÚNIOR (1148). Sexta Turma do STJ. DJe 19/02/2019.

[387] HC 507171/MT - HABEAS CORPUS. Relator: Ministra LAURITA VAZ (1120). Sexta Turma do STJ. DJe 02/08/2019.

[388] HC 463428/MG - HABEAS CORPUS. Relator: Ministra LAURITA VAZ (1120). Sexta Turma do STJ. DJe 09/04/2019; RHC 96666/CE RECURSO ORDINARIO EM HABEAS CORPUS. Relator: Ministro SEBASTIÃO REIS JÚNIOR (1148). Sexta Turma do STJ. DJe 07/03/2019; HC 475736/SP HABEAS CORPUS. Relator: Ministro FELIX FISCHER (1109). Quinta Turma do STJ. DJe 11/12/2018.

[389] HC 463041/SP - HABEAS CORPUS. Relator: Ministro JORGE MUSSI (1138). Quinta Turma do STJ. DJe 06/12/2018.

PRISÃO E LIBERDADE

entregou 30 porções da droga para um menor revender, visando, posteriormente, a divisão do lucro – indicam dedicação à narcotraficância[390].

i) **Prisão Preventiva do Traficante de Drogas e Quantidade de Drogas**: a quantidade de drogas influencia na colocação do traficante em liberdade: a) (5 (cinco) porções de cocaína) não é capaz de demonstrar, por si só, o *periculum libertatis* do Réu[391]; b) já 69,350kg de cocaína e 74,978kg de maconha (quantidade e variedade das drogas apreendidas) retratam a periculosidade do Agente e a possibilidade de reiteração delitiva[392].

3. Violência Doméstica (Prisão na Lei n. 11.340/2006)

a) Prisão Preventiva: em qualquer fase do inquérito policial ou da instrução criminal, caberá a prisão preventiva do agressor, decretada pelo juiz, de ofício, a requerimento do Ministério Público ou mediante representação da autoridade policial. O juiz poderá revogar a prisão preventiva se, no curso do processo, verificar a falta de motivo para que subsista, bem como de novo decretá-la, se sobrevierem razões que a justifiquem.

A decretação fundamentada da prisão preventiva, evidenciando os pressupostos e motivos da cautelar, definidos no art. 312 do Código de Processo Penal, não gera constrangimento ilegal.

A prisão preventiva se justifica desde que demonstrada a sua real necessidade[393] com a satisfação dos pressupostos a que se refere o art. 312 do Código de Processo Penal, não bastando, frise-se, a mera explicitação textual de tais requisitos[394]. Em crítica ao art. 20 da Lei n. 11.340/2006, Nucci[395] observa que: "*o dispositivo é inútil. A decre-*

---

[390] RHC 94511/PA - RECURSO ORDINARIO EM HABEAS CORPUS Relator: Ministro JORGE MUSSI (1138). Quinta Turma do STJ. DJe 20/06/2018.

[391] RHC 112302/SP - RECURSO ORDINARIO EM HABEAS CORPUS. Relator: Ministra LAURITA VAZ (1120). Sexta Turma do STJ. DJe 09/09/2019.

[392] RHC 107182/PA - RECURSO ORDINARIO EM HABEAS CORPUS. . Relator: Ministra LAURITA VAZ (1120). Sexta Turma do STJ. DJe 31/05/2019.

[393] HC 90.862/SP, 2ª Turma, rel. Min. Eros Grau, *DJU* de 27/04/2007.

[394] HC 92.069/RJ, 2ª Turma, rel. Min. Gilmar Mendes, *DJU* de 09/11/2007.

[395] NUCCI, Guilherme de Souza. *Leis penais e processuais penais comentadas*. 2. ed. São Paulo: Revista dos Tribunais, 2007, p. 1055.

tação da prisão preventiva é regida pelo Código de Processo Penal, de modo que não há a menor necessidade de se repetir aquilo que é mais que óbvio". Não se exige, contudo, fundamentação exaustiva, bastando que o decreto constritivo, ainda que de forma sucinta, concisa, analise a presença, no caso, dos requisitos legais ensejadores da prisão preventiva[396].

b) **Direito da Ofendida e Prisão do Agressor:** a ofendida deverá ser notificada do momento em que o agressor foi preso ou que saiu da prisão, nos termos do art. 21 da Lei n. 11.340/2006; como vítima tem direito de saber se o agressor foi preso para verificar se foi concretizada a responsabilidade penal e se o agressor saiu da prisão para que sejam tomadas providências preventivas e de precaução contra eventual vingança ou reincidência, já que a mulher vítima deve gozar de proteção contra a violência generalizada dentro ou fora do lar, em respeito aos seus direitos fundamentais inerentes à sua condição de pessoa humana.

4. Armas

Os crimes de tráfico internacional de armas, comércio ilegal de arma de fogo e posse ou porte ilegal de arma de fogo de uso restrito são insuscetíveis de liberdade provisória, nos termos do art. 21 do Estatuto do Desarmamento. Porém, a vedação à liberdade provisória foi declarada inconstitucional pelo Supremo Tribunal Federal no julgamento da ADI 3.112, nos termos do Informativo n. 465[397].

---

[396] RHC 89.972/GO, 1ª Turma, rel. Min. Cármen Lúcia, *DJU* de 29/06/2007.
[397] EMENTA: AÇÃO DIRETA DE INCONSTITUCIONALIDADE. LEI 10.826/2003. ESTATUTO DO DESARMAMENTO. INCONSTITUCIONALIDADE FORMAL AFASTADA. INVASÃO DA COMPETÊNCIA RESIDUAL DOS ESTADOS. INOCORRÊNCIA. DIREITO DE PROPRIEDADE. INTROMISSÃO DO ESTADO NA ESFERA PRIVADA DESCARACTERIZADA. PREDOMINÂNCIA DO INTERESSE PÚBLICO RECONHECIDA. OBRIGAÇÃO DE RENOVAÇÃO PERIÓDICA DO REGISTRO DAS ARMAS DE FOGO. DIREITO DE PROPRIEDADE, ATO JURÍDICO PERFEITO E DIREITO ADQUIRIDO ALEGADAMENTE VIOLADOS. ASSERTIVA IMPROCEDENTE. LESÃO AOS PRINCÍPIOS CONSTITUCIONAIS DA PRESUNÇÃO DE INOCÊNCIA E DO DEVIDO PROCESSO LEGAL. AFRONTA TAMBÉM AO PRINCÍPIO DA RAZOABILIDADE. ARGUMENTOS NÃO ACOLHIDOS. FIXAÇÃO DE IDADE MÍNIMA PARA A AQUISIÇÃO DE ARMA

PRISÃO E LIBERDADE

O crime de porte ilegal de arma de fogo de uso permitido é inafiançável, salvo se a arma de fogo estiver registrada em nome do agente. O crime de disparo de arma de fogo é inafiançável.

DE FOGO. POSSIBILIDADE. REALIZAÇÃO DE REFERENDO. INCOMPETÊNCIA DO CONGRESSO NACIONAL. PREJUDICIALIDADE. AÇÃO JULGADA PARCIALMENTE PROCEDENTE QUANTO À PROIBIÇÃO DO ESTABELECIMENTO DE FIANÇA E LIBERDADE PROVISÓRIA. I – Dispositivos impugnados que constituem mera reprodução de normas constantes da Lei 9.437/1997, de iniciativa do Executivo, revogada pela Lei 10.826/2003, ou são consentâneos com o que nela se dispunha, ou, ainda, consubstanciam preceitos que guardam afinidade lógica, em uma relação de pertinência, com a Lei 9.437/1997 ou com o PL 1.073/1999, ambos encaminhados ao Congresso Nacional pela Presidência da República, razão pela qual não se caracteriza a alegada inconstitucionalidade formal. II – Invasão de competência residual dos Estados para legislar sobre segurança pública inocorrente, pois cabe à União legislar sobre matérias de predominante interesse geral. III – O direito do proprietário à percepção de justa e adequada indenização, reconhecida no diploma legal impugnado, afasta a alegada violação ao art. 5º, XXII, da Constituição Federal, bem como ao ato jurídico perfeito e ao direito adquirido. IV – A proibição de estabelecimento de fiança para os delitos de "porte ilegal de arma de fogo de uso permitido" e de "disparo de arma de fogo" mostra-se desarrazoada, porquanto são crimes de mera conduta, que não se equiparam aos crimes que acarretam lesão ou ameaça de lesão à vida ou à propriedade. V – Insusceptibilidade de liberdade provisória quanto aos delitos elencados nos arts. 16, 17 e 18. Inconstitucionalidade reconhecida, visto que o texto magno não autoriza a prisão *ex lege*, em face dos princípios da presunção de inocência e da obrigatoriedade de fundamentação dos mandados de prisão pela autoridade judiciária competente. VI – Identificação das armas e munições, de modo a permitir o rastreamento dos respectivos fabricantes e adquirentes, medida que não se mostra irrazoável. VII – A idade mínima para aquisição de arma de fogo pode ser estabelecida por meio de lei ordinária, como se tem admitido em outras hipóteses. VIII – Prejudicado o exame da inconstitucionalidade formal e material do art. 35, tendo em conta a realização de referendo. IX – Ação julgada procedente, em parte, para declarar a inconstitucionalidade dos parágrafos únicos dos arts. 14 e 15 e do art. 21 da Lei 10.826, de 22 de dezembro de 2003. Decisão: À unanimidade, o Tribunal rejeitou as alegações de inconstitucionalidade formal, nos termos do voto do Relator. O Tribunal, por maioria, julgou procedente, em parte, a ação para declarar a inconstitucionalidade dos parágrafos únicos dos arts. 14 e 15 e do art. 21 da Lei n. 10.826, de 22 de dezembro de 2003, nos termos do voto do Relator, vencidos parcialmente os Senhores Ministros Carlos Britto, Gilmar Mendes e Sepúlveda Pertence, que julgavam improcedente a ação quanto aos parágrafos únicos dos arts. 14 e 15, e o Senhor Ministro Marco Aurélio, que a julgava improcedente quanto ao parágrafo único do art. 15 e, em relação ao art. 21, apenas quanto à referência ao art. 16. O Tribunal, por unanimidade, julgou improcedente a ação relativamente ao art. 2º, inciso X; ao art. 12; ao art. 23, §§ 1º, 2º e 3º; ao art. 25, parágrafo único; ao art. 28 e ao parágrafo único do art. 32; e declarou o prejuízo quanto ao art. 35. Votou a Presidente, Ministra Ellen Gracie. Ausente, justificadamente, o Senhor Ministro Celso de Mello.

PRISÃO

Nenhum crime previsto no Estatuto do Desarmamento tem com a pena máxima prevista na lei inferior a 2 anos. Tem um crime que pode ser considerado infração de menor potencial ofensivo, que é o de omissão de cautela, já que sua pena máxima em abstrato é igual a 2 anos. Todos os crimes têm pena privativa de liberdade (reclusão ou detenção) cumulada com multa.

5. Sistema Financeiro

Nos crimes contra o sistema financeiro e punidos com pena de reclusão, o réu não poderá prestar fiança, nem apelar antes de ser recolhido à prisão, ainda que primário e de bons antecedentes, se estiver configurada a situação que autoriza a prisão preventiva.

O Superior Tribunal de Justiça adota o entendimento no sentido de que não tem direito de apelar em liberdade o réu que permaneceu preso durante a instrução criminal (a conservação da prisão é um dos efeitos da sentença condenatória), salvo quando o ato que originou a custódia cautelar é ilegal por não possuir fundamentação idônea[398].

Nos crimes contra o sistema financeiro o juiz pode conceder liberdade provisória sem fiança, nos termos do art. 310, parágrafo único, do Código de Processo Penal.

6. Tortura

O crime de tortura é inafiançável e insuscetível de graça ou anistia e o condenado por crime previsto na lei de tortura, salvo na conduta omissiva prevista no § 2º do art. 1º da Lei, iniciará o cumprimento da pena em regime fechado.

A lei de tortura admite a progressão de regime, porém embora o STJ tenha se posicionado pela admissibilidade de substituição da reprimenda corporal por restritiva de direitos aos apenados pela prática de crimes hediondos, tal orientação não se estende aos apenados à prática de tortura, tendo em vista a própria natureza violenta do delito[399].

[398] HC 91654 – SP/2008.
[399] HC 70910/RS – 2007.

PRISÃO E LIBERDADE

Não se aplica o disposto no art. 514 do Código de Processo Penal – defesa preliminar – ao crime de tortura, pois trata-se de delito não funcional inafiançável.

Com a declaração da inconstitucionalidade do § 1º do art. 2º da Lei n. 8.072/90 pelo Plenário do Supremo Tribunal Federal e, posteriormente, o advento da Lei n. 11.464/2007 que fez previsão expressa da admissibilidade da progressão de regime nos crimes hediondos, resta superada a Súmula n. 698 do STF – "Não se estende aos demais crimes hediondos a admissibilidade de progressão no regime de execução da pena aplicada ao crime de tortura".

7. Crimes Falimentares (Lei n. 11.101/2005)

A sentença declaratória de falência pode ordenar a prisão preventiva do falido ou de seus administradores quando requerida com fundamento em provas da prática de crime definido na Lei n. 11.101/2005, nos termos do art. 99 da Lei n. 11.101/2005.

A **prisão preventiva do falido** ou de seu representante legal pode ser decretada quando houver provas que demonstrem a prática de crime falimentar, como garantia da ordem pública por conveniência da instrução criminal, sem que isso importe em ofensa a dispositivo constitucional.

A prisão preventiva pode ser decretada na sentença declaratória da falência (prevê o art. 99, VII, da LREF que ao prolatar a sentença declaratória de falência do devedor, o juiz, dentre outras determinações, poderá *"... ordenar a prisão preventiva do falido ou de seus administradores quando requerida com fundamento em provas da prática de crime definido nesta Lei"*) ou poderá o juiz ordenar a custódia cautelar, quando requerida a falência com fundamento em provas que demonstrem a prática de crime falimentar. A prisão preventiva do falido poderá ser decretada em qualquer fase do processo.

8. Criança e Adolescente

O adolescente que comete ato infracional (conduta definida como crime ou contravenção) pode sofrer apreensão em flagrante. Após a apreensão, será encaminhado, desde logo, à autoridade policial competente (especializada para atendimento de adolescente). Se não tiver repartição policial especializada para atendimento de adolescente será encaminho ao Distrito Policial comum.

Em caso de flagrante de ato infracional cometido: a) com violência ou grave ameaça à pessoa: será lavrado auto de apreensão, ouvidos as testemunhas e o adolescente; apreensão do produto e dos instrumentos da infração e requisição das perícias necessárias para comprovação da materialidade e autoria do crime; b) sem violência ou grave ameaça à pessoa: autoridade policial encaminha ao judiciário e a lavratura do auto pode ser substituída por boletim de ocorrência circunstanciada.

O adolescente infrator não poderá ser conduzido ou transportado em compartimento fechado de veículo policial, sob pena de responsabilidade.

A criança que comete ato infracional deve ser apresentada ao Conselho Tutelar, nos termos do art. 136, inciso I, do Estatuto da Criança e do Adolescente, vedada sua condução a qualquer unidade policial.

9. Lavagem de Dinheiro

A ordem de prisão de pessoas ou as medidas assecuratórias de bens, direitos ou valores poderão ser suspensas pelo juiz, ouvido o Ministério Público, quando a sua execução imediata puder comprometer as investigações, nos termos do art. 4º-B da Lei n. 9.613/98.

10. Código Eleitoral

O Código Eleitoral estabelece que o eleitor não pode ser preso, nos cinco dias antes ou nas 48 horas após o encerramento da eleição, salvo em flagrante delito ou virtude de sentença criminal condenatória por crime inafiançável ou por desrespeito ao salvo-conduto.

A pessoa qualificada como eleitor é o brasileiro nato ou naturalizado que está inscrito na justiça eleitoral como tal. Quem não for eleitor ou não se alistou como eleitor pode sofrer prisão no período eleitoral. O art. 236 do Código Eleitoral que regula a prisão do eleitor não abrange as pessoas que possuem o alistamento eleitoral cancelado (o eleitor deixar de votar em três eleições consecutivas e nos casos de perda ou suspensão dos direitos políticos).

As prisões permitidas no período eleitoral são: a) prisão em flagrante: as situações configuradoras de flagrante delito estão previstas no art. 302, incisos I a IV, do Código de Processo Penal; b) sentença condenatória por crime inafiançável: não necessita trânsito em julgado; c) desrespeito a salvo--conduto: no seu art. 235, o Código Eleitoral autoriza o Juiz Eleitoral ou o Presidente da mesa receptora de votos expedir salvo-conduto – com cominação de prisão de até 5 dias em caso de desobediência – em favor de eleitor que sofrer violência, moral ou física, na liberdade de votar, ou pelo fato de ter votado. O salvo-conduto é válido das 72 horas anteriores ao início da votação até 48 horas depois do seu encerramento.

Os membros das mesas receptoras, fiscais e delegados de partido não podem ser presos, salvo em caso de flagrante delito, enquanto estiverem no efetivo exercício de suas funções. Fora delas, a situação equipara-se à de um eleitor comum, aplicando-se a regra contida no *caput* do art. 236 do Código Eleitoral. Os candidatos a cargos eletivos não podem ser presos desde 15 dias antes da data prevista para as eleições, à exceção da hipótese de flagrante delito.

11. Código de Trânsito Brasileiro

Enquanto o sentenciado por crime de trânsito estiver recolhido a estabelecimento prisional não pode sofrer a penalidade de suspensão ou de proibição de se obter a permissão ou habilitação para dirigir veículo automotor, nos termos do art. 293, § 2º, do Código de Trânsito Brasileiro.

No Código de Trânsito Brasileiro (Lei n. 9.503/97), o causador de acidente de trânsito com vítima que socorrer a vítima não será preso em flagrante, nem sofrerá fiança, nos termos do art. 301 – "Ao condutor de veículo, nos casos de acidentes de trânsito de que resulte vítima, não se imporá a prisão em flagrante, nem se exigirá fiança, se prestar pronto e integral socorro àquela".

O não cabimento da prisão em flagrante configura uma imunidade que visa estimular a solidariedade humana em prestar socorro no caso de acidentes de trânsito com vítimas.

A Lei n. 11.705/2008 que altera dispositivos do Código de Trânsito Brasileiro, não criou nenhuma nova modalidade de prisão, apenas estabeleceu o limite da alcoolemia 0 (zero), a imposição de penalidades mais severas para o condutor que dirigir sob a influência do álcool, e restrições ao uso e à propaganda de produtos fumígenos, bebidas alcoólicas, medicamentos, terapias e defensivos agrícolas, nos termos do § 4º do art. 220 da Cons-

PRISÃO

tituição Federal, para obrigar os estabelecimentos comerciais em que se vendem ou oferecem bebidas alcoólicas a estampar, no recinto, aviso de que constitui crime dirigir sob influência de álcool.

12. Crimes Hediondos

12.1. Prisão Temporária

A prisão temporária, nos crimes hediondos, tem duração de 30 dias, prorrogáveis por mais 30 dias, em caso de extrema e comprovada necessidade, prazo não computado na instrução criminal.

12.2. Local de Cumprimento de Pena

Os condenados por crimes hediondos e equiparados deverão cumprir pena em estabelecimentos federais de segurança máxima, que apresentem as seguintes características: a) para condenados de alta periculosidade; b) em local distante da condenação; c) quando a permanência em presídios estaduais ponha em risco a ordem ou incolumidade pública; d) a remoção é judicial e fundamentada no interesse da segurança pública ou do próprio condenado.

A Constituição Federal disciplinou os crimes hediondos e equiparados, em seu art. 5º, inciso XLIII, dispondo que "a lei considerará crimes inafiançáveis e insuscetíveis de graça ou anistia a prática da tortura, o tráfico ilícito de entorpecentes e drogas afins, o terrorismo e os definidos como crimes hediondos, por eles respondendo os mandantes, os executores e os que, podendo evitá-los, se omitirem".

Em 25 de julho de 1990 surge a lei dos crimes hediondos, a Lei n. 8.072/90, estipulando em seu art. 2º, § 1º, o regime integral fechado, ou seja, sem possibilidade de progressão de regime.

Após o advento da lei, surgiu uma discussão doutrinária a respeito da constitucionalidade na fixação do regime integral fechado, formando-se dois posicionamentos: 1) inconstitucionalidade, por violação ao princípio da individualização da pena, prevista no art. 5º, inciso XLVI, da CF. Se aceito o regime fechado integral, restarão tolhidos todos os estímulos e esperanças dos condenados, que ficarão indiscriminadamente marginalizados, violando-se os princípios da igualdade, humanidade das penas e

PRISÃO E LIBERDADE

busca da ressocialização, que se lastreiam no valor da dignidade do ser humano, fundamental em um Estado Democrático de Direito[400]; 2) constitucionalidade, já que a lei é o meio para estabelecer a individualização da pena. O legislador infraconstitucional tem discricionariedade para criar ou proibir hipóteses de progressão de regimes[401].

A corrente que prevaleceu foi a da constitucionalidade. Se na decisão judicial sobre crimes hediondos constasse a expressão regime **inicial** fechado, tendo ocorrido o trânsito em julgado, seria possível a progressão de regime, em respeito à coisa julgada.

Em 1997 foi editada a Lei n. 9.455, a conhecida Lei de Tortura, que trouxe em seu texto o regime inicial fechado, com a possibilidade de progressão de regime. Após o advento da lei de tortura, surgiu outra discussão doutrinária a respeito da possibilidade de extensão do benefício da progressão do regime previsto na lei de tortura para os demais crimes hediondos, surgindo dois posicionamentos: 1) sim, já que os crimes da mesma natureza devem receber o mesmo tratamento penal; a não extensão violaria o princípio da proporcionalidade, dando tratamento penal diferenciado a crime da mesma gravidade; 2. não, já que o benefício é exclusivo do crime de tortura; não há previsão legal expressa para os demais crimes hediondos.

O STF, diante da referida divergência, editou a Súmula n. 698, consagrando a segunda corrente: "Não se estende aos demais crimes hediondos a admissibilidade de progressão no regime de execução da pena aplicada ao crime de tortura". Porém, no julgamento do *Habeas corpus* 82.959, em fevereiro de 2006, os ministros do STF decidiram, por 6 votos a 5, inconstitucional o parágrafo da lei dos crimes hediondos que proíbe os condenados de obter progressão de regime durante o cumprimento de suas penas. Os ministros Carlos Ayres Britto, Gilmar Mendes, Cezar Peluso e Sepúlveda Pertence votaram pela inconstitucionalidade da proibição. Já os ministros Joaquim Barbosa, Ellen Gracie, Nelson Jobim e Celso Mello votaram a favor da proibição. A decisão do STF sobre a inconstitucionalidade do regime integralmente fechado para todos os casos de crimes hediondos atingiu todas as penas em execução e as que viessem a ser impostas por crimes cometidos sob a vigência da Lei n. 8.072/90.

---

[400] DELMANTO, Celso et al. *Código Penal comentado*. São Paulo: Renovar, 2002, p. 70.
[401] MORAES, Alexandre; SMANIO, Gianpaolo Poggio. *Legislação penal especial*. 6. ed. São Paulo: Atlas, 2002, p. 70.

Após a decisão do Pleno do STF (HC 82.959-7/SP), *incidenter tantum*, sobre a inconstitucionalidade do § 1º do art. 2º da Lei n. 8.072/90, que trata da obrigatoriedade do cumprimento de pena em regime integralmente fechado para os condenados pela prática de crime hediondo, surgiu a Lei n. 11.464/2007, admitindo expressamente a possibilidade de regime inicial fechado, com progressão de regime (lei penal benéfica), estipulando as seguintes regras: 1) se o réu for primário: cumprimento de 2/5 da pena; 2) se o réu for reincidente: cumprimento de 3/5 da pena. Os novos prazos para progressão de regime não se aplicam aos crimes cometidos antes da edição da Lei n. 11.464/2007, posto que não se admite a retroatividade da lei penal, salvo para beneficiar o réu (art. 5º, XL, da CF). Se o crime hediondo foi cometido antes da Lei n. 11.464/2007, a progressão de regime de cumprimento da pena se faz depois de efetivamente cumprido um sexto da punição privativa de liberdade no regime anterior, desde que presentes os demais requisitos objetivos e subjetivos[402].

O art. 2º, II, da Lei n. 8.072/90 com redação dada pela Lei 11.464/2007, eliminou a vedação à liberdade provisória nos crimes hediondos, sendo inadmissível a manutenção do acusado na prisão quando não demonstrados os requisitos autorizadores de sua prisão preventiva[403].

---

[402] HC 89640 / SP – rel. Min. Jane Silva – 6ª Turma – 25/02/2008.

[403] De outro lado, é certo que a L. 11.464/07 – em vigor desde 29.03.07 – deu nova redação ao art. 2º, II, da L. 8.072/90, para excluir do dispositivo a expressão "e liberdade provisória". Ocorre que – sem prejuízo, em outra oportunidade, do exame mais detido que a questão requer –, essa alteração legal não resulta, necessariamente, na virada da jurisprudência predominante do Tribunal, firme em que da "proibição da liberdade provisória nos processos por crimes hediondos (...) não se subtrai a hipótese de não ocorrência no caso dos motivos autorizadores da prisão preventiva (v.g., HHCC 83.468, 1ª T., 11/9/03, Pertence, *DJ* 27/2/04; 82.695, 2ª T., 13/5/03, Velloso, *DJ* 6/6/03; 79.386, 2ª T., 5/10/99, Marco Aurélio, *DJ* 4/8/00; 78.086, 1ª T., 11/12/98, Pertence, *DJ* 9/4/99). Nos precedentes, com efeito, há ressalva expressa no sentido de que a proibição de liberdade provisória decorre da própria "inafiançabilidade imposta pela Constituição" (CF, art. 5º, XLIII) (STF – HC 91550/SP, rel. Min. Sepúlveda Pertence, *DJ* 06/06/2007).

13. Segurança Nacional – Lei nº 7.170/83

13.1. Crime contra Segurança Nacional

É o praticado com intuito de praticar crime político ou qualquer atentado à soberania do país, ao regime democrático ou a quaisquer chefes de poderes da União. Os crimes contra a segurança nacional são processados e julgados pela justiça federal.

13.2. Pena Privativa de Liberdade

Todos os crimes de segurança nacional são apenados com reclusão, salvo as seguintes condutas (apenadas com detenção):

a) facilitar, culposamente, a prática de qualquer dos crimes previstos nos arts. 12 e 13, e seus parágrafos[404];

b) fazer, em público, propaganda de processos violentos ou ilegais para alteração da ordem política ou social; de discriminação racial, de luta pela violência entre as classes sociais, de perseguição religiosa, de guerra ou de qualquer dos crimes previstos na Lei n. 7.170/83;

c) quem distribui ou redistribui fundos destinados a realizar a propaganda de processos violentos ou ilegais para alteração da ordem

---

[404] Art. 12 - Importar ou introduzir, no território nacional, por qualquer forma, sem autorização da autoridade federal competente, armamento ou material militar privativo das Forças Armadas. Pena: reclusão, de 3 a 10 anos. Parágrafo único - Na mesma pena incorre quem, sem autorização legal, fabrica, vende, transporta, recebe, oculta, mantém em depósito ou distribui o armamento ou material militar de que trata este artigo. Art. 13 - Comunicar, entregar ou permitir a comunicação ou a entrega, a governo ou grupo estrangeiro, ou a organização ou grupo de existência ilegal, de dados, documentos ou cópias de documentos, planos, códigos, cifras ou assuntos que, no interesse do Estado brasileiro, são classificados como sigilosos. Pena: reclusão, de 3 a 15 anos. Parágrafo único - Incorre na mesma pena quem: I - com o objetivo de realizar os atos previstos neste artigo, mantém serviço de espionagem ou dele participa; II - com o mesmo objetivo, realiza atividade aerofotográfica ou de sensoreamento remoto, em qualquer parte do território nacional; III - oculta ou presta auxílio a espião, sabendo-o tal, para subtraí-lo à ação da autoridade pública; IV - obtém ou revela, para fim de espionagem, desenhos, projetos, fotografias, notícias ou informações a respeito de técnicas, de tecnologias, de componentes, de equipamentos, de instalações ou de sistemas de processamento automatizado de dados, em uso ou em desenvolvimento no País, que, reputados essenciais para a sua defesa, segurança ou economia, devem permanecer em segredo.

política ou social; de discriminação racial, de luta pela violência entre as classes sociais, de perseguição religiosa, de guerra ou de qualquer dos crimes previstos na Lei n. 7.170/83;

d) quem distribui ou redistribui ostensiva ou clandestinamente boletins ou panfletos contendo a propaganda de processos violentos ou ilegais para alteração da ordem política ou social; de discriminação racial, de luta pela violência entre as classes sociais, de perseguição religiosa, de guerra ou de qualquer dos crimes previstos na Lei n. 7.170/83.

13.3. Pena de Maior Gravidade

Reclusão de quinze a trinta anos: homicídio cometido contra os Presidentes da República, do Senado, da Câmara Federal e Supremo Tribunal Federal (art. 29); **Pena de Menor Gravidade:** detenção de um a quatro anos: ação de fazer, em público, a propaganda de processos violentos ou ilegais para alteração da ordem política ou social; de discriminação racial, de luta pela violência entre as classes sociais, de perseguição religiosa; de guerra; e de qualquer dos crimes previstos na Lei de Segurança Nacional.

13.4. Prisão Temporária

Na Lei n. 7.170/83 há uma modalidade de prisão temporária, decretada durante as investigações do crime de segurança nacional, cujo prazo é de 15 dias, com prorrogação de 15 dias, em caso de justificada necessidade. A referida prisão foi revogada de maneira integral pela Lei n. 7.960/89.

14. Racismo – Lei 7.716/89

Na Lei n. 7.716/89 são previstos crimes resultantes de preconceitos de raça ou de cor que violam a dignidade da pessoa humana consubstanciada no respeito de seus atributos morais, físicos e intelectuais. Todos os crimes de racismo têm como pena a modalidade privativa de liberdade com as seguintes características:

1) todos os crimes são apenados com reclusão;

PRISÃO E LIBERDADE

2) nenhum crime possui pena máxima prevista em lei igual ou inferior a 2 anos, de forma que nenhum crime de racismo é infração de menor potencial ofensivo;

3) apenas três condutas criminosas possuem a possibilidade de cumulação da pena privativa de liberdade com a multa: a) praticar, induzir ou incitar a discriminação ou preconceito de raça, cor, etnia, religião ou procedência nacional; b) fabricar, comercializar, distribuir ou veicular símbolos, emblemas, ornamentos, distintivos, propaganda que utilizem a cruz suástica ou gamada, para fins de divulgação do nazismo; c) fabricar, comercializar, distribuir ou veicular símbolos, emblemas, ornamentos, distintivos, propaganda que utilizem a cruz suástica ou gamada, para fins de divulgação do nazismo, por intermédio dos meios de comunicação social ou publicação de qualquer natureza.

A Constituição da República, em seu art. 5º, incisos XLII e XLIV, prevê duas exceções à regra da prescritibilidade dos ilícitos penais: os crimes de racismo definidos pela Lei n. 7.716/89 com alterações posteriores e os crimes praticados por grupos armados, civis ou militares, contra a ordem constitucional democrática, previstos pela Lei n. 7.170/83 (Lei de Segurança Nacional), que são **crimes imprescritíveis**. Segundo Pierangeli & Zaffaroni[405]: *"não há na listagem penal crime que por mais grave, por mais hediondo que se apresente ao sentimento jurídico e ao consenso da comunidade, possa merecer essa pena de imprescritibilidade".*

Além disso, os crimes de racismo são insuscetíveis de concessão de liberdade provisória com fiança. Conforme Luiz Otávio[406]: *"Se a Magna Carta considerou insuscetíveis de fiança determinados crimes, a lei ordinária não poderá permitir hipóteses de liberdade provisória em que os vínculos do acusado sejam menos gravosos do que a própria fiança, pena de contrariar a proibição constitucional, por torná-la inócua".*

---

[405] ZAFFARONI, Eugenio Raúl; PIERANGELI, José Henrique. *Manual de direito penal brasileiro*: parte geral. 4. ed. rev. São Paulo: Revista dos Tribunais, 2002.

[406] ROCHA, Luiz Otávio de Oliveira; BAZ, Marco Antonio Garcia. *Fiança criminal e liberdade provisória*. São Paulo: Revista dos Tribunais, 2000, p. 72.

15. Abuso de Autoridade – lei 4.898/65

Na Lei nº 13.869/19[407] são previstas condutas de abuso de autoridade, que violam os direitos e as garantias fundamentais e o normal funcionamento da Administração Pública. Os crimes de abuso de autoridade são qualificados pela doutrina como *"crimes de responsabilidade impróprios"*.

É possível afirmar que conduta da autoridade que obrigue a vítima a fazer ou deixar de fazer algo em desrespeito à sua integridade física ou moral, sem amparo na lei, visando a sua punição ou submissão a vexames e constrangimentos, comete abuso de autoridade, como no caso do policial que obriga a vítima a acompanhá-lo no seu exercício funcional com o propósito de punição pelo desrespeito à sua pessoa[408].

O abuso de autoridade pode implicar a responsabilidade criminal, sujeitando a autoridade a responder processo criminal com observância do devido processo legal e a suportar os efeitos da condenação.

O crime de abuso de autoridade ofende o regular funcionamento da administração pública e respeito à dignidade da pessoa humana. A conduta de abuso representa ofensa ao normal funcionamento da máquina administrativa, bem como o desrespeito aos direitos e garantias fundamentais.

São crimes próprios (somente podem ser praticados por autoridade pública). É sujeito ativo do crime de abuso de autoridade qualquer agente público, servidor ou não, da administração direta, indireta ou fundacional de qualquer dos Poderes da União, dos Estados, do Distrito Federal, dos Municípios e de Território, compreendendo, mas não se limitando a: I - servidores públicos e militares ou pessoas a eles equiparadas; II - membros do Poder Legislativo; III - membros do Poder Executivo; IV - membros do Poder Judiciário; V - membros do Ministério Público; VI - membros dos tribunais ou conselhos de contas.

Reputa-se agente público todo aquele que exerce, ainda que transitoriamente ou sem remuneração, por eleição, nomeação, designação, contratação ou qualquer outra forma de investidura ou vínculo, mandato, cargo, emprego ou função em órgão ou entidade da administração direta, indi-

---

[407] Art. 45. Esta Lei entra em vigor após decorridos 120 (cento e vinte) dias de sua publicação oficial (5/9/19).

[408] *JUTACRIM* 23/198.

reta ou fundacional de qualquer dos Poderes da União, dos Estados, do Distrito Federal, dos Municípios e de Território.

Não abrange os que exercem múnus público, como o síndico e o inventariante. **Autoridade em Férias ou Licença:** há crime de abuso; **Múnus Público:** não há crime de abuso já que, são pessoas que exercem um encargo na proteção de interesse particular; **Autoridade aposentada ou demitida:** não há crime de abuso. O sujeito passivo é o Estado e o prejudicado.

A configuração do crime de abuso exige nexo funcional; se estiver fora das funções, não comete crime de abuso, a não ser se invocar condição de autoridade. Pessoa que não for autoridade comete crime de abuso de autoridade desde que cometa o crime em concurso com autoridade e tenha consciência da qualidade do autor.

Constitui abuso de autoridade as seguintes condutas relacionadas com o tema da prisão e liberdade:

> Art. 10. Decretar a condução coercitiva de testemunha ou investigado manifestamente descabida ou sem prévia intimação de comparecimento ao juízo: Pena - detenção, de 1 (um) a 4 (quatro) anos, e multa.

> Art. 12. Deixar injustificadamente de comunicar prisão em flagrante à autoridade judiciária no prazo legal:Pena - detenção, de 6 (seis) meses a 2 (dois) anos, e multa. Incorre na mesma pena quem: I - deixa de comunicar, imediatamente, a execução de prisão temporária ou preventiva à autoridade judiciária que a decretou; II - deixa de comunicar, imediatamente, a prisão de qualquer pessoa e o local onde se encontra à sua família ou à pessoa por ela indicada; III - deixa de entregar ao preso, no prazo de 24 (vinte e quatro) horas, a nota de culpa, assinada pela autoridade, com o motivo da prisão e os nomes do condutor e das testemunhas; IV - prolonga a execução de pena privativa de liberdade, de prisão temporária, de prisão preventiva, de medida de segurança ou de internação, deixando, sem motivo justo e excepcionalíssimo, de executar o alvará de soltura imediatamente após recebido ou de promover a soltura do preso quando esgotado o prazo judicial ou legal.

> Art. 13. Constranger o preso ou o detento, mediante violência, grave ameaça ou redução de sua capacidade de resistência, a: I - exi-

PRISÃO

bir-se ou ter seu corpo ou parte dele exibido à curiosidade pública; II - submeter-se a situação vexatória ou a constrangimento não autorizado em lei;

Art. 15. Constranger a depor, sob ameaça de prisão, pessoa que, em razão de função, ministério, ofício ou profissão, deva guardar segredo ou resguardar sigilo: Pena - detenção, de 1 (um) a 4 (quatro) anos, e multa.

Art. 18. Submeter o preso a interrogatório policial durante o período de repouso noturno, salvo se capturado em flagrante delito ou se ele, devidamente assistido, consentir em prestar declarações: Pena - detenção, de 6 (seis) meses a 2 (dois) anos, e multa.

Art. 19. Impedir ou retardar, injustificadamente, o envio de pleito de preso à autoridade judiciária competente para a apreciação da legalidade de sua prisão ou das circunstâncias de sua custódia: Pena - detenção, de 1 (um) a 4 (quatro) anos, e multa. Incorre na mesma pena o magistrado que, ciente do impedimento ou da demora, deixa de tomar as providências tendentes a saná-lo ou, não sendo competente para decidir sobre a prisão, deixa de enviar o pedido à autoridade judiciária que o seja.

Art. 21. Manter presos de ambos os sexos na mesma cela ou espaço de confinamento: Pena - detenção, de 1 (um) a 4 (quatro) anos, e multa. Incorre na mesma pena quem mantém, na mesma cela, criança ou adolescente na companhia de maior de idade ou em ambiente inadequado, observado o disposto na Lei nº 8.069, de 13 de julho de 1990 (Estatuto da Criança e do Adolescente).

Art. 22, I - Quem coage alguém, mediante violência ou grave ameaça, a franquear-lhe o acesso a imóvel ou suas dependências. Pena - detenção, de 1 (um) a 4 (quatro) anos, e multa.

Art. 24. Constranger, sob violência ou grave ameaça, funcionário ou empregado de instituição hospitalar pública ou privada a admitir para tratamento pessoa cujo óbito já tenha ocorrido, com o fim de alterar local ou momento de crime, prejudicando sua apuração: Pena - detenção, de 1 (um) a 4 (quatro) anos, e multa, além da pena correspondente à violência.

Art. 31. Estender injustificadamente a investigação, procrastinando-a em prejuízo do investigado ou fiscalizado: Pena - detenção, de 6 (seis) meses a 2 (dois) anos, e multa. Incorre na mesma pena

PRISÃO E LIBERDADE

quem, inexistindo prazo para execução ou conclusão de procedimento, o estende de forma imotivada, procrastinando-o em prejuízo do investigado ou do fiscalizado.

Art. 37. Demorar demasiada e injustificadamente no exame de processo de que tenha requerido vista em órgão colegiado, com o intuito de procrastinar seu andamento ou retardar o julgamento: Pena - detenção, de 6 (seis) meses a 2 (dois) anos, e multa.

A **prisão para averiguação** é a privação momentânea da liberdade, fora das hipóteses de flagrante delito e sem ordem escrita do juiz competente, com a finalidade de investigação. Esta modalidade de prisão é inconstitucional e configura crime de abuso de autoridade. Preceitua o art. 5º, LXI, da Constituição Federal, que *"ninguém será preso senão em flagrante delito ou por ordem escrita e fundamentada da autoridade judiciária competente, salvo nos casos de transgressão militar ou crime propriamente militar, definidos em lei"*. A regra, pois, é que a prisão, no Brasil, deve basear-se em decisão judicial motivada. Estipula o art. 5º, LXV, da CF, que *"a prisão ilegal será imediatamente relaxada pela autoridade judiciária"*.

A prisão para averiguação configura abuso de autoridade, pois em face do texto constitucional, em regra, a prisão depende de mandado judicial, salvo exceções em que pode ser dispensada ordem da autoridade judiciária competente[409].

O procedimento policial de prisão para averiguação encontra-se extremamente desgastado pelo tempo, após a vigência da Constituição Federal. Isso porque não tem mais cabimento admitir-se que a polícia detenha pessoas para simplesmente averiguá-las, levando-as presas ao distrito policial. Trata-se, no meu sentir, de instrumento de arbítrio que, uma vez fosse admitido, ampliaria os poderes da polícia em demasia, a ponto de nenhum cidadão ter a garantia de evitar a humilhação do recolhimento ao cárcere[410].

A prisão para averiguações parte de pessoas indeterminadas para se apurarem fatos, de forma aleatória, fora do exercício de poder de polícia

---

[409] Prisão em flagrante, prisão durante o estado de sítio, prisão durante o estado de defesa, prisão disciplinar e recaptura de foragido.

[410] Desembargador relator Edinardo Souza – Apelação Cível n. 2618/2005 – Tribunal de Justiça do Estado do Amapá.

legítimo do Estado. No caso de decretação da prisão por averiguação há responsabilidade do Estado[411].

16. Crime Organizado[412]

16.1. Regime Prisional

O regime progressivo de cumprimento de pena é compatível com o princípio da individualização da pena. É constitucional a previsão de regime inicial fechado, já que representa uma punição mais rigorosa para os integrantes das organizações criminosas, causadores de maiores danos para a sociedade. A previsão do regime inicial fechado não impediu a progressão de regimes, em total compatibilidade com a individualização executória da pena.

Sobre a possibilidade de interrupção do prazo para obtenção dos benefícios da progressão de regime, quando houver cometimento de falta grave, temos duas posições:

a) não há interrupção, por falta de previsão legal. A lei dispõe que o cometimento de falta grave implica a perda do tempo remido; tal afirmativa não autoriza que se conclua, em verdadeira aplicação analógica em *malam partem*, que uma vez praticada falta grave a contagem do lapso temporal deva ser interrompido para fins de progressão, o que fugiria totalmente ao espírito da lei, que é o da reintegração harmônica do condenado na sociedade. No máximo, a prática da falta grave pode revelar má conduta carcerária;

---

[411] Apelação cível. Indenização. Prisão ilegal. Dano moral. 1. O Estado está obrigado a indenizar o particular quando, por atuação dos seus agentes, pratica contra o mesmo, prisão ilegal. 2. A indenização por danos morais é devida pelo sofrimento vivenciado pelo cidadão, que teve a sua honra atingida publicamente e o seu direito de locomoção violado. 3. A responsabilidade pública por prisão ilegal, no direito brasileiro, está fundamentada na expressão contida no art. 5º, LXXV, da CF. Apelação conhecida e improvida. (AC 83505-9/188 – 200402107785 – João Carlos de Faria – TJ/GO).

[412] MESSA, Ana Flávia; GUIMARÃES CARNEIRO, José Reinaldo (Coord.). *Crime organizado*. São Paulo: Saraiva, 2012 (em especial: Aspectos constitucionais do crime organizado – Ana Flávia Messa).

b) há interrupção, pois, embora não haja previsão legal específica, podemos afirmar que, numa perspectiva sistemática da ordem jurídica, o interesse da sociedade de receber um condenado reintegrado prevalece sobre o interesse particular do agente de conseguir a liberdade. A interrupção do prazo é a manifestação da predominância do interesse público sobre o particular. O Estado limita o exercício do direito do preso para proteger a sociedade e viabilizar a integração social do condenado. A medida interruptiva encontra fundamento no princípio jurídico da supremacia do interesse público sobre o particular e o da proporcionalidade.

16.2. Livramento Condicional

Em relação ao livramento condicional, o Superior Tribunal de Justiça editou a Súmula n. 441, nos seguintes dizeres: *"A falta grave não interrompe o prazo para obtenção de livramento condicional"*.

16.3. Habeas Corpus

O *habeas corpus* não é sede para dilação probatória, em razão de sua natureza de ação de rito sumaríssimo[413]. A caracterização ou não de uma organização criminosa reclama exame aprofundado de provas.

O *habeas corpus* não é sede para alegação de inépcia da denúncia, por ausência de tipo penal, já que o HC tem natureza declaratória no caso da ocorrência da extinção da punibilidade, não podendo ser usado em face de instituto abstrato.

O *habeas corpus* é ação constitucional destinada a proteger o direito ambulatório do cidadão, quando experimenta ameaça ou efetiva coação ilegal ou por abuso de poder. Marcado por cognição sumária e rito célere, não comporta o exame de questões que, para seu deslinde, demandem aprofundado exame do conjunto fático-probatório dos autos, posto que tal proceder é peculiar ao processo de conhecimento e aos recursos.

---

[413] "Marcado por uma cognição sumária e rito célere, não comporta exame de questões que, para seu deslinde, demandem aprofundado exame do conjunto fático probatório dos autos" (HC 72844/97).

16.4 Prisão Preventiva

A prisão preventiva, como uma espécie de prisão cautelar da liberdade individual, é medida excepcional[414], ou seja, somente é admitida em situações de absoluta necessidade, quando certas a autoria e a existência da infração penal. A necessidade na decretação da prisão preventiva decorre da comprovação fundamentada dos requisitos legais previstos no art. 312 do Código de Processo Penal[415].

Na análise dos pressupostos e motivos legais da prisão preventiva, cabe discutir se o fato de um infrator da lei penal pertencer a uma organização criminosa é motivação suficiente para a decretação da custódia cautelar.

A efetiva participação na organização criminosa, por si só, não autoriza a prisão preventiva, sendo necessária a presença dos requisitos do art. 312 do Código de Processo Penal.

O argumento favorável é de que a pessoa envolvida no crime organizado coloca em risco, pelo fato de pertencer à organização criminosa, a higidez das instituições públicas, a ordem social e a instrução criminal.

A garantia da ordem pública é violada pelo agente do crime organizado, já que este pode voltar a realizar sua atividade criminosa reiterada, por meio de uma estrutura complexa e estável com *modus operandi* relevador de alta periculosidade e dotada de poder econômico e conexões até internacionais.

A liberdade do agente de crime organizado pressupõe a continuidade do esquema criminoso habitual, com clara divisão de tarefas e uso de violência, tornando, dessa forma, imperiosa a manutenção da segregação provisória, como forma de resguardar a ordem pública[416].

---

[414] "A excepcionalidade da prisão cautelar, dentro do sistema de direito positivo pátrio, é necessária consequência da presunção de não culpabilidade, insculpida como garantia individual na Constituição da República..." (HC 38158/PR).

[415] Segundo Carrara, a prisão preventiva responde a três necessidades: de justiça, para impedir a fuga do acusado, de verdade, para impedir que atrapalhe as indagações da autoridade, que destrua a prova do delito e intimide as testemunhas, e de defesa pública, para impedir a "ciertos facinorosos", que durante o processo continuem os ataques ao direito alheio.

[416] A preservação da ordem pública não se restringe às medidas preventivas da irrupção de conflitos e tumultos, mas abrange também a promoção daquelas providências de resguardo à integridade das instituições, à sua credibilidade social e ao aumento da confiança da população nos mecanismos oficiais de repressão às diversas formas de delinquência (HC 96.235/GO, rel. Min. Napoleão Nunes Maia Filho, 5ª Turma, *DJE* de 09/12/2008).

PRISÃO E LIBERDADE

O integrante de uma organização criminosa é propenso à prática delituosa, demonstrando menosprezo pelas normas penais, em razão não só da gravidade do delito e sua repercussão no meio social, como também pela periculosidade do próprio agente.

Além da preservação da ordem pública, a prisão preventiva do integrante da organização se justifica como necessária para garantia da execução da pena, em razão da possibilidade de fuga, desde que comprovado o poderio econômico da própria organização. Noutros termos, pertencer a uma organização criminosa revela o estado real de fuga, por ter o agente condições favoráveis, tanto econômicas como subjetivas (exemplo: possibilidade de articulações) facilitadas por conexões, até internacionais.

O membro pertencente a uma organização criminosa revela, em face de integrar uma estrutura, complexa, estável e permanente poder de intimidação e corrupção, que, por sua vez, evidencia enorme risco à coleta de provas, justificando, dessa forma, o encarceramento cautelar.

Assim, a necessidade de se interromper ou diminuir a atuação de integrantes de organização criminosa enquadra-se no conceito de garantia da ordem pública, constituindo fundamentação cautelar idônea e suficiente para a prisão preventiva[417].

Os estudiosos favoráveis à prisão preventiva de pessoa pertencente a organização criminosa asseveram que eventuais condições subjetivas favoráveis, como a primariedade, os bons antecedentes, por si sós, não obstam a segregação cautelar, quando há nos autos outros requisitos que autorizem a decretação da prisão preventiva.

Podemos concluir que o fato de uma pessoa ser pertencente a uma organização criminosa já consubstancia risco efetivo ao estado de normalidade e de respeito às instituições públicas, bem como a paz e a tranquilidade no meio social.

17. Contravenções Penais – Decreto-lei 3.688/41[418]

18.1. Natureza Jurídica

---

[417] HC 95.024/SP, 1ª Turma, rel. Min. Cármen Lúcia, *DJE* de 20/02/2009.
[418] O Decreto n. 3.688/41 foi recepcionado pela *Constituição Federal* de 1988 como lei ordinária.

São infrações penais de menor potencial ofensivo, nos termos do artigo 61 da lei nº 9099/95. É uma espécie do gênero infração penal. Não há diferença ontológica entre crime e contravenção penal, porque ambos são atos ilícitos, fatos violadores da lei penal[419]. São "crimes anões", pela ínfima repercussão na própria vítima ou no meio social. É a espécie de infração penal a que a lei comina apenas prisão simples, multa, prisão simples ou multa ou prisão simples e multa, nos termos do artigo 1º da Lei de Introdução ao Código Penal.

A **ação penal é a** pública incondicionada. O art. 88 da Lei n. 9.099/95, que tornou condicionada à representação a ação penal por lesões corporais leves e lesões culposas, não se estende à persecução das contravenções penais. Não é possível que um crime tipificado no Código Penal seja absorvido por uma infração tipificada na Lei de Contravenções Penais, nos termos do Informativo nº 743 do STF. Não é punível a tentativa de contravenção, nos termos do art. 4º da Lei de Contravenções Penais. *Para a existência da contravenção, basta a ação ou omissão voluntária.*

18.2. Penas

As penas aplicáveis são prisão simples (deve ser cumprida, sem rigor penitenciário, em estabelecimento especial ou seção especial de prisão comum, em regime semiaberto ou aberto. O regime fechado não é aplicável, salvo no caso de transferência. O condenado a pena de prisão simples fica sempre separado dos condenados a pena de reclusão ou de detenção) e multa

419

	Crime ou delito	Contravenção penal
Elemento subjetivo	Dolo ou culpa	Voluntariedade
Tentativa	Cabível	Não cabível
Ação penal	Pública ou privada	Pública
Peça inicial	Denúncia ou queixa	Denúncia
Pena abstrata	Reclusão; reclusão e multa; reclusão ou multa; detenção; detenção e multa; detenção ou multa	Prisão simples; prisão simples e multa; prisão simples ou multa
Prática no exterior	Pode ser punido no Brasil	Nunca pode ser punida no Brasil
Pena de multa	Aparece de forma alternativa ou cumulativa com a pena privativa de liberdade	Pode aparecer isolada

PRISÃO E LIBERDADE

(o procedimento é o do Código penal: aplicam-se as regras dos artigos 59 a 76 do CP). Trabalho na execução da pena: é facultativo, desde que a pena aplicada não exceda a 15 (quinze) dias.

18.3. Conversão

a) da multa em prisão simples: proibida. O art. 51 do CP dispõe que a multa não paga será cobrada como dívida ativa da Fazenda Pública; b) da prisão simples em pena restritiva de direito: possível, nos termos do artigo 43 do CP; c) Substituição de prisão simples por multa: é cabível, SALVO se ambas estiverem cominadas cumulativamente no tipo penal (**súmula 171 do STJ**).

18.4. Competência

Justiça Comum Estadual, ainda que ofenda bem, direito, serviço ou interesse da União, suas entidades autárquicas, fundações públicas, agências e empresas públicas, nos termos da Súmula 38 do STJ. É da competência da Justiça estadual o julgamento de contravenções penais, mesmo que conexas com delitos de competência da Justiça Federal, já que a Constituição Federal, em seu art. 109, IV, exclui da competência da Justiça Federal o julgamento das contravenções penais. No caso de contraventor for Juiz Federal, será julgado pelo TRF, porque possui foro por prerrogativa de função (a competência funcional se sobrepõe à competência material).

18.5. Benefícios

Transação penal: é cabível; *suspensão condicional do processo:* é cabível; na execução da prisão simples, é possível a concessão pelo juiz do *sursis* (por tempo não inferior a 1 (um) ano nem superior a 3 (três) anos), desde que preenchidos os requisitos para o sursis previstos no art. 77 do Código Penal: 1) que a pena da sentença não seja superior a 2 (dois) anos; 2) que não seja cabível a substituição por pena restritiva de direitos; 3) que as circunstâncias judiciais do art. 59 do Código penal sejam favoráveis ao condenado; 4) que o réu não seja reincidente; *livramento condicional:* é possível, nos termos do art. 83 do CP. O STJ entende que no caso das contravenções penais o juiz só pode revogar o livramento condicional se ouvir antes o condenado, sob pena de nulidade da decisão que revogou o livramento.

18.6. Prisão

a) Prisão em flagrante: não será possível prisão em flagrante se o acusado comparecer ou tiver o compromisso de comparecer no juizado especial criminal; *b) Prisão preventiva*: é incabível, pois tal prisão cautelar só pode ser decretada em caso de crime, nos termos dos artigos 312 e 313 do Código de Processo Penal; *c) Limite de prisão*: a duração da pena de prisão simples não pode, em caso algum, ser superior a 5 (cinco) anos.

18.7. Medida de Segurança

Se o contraventor for inimputável ou semiimputável, estará sujeito às medidas de segurança previstas no Código Penal. **Na Lei das Contravenções Penais,** o prazo mínimo de duração da internação é **6 meses.** E o juiz ainda pode substituir internação por liberdade vigiada. Há doutrinadores que defendem que o mais recomendado é o tratamento ambulatorial, em razão de a contravenção ser infração de menor potencial ofensivo. O exílio local foi revogado pela reforma da Parte Geral de 1984.

Título V – Prisão

9ª Parte – Medidas Cautelares Alternativas à Prisão

1. Requisitos

A finalidade da medida cautelar é evitar que a demora do processo cause prejuízos ao resultado útil do processo de conhecimento ou de execução.

O processo cautelar é um processo acessório, que serve para a obtenção de medidas urgentes de forma a evitar o comprometimento do resultado final do processo principal. Conforme acentua Ada Pellegrini Grinover, Antonio Carlos de Araújo Cintra e Cândido Rangel Dinamarco[420]: *"Assim, a garantia cautelar surge, como que posta a serviço da ulterior atividade jurisdicional, que deverá restabelecer, definitivamente, a observância do direito: é destinada não tanto a fazer justiça, como a dar tempo a que a justiça seja feita".* São requisitos específicos da medida cautelar:

a) *fumus boni juris* (fumaça do bom direito): é a plausibilidade do direito substancial invocado por quem pretenda a segurança. No processo penal é o *fumus comissi delicti,* ou seja, a probabilidade da ocorrência de uma infração penal;

---

[420] ARAÚJO CINTRA, Antonio Carlos de; GRINOVER, Ada Pellegrini; DINAMARCO, Cândido Rangel. *Teoria geral do processo.* 27. ed. São Paulo: Malheiros, 2007.

b) *periculum in mora* (**perigo da demora**): dano potencial, risco que corre o processo principal de não apresentar um resultado final útil. No processo penal é o *periculum libertatis*, ou seja, a necessidade da medida quando for para assegurar a eficácia da tutela processual penal.

2. Espécies

No Direito processual penal há três espécies de medidas cautelares:

a) **patrimoniais ou reais:** são as que visam garantir às vítimas ou seus sucessores direito à reparação do dano causado com a prática da infração penal. São as medidas assecuratórias: arresto, sequestro e especialização de hipoteca legal;

b) **probatórias:** são as que visam evitar a destruição ou perecimento de provas durante o desenrolar do processo, como, por exemplo, a busca e apreensão de documentos;

c) **pessoais:** são as que visam garantir a eficácia da atividade estatal de persecução penal, através da fixação de obrigações ou restrições de direitos. Abrange a prisão cautelar e as medidas cautelares diversas da prisão. Carnelutti[421] aponta três espécies das medidas cautelares (assecuratórias) pessoais: 1) coercitivas (imposição de uma sujeição ao agente); 2) obrigatórias (imposição de obrigação); 3) interditivas (privação de poder).

3. Características

As medidas cautelares possuem características:

a) **autonomia relativa:** o processo cautelar tem individualidade própria, sendo distinto do processo principal; porém é instrumento que visa tutelar a eficácia de outro processo de conhecimento ou de execução;

---

[421] CARNELUTTI, Francesco. *El proceso penal.* Bogotá: Leyer, 2008.

b) **instrumentalidade:** a medida cautelar serve ao processo principal. Não possuem um fim em si mesma. É hipotética, pois a concessão da medida cautelar depende da provável concessão de uma providência definitiva no processo principal;

c) **sumariedade da cognição:** a concessão da medida cautelar depende da probabilidade de dano e do direito;

d) **temporariedade:** possuem duração no tempo; se houver absolvição, as medidas cautelares serão revogadas; se houver condenação, serão convertidas em definitiva;

e) **revogabilidade:** podem ser revogadas a qualquer tempo, quando desaparecer o fundamento ensejador de sua concessão;

f) **fungibilidade:** o juiz pode conceder a medida cautelar que lhe pareça mais adequada para proteger o direito da parte, ainda que não corresponda àquela medida que foi postulada. Cabe advertir que em relação às medidas relacionadas com a privação ou restrição da liberdade, pela excepcionalidade de sua decretação, o juiz só pode determinar alguma dessas medidas, quando autorizado em lei e sempre de maneira fundamentada.

2. Medidas Diversas da Prisão

2.1. Considerações Gerais

As medidas cautelares diversas da prisão são apresentadas como opções dispostas na lei, de caráter excepcional e restritivo de direitos (salvo internação com caráter privativo e terapêutico).

As medidas cautelares diversas da prisão são aplicada ao agente, no cometimento de uma infração penal a que não for isolada, cumulativa ou alternativamente cominada pena privativa de liberdade, em caso de necessidade para aplicação da lei penal, para a investigação ou a instrução criminal e, nos casos expressamente previstos, para evitar a prática de infrações penais, pelo juiz competente para conhecer a causa criminal.

As medidas cautelares diversas da prisão são aplicadas pelo juiz competente em face da adequação ao caso concreto. Não pode ser decretada de ofício durante a fase investigatória criminal.

No entanto, no caso de descumprimento de qualquer das obrigações impostas, o juiz, de ofício ou mediante requerimento do Ministério Público, de seu assistente ou do querelante, poderá substituir a medida, impor outra em cumulação, ou, em último caso, decretar a prisão preventiva (art. 312, parágrafo único do CPP), independentemente de qualquer provocação.

As medidas cautelares de prisão podem ser decretadas em qualquer momento da investigação ou do processo criminal, inclusive no momento da sentença condenatória ou de pronúncia, quando houver necessidade (justificada pela aplicação da lei penal, para a investigação ou a instrução criminal e, nos casos expressamente previstos, para evitar a prática de infrações penais), adequação (compatibilidade com a gravidade do crime, circunstâncias do fato e condições pessoais do indiciado ou acusado), tipicidade (não podem ser aplicadas às contravenções penais) e viabilidade (para sua decretação deve haver prova de materialidade do crime e indícios de autoria).

A aplicação ou substituição de medida cautelar alternativa da prisão exige contraditório, salvo em caso de urgência ou perigo de ineficácia da medida.

Em relação à necessidade de fundamentação da decisão de aplicação ou substituição de medida cautelar alternativa de prisão, apesar de falta de previsão legal específica, concluímos pela necessária fundamentação, pois é uma exigência constitucional, nos termos do art. 93, inciso X, da Constituição Federal; tem carga decisória, por ser medida restritiva de direitos.

Em face do indeferimento ou não da decretação da medida cautelar diversa da prisão cabe mandado de segurança. Parte da doutrina[422] admite contra a decretação a possibilidade de *habeas corpus* ou recurso em sentido estrito (art. 581, V, do CPP); e contra o indeferimento o recurso em sentido estrito (art. 581, V, do CPP).

---

[422] MARCÃO, Renato. *Prisões cautelares, liberdade provisória e medidas cautelares restritivas*: de acordo com a Lei n. 12.043 de 4-5-2011. São Paulo: Saraiva, 2011.

2.2. Características

a) **invariabilidade:** podem ser aplicadas de forma autônoma ou como medida substitutiva de prisão cautelar; no caso de descumprimento de qualquer das obrigações impostas, o juiz, de ofício ou mediante requerimento do Ministério Público, de seu assistente ou do querelante, poderá substituir a medida, impor outra em cumulação ou, em último caso, decretar a prisão preventiva (art. 312, parágrafo único, do CPP);

b) **proporcionalidade:** devem ser adequadas à gravidade do crime, circunstâncias do fato e condições pessoais do indiciado ou acusado; não podem ser aplicadas às contravenções penais; para sua decretação deve haver prova de materialidade do crime e indícios de autoria;

c) **adequação:** são decretadas em caso de necessidade para aplicação da lei penal, para a investigação ou a instrução criminal e, nos casos expressamente previstos, para evitar a prática de infrações penais; o juiz avalia no caso concreto qual a medida adequada para evitar o risco no processo penal:

Na hipótese em que a atuação do sujeito na organização criminosa de tráfico de drogas se limitava à lavagem de dinheiro, é possível que lhe sejam aplicadas medidas cautelares diversas da prisão quando constatada impossibilidade da organização continuar a atuar, ante a prisão dos integrantes responsáveis diretamente pelo tráfico (informativo nº 594/2017);

Mostra-se indevida a aplicação de medidas cautelares diversas da prisão, quando a segregação encontra-se fundada na gravidade concreta do delito, indicando que as providências menos gravosas seriam insuficientes para acautelar a ordem pública (HC nº 505299/ STJ);

d) **formalismo:** serão decretadas pelo juiz, de ofício ou a requerimento das partes ou, quando no curso da investigação criminal, por representação da autoridade policial ou mediante requerimento do Ministério Público. Cabe ressalvar que no caso de representação

PRISÃO E LIBERDADE

da autoridade policial, o juiz antes de tomar uma decisão realizará a oitiva do Ministério Público. Em face da isonomia processual, o ofendido e seu defensor podem requerer a decretação da medida em qualquer fase da investigação ou do processo criminal;

e) **revogabilidade:** o juiz poderá revogar a medida cautelar ou substituí-la quando verificar a falta de motivo para que subsista, bem como voltar a decretá-la, se sobrevierem razões que a justifiquem;

f) **bilateralidade:** ressalvados os casos de urgência ou de perigo de ineficácia da medida, o juiz, ao receber o pedido de medida cautelar, determinará a intimação da parte contrária, acompanhada de cópia do requerimento e das peças necessárias, permanecendo os autos em juízo.

2.3. Enumeração

Em relação à natureza do rol existem dois posicionamentos: 1) é taxativo, pois as medidas são de cunho restritivo, exceto internação que tem caráter privativo (*"não se pode cogitar em matéria criminal de um poder geral de cautela, através do qual o legislador, como sucede no âmbito da jurisdição civil"*[423]; 2) é exemplificativo, pois o juiz penal tem poder geral de cautela[424]. São medidas cautelares diversas da prisão:

I – **comparecimento periódico em juízo, no prazo e nas condições fixadas pelo juiz, para informar e justificar atividades:** não é uma novidade no direito processual penal, já que o referido comparecimento é previsto em lei como condição de *sursis* ou livramento condicional. A ideia do comparecimento, pessoal e obrigatório, é evitar a fuga e possibilitar o andamento do processo e também comprovar ocupação lícita;

---

[423] GOMES FILHO, Antônio Magalhães. *Presunção de inocência e prisão cautelar.* São Paulo: Saraiva, 1991, p. 57.
[424] LIMA. Marcellus Polastri. *A tutela cautelar no processo penal.* Rio de Janeiro: Lumen Juris, 2005.

II – proibição de acesso ou frequência a determinados lugares quando, por circunstâncias relacionadas ao fato, deva o indiciado ou acusado permanecer distante desses locais para evitar o risco de novas infrações: não é uma novidade no direito processual penal, já que o referido comparecimento é previsto em lei como condição de *sursis* ou livramento condicional. A ideia da proibição é evitar a prática de novas infrações, restringindo a presença do acusado em local específico;

III – proibição de manter contato com pessoa determinada quando, por circunstâncias relacionadas ao fato, deva o indiciado ou acusado dela permanecer distante: não é uma novidade no direito processual penal, já que a referida proibição vem prevista na lei Maria da Penha. O objetivo da proibição é possibilitar o andamento do processo e proteger a pessoa vítima contra novas infrações do acusado ou indiciado;

IV – proibição de ausentar-se da Comarca quando a permanência seja conveniente ou necessária para a investigação ou instrução: a proibição de ausentar-se do País será comunicada pelo juiz às autoridades encarregadas de fiscalizar as saídas do território nacional, intimando-se o indiciado ou acusado para entregar o passaporte, no prazo de 24 (vinte e quatro) horas. A permanência é justificada por dois motivos: a) necessidade: quando a ausência puder causar prejuízos ao andamento do processo; b) conveniência: quando for verificado, no caso concreto, que a permanência é uma providência oportuna e razoável para o andamento do processo;

V – recolhimento domiciliar no período noturno e nos dias de folga quando o investigado ou acusado tenha residência e trabalho fixos: é uma medida que serve tanto para garantir a ordem pública, evitando novas infrações penais, como também para garantir a aplicação da lei penal, evitando a fuga do investigado ou indiciado;

VI – suspensão do exercício de função pública ou de atividade de natureza econômica ou financeira quando houver justo receio de sua utilização para a prática de infrações penais: são medi-

PRISÃO E LIBERDADE

das que visam garantir a ordem pública ou econômica; é necessário nexo entre o crime praticado e a medida restritiva em comento;

VII – internação provisória do acusado nas hipóteses de crimes praticados com violência ou grave ameaça, quando os peritos concluírem ser inimputável ou semi-imputável (art. 26 do CP) e houver risco de reiteração: a internação depende de três requisitos: a) crimes praticados com violência física ou moral à pessoa; b) o acusado ser inimputável ou semi-imputável; c) risco de reiteração demonstrado por prova pericial;

VIII – fiança, nas infrações que a admitem, para assegurar o comparecimento a atos do processo, evitar a obstrução do seu andamento ou em caso de resistência injustificada à ordem judicial: É uma caução destinada a garantir o cumprimento das obrigações processuais do réu.

a. **Momento**[425]: A fiança pode ser concedida em qualquer fase do inquérito ou do processo, até o trânsito em julgado da sentença. É incabível na fase da execução da pena, nos termos do art. 334 do Código de Processo Penal[426].

b. **Tipo de garantia**: É uma *garantia real*, pois a caução pode consistir no pagamento em dinheiro ou na entrega de valores ao Estado. É uma *garantia individual*, de forma que se o acusado cumprir todos os requisitos legais, a fiança deve ser concedida, já que é um direito subjetivo do acusado, sob pena de configurar constrangimento ilegal sanável por *habeas corpus*, nos termos do art. 648, inciso V, do Código de Processo Penal.

c. **Natureza:** A fiança é uma *contracautela à prisão provisória*, pois substitui a prisão provisória, no sentido de assegurar que o indiciado

---

[425] Ementa. Processual penal. Fiança. Pedido de fiança formulado após o trânsito em julgado da sentença, inviável a discussão do seu cabimento, ante os expressos termos do art. 334 do Código de Processo Penal – RHC 2798/DF – rel. Min. Assis Toledo – 5ª Turma – 16/8/1993.
[426] A fiança poderá ser prestada em qualquer termo do processo, enquanto não transitar em julgado a sentença condenatória.

PRISÃO

ou acusado permaneça em liberdade durante o transcorrer do processo criminal, evitando que a dilação processual cause prejuízos ao *status libertatis*. Ademais, a fiança se destina ao pagamento das custas do processo, de uma eventual pena de multa ou para garantir o ressarcimento da vítima diante do crime que foi praticado[427].

d. **Aspectos subjetivos:** A fiança é prestada pelo indiciado ou réu, ou qualquer pessoa, a benefício do indiciado ou réu. A fiança será arbitrada pela autoridade policial nos casos de infração punida com pena privativa de liberdade máxima não superior a 4 anos, sendo concedida pelo juiz nos demais casos ou relator, nos termos do art. 2º da Lei n. 8.038/90, num prazo de 48 horas.

Recusando ou retardando a autoridade policial a concessão da fiança, o preso, ou alguém por ele, poderá prestá-la, mediante simples petição, perante o juiz competente, que decidirá em 48 (quarenta e oito) horas. Em caso de prisão em flagrante, será competente para conceder à fiança a autoridade que presidir ao respectivo auto, e, em caso de prisão por mandado, o juiz que o houver expedido, ou a autoridade judiciária ou policial a quem tiver sido requisitada a prisão.

e. **Prestação:** A fiança pode ser prestada de duas formas: a) por depósito: consistem no depósito de dinheiro, pedras, objetos, metais preciosos ou títulos da dívida pública. Se a fiança consistir em pedras, objetos ou metais preciosos, o juiz determinará a venda por leiloeiro ou corretor; b) por hipoteca: não há limitação do seu objeto. Nos casos em que a fiança tiver sido prestada por hipoteca, a execução será promovida no juízo cível pelo órgão do Ministério Público. Exige-se, entretanto, avaliação por perito nomeado pela autoridade e inscrição em primeiro lugar. O dinheiro ou objetos dados como fiança servirão como pagamento das custas, da indenização do dano, da prestação pecuniária e da multa, se o réu for condenado.

---

[427] Art. 336 do CPP – O dinheiro ou objetos dados como fiança ficarão sujeitos ao pagamento das custas, da indenização do dano e da multa, se o réu for condenado. Parágrafo único. Este dispositivo terá aplicação ainda no caso da prescrição depois da sentença condenatória (art. 110 do CP).

f. Documentação: A fiança é documentada em livro especial, com termos de abertura e de encerramento, numerado e rubricado em todas as suas folhas pela autoridade, destinado especialmente aos termos de fiança. O termo será lavrado pelo escrivão e assinado pela autoridade.

Termo de fiança é a documentação escrita da fiança. Nos juízos criminais e delegacias de polícia, haverá um livro especial, com termos de abertura e de encerramento, numerado e rubricado em todas as suas folhas pela autoridade, destinado especialmente aos termos de fiança.

g. Obrigações: O réu e quem prestar a fiança serão pelo escrivão notificados das obrigações e da sanção previstas nos arts. 327 (*A fiança tomada por termo obrigará o afiançado a comparecer perante a autoridade, todas as vezes que for intimado para atos do inquérito e da instrução criminal e para o julgamento. Quando o réu não comparecer, a fiança será havida como quebrada*) e 328 (*O réu afiançado não poderá, sob pena de quebramento da fiança, mudar de residência, sem prévia permissão da autoridade processante, ou ausentar-se por mais de 8 dias de sua residência, sem comunicar àquela autoridade o lugar onde será encontrado*), o que constará dos autos.

h. Destino da fiança: é o local de recolhimento da fiança. Uma vez paga a fiança, será recolhida à repartição arrecadadora federal ou estadual, ou entregue ao depositário público, juntando-se aos autos os respectivos conhecimentos. Nos lugares em que o depósito não se puder fazer de pronto, o valor será entregue ao escrivão ou pessoa abonada, a critério da autoridade, e dentro de três dias será recolhido à repartição ou entregue ao depositário público, o que constará do termo de fiança.

i. Participação do Ministério Público: O *Ministério Público* participa somente nos casos de liberdade provisória com fiança. Depois de prestada a fiança, que será concedida independentemente de audiência do Ministério Público, este terá vista do processo a fim de requerer o que julgar conveniente.

PRISÃO

j. **Valor da fiança:** é o quantum devido a título de fiança. O valor será fixado pela autoridade que a conceder nos limites estabelecidos no Código de Processo Penal. O arbitramento da fiança leva em consideração a natureza da infração, as condições pessoais de fortuna e vida pregressa do acusado, as circunstâncias indicativas de sua periculosidade, bem como a importância provável das custas do processo, até final julgamento.

O valor da fiança é fixado com base na pena mínima e máxima cominada abstratamente à infração penal, podendo variar de um a cem salários mínimos, quando se tratar de infração cuja pena privativa de liberdade máxima não for superior a 4 anos; de 10 a 200 salários, quando se tratar de infração cuja pena privativa de liberdade máxima for superior a 4 anos. Esse valor poderá ainda ser reduzido até o máximo de dois terços ou aumentado em até 1.000 vezes, se assim o recomendar a situação econômica do réu ou do indiciado ou ainda ser dispensado, quando for pobre.

k. **Quebra da fiança:** é o descumprimento injustificado das condições impostas para usufruir a liberdade provisória. Se for alegado motivo justo não haverá quebra. A quebra só pode ocorrer durante a vigência da fiança.

São casos de quebra: I – regularmente intimado para ato do processo, deixar de comparecer, sem motivo justo; II – deliberadamente praticar ato de obstrução ao andamento do processo; III – descumprir medida cautelar imposta cumulativamente com a fiança; IV – resistir injustificadamente a ordem judicial; V – praticar nova infração penal dolosa; VI – quando o réu não comparecer perante a autoridade, todas as vezes que for intimado para atos do inquérito e da instrução criminal e para o julgamento; VII – o réu afiançado mudar de residência, sem prévia permissão da autoridade processante, ou ausentar-se por mais de 8 (oito) dias de sua residência, sem comunicar àquela autoridade o lugar onde será encontrado.

Como consequência, o acusado perderá metade do valor pago e o juiz decidirá sobre a imposição de outra medida cautelar ou decretação da prisão preventiva. As fianças quebradas passam a fazer parte do Fundo Penitenciário Nacional (Funpen) – conforme dispõe o art. 2º, inciso VI, da Lei Complementar n. 79, de 7 de janeiro

PRISÃO E LIBERDADE

de 1994 – deduzidas as custas e mais encargos a que o acusado estiver obrigado.

Se vier a ser reformado o julgamento em que se declarou quebrada a fiança, a fiança subsistirá para todos os efeitos. Não cabe *habeas corpus* em face do recolhimento da prisão gerado com quebra da fiança, pois não há constrangimento ilegal[428]. Conforme já decidido pelo STJ:

l. **Perda da fiança:** é a supressão total do valor recolhido a título de fiança. A perda da fiança ocorre quando o réu, uma vez condenado, não se apresentar à prisão. O valor da fiança, deduzidas à custa e mais encargos a que o acusado estiver obrigado, será recolhido ao fundo penitenciário, na forma da lei. A fiança, não havendo quebramento ou perda, será restituída sem desconto, transitada em julgado a sentença que houver absolvido o réu ou declarada extinta a ação penal, salvo no caso de prescrição depois da sentença condenatória.

m. **Cassação da fiança:** é a situação de não cabimento da fiança. A cassação da fiança ocorre quando a fiança é concedida por engano da autoridade; quando a imputação passa de um delito afiançável para outro inafiançável. Como consequência, o valor pago a título de fiança é integralmente devolvido e o réu terá que se recolher à prisão.

n. **Reforço da fiança:** é a necessidade de complementação no valor insuficiente da fiança, após o preso ter obtido a liberdade provisória. Será exigido o reforço da fiança: I – quando a autoridade tomar, por engano, fiança insuficiente; II – quando houver depreciação material ou perecimento dos bens hipotecados ou caucionados, ou depreciação dos metais ou pedras preciosas; III – quando for inovada a classificação do delito. São, assim, casos em que o valor arbi-

---

[428] Não há constrangimento ilegal quando o juiz determina o recolhimento a prisão do paciente pronunciado por delito de homicídio, que se achava em liberdade provisória, quando verificada a quebra do compromisso, com a mudança de residência onde não foi encontrado para ser intimado do oferecimento de libelo (6ª Turma – RHC 118 /DF – Recurso ordinário em *habeas corpus* 1989/0008445-3 – rel. Min. Dias Trindade (1031) – 28/08/1989).

trado se mostra insuficiente ou inexato. A fiança ficará sem efeito e o réu será recolhido à prisão.

o. **Fiança sem efeito** é a que ocorre quando é necessário o reforço da fiança e este não é feito.

p. **Fiança inidônea** é a fiança proibida por lei ou por não preenchimento dos requisitos legais de concessão.

q. **Não cabimento da fiança:** 1) nos crimes de racismo; 2) nos crimes de tortura, tráfico ilícito de entorpecentes e drogas afins, terrorismo e nos definidos como crimes hediondos; 3) nos crimes cometidos por grupos armados, civis ou militares, contra a ordem constitucional e o Estado; 4) aos que, no mesmo processo, tiverem quebrado fiança anteriormente concedida ou infringido, sem motivo justo, a obrigação de comparecimento perante a autoridade, todas as vezes que for intimado para atos do inquérito e da instrução criminal e para o julgamento e de não mudar de residência, sem prévia permissão da autoridade processante, nem se ausentar por mais de 8 dias de sua residência, sem comunicar àquela autoridade o lugar onde será encontrado; 5) em caso de prisão civil ou militar (artigo 324, inciso II); 6) quando presentes os motivos que autorizam a decretação da prisão preventiva (artigo 324, inciso IV, c.c. o artigo 312).
A Lei n. 11.464/2007 retirou do art. 2º, inciso II, da Lei n. 8.072/90, a vedação *expressa* à liberdade provisória aos crimes hediondos ou equiparada a tais. Nesse diapasão, com o advento da Lei n. 11.464/2007, apenas a inafiançabilidade dos crimes hediondos e equiparados a tais remanesceu prevista na Lei n. 8.072/90, art. 2º, inciso II – em consonância, aliás, com mandamento constitucional (CF, art. 5º, XLIII).
A vedação de concessão de liberdade provisória, na hipótese de acusados da prática de tráfico ilícito de entorpecentes, encontra amparo no art. 44 da Lei n. 11.343/2006 (Lei de Tóxicos), que é norma especial em relação ao Código de Processo Penal e à Lei de Crimes Hediondos, com a sua nova redação dada pela Lei n. 11.464/2007;

PRISÃO E LIBERDADE

IX – Monitoração Eletrônica: é a vigilância telemática posicional à distância de pessoas presas sob medida cautelar ou condenadas por sentença transitada em julgado, executada por meios técnicos que permitam indicar a sua localização.

O equipamento de monitoração eletrônica deverá ser utilizado de modo a respeitar a integridade física, moral e social da pessoa monitorada. A responsabilidade pela administração, execução e controle da monitoração eletrônica caberá aos órgãos de gestão penitenciária[429].

A monitoração eletrônica apresenta as seguintes características:

a. **judicialidade:** depende de determinação judicial;

b. **legalidade:** o juiz poderá definir a fiscalização por meio da monitoração eletrônica quando autorizar a saída temporária no regime semiaberto ou quando determinar a prisão domiciliar;

c. **formalismo:** a pessoa monitorada deverá receber documento no qual constem, de forma clara e expressa, seus direitos e os deveres a que estará sujeita, o período de vigilância e os procedimentos a serem observados durante a monitoração. O condenado será instruído acerca dos cuidados que deverá adotar com o equipamento eletrônico e dos seguintes deveres: I – receber visitas do servidor responsável pela monitoração eletrônica, responder aos seus contatos e cumprir suas orientações; II – abster-se de remover, de violar, de modificar, de danificar de qualquer forma o dispositivo de monitoração eletrônica ou de permitir que outrem o faça. A violação comprovada dos deveres poderá acarretar, a critério do juiz da execução, ouvidos o Ministério Público e a defesa: I – a regressão

---

[429] São funções dos órgãos de gestão penitenciária: I – verificar o cumprimento dos deveres legais e das condições especificadas na decisão judicial que autorizar a monitoração eletrônica; II – encaminhar relatório circunstanciado sobre a pessoa monitorada ao juiz competente na periodicidade estabelecida ou, a qualquer momento, quando por este determinado ou quando as circunstâncias assim o exigirem (a elaboração e o envio de relatório circunstanciado poderão ser feitos por meio eletrônico certificado digitalmente pelo órgão competente); III – adequar e manter programas e equipes multiprofissionais de acompanhamento e apoio à pessoa monitorada condenada; IV – orientar a pessoa monitorada no cumprimento de suas obrigações e auxiliá-la na reintegração social, se for o caso.

do regime; II – a revogação da autorização de saída temporária; III – a revogação da prisão domiciliar; IV – advertência, por escrito, para todos os casos em que o juiz da execução decida não aplicar alguma das medidas descritas anteriormente;

d. **revogabilidade:** a monitoração eletrônica poderá ser revogada: I – quando se tornar desnecessária ou inadequada ou; II – se o acusado ou condenado violar os deveres a que estiver sujeito durante a sua vigência ou cometer falta grave. No caso da ocorrência de fato que possa dar causa à revogação da medida caberá aos órgãos de gestão penitenciária comunicar o ocorrido de forma imediata ao juiz competente;

e. **sigilosidade:** o sistema de monitoramento será estruturado de modo a preservar o sigilo dos dados e das informações da pessoa monitorada. O acesso aos dados e às informações da pessoa monitorada ficará restrito aos servidores expressamente autorizados que tenham necessidade de conhecê-los em virtude de suas atribuições;

f. **fundamentação:** a monitoração constitui medida alternativa à segregação e exige fundamentação concreta; a manutenção de monitoramento por meio de tornozeleira eletrônica sem fundamentação concreta evidencia constrangimento ilegal ao apenado (informativo nº 597/2017).

Título VI – Liberdade

*"Deve-se reconhecer ao Homem a liberdade em sumo grau e não se há de restringi--la a não ser quando e quanto for necessário" (*Dignitatis Humanae, *Declaração, Concílio Vaticano II – 7c/ 1556).*

1. Liberdade de Locomoção

Dentre os bens e/ou vantagens disciplinados na Constituição Federal, destaca-se, por ser direito fundamental básico, no art. 5º, inciso XV, **a liberdade de locomoção**, sendo livre a locomoção no território nacional em tempo de paz, podendo qualquer pessoa, nos termos da lei, nele entrar, permanecer ou dele sair com seus bens. *Liberdade e igualdade formam dois elementos essenciais do conceito de dignidade da pessoa humana, que o constituinte erigiu à condição de fundamento do Estado Democrático de Direito e vértice do sistema dos direitos fundamentais*[430].

O direito à liberdade de locomoção, elemento essencial e imprescindível à dignidade da pessoa humana, corresponde à **liberdade física** da pessoa, sua liberdade corporal[431]. No Estado Democrático de Direito, o direito à liberdade é regra que só admite exceção nos casos de prisão fundamentada e justificada no caso concreto.

---

[430] MENDES, Gilmar; COELHO, Inocêncio Mártires; BRANCO, Paulo Gustavo Gonet. *Curso de direito constitucional*. São Paulo: Saraiva, 2007, p. 349.

[431] CUNHA, Mauro; SILVA, Roberto Geraldo Coelho. Habeas corpus *no direito brasileiro*. Rio de Janeiro: Aide, 1990, p. 150.

A Declaração Universal dos Direitos Humanos, em seu art. XIII, assegura que: *Toda pessoa tem direito à liberdade de locomoção e residência dentro das fronteiras de cada Estado. Toda pessoa tem o direito de deixar qualquer país, inclusive o próprio, e a este regressar.*

A liberdade de locomoção abrange o direito de ir, vir, permanecer e ficar (acesso, ingresso, saída, permanência e deslocamento no território nacional), respeitando a lei no interesse comum, e os direitos de outrem.

Em tempo de paz a liberdade de locomoção, com a entrada ou saída do território brasileiro, é regulada por lei. É norma constitucional de eficácia contida. Em tempo de guerra, o direito de ir e vir são determinados e limitados pelas circunstâncias da guerra.

A liberdade de locomoção pode sofrer restrição na vigência do estado de sítio, quando o poder público obrigar as pessoas a permanecerem em localidade determinada, nos termos do art. 139, inciso I, da Constituição Federal e, na vigência do estado de defesa, quando é possível a prisão por crime de Estado determinada pelo executor da medida, nos termos do art. 136, § 3º, inciso I da Constituição Federal.

A liberdade de locomoção é **imprescritível**, pois não se perde pelo decurso do prazo, **inviolável**, pois deve ser respeitada, e **universal**, pois se destinam a todos os seres humanos, indistintamente, ou seja, aos brasileiros, natos ou naturalizados, e estrangeiros que estejam no território nacional, a qualquer título, residente ou não.

Como a todo direito fundamental corresponde uma garantia constitucional que o assegura, e a esta corresponde um remédio que a torna eficaz e, considerando que a tutela da liberdade no processo penal é instrumentalizada pelo dever de proteção jurisdicional do indivíduo contra atos de ameaça ou de violação dos direitos fundamentais, cometidos sob o pretexto de persecução penal[432], o *habeas corpus*[433] é o remédio jurídico processual de índole constitucional, destinado a garantir a liberdade de

---

[432] PORFÍRIO, Geórgia Bajer Fernandes de Freitas. *A tutela da liberdade no processo penal.* São Paulo: Malheiros, 2005.

[433] A ação constitucional de *habeas corpus* pressupõe iminente ameaça ou cerceamento à liberdade de locomoção. Precedentes: HC 106.633-AgR/DF, rel. Min. Ricardo Lewandowski, j. em 22/2/2011; HC 80.296/MG, rel. Min. Sydney Sanches, 1ª Turma, j. 17/10/2000; HC 85.741/MG, rel. Min. Joaquim Barbosa, 2ª Turma, j. 28/6/2005.

LIBERDADE

locomoção do indivíduo contra ilegalidade ou abuso de poder, marcado por cognição sumária e rito célere[434].

A existência de recurso próprio não impede a impetração do *writ*, tendo em vista a possibilidade do reconhecimento de flagrante ilegalidade e de lesão à liberdade de locomoção do paciente.

Não é somente a coação ou ameaça direta à liberdade de locomoção que autoriza a impetração do *habeas corpus*. Também a coação ou a ameaça indireta à liberdade individual justifica a impetração da garantia constitucional inscrita no art. 5º, inciso LXVIII, da Constituição Federal, como no caso de *habeas corpus* preventivo em face da intimação para depor na CPI ou em face da decisão de quebra de sigilo de dados[435].

---

[434]   1. O *Habeas Corpus*, instrumento de tutela primacial de liberdade de locomoção contra ato ilegal ou abusivo, tem como escopo precípuo a liberdade de ir e vir. 2. Deveras, a cognominada doutrina brasileira do *Habeas Corpus* ampliou-lhe o espectro de cabimento, mercê de tê-lo mantido como instrumental à liberdade de locomoção. 3. A inadmissibilidade do *writ* justifica-se toda vez que a sua utilização revela banalização da garantia constitucional ou substituição do recuso cabível, com inegável supressão de instância. 4. Consectariamente, a jurisprudência do Supremo Tribunal Federal é assente no sentido de que não cabe *Habeas Corpus*: *a*) Nas hipóteses sujeitas à pena de multa (Súmula 693 do STF); *b*) Nas punições em que extinta a punibilidade (Súmula 695 do STF); *c*) Nas hipóteses disciplinares militares (art. 142, § 2º, da CRFB), salvo para apreciação dos pressupostos da legalidade de sua inflição; *d*) Nas hipóteses em que o ato atacado não afeta o direito de locomoção; vedada a aplicação do princípio da fungibilidade; *e*) Nos afastamentos dos cargos públicos por questões penais ou administrativas; *f*) Na preservação de direitos fundamentais que não a liberdade da locomoção de ir e vir, salvo manifesta teratologia e influência na liberdade de locomoção; *g*) Contra decisão de relator de Tribunal de Superior ou juiz em *writ* originário, que não concede o provimento liminar, porquanto erige prejudicialidade no julgamento do próprio *meritum causae*; *h*) Contra decisão de não conhecimento de *writ* no Tribunal de Superior uma vez que a cognição meritória do *habeas corpus* pelo STF constitui supressão de instância; salvo manifesta teratologia ou decisão contrária à jurisprudência dominante ou pela Corte Suprema. 5. A supressão de instância, por constituir *error in procedendo*, impede que sejam conhecidos, em sede de *habeas corpus*, argumentos não veiculados nos Tribunais inferiores. Precedentes (HC 93.904/RS, rel. Min. Cezar Peluso, *DJe* 094; HC 97.761/RJ, rel. Min. Ellen Gracie; HC 79.551/ SP, rel. Min. Nelson Jobim; HC 73.390/RS, rel. Min. Carlos Velloso; HC 81.115/SP, rel. Min. Ilmar Galvão). 6. A análise dos elementos de convicção acerca das circunstâncias avaliadas negativamente na sentença condenatória não é compatível com a via estreita do *habeas corpus*, por demandar minucioso exame fático e probatório inerente a meio processual diverso. Precedentes (HC 97058, rel. Min. Joaquim Barbosa, 2ª Turma, j. em 01/03/2011; HC 94073, rel. Min. Ricardo Lewandowski, 1ª Turma, j. em 09/11/2010); HC 108268/MS – rel. Min. Luiz Fux – j. 20/09/2011 – 1ª Turma do STF.

[435]   HC 83162/SP – rel. Min. Carlos Velloso – j. 02/09/2003 – 2ª Turma do STF; HC 75232/ RJ – rel. Min. Carlos Velloso – rel. p/ Acórdão: Min. Maurício Corrêa – j. 07/05/1997 – Órgão

A Jurisprudência do STJ e do STF é uniforme em considerar que o *habeas corpus* não é o instrumento adequado para controle da validade de constrição a direitos patrimoniais e bens que não versem sobre a liberdade de locomoção (art. 5º, LXVIII). O *habeas corpus* visa proteger a liberdade de ir, vir e ficar – por ilegalidade ou abuso de poder, não podendo ser utilizado para proteção de direitos outros (CF, art. 5º, LXVIII).

Não havendo risco efetivo de constrição à liberdade de locomoção física, não se revela pertinente o remédio do *habeas corpus*, cuja utilização supõe, necessariamente, a concreta configuração de ofensa, atual ou iminente, ao direito de ir, vir e permanecer das pessoas[436]. Torna-se insuscetível de conhecimento o *habeas corpus* quando o impetrante não indica qualquer ato concreto que revele, por parte da autoridade apontada como coatora, a prática de comportamento abusivo ou de conduta revestida de ilicitude.

Segundo jurisprudência do STF e do STJ, não cabe *habeas corpus*:

a) para resolver custas processuais (Súmula n. 395 do STF);

b) contra omissão de relator de extradição, se fundado em fato ou direito estrangeiro cuja prova não constava dos autos, nem foi ele provocado a respeito (Súmula n. 692 do STF);

c) para discutir decretação da perda do cargo público (HC 91760 – STF);

d) quando já extinta a pena privativa de liberdade (Súmula n. 695 do STF);

e) o afastamento do paciente do cargo de Prefeito Municipal;

f) o afastamento do réu das funções de Promotor de Justiça, em razão de ação penal contra ele instaurada (Lei Complementar n. 35/79);

---

julgador: Tribunal Pleno do STF.

[436] HC 150753 – rel. Min. Napoleão Nunes Maia Filho – 5ª Turma do STJ – *DJE* 1/8/2011; HC 135887 – rel. Min. Jorge Mussi – 5ª Turma do STJ – *DJE* 14/4/2011.

LIBERDADE

g) para impugnar decisão condenatória de pena de multa, ou relativa a processo em curso por infração penal a que a pena pecuniária seja a única cominada (Súmula n. 693 do STF);

h) contra imposição da pena de exclusão de militar ou de perda de patente ou de função pública (Súmula n. 694 do STF);

i) para discutir o mérito das punições disciplinares militares;

j) para impugnar determinação de suspensão dos direitos políticos;

k) como sucedâneo da revisão criminal;

l) como instrumento de reexame probatório;

m) excesso de prazo na instrução processual penal por culpa da própria defesa ou pela existência de um grande número de acusados ou pelo curso regular;

n) excesso de prazo na instrução processual penal quando houver greve de serventuários da justiça;

o) para impugnar intimação para cumprimento de decisão judicial, com advertência de responsabilização por crime de desobediência[437];

p) para obter benefício relacionado à execução de pena quando não houver necessidade de dilação probatória. A mera existência de recurso específico na execução penal não obsta a impetração do *habeas corpus*, dada à possibilidade de lesão a liberdade de locomoção do indivíduo[438];

q) Cabe *Habeas Corpus* para impugnar decisão judicial que determinou a retenção de passaporte (informativo nº 631/2018);

[437] HC 157499 – rel. Min. Laurita Vaz – Corte Especial do STJ – *DJE* 1/7/2011.
[438] HC 190482 – rel. Min. Gilson Dipp – 5ª Turma do STJ – *DJE* 19/5/11.

PRISÃO E LIBERDADE

2. Liberdade Temporária

A liberdade temporária é a autorização de saída do preso do estabelecimento penal, atenuando a execução penal. A liberdade temporária ou autorização de saída é gênero do qual são espécies a permissão de saída e a saída temporária.

Permissão de saída é a possibilidade do preso, condenado ou provisório, sair do estabelecimento, mediante escolta de policiais ou agentes penitenciários, mediante autorização do diretor do estabelecimento onde se encontra preso nos casos de: I – falecimento ou doença grave do cônjuge, companheira, ascendente, descendente ou irmão; II – necessidade de tratamento médico não disponível no presídio.

A permissão de saída **é exaustiva e excepcional**, pois as hipóteses legais de permissão de saída são taxativas e deve ter a mera função de corrigir um problema de saúde ou atender a uma razão de natureza humanitária[439]; **é temporária**, pois a permanência do preso fora do estabelecimento terá a duração necessária à finalidade da saída; **é vigiada**, pois possui a existência de escolta policial.

A autorização da autoridade administrativa pode ser suprida por ordem judicial, quando o diretor do estabelecimento onde se encontra o preso negar a conceder a autorização de forma arbitrária e injustificada.

Saída temporária é a possibilidade de o condenado que cumpre pena em regime semiaberto sair do estabelecimento sem vigilância direta, mediante ato motivado do juiz da execução, ouvidos o Ministério Público e a administração penitenciária, nos casos de: I – visita à família; II – frequência a curso supletivo profissionalizante, bem como de instrução do 2º grau ou superior, na Comarca do Juízo da Execução; III – participação em atividades que concorram para o retorno ao convívio social.

A saída temporária **é exaustiva e excepcional**, pois as hipóteses legais de permissão de saída são taxativas; **é temporária**, pois a autorização será concedida por prazo não superior a 7 (sete) dias, podendo ser renovada por mais 4 (quatro) vezes durante o ano.

Quando se tratar de frequência a curso profissionalizante, de instrução de ensino médio ou superior, o tempo de saída será o necessário para

---

[439] NUCCI, Guilherme de Souza. *Leis penais e processuais penais comentadas*. 2. ed. São Paulo: Revista dos Tribunais, 2007, p. 503.

o cumprimento das atividades discentes. Nos demais casos, as autorizações de saída somente poderão ser concedidas com prazo mínimo de 45 (quarenta e cinco) dias de intervalo entre uma e outra.

A saída temporária é **desvigiada**, pois não possui a existência de escolta policial, baseando-se no senso de responsabilidade e exigência de autodisciplina do sentenciado. Cabe ressaltar que a ausência de vigilância direta não impede a utilização de equipamento de monitoração eletrônica pelo condenado, quando assim determinar o juiz da execução.

As saídas temporárias, restritas aos condenados que se encontram cumprindo a pena no regime semiaberto, consistem em permissão para visitar família sem vigilância direta, frequentar cursos funcionando na comarca da execução ou participação em atividades que concorram para a harmônica integração social do condenado e internado. A relação das situações previstas na lei é taxativa.

A autorização das saídas temporárias, diferentemente da permissão de saída (depende de autorização do diretor do estabelecimento), é competência do Juízo da Execução, devendo ser um ato fundamentado[440], com observância do limite legal e dos requisitos subjetivos e objetivos para a concessão ou não do benefício.

Trata-se de um ato judicial exclusivo do juiz da execução indelegável ao Administrador do Presídio. A delegação, ao Administrador da avaliação sobre a conveniência da saída temporária do preso, nega vigência aos termos da Lei de Execução Penal e limita a atuação fiscalizadora do *Parquet*[441]. A jurisprudência do STJ é firme em asseverar que não cabe saída temporária para o condenado que cumpre pena em regime fechado[442].

---

[440] "...como o benefício das visitas livres não constitui um direito absoluto do preso, mas estrita faculdade outorgada ao magistrado, exigente de componentes subjetivos a serem aferidos pelo juiz, não deve ser concedido indiscriminadamente, possibilitando uma inusitada oportunidade de fuga livre para condenados com larga pena a cumprir, principalmente quando foi autor de crime ou crimes de maior gravidade" (MIRABETE, Julio Fabbrini, *Execução penal*. Comentários à Lei n. 7.210, de 11-7-1984. 11. ed. São Paulo: Atlas, 2004).

[441] Não se admite a concessão automática de **saídas temporárias** ao condenado que cumpre pena em regime semiaberto, sem a avaliação pelo Juízo da Execução e a manifestação do Ministério Público a respeito da conveniência da medida, sob pena de indevida delegação do exame do pleito à autoridade penitenciária (REsp 850947/RS – Recurso Especial 2006/0100880-2 – rel. Min. Felix Fischer – 5ª Turma – 21/11/2006).

[442] A autorização para saídas temporárias, consistentes em visitas periódicas ao lar ou frequência em curso regular, não é compatível com o cumprimento das penas em regime fechado

PRISÃO E LIBERDADE

A concessão da saída temporária dependerá da satisfação dos seguintes requisitos: I – comportamento adequado; II – cumprimento mínimo de 1/6 (um sexto) da pena, se o condenado for primário, e 1/4 (um quarto), se reincidente; III – compatibilidade do benefício com os objetivos da pena.

Ao conceder a saída temporária, o juiz imporá ao beneficiário as seguintes condições, entre outras que entender compatíveis com as circunstâncias do caso e a situação pessoal do condenado: I – fornecimento do endereço onde reside a família a ser visitada ou onde poderá ser encontrado durante o gozo do benefício; II – recolhimento à residência visitada, no período noturno; III – proibição de frequentar bares, casas noturnas e estabelecimentos congêneres.

Para obtenção do benefício de saída temporária considera-se o tempo de cumprimento da pena no regime fechado, nos termos da Súmula n. 40 do STJ.

O preso pode receber benefícios criminais como livramento condicional, progressão de regime, dentre outros. O fato de o preso ter sido beneficiado com a progressão de regime para o semiaberto não obriga a concessão do benefício de visita à família. Cumpre ao juízo das execuções criminais avaliar em cada caso a pertinência e razoabilidade da pretensão, observando os requisitos subjetivos e objetivos do paciente[443].

O condenado primário, que progride do regime fechado para o regime semiaberto, e já tiver cumprido um sexto da pena no primeiro, fica isento da satisfação deste requisito temporal no novo regime, para efeito de obter autorização de saída temporária, sem vigilância.

O direito a saída temporária pelo condenado primário, que cumpre a pena no regime semiaberto, se progrediu do regime fechado após cumprido um sexto da pena, não fica sujeito a esse requisito temporal no regime atual, semiaberto, nos termos do art. 123, inciso II, da Lei de Execução Penal.

Matéria atinente à autorização para saída temporária não comporta apreciação em sede de *habeas corpus*, por ensejar o exame de requisitos de índole subjetiva, a demandar inevitável dilação probatória.

(HC 47074/RJ – *HABEAS CORPUS* – 2005/0137790-1 – rel. Min. Felix Fischer – 5ª Turma – 07/08/2007).

[443] HC 102773/RJ – 2ª Turma do STF – rel. Min. Ellen Gracie – j. 22/06/2010.

Segundo parte da doutrina e jurisprudência (*RT* 630/384; *RSTJ* 36/134), a saída temporária é direito público subjetivo do condenado, uma vez reunidas condições objetivas e subjetivas exigidas para sua concessão.

O benefício será automaticamente revogado quando o condenado praticar fato definido como crime doloso, for punido por falta grave, desatender as condições impostas na autorização ou revelar baixo grau de aproveitamento do curso.

A recuperação do direito à saída temporária dependerá da absolvição no processo penal, do cancelamento da punição disciplinar ou da demonstração do merecimento do condenado.

Não configura constrangimento ilegal a transferência de condenado para presídio de segurança máxima, em regime fechado, até a decisão final do juízo de execução, em inquérito disciplinar grave, mesmo que o condenado detenha benefícios de trabalho externo e saídas temporárias[444].

3. Liberdade Condicional

A aplicação da medida de segurança exige a prática de um fato punível e da periculosidade do autor. Existem duas espécies de medida de segurança, a detentiva, internação em hospital de custódia e tratamento psiquiátrico, e a restritiva, o tratamento ambulatorial.

O prazo máximo da medida de segurança será indeterminado até a perícia médica constatar a cessação da periculosidade. Segundo posição do STJ, levando em conta o preceito segundo o qual "não haverá penas de caráter perpétuo" (art. 5º, XLII, *b*, da CF) e os princípios da isonomia e da proporcionalidade, o prazo máximo de duração da medida de segurança é o previsto no art. 75 do Código Penal, ou seja, trinta anos[445]. O prazo mínimo varia de um a três anos[446].

A perícia médica de cessação da periculosidade será realizada no fim do prazo mínimo, repetida anualmente ou a qualquer tempo, quando o juiz

---

[444] HC 12.151-DF, rel. Min. Gilson Dipp, j. 4/5/2000.

[445] HC 98360/RS – 1ª Turma do STF – rel. Min. Ricardo Lewandowski – j. 04/08/2009.

[446] MEDIDA DE SEGURANÇA – PROJEÇÃO NO TEMPO – LIMITE. A interpretação sistemática e teleológica dos arts. 75, 97 e 183, os dois primeiros do Código Penal e o último da Lei de Execuções Penais, deve fazer-se considerada a garantia constitucional abolidora das prisões perpétuas. A medida de segurança fica jungida ao período máximo de trinta anos (HC 84219/SP – 1ª Turma do STF – rel. Min. Marco Aurélio – j. 16/08/2005).

da execução assim determinar (de ofício, só depois de decorrido o prazo mínimo, nos termos do art. 175, V, da LEP).

Quando for constatada a cessação da periculosidade pela perícia médica, podem ocorrer dois estágios na liberdade do agente:

a) 1º estágio: a desinternação ou a liberação provisória: nesse caso, ocorre **a suspensão da medida de segurança**: a medida de segurança do sentenciado fica sujeita, para sua extinção, a uma condição resolutiva pelo prazo de um ano[447]; nesse período serão aplicadas as condições do livramento condicional. Egresso é o liberado pelo período de um ano a contar da saída do estabelecimento, nos termos do art. 26, inciso I, da Lei de Execução Penal;

b) 2º estágio: a desinternação ou a liberação definitiva: ocorre **a revogação da medida de segurança**: se durante um ano não praticar fato indicativo de persistência da periculosidade. O juiz não pode decretar a extinção da medida de segurança pelo mero decurso do prazo, sem a realização do exame de cessação de periculosidade, mesmo se computado o período de prisão provisória para fins de detração. Conforme Cezar Bitencourt: *"...a revogação da medida de segurança não passa de uma simples suspensão condicional da medida de segurança, pois, se o desinternado ou liberado, durante um ano, praticar fato indicativo de persistência de sua periculosidade, será restabelecida a medida de segurança suspensa. Somente se ultrapassar esse período in albis a medida de segurança será definitivamente extinta"*.

A inocorrência, no decurso de um ano, de prática de fato indicativo de persistência de periculosidade de que trata o art. 97, § 3º, do Código Penal, abrange não apenas o cometimento de fato criminoso, mas também de fatos, que, por sua natureza, possam ser indicativos de periculosidade, como, por exemplo, a não sujeição da paciente ao tratamento ambulatorial determinado (HC 44288/SP – STJ). Guilherme Nucci[448] afirma que

---

[447] MORAES, Alexandre de; SMANIO, Gianpaolo Smanio. *Legislação penal especial.* 10. ed. São Paulo: Atlas, 2007, p. 194.

[448] NUCCI, Guilherme de Souza. *Leis penais e processuais penais comentadas*, cit., p. 537.

a forma de acompanhamento mais eficaz é pela análise da folha de antecedentes do liberado.

Cabe ressalvar que o *habeas corpus* não se presta para determinar a desinternação ou liberação do paciente, porquanto implica exame aprofundado da prova. A simples evolução no quadro clínico de agente submetido à medida de segurança não autoriza a concessão de desinternação ou liberação condicional, uma vez que o requisito essencial é a constatação inequívoca da cessação da periculosidade firmada em laudo pericial.

4. Liberdade Assistida

A liberdade assistida é medida socioeducativa prevista no Estatuto da Criança e do Adolescente (ECA) e aplicada aos adolescentes de 12 a 18 anos que cometeram algum ato infracional, nos termos do art. 112, inciso IV, da Lei n. 8.069/90.

É medida judicial punitiva, pois aplicada ao juiz para retribuir o ato infracional praticado, em que o infrator será acompanhado por um orientador (pessoa qualificada) em suas atividades familiares, escolares e profissionais. Conforme prescreve Wilson Donizeti Liberati[449]: *"o melhor resultado dessa medida será conseguido pela especialização e valor do pessoal ou entidade que desenvolverá o acompanhamento com o jovem. Os técnicos ou as entidades deverão desempenhar por sua missão, por meio de estudo de caso, de métodos de abordagem, organização técnica da aplicação da medida e designação de agente capaz, sempre sob a supervisão do juiz".*

A liberdade assistida visa: a) evitar reincidência; b) possibilitar a reeducação para o retorno ao convívio social; c) assegurar o bem-estar do adolescente, visando à sua proteção integral e de forma prioritária, ao contato do adolescente com a sua família e comunidade; d) criar condições para que o menor infrator possa ser responsabilizado pelos seus atos.

A liberdade assistida será cumprida em meio livre; a colocação do adolescente no seu meio natural, sem afastá-lo do lar, da escola e do trabalho, sob a supervisão do orientador qualificado.

A autoridade designará pessoa capacitada para acompanhar o caso, a qual poderá ser recomendada por entidade ou programa de atendimento,

---

[449] LIBERATI, Wilson Donizeti. *Direito da criança e do adolescente*. São Paulo: Rideel, 2007, p. 96.

PRISÃO E LIBERDADE

para acompanhar, orientar e auxiliar o adolescente infrator no processo de ressocialização familiar e comunitária.

O orientador pode ser: assistente social, educador especializado, pessoa ligada a um dos conselhos previstos pelo Estatuto ou pessoa da comunidade, com formação qualificada, investida da particular função de educação ou reeducação, mas sob a autoridade do Juiz da Infância e da Juventude.

Incumbe ao orientador, com o apoio e a supervisão da autoridade competente, a realização dos seguintes encargos, entre outros: I – promover socialmente o adolescente e sua família, fornecendo-lhes orientação e inserindo-os, se necessário, em programa oficial ou comunitário de auxílio e assistência social; II – supervisionar a frequência e o aproveitamento escolar do adolescente, promovendo, inclusive, sua matrícula; III – diligenciar no sentido da profissionalização do adolescente e de sua inserção no mercado de trabalho; IV – apresentar relatório do caso.

O orientador deve estabelecer diretrizes que regulem os limites, as emoções e as possibilidades de ação do menor infrator, mantendo contato constante com o Juizado da Infância e da Juventude sobre o acompanhamento. É possível a promoção social com oficinas pedagógicas, promoção social, cultural e desportiva do adolescente e sua família.

A liberdade assistida será adotada sempre que se afigurar a medida mais adequada para o fim de acompanhar, auxiliar e orientar o adolescente. A medida deve ser adequada com a realidade fática e as circunstâncias do momento e destinada aos atos infracionais leves – nos casos mais graves, os adolescentes são encaminhados à internação e, nos intermediários, à semiliberdade.

A liberdade assistida tem prazo mínimo de seis meses, admitindo prorrogação e revogação, a qualquer tempo, ouvido o orientador, o Ministério Público e o defensor.

É possível substituição da internação pela liberdade assistida a qualquer tempo, ouvido o orientador, o Ministério Público e o defensor, quando ficar comprovado, inclusive por avaliação técnica, que a liberdade assistida é a medida adequada à ressocialização do menor infrator.

A análise deve ser casuística, levando em conta fatores como o fato de o menor: estudar; trabalhar; ter ou não senso de responsabilidade; ter ou não personalidade voltada para a prática de infrações (não há dúvida de que se o menor for reincidente na prática de infrações graves, a medida adequada será a internação); ter ou não amparo familiar; ser agressivo; ter pais em condições de controlar e de impor autoridade ao menor.

A gravidade do ato infracional cometido não é suficiente para justificar a inserção do adolescente em medida socioeducativa de internação, já que a finalidade é reeducar e conferir proteção integral ao menor infrator. Conforme orientação do STJ: As medidas socioeducativas têm natureza de reeducação e ressocialização, não se mostrando retributivas dos atos infracionais praticados (HC 81430/SP – 2007).

A medida extrema de internação só está autorizada nas hipóteses previstas taxativamente nos incisos do art. 122 do Estatuto da Criança e do Adolescente, pois a segregação do menor é medida de exceção, devendo ser aplicada e mantida somente quando evidenciada sua necessidade, em observância ao espírito do Estatuto, que visa à reintegração do menor à sociedade (HC 84755/SP – 2007).

Não será possível a referida substituição, quando ficar constatado que menor infrator tem a possibilidade de voltar a delinquir, a reincidir no crime[450].

Não confundir liberdade assistida com regime de semiliberdade, que é medida socioeducativa, consequência jurídica aplicada pelo Estado quando houver o cometimento de ato infracional, praticado por adolescente.

O regime de semiliberdade pode ser determinado desde o início, ou como forma de transição para o meio aberto, possibilitada a realização de atividades externas, independentemente de autorização judicial. São obrigatórias a escolarização e a profissionalização, devendo, sempre que possível, ser utilizados os recursos existentes na comunidade.

5. Liberdade Antecipada

Livramento condicional é a concessão provisória e antecipada da liberdade do condenado, mediante o preenchimento de requisitos previstos em lei. Como afirma Heleno Cláudio Fragoso[451], o livramento condicional implica uma renúncia condicionada e revogável do Estado à execução da pena.

---

[450] Menor – Medida socioeducativa – Pretendida substituição da internação pela liberdade assistida – Inadmissibilidade – Infrator cuja periculosidade é patente não oferecendo garantias de reinserção pacífica na vida em sociedade – Recurso provido. (Apelação Cível n. 24.765-0 – São Paulo – Câmara Especial – rel. Min. Ney Almada – 09/11/95 – v.u.).

[451] FRAGOSO, Heleno Cláudio. *Lições de direito penal*. Rio de Janeiro: Forense, 1990.

O *livramento condicional* visa, além de reduzir o tempo de prisão, mediante preenchimento de requisitos e aceitação de certas condições e antecipar provisoriamente a liberdade com condições estabelecidas e fiscalização constante, readaptar o condenado ao convívio social.

O *livramento condicional* é uma *medida penal, instituto de política criminal, direito subjetivo de liberdade,* desde que preenchidos os requisitos legais, *medida administrativa* (pois durante o período do livramento o condenado é observado pelos sujeitos da execução penal), *benefício do condenado* (o condenado receberá liberdade antecipada), *forma de execução da pena* (é a última fase do cumprimento da pena, qual seja, a liberdade condicional), *medida jurisdicional* (concedida pelo juiz da execução penal do lugar onde o beneficiário cumpre a pena) e *incidente na execução da pena.*

A concessão do *livramento condicional* depende do preenchimento de requisitos objetivos (são os relacionados com a pena e a reparação do dano) e subjetivos (dizem respeito à pessoa do condenado).

São requisitos objetivos: a) tipo de pena: privativa de liberdade; b) quantidade da pena: igual ou superior a dois anos; c) tempo de cumprimento da pena; d) reparação do dano: salvo impossibilidade em face da precária situação econômica.

E são requisitos subjetivos: a) comportamento satisfatório durante a execução da pena: o comportamento do condenado deve ser resultado de um conjunto de fatores, como o número e o tipo das faltas disciplinares, o caráter e a personalidade e suas relações com os demais presos e com os funcionários; b) bom desempenho no trabalho que lhe foi atribuído, salvo no estabelecimento em que não há possibilidade de trabalho; c) aptidão para prover à própria subsistência mediante trabalho honesto: deve ser demonstrado se o sentenciado tem condições de retornar ao convívio social para exercer atividade útil e honesta; não é exigida proposta de emprego.

Cabe ressaltar os requisitos específicos, ou seja, nos crimes dolosos cometidos com violência ou grave ameaça, precisa da cessação da periculosidade, ou seja, a quase certeza de que o sentenciado não mais voltará a delinquir quando retornar ao convívio social. Alguns doutrinadores, para demonstração desse requisito, afirmam ser necessário o exame criminológico.

Nos crimes previstos na Lei n. 8.072/90, não ser reincidente específico. Há três posicionamentos sobre o conceito de reincidente específico: 1) praticar outro crime hediondo; 2) praticar outro crime que viole o mesmo bem jurídico; 3) praticar o mesmo tipo penal.

LIBERDADE

Só é cabível *habeas corpus* na concessão do livramento condicional quando preenchidos dois requisitos: a) manifesta ilegalidade; b) não necessidade de exame aprofundado de provas.

Em relação ao estrangeiro, se for residente no país, pode obter livramento condicional, desde que sejam preenchidos os seguintes requisitos: a) visto permanente no Brasil; b) endereço fixo; c) certidão de não expulsão.

No caso de estrangeiro com permanência irregular ou visto temporário, não pode obter livramento condicional, pois não preenche condição do livramento, qual seja, exercer atividade honesta e remunerada.

Já o estrangeiro submetido a processo de expulsão, há dois posicionamentos: a) não pode obter o livramento condicional, pois poderia propiciar ao condenado liberdade de permanência e circulação no país capaz de frustrar a medida expulsória (TAcrim-SP, RA 455.459 – rel. Des. Augusto César)[452]; b) é possível a concessão de livramento condicional ao estrangeiro submetido a processo de expulsão, nos termos do art. 54 e seguintes da lei nº 13445/17[453].

O *livramento condicional* pode ser objeto de revogação, sendo necessária oitiva prévia do sentenciado liberado para garantir seu direito de defesa. Há duas espécies de revogação: 1) Revogação obrigatória: é a que decorre da lei. São as hipóteses: a) condenação irrecorrível a pena privativa de liberdade por crime praticado antes do benefício; b) condenação irrecorrível a pena privativa de liberdade por crime praticado durante o benefício; 2) Revogação facultativa: é a que decorre do prudente critério do juiz. São as seguintes hipóteses: a) condenação irrecorrível, por crime ou contra-

---

[452] Não há como conceder livramento condicional ao estrangeiro que possui decreto de expulsão em seu desfavor, pois ele não pode preencher o requisito previsto no inciso III do art. 83 do CP, visto que não poderá exercer qualquer atividade em solo brasileiro: após o cumprimento da pena, ele será efetivamente expulso do país. Anote-se que difere o tratamento dado ao estrangeiro irregular, que não está impedido de regularizar sua situação, o que permite lhe seja concedido o livramento condicional (informativo nº 458/10 do STJ).

[453] "Esta Corte Superior consolidou entendimento no sentido de que a situação irregular do estrangeiro no País não é circunstância, por si só, capaz de afastar o princípio da igualdade entre nacionais e estrangeiros, razão pela qual a existência de processo ou mesmo decreto de expulsão em desfavor do estrangeiro não impede a concessão dos benefícios da progressão de regime ou do livramento condicional· tendo em vista que a expulsão poderá ocorrer, conforme o interesse nacional, após o cumprimento da pena, ou mesmo antes disto." (HC 324.231/SP, Rei. Ministro REYNALDO SOARES DA FONSECA. QUINTA TURMA, julgado em 03/09/2015, DJe 10/09/2015).

PRISÃO E LIBERDADE

venção, a pena não privativa de liberdade; b) descumprimento das condições impostas (o juiz pode optar entre revogar, advertir ou condicionar).

No caso de condenação irrecorrível por crime praticado durante o livramento condicional há a impossibilidade de concessão do livramento em relação à mesma pena e não cômputo do tempo de liberdade como pena cumprida; no caso de condenação irrecorrível por crime praticado antes do livramento condicional há possibilidade de concessão de livramento em relação à mesma pena, soma das penas para obtenção do benefício e cômputo do tempo de liberdade como pena cumprida; no caso de descumprimento das condições impostas na sentença ou condenação por contravenção penal há a impossibilidade de concessão do livramento em relação à mesma pena e não cômputo do tempo de liberdade como pena cumprida.

Em relação às condições do livramento condicional, pode-se afirmar as seguintes características: a) a competência na fixação é do juiz da execução; b) alterabilidade: as condições judiciais podem ser modificadas, nos termos do art. 144 da Lei de Execução Penal; c) bilateralidade: necessidade de aceitação das condições impostas, sob pena de tornar sem efeito o livramento, devendo a pena ser cumprida.

São condições obrigatórias: a) obter ocupação lícita, em tempo razoável, se for apto para o trabalho; b) comunicar ao juiz, periodicamente, sua ocupação; c) não mudar de comarca sem autorização judicial; se for autorizado, deve ser remetida cópia da sentença do livramento ao Juízo do lugar para onde ele se houver transferido e à autoridade incumbida da observação cautelar e de proteção, nos termos do art. 133 da Lei de Execução Penal. São condições facultativas: a) não mudar de residência sem comunicação ao juiz e à autoridade incumbida da observação cautelar e de proteção: tal condição se refere à mudança de residência dentro da mesma comarca; b) recolher-se à habitação em hora fixada; c) não frequentar determinados lugares.

Cabe ressaltar a necessidade de manifestação do Ministério Público e do defensor antes do deferimento do livramento condicional, nos termos do art. 112, § 2º, da Lei de Execução Penal.

A iniciativa no pedido de livramento pode ser de ofício, requerimento do interessado, Ministério Público ou representação do Conselho Penitenciário. Após a formulação do pedido, o juiz decidirá por sentença declaratória.

No caso de crime cometido na vigência: prorroga o período de prova até o trânsito em julgado da decisão: a) decisão condenatória: revogação;

b) decisão absolutória: juiz declara a extinção. No caso de crime cometido antes da vigência: o juiz deve decretar a extinção da pena, não havendo prorrogação.

6. Liberdade Provisória

A liberdade provisória é o direito de aguardar o processo criminal em liberdade, com ou sem o pagamento de fiança, até o trânsito em julgado da sentença final que, se condenatória, torna possível a efetivação da sanção penal imposta através do processo de execução penal e, se absolutória, transforma a liberdade em definitiva, consagrando o respeito ao princípio da dignidade da pessoa humana[454] previsto no art. 1º, inciso III, da Constituição Federal.

A liberdade provisória é vinculada ou não a certas obrigações que visam garantir o comparecimento do acusado ao processo e ao juízo, sem que este seja recolhido à prisão. Sobrevindo o trânsito em julgado da condenação, resta prejudicado o pedido de deferimento de liberdade provisória.

A liberdade provisória é *medida judicial,* pois é medida concedida pelo juiz competente. É *medida provisória,* pois pode ser revogada a qualquer tempo, desde que desapareçam os pressupostos autorizadores da concessão da medida ou quando ficar caracterizada a possibilidade de prisão preventiva ou em razão de futura condenação com prisão ou absolvição.

É *contracautela,* pois como medida cautelar visa colocar em liberdade de pessoa presa em flagrante, não se cogitando da sua incidência quando se tratar de prisão preventiva ou temporária, que somente admitem a revogação.

A liberdade provisória é *antítese da prisão cautelar,* pois só pode ser decretada quando não for o caso de prisão provisória, ou seja, somente será aplicada quando for necessária aos interesses do processo e da ordem social[455]. É *medida excepcional,* pois a regra é a liberdade e a exceção, prisão.

---

[454] GEMAQUE, Sílvio Cezar Arouk. *Dignidade da pessoa humana e prisão cautelar.* São Paulo: RCS Ed., 2006 ("A liberdade e igualdade são os pressupostos de qualquer garantia mínima à dignidade humana").

[455] TOURINHO FILHO, Fernando da Costa. *Processo penal.* 28. ed. São Paulo: Saraiva, 2006, v. 3, p. 528 ("...todas as legislações do mundo admitem, em maior ou menor intensidade, a prisão provisória como um mal necessário. Mal, porque põe em perigo um dos direitos fundamentais do homem que a Lei Maior protege e preserva. Necessário, porque, sem ela, muitas

PRISÃO E LIBERDADE

A liberdade provisória é *medida legal*, pois é a lei que define quais as hipóteses em que é possível conceder liberdade provisória com ou sem fiança. A liberdade provisória, instituto previsto na Constituição Federal (art. 5º, LXVI – *"ninguém será levado à prisão ou nela mantido, quando a lei admitir a liberdade provisória, com ou sem fiança"*) decretada pelo juiz criminal no exercício regular de sua jurisdição, é ato cautelar que visa assegurar a regularidade processual e a defesa do réu ou indiciado em prol da sua liberdade pessoal durante o processo, evitando consequências negativas do cárcere em relação a honra, patrimônio e família da pessoa.

De acordo com a natureza de medida legal é possível afirmar que o juiz concederá liberdade provisória nos crimes afiançáveis, quando houver sido paga a fiança; nos crimes afiançáveis, quando o preso for pobre (artigo 350); nos crimes inafiançáveis, quando: a) verificar pelo auto de prisão em flagrante que o agente praticou o fato sob o amparo de excludente de ilicitude; b) não estiverem presentes os requisitos da prisão preventiva (artigo 321).

A liberdade provisória é substitutivo ou sucedâneo da prisão provisória, pois como observa Mirabete[456]: *"Sabido que é um mal a prisão do acusado antes do trânsito em julgado da sentença condenatória, o direito objetivo tem procurado estabelecer institutos e medidas que assegurem o desenvolvimento regular do processo com a presença do imputado sem o sacrifício da custódia, que só deve ocorrer em casos de absoluta necessidade. Tenta-se assim conciliar os interesses sociais, que exigem a aplicação e a execução da pena ao autor do crime, e os do acusado, de não ser preso senão quando considerado culpado por sentença condenatória transitada em julgado".*

A concessão da liberdade provisória **é ato vinculado**, pois sua concessão pela autoridade judiciária competente depende do preenchimento dos requisitos previstos em lei, de forma que, uma vez preenchidos os requisitos legais, o juiz deve conceder a liberdade provisória; a concessão não é mera faculdade judicial, mas **direito público subjetivo do réu ou indiciado**.

A concessão da liberdade provisória é incabível, quando presentes se encontram os pressupostos autorizadores do decreto de prisão preventiva; noutros termos, o indeferimento do pedido da liberdade provisória não é ilegal ou não padece de qualquer irregularidade, quando presentes

---

vezes não se asseguraria a manutenção da ordem, a regular colheita do material probatório e o império efetivo da lei penal").

[456] MIRABETE, Julio Fabbrini. *Processo penal.* 8. ed. São Paulo: Atlas, 1998, p. 402.

os requisitos que autorizam a prisão preventiva. Superados os pressupostos que autorizam a decretação da prisão preventiva, a liberdade provisória deve ser imediatamente concedida. Segundo jurisprudência do STF o indeferimento de liberdade provisória deve basear-se na existência dos pressupostos autorizadores da prisão preventiva, razão pela qual se exige fundamentação lastreada em elementos concretos e objetivos que justifiquem a medida cautelar (HC 92133, 84029, 85868, 87003, 87794, 89900, 90063, 90064).

É inidônea decisão que, para indeferir a liberdade provisória, se socorre de presunções e da gravidade abstrata do delito narrado na denúncia. O juízo de que a liberdade de determinada pessoa encerra verdadeiro risco à coletividade só é de ser feito no âmbito factual da causa.

A gravidade do delito, aliada à presunção de possível ameaça à ordem pública, dissociada de elementos concretos, não constitui fundamentos suficientes que impeçam a concessão de **liberdade provisória**, sendo indispensável a demonstração de ao menos um dos pressupostos autorizadores da prisão preventiva (deve ser evidenciado, no caso concreto, que a soltura do réu possa ser prejudicial à garantia da ordem pública, da ordem econômica, por conveniência da instrução criminal, ou para assegurar a aplicação da lei penal), além da prova da materialidade e dos indícios de autoria, nos termos do art. 312 do Código de Processo Penal. Por exemplo, num caso da prova da materialidade e dos indícios de autoria aliados com a demonstração da necessidade da garantia da ordem pública, demonstrada na grande possibilidade de reiteração de condutas criminosas, em se considerando, sobretudo, a existência de indícios de que o acusado faz do crime o seu meio de vida[457].

---

[457] PROCESSUAL PENAL. *HABEAS CORPUS* PREVENTIVO. APROPRIAÇÃO INDÉBITA E ABUSO DE INCAPAZ. VÍTIMA MENOR. INDEFERIMENTO DO PEDIDO DE LIBERDADE PROVISÓRIA. GARANTIA DA INSTRUÇÃO CRIMINAL E APLICAÇÃO DA LEI PENAL. CONSTRANGIMENTO ILEGAL INEXISTENTE. *HABEAS CORPUS* DENEGADO. 1. A prova da materialidade do delito e os veementes indícios de autoria, aliados à necessidade de se preservar a instrução criminal e garantir a aplicação da lei penal, justificam o indeferimento do pedido de liberdade provisória, tendo em vista a demonstração da necessidade de prisão cautelar, ante a fuga da Paciente, informando endereço fictício para não ser encontrada pela justiça, assim que soube da instauração de inquérito policial, não havendo falar em constrangimento ilegal – HC – 90465/PE – rel. Min. Carlos Fernando Mathias – 6ª Turma – 13/12/2007.

PRISÃO E LIBERDADE

Para a concessão da liberdade provisória, medida cautelar que substitui a prisão processual, cuja finalidade é garantir a liberdade do réu durante o desenvolvimento regular do processo, as circunstâncias da primariedade, bons antecedentes, emprego (ocupação lícita) e residência fixa no distrito da culpa, por si só, não constitui motivo bastante a justificar a concessão do benefício de liberdade provisória, sendo necessário, outrossim, inocorrer qualquer das hipóteses da prisão preventiva ou elementos hábeis a recomendar a manutenção da custódia cautelar. Dessa forma, **as supostas condições favoráveis do agente não constituem circunstâncias garantidoras da liberdade provisória, quando demonstrada a presença de outros elementos que justificam a medida constritiva excepcional.**

A vedação da liberdade provisória não pode estar fundamentada apenas na gravidade abstrata do crime. A concessão da liberdade provisória depende da presença de alguns pressupostos: a) primariedade: o réu primário é o que não possui na data do crime condenação anterior transitada em julgado. A primariedade não gera direito subjetivo à fixação da pena base no mínimo legal; b) bons antecedentes: os antecedentes são todos os fatos ou episódios da vida do agente antes da prática do fato criminoso. A análise dos antecedentes é feita sobre o comportamento social, familiar, profissional, judicial, policial e cotidiano do agente; c) residência fixa; d) ocupação lícita.

Em relação aos bons antecedentes, cabe ressalvar que o simples fato de ter o réu contra si outros processos penais em andamento não constitui indicativo de má personalidade[458].

De fato, a existência de ações penais ou mesmo inquéritos policiais em curso contra o réu não induz, automaticamente, à conclusão de que este possui maus antecedentes, em nome da presunção da inocência.

---

[458] EMENTA: *HABEAS CORPUS*. PENAL. ROUBO QUALIFICADO (CP, ART. 157, § 2º, II). FIXAÇÃO DE CUMPRIMENTO DE PENA. REGIME SEMIABERTO. INTELIGÊNCIA DAS SÚMULAS 718 E 719 DO STF. GRAVIDADE EM ABSTRATO DO DELITO. ORDEM CONCEDIDA. I – A gravidade em abstrato do delito de roubo qualificado, mesmo havendo causa de aumento de pena (concurso de pessoas), não pode ser considerada para fins de fixação do regime de cumprimento de pena. II – Ausente o trânsito em julgado em processos-crime não podem ser considerados como antecedentes criminais. III – Ordem concedida – HC 89330/ SP –1ª Turma – rel. Min. Ricardo Lewandowski – 29/08/2006.

A análise do caso concreto pelo julgador determinará se a existência de diversos procedimentos criminais autoriza o reconhecimento de maus antecedentes. Os elementos contidos nos autos corroborados com a análise da personalidade do agente concretizada na maneira de ser da pessoa, no aspecto individual, familiar, profissional e social, permitirá formar o convencimento sobre os fatos maus e bons no comportamento anterior da vida do agente[459].

A liberdade provisória é uma decorrência da presunção da inocência. Toda pessoa acusada de delito tem direito à presunção de inocência (art. 5º, LVII, da CF – "ninguém será considerado culpado até o trânsito em julgado de sentença penal condenatória"). Trata-se do princípio da inocência ou da não culpabilidade[460]. É uma garantia processual penal, pois só é admitida nos processos criminais. É uma presunção relativa ou *juris tantum*, pois admite prova em contrário. O ônus da prova é da acusação, que, por sua vez, terá que comprovar a materialidade e autoria do crime.

A prisão processual não ofende a presunção de inocência, nos termos da Súmula nº 9 do STJ – *"A exigência da prisão provisória, para apelar, não ofende a garantia constitucional da presunção de inocência".*

É necessário ressalvar que para que não ocorra a referida ofensa, é imprescindível a presença do requisito, **necessidade** da medida coercitiva à liberdade para evitar perturbação na instrução criminal ou para assegurar a efetivação da pena. O lançamento do nome do réu no rol dos culpados (arquivo dos casos já transitados em julgado) será feito em momento próprio, qual seja, após o trânsito em julgado da sentença penal condenatória.

A existência de recurso especial ou extraordinário pendente de apreciação não assegura o direito do acusado de aguardar o julgamento em liberdade, porque tais recursos não têm efeito suspensivo, nos termos do art. 27, § 2º, da Lei n. 8.038/90 – "Art. 27. Recebida a petição pela Secre-

---

[459] O Juiz, na avaliação dos antecedentes do réu, não fica sujeito às informações sobre a sua vida pregressa, vale dizer, se já foi preso ou respondeu a inquéritos policiais ou processos judiciais anteriormente, podendo, à vista das circunstâncias do crime e de sua personalidade, medir seu grau de periculosidade e concluir não ter ele bons antecedentes, assim sem o direito de apelar em liberdade. Precedentes do STF. HC 83791/RS – 2ª Turma – rel. Min. Carlos Velloso – 11/05/2004.

[460] Alguns doutrinadores diferenciam presunção de inocência e a regra da não culpabilidade: a) a não culpabilidade é mais restrita que a presunção de inocência; b) presunção de inocência é regra de tratamento; a não culpabilidade é regra probatória; c) presunção de inocência é princípio; a não culpabilidade é regra positivada.

taria do Tribunal e aí protocolada, será intimado o recorrido, abrindo-se-
-lhe vista pelo prazo de 15 (quinze) dias para apresentar contrarrazões.
(...) § 2º Os recursos extraordinário e especial serão recebidos no efeito
devolutivo.

Na liberdade provisória a prisão é legal; no relaxamento de prisão em
flagrante, a prisão é ilegal; na liberdade provisória, o indivíduo que estiver no gozo do benefício fica vinculado ao processo, cumprindo as obrigações que lhe forem impostas, sob pena de revogação; no relaxamento
de prisão em flagrante o preso não fica sujeito às obrigações. São espécies
de liberdade provisória:

a) *liberdade provisória sem medida cautelar diversa da prisão, mas vinculada:*
é concedida quando o juiz verificar pelo auto de prisão em flagrante
que o agente praticou o fato sob o amparo de uma excludente de
ilicitude. O indiciado ou acusado terá obrigação de comparecer a
todos os atos processuais;

b) *liberdade provisória sem fiança, vinculada e com possibilidade de outra
medida cautelar diversa da prisão:* é a cabível nos crimes afiançáveis,
quando o preso for pobre. O acusado ou indiciado fica dispensado
das obrigações de comparecimento aos atos do processo e de não
mudar de residência sem avisar o juízo;

c) *liberdade provisória permitida com ou sem medida cautelar diversa da prisão:* é cabível quando não houver a presença dos requisitos da decretação da prisão preventiva;

d) *liberdade provisória sem fiança:* I – infrações penais em que não se
comine pena privativa de liberdade; II – quando o juiz verificar
pelo auto de prisão em flagrante que o agente praticou o fato sob
o amparo de uma excludente de ilicitude; III – quando a parte se
comprometer a comparecer à sede do juizado especial criminal nas
infrações de menor potencial ofensivo.

Em face da concessão da liberdade provisória cabe recurso em sentido
estrito e em face da não concessão ou não revogação cabe *habeas corpus.*

Nos crimes hediondos e equiparados, com o advento da Lei n. 11.464/2007, que alterou a redação do inciso II do art. 2º da Lei n. 8.072/90, surgiu o posicionamento segundo o qual é admitida a liberdade provisória em crimes hediondos e equiparados, desde que ausentes os fundamentos autorizadores da prisão preventiva.

Título VII – Testes Comentados

1. (III Juiz/TRF3) A Constituição Federal de 1988 assegura ao preso:

a) o direito de permanecer calado, podendo seu silêncio ser interpretado em prejuízo de sua defesa;
b) o direito da assistência à sua família, em caso de condenação;
c) o direito à identificação do juiz que o interrogar;
d) o direito de ser assistido por advogado.

Resposta: alternativa "d", nos termos do art. 5º, inciso LXIII – o preso será informado de seus direitos, entre os quais o de permanecer calado, sendo-lhe assegurada a assistência da família e de advogado. Na alternativa "b" o direito não é assegurado somente em caso de condenação; na alternativa "a", o silêncio não pode ser interpretado em prejuízo da defesa do preso, nos termos do art. 186, parágrafo único. O silêncio, que não importará em confissão, não poderá ser interpretado em prejuízo da defesa (incluído pela Lei n. 10.792, de 1º/12/2003); a alternativa "c" está incorreta, nos termos do art. 5º, inciso LXIV – o preso tem direito à identificação dos responsáveis por sua prisão ou por seu interrogatório policial.

2. (III Juiz/TRF3) A Lei de Execução Penal atribui ao preso:

a) direito à previdência social;
b) recebimento de salário mínimo mensal;
c) exame semestral de sua situação carcerária, por defensor público;

PRISÃO E LIBERDADE

d) visitas de fim de semana à sua família.

Resposta: alternativa "a", nos termos do art. 41, inciso III, da Lei n. 7.210/84 – Constitui direito do preso: III – Previdência Social; a alternativa "b" está incorreta, nos termos do art. 29 da LEP – O trabalho do preso será remunerado, mediante prévia tabela, não podendo ser inferior a 3/4 (três quartos) do salário mínimo; as demais alternativas não estão previstas como direitos do preso, nos termos do art. 41 da LEP.

3. (IV Juiz/TRF3) A prisão preventiva é:

a) medida substitutiva de prisão em flagrante, no caso de seu relaxamento;
b) medida compulsória aplicada no caso de quebra de fiança;
c) medida excepcional e necessária aplicada apenas nos casos restritos da Lei;
d) medida excepcional e que só pode ser decretada uma única vez.

Resposta: a alternativa correta é a "c". A prisão preventiva é medida excepcional, pois somente pode ser decretada diante da presença dos requisitos legais. Não há limite legal ou constitucional na quantidade de vezes de decretação da prisão preventiva. Não é medida compulsória, pois depende da demonstração dos requisitos do art. 312 do CPP. No caso de relaxamento de prisão em flagrante pode ser determinada a imediata soltura ou, se presentes os requisitos, ser determinada a prisão preventiva.

4. Assinale a alternativa correta:

a) o réu afiançado não poderá, sob pena de perdimento da fiança, mudar de residência, sem prévia permissão da autoridade processante;
b) será concedida fiança nos crimes de racismo;
c) o valor da fiança será fixado pela autoridade que a conceder de 10 a 200 salários mínimos, quando o máximo da pena privativa de liberdade cominada for superior a 4 anos;
d) será quebrada a fiança quando reconhecida a existência de delito inafiançável, no caso de inovação na classificação do delito.

Resposta: a alternativa correta é a "c" – nos termos do art. 325, inciso II, do CPP. A alternativa "a" está errada, nos termos do art. 328 do CPP, já que não haverá perda da fiança, mas quebra da fiança. A alternativa "b" está errada, nos termos do art. 323, inciso I, do CPP, já que não será concedida fiança nos crimes de racismo. A alternativa "d" está errada, nos termos do artigo 339 do CPP, já que no caso não há quebra de fiança, mas cassação de fiança.

5. A fiança concedida em crime inafiançável ensejará a:

a) quebra da fiança;
b) cassação da fiança;
c) perda total da fiança;
d) perda parcial da fiança.

Resposta: alternativa "b" – nos termos do art. 339 do CPP - Será também cassada a fiança quando reconhecida a existência de delito inafiançável, no caso de inovação na classificação do delito.

6. (V Juiz/TRF3) A prisão:

a) preventiva é substitutiva da prisão em flagrante;
b) temporária pode atingir o acusado ou o indiciado;
c) em flagrante, por crime contra a economia popular, não permite a liberdade provisória sem fiança do art. 310, parágrafo único, do CPP;
d) em virtude de sentença condenatória é obrigatória em crimes hediondos.

Resposta: Correta a alternativa "c". A prisão preventiva nem sempre substitui a prisão em flagrante. A prisão temporária somente pode atingir o indiciado, pois é medida da investigação criminal; a prisão não é obrigatória em virtude da sentença condenatória em crimes hediondos, nos termos do art. 2º, § 3º, da Lei n. 8.072/90 – § 3º Em caso de sentença condenatória, o juiz decidirá fundamentadamente se o réu poderá apelar em liberdade. (Redação dada pela Lei n. 11.464, de 2007).

PRISÃO E LIBERDADE

7. (VI Juiz/TRF3 – Adaptada) Assinale, dentre as opções abaixo, aquela que contém a assertiva correta, em relação à admissão da prisão cautelar, no sistema processual penal brasileiro:

a) são admitidas a prisão temporária, a prisão em flagrante e a prisão preventiva;

b) só podem ser consideradas de natureza cautelar as prisões decorrentes da decisão de pronúncia ou em virtude de sentença condenatória recorrível, quando o réu não seja primário ou não possua bons antecedentes;

c) são classificadas como custódias cautelares apenas a prisão temporária, a prisão em flagrante e a prisão preventiva, porque só podem ser decretadas, em situações excepcionais, durante o inquérito policial ou no curso da instrução criminal;

d) não mais se admite a prisão cautelar de natureza penal no Brasil, com exceção da prisão em flagrante, por ser inconciliável com o princípio da presunção do estado de inocência do acusado, introduzido no texto constitucional de 1988 (art. 5º, inciso LVII), tendo-se hoje, como regra geral, no nosso sistema processual penal, a concessão sistemática da liberdade provisória, com ou sem o pagamento de fiança, até o trânsito em julgado da sentença penal condenatória.

Resposta: a alternativa "a"; existem quatro espécies de prisões no ordenamento jurídico brasileiro: prisão penal, prisão processual (flagrante, temporária e preventiva), civil, disciplinar e administrativa (polêmica doutrinária). A alternativa "b" está incorreta, pois não são mais admitidas no ordenamento jurídico brasileiro a prisão decorrente da pronúncia e decorrente de sentença condenatória recorrível. A alternativa "c" está errada, pois somente a prisão preventiva pode ser decretada durante o inquérito ou no curso da instrução criminal. A alternativa "d" está errada, pois a prisão cautelar é um mal necessário compatível com a necessidade do desenvolvimento regular da persecução penal e, por consequência, com a presunção da inocência.

TESTES COMENTADOS

8. A remição da pena, pelo trabalho, e a autorização de saída, na execução penal, constituem:

a) regalia concedida, pelo Juiz, ao condenado;
b) direito ínsito à progressão na execução da pena privativa de liberdade;
c) resultado exclusivo do bom comportamento carcerário;
d) benefício precariamente determinado pelo diretor do presídio.

Resposta: alternativa "b", pois com a progressão o condenado demonstra de forma gradativa possibilidade de reintegração ao convívio social. As alternativas "a" e "d" estão erradas, pois nas autorizações de saída (artigos 120 ao 125 da LEP), a permissão de saída será concedida pelo diretor do estabelecimento onde se encontra o preso; e a saída temporária será concedida por ato motivado do juiz da execução, ouvidos o Ministério Público e a administração penitenciária, e dependerá da satisfação de certos requisitos legais; já a remição será declarada pelo juiz da execução, ouvidos o Ministério Público e a defesa, nos termos do art. 126, § 8º, da LEP. A alternativa "c" está errada, pois a concessão dos benefícios da remição e da autorização de saída não depende apenas do bom comportamento carcerário, nos termos dos arts. 120 a 130 da LEP.

9. A prisão temporária, prevista na Lei n. 7.960, de 21 de novembro de 1989 é:

a) providência ínsita à investigação criminal;
b) medida cautelar destinada a suprir a falta de prisão em flagrante;
c) medida discricionária, de atribuição da autoridade policial;
d) medida administrativa, substitutiva da prisão preventiva.

Resposta: alternativa "a", nos termos do art. 1º da Lei n. 7.960/89. A prisão temporária é modalidade de prisão cautelar cuja finalidade é assegurar eficiente investigação criminal. Não é medida supletiva da prisão em flagrante. Não é medida administrativa, pois é decretada pelo juiz, diante da representação da autoridade policial ou requerimento do MP. Nem sempre substitui a prisão preventiva.

PRISÃO E LIBERDADE

10. (IX Juiz/TRF3) Assinale a alternativa correta:

a) a apreensão de moeda falsa na residência do agente e simultânea prisão em local diverso caracteriza o flagrante delito;

b) ocorrido flagrante de crime de sonegação fiscal procede com acerto o juiz ao conceder a liberdade provisória sem fiança se inocorre motivo que autoriza a prisão preventiva;

c) é inadmissível a fixação do valor da fiança acima do mínimo previsto se a motivação recai na periculosidade do indiciado;

d) ulga-se quebrada a fiança quando, condenado, deixa o réu de apresentar-se à prisão.

Resposta: a alternativa correta é a "a". No caso da alternativa "d", se, condenado, o acusado não se apresentar para o início do cumprimento da pena definitivamente imposta, ocorre perda da fiança, nos termos do art. 344 do CPP. Na alternativa "c", é possível determinar o valor da fiança com base nas circunstâncias indicativas da periculosidade do acusado, nos termos do art. 326 do CPP. No caso de ausência dos motivos que autorizam a decretação da prisão preventiva, não será concedida fiança, nos termos do art. 324, inciso IV, do CPP; no entanto, o juiz deverá conceder liberdade provisória, impondo, se for o caso, as medidas cautelares previstas no art. 319 do CPP e observados os critérios constantes do art. 282 do CPP. No caso do crime de moeda falsa, o tipo penal não exige que **a guarda ocorra apenas na residência do autor, podendo dar-se em qualquer local onde o agente possa tomar conta ou vigiar as cédulas falsas. Tendo o agente conhecimento da falsidade das cédulas, a mera guarda já configura o delito, nada importando se havia ou não, da parte dele, a intenção de colocá-las em circulação. Além do que, a prisão foi simultânea e em local diverso, de forma a caracterizar o flagrante delito. A expressão simultânea é compatível com a ideia do flagrante delito.**

11. Assinale a alternativa correspondente à matéria que admite a interpretação extensiva:

a) requisitos da liberdade provisória;

b) hipóteses de flagrante delito;

c) intimação de sentença condenatória no caso de réu preso;

d) relação de impedimentos do juiz.

Resposta: a alternativa correta é a "c", pois as demais matérias são taxativas na lei.

12. (X Juiz/TRF3 – Adaptada) Assinale a alternativa incorreta:

a) considera-se em flagrante o agente que é encontrado, logo depois do crime, com instrumentos, armas, objetos ou papéis que façam presumir seja ele o autor da infração;

b) a ação controlada, como prevista na Lei n. 9.034, de 04/05/95, permite à autoridade policial retardar ou prorrogar a prisão em flagrante, nos crimes praticados por organizações criminosas;

c) o Juiz deve conceder ao acusado liberdade provisória se verificar, pelo auto de prisão em flagrante, a inocorrência de quaisquer das hipóteses que autorizam a manutenção legal da constrição;

d) se o acusado, citado por edital, não comparecer nem constituir advogado, ficarão suspensos o processo e o curso do lapso prescricional, devendo o Juiz decretar a prisão preventiva do réu.

Resposta: a alternativa incorreta é a "d", nos termos do art. 366 do CPP – Se o acusado, citado por edital, não comparecer, nem constituir advogado, ficarão suspensos o processo e o curso do prazo prescricional, podendo o juiz determinar a produção antecipada das provas consideradas urgentes e, se for o caso, decretar prisão preventiva, nos termos do disposto no art. 312; a alternativa "a" está correta, nos termos do art. 302 do CPP; a alternativa "b" está correta, pois a ação controlada é o flagrante prorrogado ou retardado; a alternativa "c" está correta, nos termos do art. 310 do CPP. O juiz, ao receber o auto de prisão em flagrante, deverá fundamentadamente: I – relaxar a prisão ilegal; ou II – converter a prisão em flagrante em preventiva, quando presentes os requisitos constantes do art. 312 do CPP, e se revelarem inadequadas ou insuficientes as medidas cautelares diversas da prisão; ou III – conceder liberdade provisória, com ou sem fiança.

PRISÃO E LIBERDADE

13. (XIII Juiz/TRF3) Assinale a alternativa correta:

a) Em face do princípio da inviolabilidade de domicílio (art. 5º, XI, Constituição Federal) qualquer do povo pode ingressar em casa alheia, de dia ou à noite, se nela ocorre prática de crime em situação de flagrância;

b) Em face do princípio da presunção de inocência (art. 5º, LVII, Constituição Federal), tomou-se falsa a ideia de que o acusado que alegar um álibi capaz de absolvê-lo ou melhorar sua situação no processo penal tem o ônus de demonstrá-lo cumpridamente;

c) Em face do princípio da publicidade e da motivação das decisões judiciais (art. 93, IX, Constituição Federal), no julgamento pelo Tribunal do Júri deve ser abolida a "sala secreta" e a votação meramente singela (apenas sim ou não) dos quesitos pelos jurados;

d) Em face do princípio da inviolabilidade da vida privada e da imagem das pessoas (art. 5º, X, Constituição Federal), a divulgação de "retratos falados" de suspeitos e da imagem de indiciados ou réus em cartazes de "procura-se" atenta contra a honra e configura abuso de autoridade.

Resposta: é a alternativa "a", nos termos do art. 5º, inciso XI, da CF. A divulgação de retrato falado não viola vida privada e imagem das pessoas.

14. (19º MPF) A prisão em flagrante delito de uma pessoa pela polícia federal será sempre comunicada:

a) somente ao Juiz Federal;
b) ao Juiz Federal e ao Procurador da República;
c) ao Juiz de Direito e ao Promotor de Justiça local;
d) à Justiça e ao Ministério Público.

Resposta: alternativa "d" – Na Lei Complementar n. 75/93, em seu art. 10, é necessário que a prisão de qualquer pessoa, por parte de autoridade federal ou do Distrito Federal e Territórios, deverá ser comunicada imediatamente ao Ministério Público competente, com indicação do lugar onde se encontra o preso e cópia dos documentos comprobatórios da legalidade da prisão. O Judiciário e o Ministério Público serão os competentes a receberem a comunicação de acordo com o crime praticado. No âmbito estadual vigora a Lei n. 8.625/93, que prescreve no art. 2º que a Lei Complementar, denominada Lei Orgânica do Ministério Público, cuja iniciativa é facultada aos Procuradores-Gerais de Justiça dos Estados, estabelecerá, no âmbito de cada uma dessas unidades federativas, normas específicas de organização, atribuições e estatuto do respectivo Ministério Público. Parágrafo único. A organização, atribuições e estatuto do Ministério Público do Distrito Federal e Territórios serão objeto da Lei Orgânica do Ministério Público da União.

15. (20º MPF) Em sede de prisão temporária:

a) prescinde-se do princípio da necessidade da restrição à liberdade;
b) é autorizada sempre que o denunciado não tiver residência fixa;
c) as hipóteses à sua decretação devem ser combinadas entre si;
d) as hipóteses à sua decretação devem ser combinadas entre si, e com as mais hipóteses da prisão preventiva para que se valide.

Resposta: alternativa "c". A prisão temporária é medida cautelar que depende da demonstração da necessidade da restrição da liberdade e das hipóteses do art. 1º da Lei n. 7.960/89. A participação ou autoria em um dos crimes da lei é requisito obrigatório; já a imprescindibilidade para as investigações ou identidade certa ou não residência fixa são requisitos alternativos.

16. (21º MPF) Em tema de prisão em flagrante:

a) aos delitos de ação penal privada condiciona-se a lavratura do auto a requerimento do ofendido;
b) aos crimes habituais aplica-se a norma processual alusiva aos crimes permanentes;
c) o magistrado deve exercer o controle *ex officio* sobre todo auto de prisão em flagrante, que lhe é encaminhado;
d) o flagrante real é reconhecido no *conatus remotus* no *iter criminis*.

Resposta: alternativa "a", já que no crime de ação penal privada o *jus persequendi* é da vítima ou seu representante legal. O flagrante nos crimes

PRISÃO E LIBERDADE

habituais depende de comprovação da habitualidade no momento do flagrante. O controle judicial sobre o auto de prisão em flagrante pode ser exercido pelo juiz, quando necessário. Flagrante real é conhecido como próprio ou verdadeiro ou propriamente dito.

17. (21º MPF) Em tema de prisão temporária (Lei n. 7.960/89):

a) as hipóteses à sua decretação bastam por si mesmas;
b) não cabe sua decretação após recebimento da denúncia;
c) sua natureza supre a exigência de demonstração de sua necessidade, dado impostergável em relação às demais modalidades de prisão provisória;
d) não pode ser sucedida por custódia cautelar.

Resposta: alternativa "b", pois é medida decretada durante a investigação criminal. Pode ser sucedida por custódia cautelar, quando houver necessidade e presença dos requisitos legais. Como espécie de prisão provisória exige demonstração da necessidade como requisito para decretação.

18. (88º MP/SP) Analise as seguintes assertivas com relação à prisão e à liberdade provisória:

I. se a infração penal for inafiançável, a falta de exibição do mandado obstará a prisão;
II. a falta de testemunhas da infração penal impedirá o auto de prisão em flagrante;
III. a prisão temporária poderá ser decretada de ofício pelo juiz;
IV. nos casos de acidentes de trânsito de que resulte vítima, não se imporá a prisão em flagrante ao condutor de veículo, se prestar pronto e integral socorro a ela;
V. nos crimes de tráfico ilícito de entorpecentes e drogas afins, a prisão temporária terá o prazo de 30 (trinta) dias.

Está correto apenas o que se afirma em

a) I e II.
b) I e III.

TESTES COMENTADOS

c) II e V.
d) III e IV.
e) IV e V.

Resposta: alternativa "e", pois a afirmativa III está errada, uma vez que a prisão temporária será decretada pelo juiz, em face da representação da autoridade policial ou de requerimento do Ministério Público; a afirmativa II está errada, pois nos termos do art. 304, § 2º, do CPP, a falta de testemunhas da infração não impedirá o auto de prisão em flagrante; mas, nesse caso, com o condutor, deverão assiná-lo pelo menos duas pessoas que hajam testemunhado a apresentação do preso à autoridade; a afirmativa I está errada, pois, nos termos do art. 287 do CPP, se a infração for inafiançável, a falta de exibição do mandado não obstará à prisão, e o preso, em tal caso, será imediatamente apresentado ao juiz que tiver expedido o mandado; a afirmativa IV está correta, nos termos do art. 301 do CTB; a afirmativa V está correta nos termos do art. 2º, § 4º, da Lei n. 7.960/89.

19. (88º MP/SP) Com relação à monitoração eletrônica do condenado, analise os seguintes itens:

I. o juiz poderá aplicá-la quando autorizar a saída temporária em regime semiaberto ou quando determinar a prisão domiciliar;
II. definida a fiscalização por meio da monitoração eletrônica, é dever do condenado receber visitas do servidor responsável pela monitoração eletrônica;
III. a violação comprovada dos deveres do condenado decorrentes da monitoração eletrônica acarretará necessariamente a regressão do regime de cumprimento de pena;
IV. a violação comprovada dos deveres do condenado decorrentes da monitoração eletrônica acarretará necessariamente sua advertência;
V. se o acusado ou condenado cometer falta grave, a monitoração eletrônica poderá ser revogada.

Está correto apenas o que se afirma em:

a) I, II e III.
b) I, II e V.

PRISÃO E LIBERDADE

c) I, III e V.
d) II, III e V.
e) II, IV e V.

Resposta: alternativa "b", pois a afirmativa I está certa, nos termos do art. 146-B da Lei n. 7.210/84; a afirmativa II está certa, nos termos do art. 146-C da Lei n. 7.210/84; a afirmativa III está errada, nos termos do art. 146-C, parágrafo único, da Lei n. 7.210/84; a afirmativa IV está errada, nos termos do art. 146-C, parágrafo único, da Lei n. 7.210/84; a afirmativa V está correta, nos termos do art. 146-D da Lei n. 7.210/84.

Referências

ANCEL, Marc. *A nova defesa social*. Rio de Janeiro: Forense, 1979.

ARAÚJO CINTRA, Antonio Carlos de; GRINOVER, Ada Pellegrini; DINAMARCO, Cândido Rangel. *Teoria geral do processo*. 27. ed. São Paulo: Malheiros, 2007.

ARUS, Francisco Bueno. Panorama moderno de la pena de prision. *Boletim da Faculdade de Direito da Universidade de Coimbra*, v. LXX, 1994.

ASÚA, Luis Jimenez de. *La ley y el delito:* principios de derecho penal. Caracas: Andreas Bello, 1945.

BACIGALUPO, Enrique. *Manual de derecho penal*. Bogotá: Temis/Ilanud, 1984.

BAPTISTA, Fernando Pavan. As garantias da liberdade individual no Código de Processo Penal brasileiro. Dissertação de Mestrado, Faculdade de Direito da Universidade de São Paulo, 1993.

BARATTA, A. Direitos humanos: entre a violência estrutural e a violência penal. *Fascículos de Ciências Penais*, Porto Alegre: Fabris, n. 2, p. 44-61, abr./jun. 1993.

BARROS, Flávio Augusto Monteiro de. *Direito penal:* parte geral. 9. ed. São Paulo: Saraiva, 2011.

BASTOS, Celso Ribeiro. *Comentários à Constituição do Brasil*. São Paulo: Saraiva, 1989. v. 2.

BATTAGLINI, Giulio. *Teoria da infracção criminal*. Trad. Augusto Victor Velho. Coimbra: Coimbra Ed., 1961.

BECCARIA, Cesare. *Dos delitos e das penas*. Lisboa: Fundação Calouste Gulbenkian, 1998.

BECHARA, Fábio Ramazzini. *Prisão cautelar*. São Paulo: Malheiros, 2005.

BINDING, Karl. *La culpabilidad en derecho penal*. São Paulo: Ed. B de F, 2009.

BITENCOURT, Cezar Roberto. *Lições de direito penal:* parte geral. Saraiva: São Paulo, 2012.

_____. *Falência da pena de prisão:* causas e alternativas. 4. ed. São Paulo: Saraiva, 2011a.

_____. *Tratado de direito penal:* parte geral. 16. ed. São Paulo: Saraiva, 2011. v. 1.

_____. *Código Penal comentado*. São Paulo: 2002.

BRUNO, Aníbal. *Direito penal*. Rio de Janeiro: Forense, 1959.

BULOS, Uadi Lammêgo. *Curso de direito constitucional*. São Paulo: Saraiva, 2007.

CAETANO, Marcello. *Manual de ciência política e direito constitucional*. Lisboa: Coimbra Ed., 1972.

PRISÃO E LIBERDADE

CAPEZ, Fernando. *Execução penal*. São Paulo: Damásio de Jesus, 2004.

CARNELUTTI, Francesco. *El proceso penal*. Bogotá: Leyer, 2008.

CARVALHO, Kildare Gonçalves. *Direito constitucional*. 10. ed. Belo Horizonte: Del Rey, 2004.

CARVALHO, Luis Gustavo Grandinetti de. *O processo penal em face da Constituição*. Rio de Janeiro: Forense, 1992.

CORREIA JÚNIOR, Alceu; SHECAIRA, Sérgio Salomão. *Pena e Constituição*. São Paulo: Revista dos Tribunais, 1994.

COSSIO, Carlos. *La valoración jurídica y la ciencia del derecho*. Buenos Aires: Arayú, 1954.

COSTA JÚNIOR, Paulo José da. *Curso de direito penal*. São Paulo: Saraiva, 2008.

CUNHA, Mauro; SILVA, Roberto Geraldo Coelho. Habeas corpus *no direito brasileiro*. Rio de Janeiro: Aide, 1990.

DE ALMEIDA, Joaquim Canuto Mendes. *Princípios fundamentais do processo penal*. São Paulo: Revista dos Tribunais, 1973.

DE OLIVEIRA, Odete Maria. *Prisão:* um paradoxo social. Florianópolis: EDUFSC, 1984.

DELMANTO, Celso et al. *Código Penal comentado*. 6. ed. São Paulo: Renovar, 2002.

DELMANTO JUNIOR, Roberto. *As modalidades de prisão provisória e seu prazo de duração*. 2. ed. Rio de Janeiro: Renovar, 2001.

DIAS, Hélder Valente. *Metamorfoses da polícia*: novos paradigmas de segurança e liberdade. Coimbra: Almedina, 2012.

DORADO, Carmen Juanatey. *Manual de derecho penitenciario*. Iustel, 2011.

FERNANDES, Antonio Scarance. *Processo penal constitucional*. São Paulo: Revista dos Tribunais, 2005.

FERRAJOLI, Luigi. *Derecho y razón*: teoría del garantismo penal. Trad. coletiva. 2. ed. Valladolid: Ed. Trotta, 1997.

FERRAZ, Leslie Sherida. Prisão preventiva e direitos e garantias individuais. Dissertação de mestrado, Faculdade de Direito da Universidade de São Paulo, 2003.

FERRI, Enrico. *Princípios de derecho criminal*. Madrid: Ed. Réus, 1933.

FOUCAULT, Michel. *Vigiar e punir*: história da violência nas prisões. 29. ed. Petrópolis: Vozes, 1987.

FRAGOSO, Heleno Cláudio. *Lições de direito penal:* parte geral. 17. ed. Rio de Janeiro: Forense, 2006.

_____. *Lições de direito penal:* parte geral. 12. ed. Rio de Janeiro: Forense, 1990.

_____. *Lições de direito penal:* parte geral. 7. ed. Rio de Janeiro: Forense, 1985.

FREITAS, Jayme Walmer de. *Prisão temporária*. São Paulo: Saraiva, 2004.

GARCIA, Basileu. *Comentários ao Código de Processo Penal*. Rio de Janeiro: Forense. v. III/7.

GEMAQUE, Sílvio Cezar Arouk. *Dignidade da pessoa humana e prisão cautelar*. São Paulo: RCS Ed., 2006.

GOMES, Luiz Flávio. Medidas de segurança e seus limites. *Revista Brasileira de Ciências Criminais*, São Paulo, n. 2, p. 64-72, abr./jun. 1993.

GOMES CANOTILHO, José Joaquim. O direito constitucional passa: o direito administrativo passa também. *Boletim da Faculdade de Direto da Universidade de Coimbra*, n. 61. Coimbra: Coimbra Ed., 2001.

GOMES FILHO, Antônio Magalhães. *Presunção de inocência e prisão cautelar*. São Paulo:

REFERÊNCIAS

Saraiva, 1991.

GONÇALVES, Daniela Cristina Rios. *Prisão em flagrante*. São Paulo: Saraiva, 2004.

GONÇALVES, Luiz Carlos dos Santos. *Poderes de investigação das comissões parlamentares de inquérito*. São Paulo: Juarez de Oliveira, 2001.

GRECO, Rogério. *Curso de direito penal*. Rio de Janeiro: Impetus, 2007.

GRINOVER, Ada Pellegrini. Limites constitucionais à prisão temporária. *Revista Jurídica*, Porto Alegre, n. 207/209, p. 35-38, jan. 1995.

_____ et al. *As nulidades no processo penal*. São Paulo: Revista dos Tribunais, 1998.

GRISPIGNI, Felipo. *Diritto penale italiano*. Milano: Giuffrè, 1952.

GROPPALI, Alexandre. *Doutrina do estado*. São Paulo: Saraiva, 1962.

HELLER, Hermann. *Teoria do estado*. Buenos Aires: Fondo de Cultura Econômica, 1961.

HORTA, Raul Machado. *Direito constitucional*. Belo Horizonte: Del Rey, 2009.

HUNGRIA, Nelson. *Comentários ao Código Penal*. Rio de Janeiro: Forense, 1958. v. 1, t. I.

_____; FRAGOSO, Heleno. *Comentários ao Código Penal*. Rio de Janeiro: Forense, 1977. v. 1, t. 1.

JAKOBS, Günther. *Derecho penal*: parte general – fundamentos y teoría de la imputación. Madrid: Marcial Pons, 1995.

JELLINEK, Georg. *Teoria general del estado*. Buenos Aires: Ed. Albatroz, 1954.

JESUS, Damásio E. de. *Lei dos juizados especiais anotada*. São Paulo: Saraiva, 1996.

_____. *Comentários ao Código Penal*. Rio de Janeiro: Forense, 1951. v. 3.

KAUFFMANN, Carlos. *Prisão temporária*. São Paulo: Quartier Latin, 2006.

KELSEN, Hans. *Teoria general del estado*. México: Ed. Nacional, 1950.

LIBERATI, Wilson Donizeti. *Direito da criança e do adolescente*. São Paulo: Rideel, 2007.

LIMA, Marcellus Polastri. *A tutela cautelar no processo penal*. Rio de Janeiro: Lumen Juris, 2005.

LINO, Bruno Teixeira. *Prisão temporária*: Lei 7.960, de 21 de dezembro de 1989. Belo Horizonte: Mandamentos, 2000.

LUCON, Paulo Henrique dos Santos. Devido processo legal substancial. Disponível em: <http://www.mundojuridico.adv.br>.

MAGGIORE, Guiseppe. *Diritto penale*. Bologna: Nicola Zanichelli, 1937. v. 1.

MALTA, Tostes. *Flagrante delito*. Rio de Janeiro: Edição da Revista a Época, 1930.

MANZINI, Vincenzo. *Tratado de Derecho Procesal Penal*. Torino: Unione Tipografico-Editrice Torinese, 1948.

MARCÃO, Renato. *Prisões cautelares, liberdade provisória e medidas cautelares restritivas*: de acordo com a Lei n. 12.043, de 4-5-2011. São Paulo: Saraiva, 2011.

MARCATO, Antonio Carlos et al (Coord.). *Código de Processo Civil interpretado*. São Paulo: Atlas, 2004.

MARCHI, Carlos. *Fera de Macabu*. Rio de Janeiro: Record, 1998.

MARQUES, José Frederico. *Elementos do direito processual penal*. Campinas: Bookseller, 1997. v. 1.

_____. *Elementos do direito processual penal*. São Paulo: Forense, 1961. v. 1.

MÉDICI, Sérgio de Oliveira. *Prisão albergue*. São Paulo: Jalovi, 1979.

MEIRELLES, Hely Lopes. *Direito administrativo brasileiro*. 29. ed. São Paulo: Malheiros, 2004.

PRISÃO E LIBERDADE

_____. *Direito administrativo brasileiro*. 25. ed. São Paulo: Malheiros, 2000.

MENDES, Gilmar; COELHO, Inocêncio Mártires; BRANCO, Paulo Gustavo Gonet. *Curso de direito constitucional*. São Paulo: Saraiva, 2007.

MESSA, Ana Flávia. *Prática penal para exame da OAB*. São Paulo: Saraiva, 2012.

_____. Algumas considerações sobre a busca do processo efetivo no contexto das reformas processuais civis. In: CALDEIRA, Adriano; FREIRE, Rodrigo da Cunha Lima. *Terceira etapa da reforma do processo civil*: estudos em homenagem ao Ministro José Augusto Delgado. Bahia: Juspodivm, 2007.

_____; GUIMARÃES CARNEIRO, José Reinaldo (Coord.). *Crime organizado*. São Paulo: Saraiva, 2012.

_____. *Direito penal*. São Paulo: Barros e Fischer, 2012.

MEZGER, Edmund. *Derecho penal*: parte general – libro de estudio. Trad. Conrado A. Finzi. Buenos Aires: Ed. Bibliográfica Argentina, 1955.

MIRABETE, Julio Fabbrini. *Execução penal*: comentários à Lei 7.210, de 11 de julho de 1984. 11. ed. São Paulo: Atlas, 2004.

_____. *Manual de direito penal*. 13. ed. São Paulo: Atlas, 1998.

_____. *Processo penal*. 8. ed. São Paulo: Atlas, 1998.

MOLINA, Antonio García-Pablos de. *Criminología*: una introducción a sus fundamentos teóricos para juristas. Valencia: Tirant lo Blanch, 1996.

_____; GOMES, Luiz Flávio. *Criminologia*. São Paulo: Revista dos Tribunais, 2002.

MORAES, Alexandre de. *Constituição do Brasil interpretada e legislação constitucional*. São Paulo: Atlas, 2004.

_____; SMANIO, Gianpaolo Poggio. *Legislação penal especial*. 10. ed. São Paulo: Atlas, 2007.

_____; SMANIO, Gianpaolo Poggio. *Legislação penal especial*. 6. ed. São Paulo: Atlas, 2002.

MUCCIO, Hidejalma. *Curso de processo penal*. São Paulo: Gen, 2011.

MUAKAD, Irene Batista. *Prisão albergue*. São Paulo: Cortez, 1990.

MUÑOZ CONDE, Francisco. *Direito penal e controle social*. Trad. Cíntia Toledo Miranda Chaves. Rio de Janeiro: Forense, 2005.

NADER, Paulo. *Introdução ao estudo do direito*. Rio de Janeiro: Forense, 1994.

NERY JUNIOR, Nelson. *Constituição Federal comentada e legislação constitucional*. São Paulo: Revista dos Tribunais, 2006.

NOGUEIRA, Ataliba. *Pena sem prisão*. São Paulo: Saraiva, 1956.

NORONHA, E. Magalhães. *Direito penal*. São Paulo: Saraiva, 1993.

NUCCI, Guilherme de Souza. *Manual de processo penal e execução penal*. São Paulo: Revista dos Tribunais, 2011.

_____. *Código Penal comentado*. São Paulo: Revista dos Tribunais, 2010.

_____. *Código de Processo Penal comentado*. São Paulo: Revista dos Tribunais, 2011.

_____. *Leis penais e processuais penais comentadas*. 2. ed. São Paulo: Revista dos Tribunais, 2007.

OLIVEIRA, Eugênio Pacelli de. *Curso de processo penal*. Rio de Janeiro: Lumen Juris, 2009.

OSÓRIO, Fábio Medina. *Direito administrativo sancionador*. São Paulo: Revista dos Tribunais, 2000.

REFERÊNCIAS

PALAZZO, Francesco. *Valores constitucionais e direito penal.* Trad. Gérson Pereira dos Santos. Porto Alegre: SAFE, 1989.

PEDROSO, Fernando de Almeida. *Direito penal.* São Paulo: Editora Universitária de Direito, 1997.

PETROCELLI, Biagio. *La colpevolezza.* 3. ed. Padova: CEDAM, 1955.

PIMENTEL, Manoel Pedro. Sistemas penitenciários. *RT,* São Paulo, v. 639, p. 265-274, 1989.

PONTES DE MIRANDA. *História e prática do* habeas corpus. São Paulo: Bookseller, 1999.

PORFÍRIO, Geórgia Bajer Fernandes de Freitas. *A tutela da liberdade no processo penal.* São Paulo, Malheiros, 2005.

PRADO, Luiz Regis. *Curso de direito penal brasileiro:* parte geral. 7. ed. São Paulo: Revista dos Tribunais, 2007. v. 1.

_____. *Curso de direito penal brasileiro:* parte geral. 3. ed. São Paulo: Revista dos Tribunais, 2002. v. 1.

_____. *Bem jurídico-penal e Constituição.* São Paulo: Revista dos Tribunais, 1997.

QUEIROZ, Carlos Alberto Marchi de. *O direito de fugir.* São Paulo: Resenha Tributária, 1989.

QUEIROZ, Paulo. *Direito penal:* parte geral. São Paulo: Saraiva, 2005.

_____. É realmente possível distinguir direito penal da política criminal? *Mundo jurídico.* Jun. 2002. Disponível em: <http://www.mundojuridico.adv.br/cgi-bin/upload/texto136.rtf>.

RAMAYANA, Marcos. *Código Eleitoral comentado.* Rio de Janeiro: Roma Victor, 2005.

RANELLETTI, Oreste. *Istituzioni di diritto pubblico.* Milano: Giuffrè, 1955.

REALE. Miguel. *Teoria do direito e do Estado.* São Paulo: Martins, 1960.

RESEK, J. Francisco. *Direito internacional público.* São Paulo: Saraiva, 2005.

ROCHA, Carmen Lúcia Antunes. *Constituição e constitucionalidade.* Belo Horizonte: Lê, 1991.

ROCHA, Luiz Otávio de Oliveira; BAZ, Marco Antonio Garcia. *Fiança criminal e liberdade provisória.* São Paulo: Revista dos Tribunais, 2000.

ROXIN, Claus. Sentido e limites da pena estatal. In: *Problemas fundamentais de direito penal.* Coimbra: Ed. Veja Universidade, 1986.

SAMPAIO JÚNIOR, José Herval; CALDAS NETO, Pedro Rodrigues. *Manual de prisão e soltura sob a ótica constitucional.* 2. ed. São Paulo: Método, 2009.

SANTORO FILHO, Antonio Carlos. Escolas penais. *Direito Nacional.* Verlu, 2011.

SCHUMANN, Karr F. Una sociedad sin prisiones. *Doctrina Penal:* Teoría y Práctica en las Ciencias Penales (Revista Trimestral), Buenos Aires, 1991.

SILVA, Germano Marques da. *Introdução ao estudo do direito.* Lisboa: Universidade Católica Portuguesa, 2006.

SILVA, José Afonso. *Curso de direito constitucional positivo.* São Paulo: Malheiros, 1989.

SILVA, Luciano Nascimento. Manifesto abolicionista penal. Ensaio acerca da perda de legitimidade do sistema de Justiça Criminal. *Jus Navigandi,* Teresina, ano 7, n. 60, nov. 2002. Disponível em: <http://jus.com.br/revista/texto/3556>.

SOLER, Sebastian. *Derecho penal argentino.* Buenos Aires: TEA, 1976. v. 1.

SZINICK, Valdir. *Liberdade, prisão cautelar e temporária.* São Paulo: Editora Universitária de Direito, 1995.

PRISÃO E LIBERDADE

TOLEDO, Francisco de Assis. *Princípios básicos de direito penal*. São Paulo: Saraiva, 1994.

TOURINHO FILHO, Fernando da Costa. *Processo penal*. 33. ed. São Paulo: Saraiva, 2011. v. 2.

_____. *Processo penal*. 29. ed. São Paulo: Saraiva, 2007. v. 3.

_____. *Processo penal*. 28. ed. São Paulo: Saraiva, 2006. v. 3.

TUCCI, Rogério Lauria. *Princípio e regras orientadoras do novo processo penal brasileiro*. Rio de Janeiro: Forense, 1986.

WELZEL, Hans. *O novo sistema jurídico-penal*. Trad. Luiz Régis Prado. São Paulo: Revista dos Tribunais, 2001.

ZAFFARONI, Eugenio Raúl. *Em busca das penas perdidas*: a perda de legitimidade do sistema penal. Trad. Vânia Romano Pedrosa e Amir Lopes da Conceição. Rio de Janeiro: Revan, 1991.

_____. *Sistemas penales y derechos humanos en América Latina*. Buenos Aires: Depalma, 1984.

_____; PIERANGELI, José Henrique. *Manual de direito penal brasileiro*: parte geral. 5. ed. rev. São Paulo: Revista dos Tribunais, 2004.

_____. *Manual de direito penal brasileiro*: parte geral. 4. ed. rev. São Paulo: Revista dos Tribunais, 2002.